# 111 GRÜNDE, INDIEN ZU LIEBEN

Oleander Auffarth

# 111 Gründe, Indien zu lieben

Eine Liebeserklärung an das schönste Land der Welt

SCHWARZKOPF & SCHWARZKOPF

# *Inhalt*

K2
8611
NISTAN
ISLAMABAD
JAMMU AND KASHMIR
Srinagar
Jammu
HIMACHAL PRADESH
CHINA
Amritsar
Jalandhar
Shimla
Ludhiana
PUNJAB
Dehradun
UTTARAKHAND
AKISTAN
HARYANA
Meerut
NEW DELHI
Ghaziabad
Bareilly
NEPAL
8848
Mt Everest
KATHMANDU
SIKKIM
Gangtok
THIMPHU
BHUTAN
ARUNACHAL PRADESH
Itanagar
Bikaner
Aligarh
Ganges
Agra
Lucknow
Gorakhpur
ASSAM
Guwahati
Dispur
NAGALAND
Kohima
RAJASTHAN
Jaipur
Kanpur
UTTAR PRADESH
BIHAR
Shillong
MEGHALAYA
MANIPUR
Imphal
Jodhpur
Gwalior
Varanasi
Patna
Allahabad
BANGLADESH
TRIPURA
Agartala
Aizawl
MIZORAM
Kota
JHARKHAND
Dhanbad
Asansol
DACCA
Ranchi
WEST BENGAL
MADHYA PRADESH
Gandhinagar
Jabalpur
Jamshedpur
Kolkata
MYANM
(BURM
Ahmedabad
Bhopal
CHHATTISGARH
GUJARAT
Indore
Rajkot
Narmada
Mouths of the Ganges
Bhavnagar
Bhilai-Durg
Raipur
Surat
Amravati
Nagpur
Cuttack
Bhubaneswar
ODISHA
Daman
Nashik
Aurangabad
Bhiwandi
MAHARASHTRA
TELANGANA
Warangal
Mumbai
Pune
Hyderabad
Vishakapatnam
Bay
of
Bengal
Guntur
Vijayawad
Krishna
Belgaum
ANDHRA PRADESH
RABIAN
SEA
Panaji
GOA
Hubli-Dharwad
KARNATAKA
Coast
Andaman Islands
Port Bl
Chennai
Bangalore
Coromandel
Mysore
Puducherry
Salem
TAMIL NADU
Malabar Coast
Kozhikode
Tirupur
Tiruchchirappalli
Nicobar Islands
Madurai
Kochi
KERALA
Thiruvananthapuram
SRI LANKA
COLOMBO

## *Eine Liebe zwischen Annäherung, Faszination und Befremden*

Lange galt Indien als Inbegriff der Mystik, ein fremder Sehnsuchtsort, der schon immer die Fantasie von Reisenden, (Sinn-)Suchenden und Schriftstellern beflügelt hat.

Indien ist weit mehr als nur ein Land. Auf einer Fläche fast zehnmal so groß wie Deutschland ist es eher ein eigener Kontinent voller Vielfalt und Gegensätze, mit unzähligen Sprachen, Völkern, Philosophien und Religionen.

Als ich das erste Mal indischen Boden betrat, war ich kaum auf das vorbereitet, was mich erwarten würde. Denn Indien ist längst kein Wunderland voller erleuchteter Asketen und war es wahrscheinlich auch nie. Der Mythos Indien wurde im Westen immer überhöht, nur über wenige Länder der Welt haben wir so viele Bilder im Kopf und wissen tatsächlich so wenig.

Indien ist eine ständige Herausforderung, für den Alleinreisenden manchmal ausgesprochen mühsam zu bereisen. »Mother India« gibt ihre Schätze nicht auf den ersten Blick preis. Der Reisende muss erst lernen, sich in einer völlig anders funktionierenden Welt zurechtzufinden, das Chaos zu umarmen, muss seine Geduld erheblich ausdehnen und Unerwartetem und Skurrilem mit Humor begegnen. Erst dem Neugierigen, der sich Indien ausliefert und versucht es zu durchdringen, eröffnet sich zwischen Annäherung und Befremden ein zweiter Blick, der eine instinktive, manchmal absurde Liebe für das kontrastreiche Land eröffnet.

In letzter Zeit hat sich das Bild Indiens in der Welt grundlegend geändert. Gerade in den letzten 25 Jahren haben Marktliberalisierungen dafür gesorgt, dass der Kapitalismus in Indien mit voller Wucht eingeschlagen und Materialismus massiv an Bedeutung gewonnen hat. Galt Indien kurzzeitig als Konkurrent Chinas auf dessen Weg zur Weltmacht, als kommende IT-Größe und mit seinen Callcentern als Zentrum des weltweiten Dienstleistungssektors, hat sich der Fokus in der Weltöffentlichkeit wieder stärker auf die großen Probleme Indiens verlagert: Die Landbevölkerung verharrt in großer

Armut, ausbleibende Landreformen verhindern die grundlegende Entwicklung. So wird die Landflucht zu einem immer größeren Problem. Aufstiegschancen sind für viele Menschen kaum vorhanden. Das Kastensystem* ist offiziell seit der Staatsgründung Indiens abgeschafft, wirkt aber massiv nach.

Frauen werden in der indischen Gesellschaft gravierend benachteiligt, die alten Traditionen, wie das *Kamasutra*, sind in einer prüden, patriarchalischen Haltung eingefroren, die Gewalt gegen Frauen begünstigt oder sogar rechtfertigt. Noch immer werden weibliche Föten abgetrieben aus Angst vor den Schulden, die die Familie als Mitgift für die Hochzeit ansparen muss. Vielen Familien sind daher nur Söhne willkommen, nur sie können die Familie später unterstützen. In ländlichen Regionen, in denen es kaum Toiletten gibt, müssen die Frauen vor Sonnenaufgang ihre Notdurft am Rand der Felder verrichten. Dabei kommt es immer wieder zu Vergewaltigungen. Die Benachteiligung der Frau ist ein zentrales Problem der indischen Gesellschaft.

Immer spürbar ist die enorme Bevölkerung Indiens und welche Folgen daraus entstehen. Wie gesagt, spielen noch immer die Kinder eine große Rolle für die Altersversorgung – ein Sozialsystem ist kaum entwickelt. Allein in den 70 Jahren seit der Unabhängigkeit Indiens hat sich die Bevölkerung um annähernd eine Milliarde Menschen erhöht, eine unfassbare Zahl! Fast jeder Sechste auf dieser Erde lebende Mensch ist heute ein Inder. Die Bevölkerungsdichte liegt damit deutlich über der Deutschlands und knapp unterhalb der Hollands. Allerdings sind Gebiete wie der Himalaya und die Tharwüste spärlich besiedelt. Die Menschen ballen sich vor allem in den Städten der Ebenen. Durch die hohe Bevölkerungszahl wachsen auch die ökologischen Probleme unaufhörlich. Der Umweltschutz kann nicht Schritt halten mit der wirtschaftlichen Entwicklung. Die marode Infrastruktur verhindert bislang den Aufstieg zur Weltwirtschaftsmacht.

---

* *Das Kastensystem legt die gesellschaftliche Hierarchie fest. Eine ausführliche Erklärung folgt in Grund 2: »Weil Indien ein Schmelztiegel der Kulturen ist«.*

Es wäre trotzdem falsch, das Land auf diese Probleme zu reduzieren. Auch wenn es Indien dem Neuankömmling nicht einfach macht, lohnt es sich, sich ihm auszusetzen. Denn es gibt unendlich viel zu entdecken. Wichtig für den Reisenden ist es, eine Balance zu finden und sich nach anstrengenden Streifzügen durch die dicht bevölkerten und reizüberfluteten Großstädte mit ihren aus allen Nähten platzenden Straßen und Märkten Ruhe an kleineren Oasen zu gönnen. Es benötigt viel Zeit, das Erlebte zu verarbeiten. Entspannung bieten die weniger besiedelten Regionen des Hochgebirges und die Küsten im Süden. So wurde Goa zu einem der Sehnsuchtsorte der Hippies, und noch immer lockt das Flair Touristen aus aller Welt an die entspannten Strände. Doch es finden sich auch unberührte Flecken – kein Wunder bei einer Küstenlänge von über 7.000 Kilometern.

In Indien lassen sich Zeugnisse aus vielen Epochen bewundern. Von einer der ersten Hochkulturen im Indus-Tal über das buddhistisch geprägte Ladakh ganz im Norden, die Gärten und Prunkbauten der Moguln, die Paläste der Maharadschas, Tempel, Kirchen und Moscheen von Hindus, Jaina, Buddhisten, Parsen, Christen, Muslimen und Sikhs oder die Hinterlassenschaften der britischen Kolonialherren.

Der kulturelle Höhepunkt Indiens ist sicherlich die Stadt Varanasi am Ufer des Ganges. Nirgendwo reicht der Blick in das Innerste der indischen Seele tiefer. Hier wird das Streben der gläubigen Hindus nach Anhäufung von gutem *Karma* und der Hoffnung nach Erlösung vom Rad der Wiedergeburten und den Eingang in *Moksha* (analog zu *Nirwana*) besonders sichtbar.

Doch meine Erfahrungen mit Indien waren zwiespältig. Und so fragte ich mich, als ich das Angebot zu diesem Buch bekam: Liebe ich Indien tatsächlich? Kann man Indien überhaupt lieben – gerade angesichts seiner extremen Kontraste und der himmelschreienden Ungerechtigkeiten, die noch immer herrschen? Auch wenn ich das Wort eigentlich nicht mag: Vielleicht müsste ich in meinem Fall von einer »Hassliebe« sprechen. Wie gesagt, Indien ist kein einfaches Reiseland, selbst erfahrene Reisende erleben immer wieder Überraschungen. Indien ist völlig unberechenbar, was viel von seinem Reiz ausmacht.

Der oft improvisierte indische Alltag bietet reichlich Skurriles – häufig schüttelte ich den Kopf, dann spielte ein breites Grinsen über meine Lippen, fasziniert von dem irrealen Gedanken, dass das, was sich vor meinen Augen abspielte, tatsächlich von dieser Welt sein musste: Ich traf auf *Sadhus*, die »heiligen Männer«, die mir voller Inbrunst von Bruce Lee erzählten und wie ich den inneren Tiger wecken könne, ich fuhr in schrottreifen Bussen auf atemberaubenden Straßen, die jeder Beschreibung spotten. Wo immer ich ankam, warteten Schlepper, die mich am liebsten davongetragen hätten. Manchmal fiel es mir sehr schwer, mich nicht von ihrer Betriebsamkeit anstecken zu lassen. Auf einer völlig überfüllten Straßenkreuzung in Neu-Delhi sah ich einen gewaltigen Elefanten majestätisch über die Straße schreiten. Die Asketen auf den Straßen sind genauso allgegenwärtig wie Feste und religiöse Prozessionen: So wird beispielsweise an *Diwali* das ganze Land mit Kerzen illuminiert, an *Holi* wird alles und jeder in Farbe getaucht. Die vielen eigenständigen Regionalküchen, die sich erheblich voneinander unterscheiden, sind ein Teil der Faszination Indiens: Bis heute lässt der Geruch eines frisch zubereiteten *Masala Chai* mein Herz höherschlagen. Das Leben in Indien brodelt fortwährend, es ist kaum zu durchdringen und nur schwer mit Sinnen zu fassen. Indien ist eine süchtig machende Droge, man sollte sich aber unbedingt vor Überdosierung hüten.

Lange habe ich mit Indien gefremdelt, es war keine Liebe auf den ersten Blick. Es hat mich manchmal zum Verzweifeln gebracht, im nächsten Moment besänftigt, und wenig später wähnte ich mich schon wieder im schönsten und ungewöhnlichsten Land der Welt.

In meinem Fall kam zusätzliches Gewicht in den Rucksack: Ich hatte meine Wohnung gekündigt und war komplett ausgestiegen, um nach meinem eigenen Weg zu suchen – der Aufbruch nach Indien war aufgeladen mit Hoffnungen und Ängsten und einer existenziellen Suche nach einem glücklichen Leben. Es war manchmal eine schwierige, am Ende aber eine ungemein lehrreiche und horizonterweiternde Erfahrung.

Auf dieser ersten großen Reise nach Indien hatte ich ursprünglich geplant, gänzlich auf dem Landweg zu reisen, doch die potenziell revolutionären Ereignisse im Iran 2009 hatten meine Pläne durchkreuzt. Also fuhr ich über Österreich, Italien und Griechenland bis nach Istanbul und musste von dort aus nach Neu-Delhi fliegen. Eines Tages werde ich die Reise auf dem Landweg nach Indien aber nachholen.

Gerade meine erste Reise war in vielerlei Hinsicht ein Desaster. Kaum in Indien angekommen, ließ ich mich auf ein windiges Reisebüro mit abgebrühten Profis ein, die mich äußerst geschickt zu einer Reise nach Kaschmir überredeten. Nach acht Tagen Horror inklusive Nötigung und Bedrohung reiste ich angespannt und fast schon traumatisiert durch Indien, ohne mir die dringend benötigte Ruhe in einer der Oasen zu gönnen. Ich fuhr reizüberflutet in klapprigen Bussen durch die indischen Tiefebenen und die überbevölkerten Städte, manchmal fühlte ich mich wie im Taumel, als würde ich durch den Subkontinent geschwemmt. Indien war mir zu laut, kam mir zu nah, raubte mir den Schlaf, laugte mich aus und brachte mich manchmal an den Rand des Nervenzusammenbruchs. Am Anfang verunsicherte mich das penetrante Starren, das viele Inder praktizieren, besonders. Diese Neugier ist Fluch und Segen, sie ermöglicht unkomplizierte Begegnung, manchmal raubt sie einem jede Privatsphäre. Am britischen Triumphbogen, dem India Gate in Neu-Delhi, verhielten sich die jungen Inder wie wahre Paparazzi und machten unzählige Schnappschüsse von mir.

Besonders erschuttert war ıch von der allgegenwärtigen Armut. Von einem flehenden Bettler über längere Strecken verfolgt zu werden, der an der Kleidung zieht und sein Leid klagt, ist schwer auszuhalten. Jeder muss seinen eigenen Umgang mit dem Elend, der Hoffnung, der Verzweiflung und dem Gottvertrauen der Benachteiligten finden. Selbstverständlich kann man die Slums als Orte der Hoffnung begreifen; mit der kommen die Neuankömmlinge vom Land – angezogen von den wenigen Erfolgsgeschichten der Zurückgekehrten. Doch man sollte sich bewusst machen, unter welch katastrophal beengten und zwangsweise unhygienischen Bedingungen die Menschen leben müssen und dass nur wenige den erhofften Aufstieg in die Stadtgesellschaft tatsächlich schaffen. Es ist nicht einfach, sich von dem Elend abzugrenzen, ohne ignorant zu sein. Entscheidend ist es aber, schnell zu lernen, deutlich »Nein« zu sagen und sich Situationen zu entziehen, die einem zu entgleiten drohen. Das gelang mir am Anfang nur unzureichend, dafür musste ich Lehrgeld zahlen.

Sehr betrübt war ich auch angesichts der verheerenden Umweltverschmutzung. Der Smog von Delhi zerstört die Gesundheit seiner Bewohner, die Industriegebiete mit ihren ungefilterten Abgasen spotten jeder Beschreibung, viele Flüsse sind völlig verschmutzt und vergiftet, der Müll stinkt zum Himmel oder lodert am Straßenrand und verteilt von dort den beißenden Gestank von brennendem Plastik. Die aufstrebende indische Wirtschaft lechzt nach billiger Kohle. In den Minen in und um Dhanbad brennen seit 100 Jahren unkontrollierbar die Flöze unter den armseligen Behausungen der Minenarbeiter, die immer in der Gefahr schweben, mitsamt ihrer Existenz sinnbildlich in einen Höllenschlund hinabgerissen zu werden.

Das Bewusstsein der Gesellschaft für die Umwelt und die katastrophalen Arbeitsbedingungen steigt nur langsam. Indien befindet sich in einem rasanten Aufbruch in die Moderne. Dennoch wird entscheidend sein, ob es gelingt, die ländliche Bevölkerung am Wohlstand zu beteiligen und die Landflucht zu stoppen. Doch im modernen Indien werden die Interessen der Industrie häufig über die Rechte der angestammten Bevölkerung gestellt. Diese Entwicklung hat zu einem wenig bekannten Bürgerkrieg zwischen aufständischen Maoisten und der Regierung im Osten Indiens geführt.

Aber die Begegnungen mit Einheimischen, Gasthausbesitzern, Sadhus, Bettlern, den Mitreisenden, den Händlern, Beamten, selbsternannten Führern, aufstrebenden Geschäftsleuten zeigten mir unterschiedliche Blickwinkel. Gerührt folgte ich Einladungen in fremde Wohnzimmer und zu *Pujas*, unterhielt mich mit Wildfremden, wurde wie selbstverständlich auf Reisen von Einheimischen verköstigt, nur selten erlebte ich Abweisung. Doch vor allem am Anfang verzerren die Bauernfänger, Nepper und Ganoven an den touristisch bedeutsamen Orten den Eindruck stark. Eine gesunde Skepsis und innere Ruhe sind an belebten Orten ausgesprochen hilfreich. Besonders wichtig ist, sich immer wieder zwischendurch Auszeiten an ländlichen Orten oder am Meer zu gönnen!

Und obwohl ich auf meiner ersten Reise in Indien daran dachte, meinen lang ersehnten Trip abzubrechen, so war ich zugleich voller Neugier, was mich noch erwarten mochte. Indien war nämlich ein Rausch aus Farben und Gerüchen, jeder Winkel bot Entdeckungen, jeder Streifzug war ein Gang durch die Jahrhunderte, nichts schien zu verrückt, um nicht wirklich zu passieren. Alles konnte improvisiert werden, ja musste improvisiert werden, weil ständig irgendetwas kaputtging. Diese unberechenbare Kraft hypnotisierte mich und öffnete mir eine völlig andere, oft surreale Welt, die ich instinktiv zu lieben begann. An jeder Straßenkreuzung wollte ich mich Tausenden Impressionen hingeben und meine Fantasie schweifen lassen – würde nicht der indische Alltag aller Aufmerksamkeit bedürfen.

Oft habe ich Indien wie einen großen Spiegel wahrgenommen, der meine Überzeugungen erschütterte und mich zwang, mich noch intensiver mit mir selbst auseinanderzusetzen. Der Kulturschock, den Indien bei jeder Reise verursachte, war gewaltig. Doch auch bei der jeweiligen Rückkehr nach Deutschland ging es mir kaum besser – plötzlich erschien mir Deutschland still, fast steril. So sehr ich Sauberkeit auch schätzte, so sehr vermisste ich die Kühe auf den Straßen und den indischen Alltag, der niemals stillsteht, auch wenn ich das oft als Zumutung empfunden hatte. Doch nach der Rückkehr vermisste ich die Geräuschkulisse und die Unvorhersehbarkeit des indischen Alltags.

So kehrte ich bereits zwei Monate nach meiner ersten Abreise aus Indien zurück. Es folgten auch noch zwei weitere Reisen, die mich vor allem in die Bergwelten des Nordens hinein und am Ganges entlangführten. Die langen einsamen Wanderungen in den entlegenen Bergregionen des Westhimalaya prägten mich besonders, immer gefolgt von anstrengenden Etappen in Bussen und Zügen durch die Tiefebenen und das Herz des Kontinents hin zur Erholung an den tropischen Stränden und schroffen Felsen des Arabischen Meers.

Ich habe insgesamt ein Jahr in Indien verbracht und alles gelesen, was ich in die Finger bekommen habe, seit ich 2008 die Entscheidung zur Reise nach Indien getroffen hatte. Mich interessierte schon immer vor allem das »alte« Indien. Der unkritischen Fortschrittsgläubigkeit, die sich weltweit breitgemacht hat, stehe ich generell skeptisch gegenüber. Für manchen mag mein Blick auf Indien an einigen Stellen ein allzu kritischer zu sein. Ich hingegen empfände es als Betrug am Leser, mir nur die schönen Seiten herauszupicken. Gerade die Widersprüchlichkeiten machen Indien doch erst zu einem so spannenden Land.

Natürlich ist es ein gewaltiger Unterschied, ob man Indien als Teil einer organisierten Reisegruppe oder als Backpacker erlebt und über welches Budget der Reisende verfügt. Als Teil einer Reisegruppe oder mit kompetentem Führer lässt sich deutlich entspannter reisen. Mein Blickwinkel ist jedoch der des Allein- und Individualreisenden. Nur selten bin ich in Gesellschaft gereist, doch manchmal fand ich einen Ort, an dem ich länger bleiben wollte, und nutzte die Zeit, um mich mit anderen Reisenden über die jeweiligen Erfahrungen in Indien auszutauschen. Ansonsten habe ich mich durch das Land treiben lassen, manchmal wurde ich mehr getrieben. Das ist sicher die anstrengendste Methode, Indien zu bereisen, ermöglicht aber auch viele direkte Einblicke und Begegnungen, die dem Pauschalurlauber oft entgehen, ja die vor ihm abgeschirmt werden.

Jedes Mal aufs Neue brauche ich meine Zeit, um mich wieder an den ohrenbetäubenden Lärm der Städte und Straßen und die Intensität des indischen Alltags zu gewöhnen. Dann beginnt mein Kopf wie von selbst auf die indische Art zu »wackeln«.

Ich möchte Euch, liebe Leser, nun mitnehmen in das Indien, das mich verzaubert, verstört, angezogen und abgestoßen hat, eine Begegnung, die mich für den Rest meines Lebens prägen wird. Und meine nächste Reise nach Indien ist nur eine Frage der Zeit. Es gibt noch unendlich viel für mich zu entdecken, vor allem den Osten des Landes will ich noch besser kennenlernen. Aber im Zentrum dieses Buches sollen die Menschen, Religionen und Kulturen Indiens stehen, ergänzt mit eigenen Erfahrungen.

*1. Kapitel*

# *Land der Extreme*

*1. Grund*

## Weil Indien ein eigener Kontinent ist

Lange war die indische Landmasse ein eigenständiger Kontinent. Vor etwa 140 Millionen Jahren hat er sich vom südlichen Mutterkontinent Gondwana abgespalten und trieb lange Zeit isoliert durch den heutigen Indischen Ozean nach Norden, bis die Indische Platte vor ungefähr 50 Millionen Jahren auf die Eurasische Platte stieß. Die Indische bewegte sich schneller als alle anderen Kontinentalplatten. Wissenschaftler gehen davon aus, dass ein tief sitzender Vulkan für die Trennung von Gondwana verantwortlich war. Die größte Hitze hatte sich unter der Indischen Platte gesammelt und sie von unten abgeschmolzen, wobei sie erheblich dünner und leichter wurde und sich so schneller bewegen konnte als dickere Erdplatten. Durch die hohe Geschwindigkeit bei der Kollision mit der Eurasischen Platte falteten sich zwischen Indien und China die Gebirgsketten vom Himalaya und dem Karakorum auf, den beiden höchsten Gebirgssystemen der Welt. Dabei entstanden auch der Hindukusch und die Berge, die Indiens östliche Grenze zu Myanmar bilden.

Bis heute ist dieser Prozess nicht abgeschlossen, es handelt sich um erdgeschichtlich vergleichsweise junge Gebirgssysteme, die immer noch unter heftiger Spannung stehen, wie das verheerende Erdbeben in Nepal 2015 deutlich gezeigt hat.

Bis heute stellt der sogenannte indische Subkontinent eine in sich geschlossene geografische Einheit dar, die neben den Gebirgen im Norden, im Westen vom Indus und auf dem Meeresboden von verschiedenen Tiefseegräben im nördlichen Indischen Ozean und der Andamanensee vor Myanmar begrenzt wird. Zum indischen Subkontinent gehören auch Bangladesch, Sri Lanka, Nepal, Bhutan sowie Teile von Pakistan.

Indien ist das siebtgrößte Land der Erde, und flächenmäßig ist es mehr als neunmal so groß wie Deutschland. Seine Dimensionen sind gewaltig: Von West nach Ost umfasst Indien an der breitesten Stelle 3.200 Kilometer, von Nord nach Süd sind es im Maximum

3.000 Kilometer. Die Grenzlänge zu den Nachbarstaaten beträgt über 14.000 Kilometer. Daher ist es völlig utopisch, auf einer einzigen Reise alles zu sehen. Von diesem Gedanken sollte man sich schnell verabschieden, will man nicht gehetzt durch das Land reisen und irgendwann völlig erschöpft aufgeben oder »alles« gesehen, ohne irgendetwas begriffen zu haben. Meiner Meinung nach würde nicht einmal ein ganzes Leben ausreichen, um alle Facetten Indiens zu begreifen.

Noch beeindruckender als die Geografie ist die Bevölkerungszahl, die inzwischen die 1,2 Milliarden überschritten hat. Dementsprechend riesig ist auch der indische Binnenmarkt, er bildet ein gigantisches Wirtschafts- und Handelsnetz.

Neben diesen offensichtlichen Besonderheiten stellt Indien auch aufgrund seiner immensen Vielfalt an Landschaften, Klimazonen, Völkern und Kulturen einen eigenen Kontinent dar. Auch in Europa sind wir mit einer großen Vielfalt verwöhnt, die es in dieser Form nur selten auf der Erde gibt. Doch in Indien wandelt sich manchmal innerhalb von ein paar Dutzend Kilometern die Landschaft mitsamt seinen Bewohnern so erheblich, dass man meint, sich in einem anderen Land zu befinden. Allein Bombay* steckt so voller Menschen unterschiedlichster Herkunft, Religion, Hautfarbe, Sprache, Identität und Wertesysteme, dass einem schwindelig wird.

Die Gemeinsamkeiten zwischen hellhäutigen Punjabi und dunkelhäutigen Tamilen, zwischen den Menschen im Himalaya, denen in den indischen Tiefebenen und denen, die an der Küste leben, erschöpfen sich schnell. So massive Unterschiede sind selbst in Europa nur ansatzweise auszumachen.

---

* *Offiziell heißt Bombay seit 1995 Mumbai, nach der Hindugöttin Mumba Devi. Damals wurde auch Kalkutta zu Kolkata und Madras zu Chennai. Auch wenn Mumbai schon immer ein geläufiger Name für die Stadt war, bleibe ich bei Bombay, da die Umbenennung aus politisch-religiösen Gründen von Hindu-Nationalisten initiiert wurde. Zwar stellen Hindus die absolute Mehrheit der Stadtbevölkerung, doch es leben auch über 15 % Muslime und etwa 5 % Buddhisten in der Stadt. Für viele Bewohner wird ihre Stadt immer Bombay heißen.*

2. *Grund*

## *Weil Indien ein Schmelztiegel der Kulturen ist*

Nicht nur Bombay war und ist ein Schmelztiegel, sondern der gesamte indische Subkontinent – und zwar ein riesengroßer. Indien ist die Wiege großer Kulturen, die sich fortwährend vermischt haben. In dieser Fähigkeit, immer neue Einflüsse in sich aufzunehmen und zu integrieren, und der daraus entstandenen Vielfalt besteht für mich die größte Stärke und die besondere Schönheit Indiens.

Werfen wir doch erst mal einen Blick zurück in die Geschichte: Als Ureinwohner Indiens gelten die *Adivasi*, die noch als Fischer, Hirtennomaden, Wanderfeldbauern, Jäger und Sammler in einem waldreichen Indien lebten.

Die ersten frühen Stadtgesellschaften mit Stadtmauern, Befestigungsanlagen und einer Proto-Schrift entstanden entlang des Indus (hauptsächlich im heutigen Pakistan und in Gujarat). Die Indus-Kultur gehört zu den ältesten Hochkulturen der Menschheit. Noch immer ist relativ wenig über sie bekannt – sowohl über ihren Ursprung als auch ihren plötzlichen Niedergang wird noch gerätselt. Diese Stadtzentren wie Mohenjo-Daro oder Harappa auf dem Gebiet des heutigen Pakistans gehörten zu einem Kulturraum zwischen Ägypten und dem Indus mit dem Zentrum Mesopotamien im Zweistromland von Euphrat und Tigris im heutigen Irak, eine Region, die sich zur Wiege des sesshaften Menschen entwickelte.

Viele Historiker gehen davon aus, dass diese Urbevölkerung von den *Ariern*, einem kriegerischen Hirtenvolk, das aus dem Iran einwanderte, unterworfen wurde. Damit entwickelte sich auch das Kastensystem, das Indien nun seit Tausenden von Jahren entscheidend prägt und bereits in den ersten heiligen Texten des Hinduismus, den *Veden**, festgeschrieben wurde. Die vier Hauptkasten werden *Varnas* (Farben) genannt. Ganz oben stehen die *Brahmanen*-Priester, die

---

* *Die Veden wurden lange mündlich überliefert, bevor sie niedergeschrieben wurden. Die bekanntesten Teile sind das Rigveda und die Upanishaden.*

sich als Zeichen ihrer Reinheit weiß kleiden. Darunter folgt die Kaste der *Kshatrya*, zu denen Krieger, Beamte und Fürsten zählen. Ihre Farbe ist Rot. Dann kommt die Kaste der *Vaishya*, die Händler und Großgrundbesitzer, sie sind gelb gekleidet. Die vierte Kaste nennt sich *Shudra*. Dazu zählen Handwerker, Bedienstete und Knechte. Ihre Farbe ist Schwarz. Oft ist der Stand bereits an der Farbe der Kleidung erkennbar.

Die unterlegenen Ureinwohner wurden von den Ariern zu Angehörigen der unteren Kasten gemacht oder als *Dalit** ganz außerhalb gestellt, während die Arier (*Aryas* bedeutet »Die Edlen«) die oberen drei Kasten in der neuen Gesellschaftsordnung einnahmen. Den Dalit blieben nur die schmutzigen Arbeiten, und bis heute tendiert ihre soziale Anerkennung gegen null. Schlimmer noch: Viele Angehörige höherer Kasten ekeln sich vor einer Berührung. Die Dalit gelten als unrein, weil sie mit Gerbsäure, toten Tieren oder Exkrementen arbeiten müssen.

Hält man sich vor Augen, dass neben 160 Millionen Hindus, die zu den Dalit zählen, auch Muslime, Christen und Buddhisten außerhalb der Varnas stehen und von radikalen Hindus nicht als echte Inder akzeptiert werden, kann man ahnen, welcher sozialer Sprengstoff hier verborgen liegt.

Unter den Varnas gibt es 2.000 bis 3.000 *Jati*, die Unterkasten, die den Beruf, den Heiratspartner und sogar die Ernährung vorgeben. Alle Hindus gehören einer Jati an, auch wenn sie nicht zu den Varnas gehören.

Das Kastensystem hat große Ähnlichkeiten zum Ständewesen mit seinen Gilden im mittelalterlichen Europa. Damals waren der soziale Stand und die Berufswahl ebenfalls von Geburt an festgelegt.

Der Norden und Westen des heutigen Indiens blieb fortan von der (indo-)arischen Bevölkerung dominiert, und die Einflüsse aus Zentralasien blieben auch in der Zukunft entscheidend. Nur der Süden entwickelte sich lange relativ eigenständig und wurde von

* *Die »Unterdrückten«, von Außenstehenden auch als Paria oder Harijans (»Kinder Gottes«) bezeichnet.*

der dravidischen bzw. tamilischen Kultur geprägt. Vor allem die *Chera*, die *Chola* und die *Pandya* entwickelten eigene Sprachen, Literatur, Mythen, Kultur, Kunstformen und Architektonik. Ob die *Draviden* auch zur Gruppe der Adivasi gehören oder während einer anderen Epoche einwanderten, ist unklar. Noch weiß man zu wenig über die Ursprünge der dravidischen Kultur. Überhaupt muss man mit den Begrifflichkeiten vorsichtig sein, viele sind von westlichen Interpretationen geprägt. Die Mehrzahl der westlichen Indologen des 19. Jahrhunderts, die auch den Begriff »Draviden« prägten, gingen von einer Überlegenheit der (mit den europäischen Völkern verwandten) arischen Rasse aus. Wohin diese menschenverachtende Ideologie führte, zeigte der perfide Rassenwahn der Nationalsozialisten, die die Welt in ein Schlachtfeld verwandelten. Die Juden wurden nun zu den Paria gemacht. Der schon lange in Europa schwelende Antisemitismus bekam mit der Ideologie von Ober- und Untermenschen neue Nahrung.

In der Folgezeit entwickelte sich auf Grundlage der *Veden* die vedische Kultur mit dem Brahmanentum, der hinduistischen Ethik (*Dharma**), und das Kasten- und Ständewesen differenzierte sich weiter. Daraus entwickelte sich langsam die hinduistische Religion mit den Kulten um Vishnu, Shiva und Mahadevi.

Alexander der Große, der bekannte makedonische Herrscher, gelangte nach seinem siegreichen Feldzug gegen das Perserreich um 330 v. Chr. bis an den Indus, Indien eroberte er jedoch nicht. Dennoch übten die Nachfolgereiche, die sich in den Nachbarregionen Indiens etablieren konnten – wie etwa die *Seleukiden*, die *Diadochen*-Reiche, *Baktrien* und die *Gandhara*-Kultur, in der hellenistische und buddhistische Ideen verschmolzen – großen Einfluss auf die indische Kultur aus. Bis heute berufen sich einige Völker und Dorfgemeinschaften auf das Erbe Alexanders (in Indien auch als *Iskander* bekannt) und seiner Armee. Tatsächlich blieben zahlreiche Angehörige seiner Streitkräfte am Indus, anstatt die lange Rückreise

* *Das* ***Dharma*** *legt die kosmische und die gesellschaftliche Ordnung fest, der sowohl Buddhisten, Hindus, Sikhs als auch Jaina folgen. Die Buddhisten nennen das Konzept* ***Dhamma.***

nach Makedonien auf sich zu nehmen. Bis heute trifft man in Indien Menschen wie die *Balti* oder die Bewohner des isolierten Dorfes Malana in Himachal Pradesh, die sich als seine Nachfolger verstehen.

In der Antike war das *Maurya*-Reich besonders prägend. Erstmals gelang es König Ashoka um 250 v. Chr., fast ganz Indien bis auf den Süden zu beherrschen. Eine weitere Blüte folgte während der Herrschaft von Kushana zwischen 100 und 250 n. Chr., deren Einfluss bis weit nach Zentralasien reichte, und dem *Gupta*-Reich, das zwischen 320 und 550 n. Chr. eine ähnliche Größe erreichte wie unter Ashoka.

Ab etwa dem Jahr 1000 n. Chr. drangen neue Invasoren von Afghanistan aus nach Indien vor. 200 Jahre später, 1206, entstand das Sultanat von Delhi, aus dem sich das Mogulreich entwickeln sollte. Die Moguln besaßen bereits Feuerwaffen und Kanonen, womit sie militärisch haushoch überlegen waren. Während der Herrschaft der Moguln zwischen 1526 und 1858 entwickelte sich eine persisch-mongolisch-indisch-muslimische Mischkultur, die Indien bis heute stark beeinflusst. Danach prägten *Maharadschas*, *Sikhs* und *Marathen* die indische Geschichte bis zur Unabhängigkeit.

Um 1600 begannen die europäischen Kolonialmächte, sich brennend für den indischen Subkontinent zu interessieren, allen voran wegen des Gewürz- und Teehandels. Handelsgesellschaften entstanden, zum Beispiel die British East Indian Company, eine Handels- und Aktiengesellschaft, die mit einem Freibrief der britischen Krone ausgestattet war. Andere europäische Staaten folgten diesem Beispiel und begannen, die Ressourcen Indiens rücksichtslos auszubeuten. Die Briten führten Silber aus Europa nach Indien ein, tauschten es dort gegen Baumwolle, die sie zum Teil in Indonesien wiederum gegen Pfeffer und andere Gewürze tauschten, überführten diese Waren nach England, von wo aus es nach Afrika, Nordamerika und Osteuropa exportiert wurde – im Tausch gegen das in Indien begehrte Silber. Wirtschaftliche Interessen blieben auch lange Zeit im Vordergrund. Erst ab Mitte des 18. Jahrhunderts gewann die British East Indian Company neue Territorien hinzu.

Rund 150.000 Briten herrschten um 1900 über 300 Millionen Inder, die sie als »Wilde« betrachteten. Die Inder kamen selten über den Status von Bediensteten hinaus, die den Briten ihr elitäres Leben ermöglichten. Vor allem stützten sich die Briten auf die etwa 250.000 *Sepoy*, die das wesentliche Gerüst der britisch-indischen Armee bildeten. Nur etwa jeder Sechste in dieser Armee war ein Europäer. Doch im Jahr 1857 und 1858 kam es zu schweren Aufständen der Sepoy, nachdem bekannt wurde, dass die Patronen mit Schweinefett und Rindertalg behandelt wurden – ein Affront für die gläubigen Hindus und Muslime. Die aufgestaute Wut über die Ausbeutung entlud sich. Die britische Krone musste eingreifen und entmachtete schließlich die British East Indian Company. 1858 wurde Indien zur britischen Kronkolonie, und die britischen Herrscher wurden zu Kaisern von Indien.

Die Portugiesen setzten sich an der Westküste und in dem Gebiet Damian in Gujarat sowie der vorgelagerten Insel Diu fest. Das Zentrum ihrer Macht war Goa Velha. Auch die Franzosen besetzten Teile der Ostküste. Ihre wichtigste Kolonie war Pondicherry (heute Poducherry), nördlich von Madras (heute Chennai). Auch andere europäische Mächte gründeten Handelsniederlassungen und Kolonien.

In der Folge verstärkten sich in Indien die Bestrebungen nach Unabhängigkeit. Doch die Trennung in Indien und Pakistan bei der Staatsgründung 1947 war ein schwerer Bruch mit einem reichhaltigen Erbe, in dem islamische, persische und indische Einflüsse weitestgehend verschmolzen waren. Alte Konflikte gelangten mit Macht an die Oberfläche. Menschen wurden getrennt, vertrieben und ermordet, und Grenzen wurden gezogen, die so nie bestanden hatten. Bis heute ist das der große Riss in diesem faszinierenden Schmelztiegel, mit der klaffenden Wunde in Kaschmir.

Heute spielt in Indien auch die Globalisierung eine entscheidende Rolle. Einen großen Einfluss hatten schon immer die Besucher aus aller Welt, die Kulturinteressierten, die Händler, die Suchenden, in moderner Zeit auch die Touristen und Backpacker. Seit Indien sich Anfang der 90er-Jahre den weltweiten Märkten geöffnet hat (zuvor existierte eine Mischform aus Markt- und Planwirtschaft), prägen auch die multinationalen Konzerne das moderne Indien. Rohstoffe werden in nie gekanntem Ausmaß ausgebeutet, Sonderwirtschaftszonen locken Investoren.

Diese vielfältigen kulturellen Einflüsse machen Indien in meinen Augen erst zu dem schillernden Land voller Kontraste, in dem scheinbar alles parallel existiert. Nicht selten scheinen verschiedene Zeitalter nebeneinander zu bestehen. Luxuslimousinen fahren neben Eselkarren, Hightech glitzert neben archaischen Werkzeugen und Kulturtechniken, Moderne und Mittelalter sind oft nur einen Steinwurf entfernt.

*3. Grund*

## *Weil Indien aus vielfältigen Landschaften und Klimazonen besteht*

Die unterschiedlichen Landschaften und Klimazonen machen Indien besonders reizvoll. Das Land lässt sich daher ganzjährig bereisen. Die Saison im Himalaya dauert von Mitte April bis Mitte Oktober, in dieser Zeit ist es angenehm mild in der warmen Bergsonne, danach wird es eisig kalt. Genau umgedreht sind die Verhältnisse im Süden. Hier ist es von Mitte November bis Mitte März besonders angenehm, danach wird es bis zum Monsun glühend heiß. Ähnliches gilt für die Tiefebenen am Ganges.

Im Norden dominieren die Gebirgsketten von Himalaya und Karakorum. Der Karakorum wird im äußersten Nordwesten durch das Tal des Indus und seinen Zufluss, den Shyok, vom Himalaya getrennt. Manche Forscher rechnen den Karakorum aber auch dem Himalaya zu.

Das Gebirge wird von kontinentalem Klima bestimmt, die Jahreszeiten sind vergleichbar mit denen in Europa, allerdings sind die Winter deutlich länger und erheblich kälter. Am Fluss Zanskar sinkt das Thermometer im Winter bis auf –40 Grad Celsius, und der gewaltige Strom friert zeitweise zu.

Die Himalaya-Ketten ziehen sich über die ganze Breite Nordindiens und bilden die Grenze zu China. Von West nach Ost durchqueren sie das muslimische Kaschmir, das im Westen und Norden an Pakistan grenzt, das buddhistische Ladakh und Spiti bis zu den hinduistisch geprägten Regionen von Kullu, Kinnaur und Uttrakhand. Schließlich verläuft die Hauptkette des Himalaya durch das nördlich gelegene Nepal. Beim einstigen Königreich Sikkim erreicht der Himalaya wieder indisches Gebiet. An der Grenze zu Nepal liegt der höchste indische Berg, der Kangchendzönga mit seinen 8.586 Höhenmetern. Weiter östlich schließt sich das Königreich Bhutan an, bevor die Himalaya-Ketten in der Provinz Arunchal Pradesh langsam in das Hochland von Myanmar übergehen. Gerade die Fahrten auf den abenteuerlichen Straßen, entlang an gähnenden Abgründen, eröffnen spektakuläre Ansichten auf die Bergpanoramen.

Südlich des Hochgebirges liegt die fruchtbaren Ganges- und Brahmaputra-Tiefebene. Nordindien ist überwiegend subtropisch bis in die Täler an den Südhängen des Himalayas hinein. Der Rest Indiens gehört zu den Tropen.

Ganz im Westen liegt der Punjab, mit seinen Flüssen und fruchtbarem Ackerland die wichtigste Agrarzone des Landes. Südlich davon befindet sich Rajasthan, das zur Hälfte von der Wüste Thar bedeckt wird. Im Westen geht sie in die pakistanische Wüste Cholistan über, im Osten und Süden wird sie vom Aravalli-Gebirge begrenzt. Im Süden liegen die Sümpfe des Rann von Kachchh und die Halbinsel Kathiwar mit ihrer vorgelagerten Insel Diu, der ehemaligen portugiesischen Kolonie.

Wenn es in den Ebenen des Nordens besonders heiß wird (über 50 Grad), bietet sich der Rückzug in die kühleren Aravalli-Berge Rajasthans oder des Himalaya an.

Im Osten liegt Bengalen, in dem Ganges, Brahmaputra und Meghna in einem Delta zusammenfließen, bevor sie sich gemeinsam in den Golf von Bengalen ergießen. Bangladesch liegt unmittelbar östlich und hieß traditionell auch Ost-Bengalen. Auf beiden Seiten der Grenze liegt das größte zusammenhängende Mangrovenwald-Gebiet, in dem noch immer etwa 200 Königstiger leben.

Den äußersten Nordosten Indiens verbindet nur ein schmaler Korridor zwischen Bangladesch und Nepal bzw. Bhutan mit dem übrigen Land. Die Nordostregion ist von Hügellandschaften geprägt, und dort fällt der meiste Niederschlag in ganz Indien. Sie wird durch das bis zu 3.800 Meter hohe Patkai-Gebirge von Myanmar im Osten und die knapp 2.000 Meter hohe Khasi-Bergkette von Bangladesch abgeschirmt. Dort liegen auch Assam und Darjeeling, die für ihren Teeanbau weltberühmt sind.

In Zentralindien geht das Flachland in die Gebirgszüge von Vindhya und Satpura über, die schließlich in das Hochland von Dekkan mündet, das den größten Teil der keilförmig in den Indischen Ozean hineinragenden indischen Halbinsel einnimmt. Die etwa 7.000 Kilometer Küste sind flankiert von zwei Gebirgszügen, den West- und Ostghats, und bieten unendlich viele Bademöglichkeiten. Beide Gebirgszüge stoßen zur Südspitze Indiens zusammen und bilden das Kap Komorin. Der Äquator liegt weiter südlich im Indischen Ozean.

Der Monsun ist die Lebensader des Subkontinents. Von seiner Stärke hängt der Ertrag der indischen Landwirtschaft ab. Ab Anfang Juni beginnt es im Süden zu regnen, langsam ziehen die Wolken nach Norden, den sie etwa einen Monat später erreichen. Nur die trockenen Ebenen von Ladakh, Spiti und Zanskar erreicht der Monsun nie. Am Rohtang-Pass in Himachal Pradesh liegt die Wetterscheide zwischen den feuchten Ebenen Indiens und dem trockenen Hochland von Tibet. Im Oktober endet die Regenzeit im Süden, im Norden im November. Es gibt jedoch inzwischen viele Anzeichen dafür, dass auch der Monsun vom Klimawandel beeinflusst wird. Die Regenzeit setzt später ein, die Niederschlagsmengen variieren immer stärker, es kommt immer häufiger zu Dürreperioden. Wenn sich dann die Wassermassen auf die ausgetrocknete Erde ergießen, kann der Boden das Wasser nicht aufnehmen und es kommt zu verheerenden Überschwemmungen und Erosion.

Der immer heiße Süden Indiens gehört zur subtropischen Zone und ist geprägt von tropischer Vegetation, Palmen und Regenwäldern. Die Westküste fällt steil zur Konkan- und Malabar-Küste ab. Dort locken die schönsten Strände am Arabischen Meer. Rund 300

Kilometer von der Küste Keralas entfernt liegen 27 Inseln, die zusammen das indische Unionsterritorium Lakshadweep bilden.

Im Osten liegt die flachere Koromandel-Küste, die an den Golf von Bengalen grenzt. Besonders weit außerhalb liegen die Inselgruppen der Andamanen und Nikobaren. Die Andamanen liegen in der Andamanensee vor der Küste Myanmars und sind deutlich über 1.000 Kilometer entfernt vom indischen Festland. Östlich der Andamanen liegt mit Barren Island der einzige aktive Vulkan Indiens.

Die weiter südlich gelegene Inselgruppe der Nikobaren ist bis zu 1.600 Kilometern vom indischen Festland und nur 200 Kilometer von der indonesischen Insel Sumatra entfernt.

Jenseits der Südspitze Indiens liegt der Indische Ozean. Die Insel Sri Lanka ist nur durch eine knapp 55 Kilometer breite Wasserstraße vom indischen Festland getrennt. Die Malediven liegen etwa 500 Kilometer südwestlich.

*4. Grund*

## *Weil es allein 22 offizielle Sprachen gibt*

Indien verfügt über ein geradezu babylonisches Sprachgewirr. Wenn man in Delhi mit der U-Bahn fährt, kann man angeblich bis zu 300 verschiedene Sprachen hören. Die Schätzungen darüber, wie viele Sprachen und Dialekte existieren, gehen weit auseinander. In der indischen Verfassung sind 22 Hauptsprachen offiziell anerkannt.

Eine einheitliche Nationalsprache gibt es aufgrund dieser Sprachvielfalt nicht. Je nach Bundesstaat sind Hindi und Englisch sowie verschiedene Regionalsprachen Amtssprache. Durch die lange Kolonialzeit ist vielen Indern das Englisch geläufig. Der Versuch, Englisch als Amtssprache abzuschaffen, scheiterte am Widerstand der südlichen Bundesstaaten, in denen deutlich weniger Hindi gesprochen wird. Die indische Regierung kam bei einer Zählung auf 122 Sprachen, zählte dabei allerdings nur solche, die von über 10.000 Menschen gesprochen werden. Laut einer anderen Untersuchung soll es gar über 750 Sprachen geben, viele davon jedoch Untersprachen oder im Aussterben begriffen. Diese Sprachen sind vor allem bedroht, weil viele Menschen in die Städte abwandern und sich dort anpassen müssen, da sie sonst oft wegen ihrer Herkunft diskriminiert werden.

In Indien existieren vier große, völlig unterschiedliche Sprachfamilien. Im Norden überwiegen indoeuropäische Einflüsse wie das Hindi oder damit verwandte Dialekte, die von über drei Viertel der indischen Bevölkerung gesprochen werden. Im Süden dominieren hingegen dravidische Einflüsse, allen voran das Tamil. In Ladakh sowie im äußersten Osten an der Grenze zu Birma sind tibetobirmansische Sprachen verbreitet. Im Osten finden sich auch austroasiatische Dialekte. Über 60 Schriftsysteme existieren nebeneinander.

Die wichtigsten Sprachen sind die beiden Amtssprachen, das indoeuropäische Hindi und Englisch, sowie das eng mit dem Arabischen verwandte Urdu.

Zu den wichtigsten Regionalsprachen gehören Tamil, Bengali, Telugu, Kannada, Malayalam, Gujarati oder Marathi. Wer die Namen laut ausspricht, kann schon erahnen, wie massiv sich die Sprachen und ihre Dialekte unterscheiden.

Sprecher unterschiedlicher Regionen können sich kaum untereinander verständigen, daher wurde Hindi immer wichtiger, das auch mit dem Nepali verwandt ist. Allerdings gibt es auch politische Gründe für das Erstarken des Hindi. Hindu-Nationalisten sehen nur in Hindus echte Inder. So werden auch eigenständige Sprachen willkürlich dem Hindi zugerechnet.

Mit Englisch kommt man in allen Regionen, in denen Touristen anzutreffen sind, gut zurecht. Nur wer sich in die ländlichen Gebiete vorwagen will, sollte ein wenig Hindi sprechen oder ist auf die Hilfe eines Übersetzers angewiesen. Doch auch in den Dörfern finden sich vereinzelt Englisch-Kundige, ein zusätzliches Verständlichmachen mit Händen und Füßen bleibt dabei jedoch notwendig.

Die einst weit verbreiteten Sprachen Sanskrit und Pali (in der die ersten buddhistischen Texte verfasst wurden) sind mit der Stellung von Latein in Europa zu vergleichen, und das Sanskrit ist auch mit zahlreichen europäischen Sprachen verwandt. Sanskrit findet sich heute fast ausschließlich im religiösen Kontext, wird aber immer noch an der Universität in Varanasi gelehrt.

*5. Grund*

## *Weil Indien eine der Wiegen der Religionen ist*

Indien ist eines der bedeutenden Zentren der religiösen Entwicklung weltweit. Etwa 80 % der indischen Bevölkerung bekennen sich zum Hinduismus, der sich vor etwa 3.500 Jahren in Indien zu entwickeln begann. Der Hinduismus ist die drittgrößte Religionsgemeinschaft weltweit nach Christentum und Islam.

Auch innerhalb der Hindu-Gesellschaft gibt es große Unterschiede, von einer einheitlichen Religion kann keine Rede sein, vielmehr von verschiedenen Strömungen, die sich zum Teil erheblich voneinander unterscheiden. So gibt es Anhänger, die vor allem Shiva, Krishna, Kali oder andere Götter und deren verschiedene Inkarnationen verehren, und lokale Gottheiten, die in den Hinduismus integriert wurden.

Dazu kommen verschiedene Reformbewegungen, die sich aus verschiedenen Gründen vom Hinduismus abgespalten haben. Die bedeutendsten sind die Jaina, Bishnoi und Sikhs. Letztere entwickelten sich im Spannungsfeld zwischen Hinduismus und Islam. Je nach Auffassung kann man auch den Buddhismus dazuzählen, der zeitweise eine große Rolle in Indien gespielt hat. Heute sind nur noch weniger als ein Prozent der Bevölkerung Buddhisten, das sind aber immerhin einige Millionen Gläubige. Die meisten leben in Maharashtra, dem Bundesstaat, der Bombay umgibt. Sie folgten dem Aufruf von Bhimrao Ramji Ambedkar, der ihnen riet zu konvertieren, um dem Kastenwesen zu entkommen. Ein weiteres Kerngebiet der Buddhisten ist neben den traditionellen Regionen Spiti, Zanskar, Ladakh und Arunachal Pradesh auch Dharamsala, seit viele Buddhisten aus China dorthin geflüchtet sind und sich dort die Exilregierung des Dalai-Lama befindet.

Die zweite große Gemeinschaft hängt dem Islam an. Etwa 14 % der Inder sind Muslime, sie bilden damit die drittgrößte islamische Gemeinschaft weltweit. Nur in Indonesien leben deutlich mehr Muslime. Pakistan liegt mit Indien fast gleichauf. Der Islam hat vor allem Nordindien über Jahrhunderte geprägt, dabei unter den frühen, sehr toleranten Moguln sein Wesen verändert. Die meisten Muslime leben heute in Kaschmir, Uttar Pradesh, Bihar, West-Bengalen, Assam sowie in Kerala.

Die Mehrheit der indischen Muslime sind Sunniten, doch es leben hier auch etwa 20 Millionen Schiiten, die damit die größte schiitische Gemeinschaft außerhalb des Irans bilden. Sufistische* Elemente sind im indischen Islam sehr ausgeprägt, sodass man allgemein von einer sehr toleranten muslimischen Bevölkerung sprechen kann. Häufig kam es auch zur Beeinflussung bis hin zur Verschmelzung von Glaubensinhalten aus Hinduismus und Islam. Muslime übernahmen hinduistische Philosophien und umgekehrt. Lediglich an der bedeutenden islamischen Hochschule Dar ul-'Ulum im nordindischen Deoband wird eine Form des Islams gelehrt, die orthodox und intolerant gegenüber anderen Religionen ist. Im heutigen Indien werden die indischen Muslime jedoch immer stärker von der Hindu-Mehrheit angefeindet.

Auch Christen sind in Indien vertreten, was vor allem auf die Missionarstätigkeit der Portugiesen zurückzuführen ist. Das bedeutendste Zentrum des Christentums ist der Südwesten Indiens, allen voran die Bundesstaaten Goa und Kerala. Die »Thomas-Christen« Keralas berufen sich auf eine frühe Missionierung von Syrien aus. In Goa sind viele während der Kolonialzeit der Portugiesen zum Christentum konvertiert. Die Briten legten weniger Eifer in die Konvertierung. Im Nordosten Indiens traten jedoch viele der anglikanischen Kirche bei, um der Kaste zu entkommen. Aber auch sonst finden

---

* *Im Kapitel über Ajmer gehe ich ausführlich auf den Sufismus ein.*

sich in ganz Indien vereinzelte christliche Gemeinschaften, was auf Missionierung aus verschiedenen Epochen zurückzuführen ist.

Die *Parsen* sind ursprünglich aus dem Iran eingewandert und sind Nachfolger der zoroastrischen Religion Zarathustras, die einst den gesamten Iran prägte. Auf die Parsen gehe ich später noch eingehender ein. Dann gibt es noch die Bahai, eine erst im 19. Jahrhundert entstandene und religionsübergreifende Gemeinschaft, die ebenfalls ursprünglich aus dem Iran stammt, dort aber ähnlich wie die Anhänger der zoroastrischen Religion als nicht-muslimisch verfolgt wurde.

Es gibt auch eine kleinere jüdische Minderheit in Indien, die vor allem in Bombay und in Kalkutta lebt. Auch in Kerala gibt es einige Synagogen sowie in den Staaten Manipur und Mizoram in Nordostindien. Man vermutet, dass die ersten Juden schon v. Chr. nach Indien eingewandert sind. Heute leben in Indien nur noch einige Tausend Juden, da die meisten nach der Gründung Israels auswanderten.

Neben dieser offiziellen Religionszugehörigkeit haben sich auch viel ältere Einflüsse erhalten. Die Ureinwohner hängen zum Teil Naturreligionen an, und auch unter der Oberfläche des Hinduismus und anderer Religionen werden noch immer lokale Gottheiten ebenso verehrt wie Sonne, Mond oder Wind. Das ist für die meisten Gläubigen jedoch kein Widerspruch, sondern eine Ergänzung. Gerade der Hinduismus zeigte seine Stärke immer darin, ältere Einflüsse in sich aufzunehmen. Auch in der Religionszugehörigkeit spiegelt sich die fortwährende Kulturentwicklung, die das Land geprägt hat. Einwanderer und Invasoren brachten ständig neue Philosophien und Religionen nach Indien.

2. Kapitel

# Rajasthan

*6. Grund*

## *Weil Rajasthan das Land der Könige ist*

Der Bundesstaat Rajasthan liegt im Westen Indiens und grenzt an Pakistan. Die Topografie der Region ist geprägt von der Gebirgskette Aravalli, die als ältestes Faltengebirge der Welt gilt, durch fortwährende Erosion inzwischen aber nur noch Höhen von unter 1.000 Metern erreicht. Das Gebirge durchläuft Rajasthan von Nord nach Ost und trennt die westlich gelegenen Steppen und Wüstengebiete von dem von subtropischem Klima geprägten Ackerland im Osten, das immer fruchtbarer wird, je weiter man nach Südosten vorstößt.

Rajasthan ist flächenmäßig der zweitgrößte und wohl der bekannteste Bundesstaat in Indien. Doch wegen seiner Wüstengebiete ist es im Vergleich zum Rest des Landes verhältnismäßig dünn besiedelt, hat inzwischen aber auch die größten Zuwachsraten. Rajasthan ist sehr stark ländlich geprägt. Nur 25 % seiner Bewohner leben in Städten, das liegt selbst unter dem niedrigen indischen Durchschnitt. Neben einer Bevölkerungsmehrheit von Hindus gibt es mit Ajmer die wichtigste Pilgerstätte für die indischen Muslime. Außerdem ist Rajasthan das Stammland von Reformbewegungen wie den Jaina und Bishnoi, auf die ich später noch eingehen werde.

Es gibt wahrscheinlich wenige Menschen, bei denen bei der Nennung der mystisch aufgeladenen Region keine Bilder in den Kopf steigen: das Land der Maharadschas mit ihren gewaltigen Festungsanlagen, Stadtpalästen und heldenhaften Kämpfern, dem orientalischen Erbe und bis zu neun Meter langen Turbanen in allen Farben, besungen in unzähligen Büchern und Filmen.

Tatsächlich ist Rajasthan selbst im vielfältigen Indien ein extrem bunter Landesteil, in dem viele Traditionen lebendig geblieben sind. Andererseits sorgt das auch dafür, dass das Kastensystem hier noch am stärksten in der Gesellschaft verankert ist und es erst in den 90er-Jahren gelang, die Tradition von *Sati* – der traditionellen Witwenverbrennung – endlich zurückzudrängen. Im Kapitel über Shiva gehe ich näher auf die Ursprünge dieses unseligen Brauchs ein.

Rajasthan war über 1000 Jahre lang das Land der Könige, Krieger und Fürsten. Einst war es unter dem Namen Rajputana bekannt – das Land der Rajputen, der »Königssöhne«. Es handelt sich um eine Kastengemeinschaft aus 36 Clans, die im 7. Jahrhundert aus dem Nordwesten eingewandert waren und eine feudale Aristokratie schufen. Ihr wirtschaftlicher Reichtum stützte sich auf ihre großen Viehherden, mit denen sie umherzogen. Als Grundbesitzer, Heerführer sowie als territoriale Fürsten integrierten sie sich in die hinduistische Krieger- und Fürstenkaste der Kshatriya und verbanden ihre Epen mit den lokalen Mythen. Ritterliche Tugend wurde zu ihrem Ideal. Die streng patrilinearen Regeln folgende Familienpolitik sicherte den Bestand zahlreicher territorial abgegrenzter Sippen, deren feste Stammsitze befestigte Burgen und mächtige, stets bereite Verteidigungsanlagen waren. So entstanden verschiedene Fürstentümer, die ständig in wechselnde Fehden und Allianzen untereinander verwickelt waren. Was sie einte, war der Widerstand gegen muslimische Invasoren, ihre Abstammung und ihre Kriegerehre.

Die Rajas mussten sich trotz heftigen Widerstands dem Mogulreich unterordnen, beeinflussten ihrerseits aber auch deren Kultur erheblich. Sie trugen entscheidend zur »Indisierung« der Mogul-Dynastie bei und nahmen gleichermaßen persisch-islamische Elemente in ihre Kultur auf. Als Vasallen und hohe Beamte am kaiserlichen Hof des Großmoguls von Delhi verbreiteten sich die Rajputen-Dynastien rasch im gesamten Land, sie drangen bis nach Kaschmir und Nepal vor. Die berühmt-berüchtigten nepalesischen *Gurkha*, die für ihren Mut und ihre Entschlossenheit bis heute in der britischen Armee gefragt sind, gehen auf diese Vorstöße zurück.

Neben den Zeugnissen der Rajputen und Maharadschas sind es vor allem die filigranen Tempel der Jaina und die zahlreichen *Haveli* – prächtig verzierte Wohn- und Kaufmannshäuser mit von Rundbögen überdachten Erkern und Balkonen mit filigranen Brüstungen, Säulen und Nischen, die indische Form der Stadtvilla –, in denen indische und persische Einflüsse verschmelzen. Schließlich war Rajasthan immer Teil wichtiger Routen der Seidenstraße und die direkteste Verbindung nach Zentralasien.

Nach dem endgültigen Ende der Mogulherrscher im Jahr 1858 drängte mit den Marathen eine neue Dynastie an die Spitze. Mit der Übernahme des Landes durch die Briten verloren die Rajputen zwar einen Teil ihrer Freiheit, wussten sich aber am besten mit den Briten zu arrangieren und so ihre Macht zu wahren. Die 20 verbliebenen indischen Fürstentümer wurden zur Rajputana Agency zusammengeschlossen und blieben teilweise autonom. Die Briten erhofften sich durch die Stützung und Akzeptanz der Fürsten die Zustimmung der einfachen Bevölkerung, was lange Zeit erfolgreich war.

Mit der Unabhängigkeit Indiens 1947 verloren die Maharadschas den Großteil ihrer Machtfülle, im Verlauf der folgenden Jahrzehnte alle verbliebenen Privilegien. Das dürfte für viele gut zu verschmerzen sein. Durch Umwandlung ihrer Paläste in Hotels oder Museen haben sie auch im Kapitalismus ihre Pfründe bewahren können.

Für die einfachen Menschen blieb im Reich der Rajputen wenig übrig. Auch heute noch ist Rajasthan ein besonders armer Teil Indiens, in dem sich die Macht auf wenige verteilt. Nur zwei Drittel der Bewohner können lesen und schreiben. 14 % der Bevölkerung Rajasthans sind noch immer Adivasi (Ureinwohner des indischen Subkontinents, siehe 2. Grund), die als Anhänger der untersten Kasten aber massiv benachteiligt werden.

Jaipur, die größte Stadt des Bundesstaats, wird auch die »rosa Stadt« genannt. Rosa ist traditionell die Farbe der Gastfreundschaft in Rajasthan. Anlässlich eines Besuchs des Kronprinzen Albert Eduard 1876 wurden viele Gebäude rosa gestrichen. Mit seinen drei Millionen Einwohnern ist Jaipur Zentrum der Verwaltung und Wirtschaft und eine der am schnellsten wachsenden Metropolen und Handelsplätze Asiens. Die Stadt ist die Drehscheibe für Indiens Textil- und Juwelenindustrie.

Rajasthan lässt sich hervorragend mit der Bahn oder Bussen bereisen. Die größeren Städte sind an das Schienennetz angeschlossen; um in kleinere Orte zu gelangen, bieten sich private und staatliche Busgesellschaften an. Wer plant, Rajasthan mit der Bahn zu bereisen, sollte sich vorab im Touristen-Büro im Bahnhof von Delhi beraten lassen und kann sich dort eine Reiseroute mit Tickets zusammenstellen lassen.

*7. Grund*

## *Weil Jaisalmer auch die »goldene Stadt« genannt wird*

Jaisalmer wirkt auf den Reisenden wie eine Fata Morgana inmitten der Wüste. Schon von Weitem erkennt der Besucher das monumentale Fort mit seinen 99 Türmen. Es wurde 1156 vom Fürsten Rawal Jaisal auf einem 120 Meter langen und 500 Meter breiten Felsen aus gelbbraunem Sandstein erbaut. Besonders in der Früh- und Abendsonne leuchtet die Befestigungsmauer gülden. Deswegen ist Jaisalmer auch als »die goldene Stadt« bekannt. Aus den Fenstern der Gebäude, die sich direkt im mächtigen Festungswall befinden, kann man in die Thar-Wüste sehen, die sich bis ins 100 Kilometer entfernte Pakistan zieht.

Neben dem gewaltigen Fort selbst beeindrucken vor allem die Residenz der Fürstenfamilie, die später zu Maharadscha-Ehren kam, sowie die meisterhaft filigranen Jain-Tempel und *Haveli* (die prächtigen Wohn-Kaufmannshäuser), in denen sich das Beste aus der indischen und persischen Architektur vereint.

Die Stadt war einst eine wichtige Station auf der Seidenstraße und gründete darauf ihren Reichtum. Die Karawanen legten hier einen Stopp zwischen Zentralasien und Delhi ein. Jaisalmer war wichtiger Umschlagplatz für Seide, Opium und Gewürze. Gerade innerhalb der Festung wird das orientalische Erbe deutlich sichtbar.

Früher spielte sich das Leben ausschließlich innerhalb der Mauern des Festungsrings ab. Heute hat sich die moderne Stadt auch außerhalb ausgebreitet, aber noch immer leben 2.000 Menschen innerhalb des Forts.

In ihrer Blütezeit war die Stadt kaum einzunehmen. Die Wege zu den vier Haupttoren des Forts verlaufen in Kurven bergan, sodass Kriegselefanten nicht genug Anlauf nehmen konnten, um die Befestigung zu durchschlagen. Auf der Mauer liegen riesige Steine, die von den Verteidigern des Forts auf Angreifer gestürzt wurden. Auch Kanonen aus späteren Zeiten zeugen von der alten Stärke und Bedeutung der Stadt.

Selbst die Armeen der Sultanate von Delhi konnten Jaisalmer erst 1298 nach siebenjähriger Belagerung einnehmen. Als die Niederlage feststand, ritten die Männer aus der Stadt in den sicheren Tod gegen die überlegene Belagerungsarmee. Die Frauen begingen rituellen Massen-Selbstmord (*Jauhar*), indem sie sich von den Mauern der Paläste in entzündete Scheiterhaufen stürzten. Dadurch konnten sich die siegreichen Truppen des Sultans mitten in der Wüste nicht selbst versorgen und mussten die Besetzung der Stadt wieder aufgeben. Nach weiteren Belagerungen wurden die Herrscher über Jaisalmer zwar tributpflichtige Vasallen Delhis, aber niemals vollständig unterworfen.

Erst nach dem Aufstieg der Häfen von Surat und Bombay büßte die Stadt ihre wichtige Stellung ein. Die Überlandroute verlor an Bedeutung, ein großer Teil des Warentransports verlagerte sich auf den Schiffsverkehr. Die Teilung der britischen Kolonie in Indien und Pakistan nahm der Stadt endgültig ihre wichtige Rolle als Handelsstadt. Schmuggel hat zwar immer noch Bedeutung, doch im Wesentlichen prägt heute der Tourismus die Stadt.

***8. Grund***

## *Weil die Thar die am dichtesten besiedelte Wüste der Welt ist*

Forscher vermuten, dass sich die Wüste Thar zwischen 2000 und 1500 v. Chr. gebildet hat, nachdem der Strom Ghaggar austrocknete. Seine Quellflüsse Satluj und Yamuna hatten ihren Flusslauf nach Erdplattenverschiebungen verändert. An den einstigen Ufern des Ghaggar wurden Zeugnisse der Induskultur gefunden, deren Blütezeit zwischen

2600 und 1500 v. Chr. lag. Damals muss das Land fruchtbar gewesen sein und ein völlig anderes Klima geherrscht haben.

Nach der Unabhängigkeit Indiens wollte der erste indische Premierminister Jawaharlal Nehru eine moderne Wasserversorgung im ganzen Land aufbauen und ließ Staudämme errichten, »Tempel des Fortschritts«, wie er sie nannte. Seitdem sind Hunderte riesiger Dämme gebaut worden. Seit 1986 wird Wasser über den 500 Kilometer langen Indira-Gandhi-Kanal vom regenreichen Bundesstaat Punjab im Norden bis in die Thar geleitet. Erst dadurch wurde intensive Landwirtschaft möglich. Mit der zusätzlichen Bewässerung verzehnfachte sich die Bevölkerung.

Die Staudämme schufen jedoch neue Probleme, da den natürlichen Flüssen das Wasser abgegraben wurde und die traditionellen Regenspeichersysteme wie die *Johads* aus der Mode kamen. Viele Flüsse versiegten, und Versalzung machte das Wasser der Kanäle unbrauchbar für die Landwirtschaft.

Heute umgibt die Stein- und Sandwüste noch einmal die doppelte Fläche an Dornsavannen. Der Mensch hat großen Anteil daran, dass die Wüstenbildung weiter voranschreitet. Bäume wurden für den Hausbau abgeholzt oder in Öfen verfeuert. Die Überweidung zerstörte die Gräser, die als natürlicher Mulch Wasser speichern konnten. Seitdem sinkt der Grundwasserspiegel immer weiter. Das ist besonders verheerend, da durch den Salzgehalt des Grundwassers keine Oasen existieren, die neues Grundwasser bilden können.

Zusätzliche Probleme entstanden durch die Schattenseiten der hochgelobten »Grünen Revolution«*, die zwar durch den Anbau neuer Hochleistungssorten den Ernteertrag steigerte, aber gleichzeitig die Ackerböden übernutzte und mit Kunstdünger und Pestiziden malträtierte. In den Trockenperioden konnten die Stauseen

---

* *In den 1960er-Jahren setzte die Industrialisierung der Landwirtschaft in den Entwicklungsländern ein. Neue Hochertragssorten, Traktoren und der Einsatz von Pestiziden sorgten für eine erhebliche Steigerung der Ernteerträge. Gleichzeitig wurden kleinbäuerliche Strukturen zerstört und die Umwelt erheblich geschädigt.*

nicht mehr genug Wasser liefern, die Brunnen versiegten. Trotz der Bewässerung sind Dürreperioden heute häufiger als vor 40 Jahren. Diesen Perioden folgen Hungerkatastrophen. Umweltorganisationen begannen vor über 20 Jahren damit, die Johads wieder zu fördern. Es handelt sich um halbmondförmige, mit Erdwällen verstärkte Teiche, die in der Regenzeit Bäche und Quellen aus der Umgebung auffangen. So kann das Wasser langsam einsickern und neues Grundwasser bilden. Seitdem ist der Grundwasserpegel wieder angestiegen.

Als ich nach Jaisalmer kam, fühlte ich mich wie in einem Märchen aus *Tausendundeine Nacht*. Nach einigen Tagen wollte ich tiefer in die Wüste vordringen und entschied mich für eine der kurzen Kamelsafaris, die in Jaisalmer aggressiv beworben werden. Etwa 60 km westlich der Stadt beginnt der Desert National Park, und die Stein- geht in eine Sandwüste über, in der sich nur noch kleinere Wüstendörfer finden. Von dort zieht sich die Wüste bis zur pakistanischen Grenze und geht dort in die Wüste Cholistan über. Kamelreiten während des Sonnenuntergangs war für mich ein erhabenes Vergnügen. Allerdings ist es auch ein Härtetest für das Knochengerüst. Mancher ungeübte Reiter wird seekrank von dem schaukelnden Gang der Tiere – nicht umsonst nennt man sie »Wüstenschiffe«.

Eine Übernachtung in der Wüste wollte ich mir nicht entgehen lassen. Es war großartig, auf Decken über dem Wüstenboden zu liegen und der Musik zu lauschen, die meine nomadischen Führer auf Trommeln und einfachen Saiteninstrumenten spielten. Fast noch glücklicher machte mich die anschließende himmlische Ruhe, ein willkommener Kontrast zum Dauerlärm der indischen Tiefebenen. Durch den Vollmond fast taghell beleuchtet, kam mir meine Wanderung durch den Wüstensand so vor, als würde ich über den Mond laufen. Ich fühlte mich von der Weite der Wüste magisch angezogen.

*9. Grund*

## *Weil in Pushkar der größte Kamelmarkt der Welt stattfindet*

Pushkar ist eine kleine, aber bedeutende Pilgerstadt, etwa zehn Kilometer nordwestlich von Ajmer. Normalerweise leben in der Kleinstadt am Rande der Thar-Wüste nur knapp 20.000 Menschen. Sie gehört zu einem der ruhigsten und angenehmsten Orte in Indien, um während der Reise eine Pause einzulegen. Doch während der Feierlichkeiten, die Ende Oktober oder Anfang November begangen werden, platzt die Stadt aus allen Nähten. Pilger strömen aus ganz Indien hierher, um sich im heiligen Pushkar-See zu baden. Dort steht der wichtigste Tempel für den Schöpfergott Brahma. Der Legende zufolge ließ er drei Lotosblüten auf die Erde fallen. In Pushkar, wo sie zu Boden fielen, entsprang in der Wüste Wasser. Pushkar bedeutet im Sanskrit Lotosblüte. Während einer Glück verheißenden Vollmondphase im Oktober oder November soll ein Bad die Seele von allen Sünden reinigen. Die »heiligen Männer«, die Sadhus, sammeln sich am See und verkaufen gegen eine kleine Spende Lotosblüten. Diese Blüten in den See zu werfen, soll Glück verheißen.

Zur gleichen Zeit findet der Kamelmarkt von Pushkar statt, der weltweit als größter seiner Art gilt. Was einst ein reiner Kamelmarkt war, hat sich längst zu einem großen Volksfest entwickelt. Etwa 10.000 Kamele wechseln innerhalb einer Woche den Besitzer, und bis zu 150.000 Menschen sind auf den Straßen unterwegs. Der Markt zieht auch Händler und interessierte Käufer aus dem benachbarten Pakistan und den Golfstaaten an.

Neben den Kamelbesitzern und ihren Familien trifft man während des Festes Schausteller, Künstler, Gaukler, fliegende Händler, Schlangenbeschwörer, Fotojäger, Minnesänger, Tänzer und Musiker in der Stadt. Auch das indische Fernsehen berichtet.

Auf den Straßen herrscht buntes Treiben: Geschäfte, Straßen, Besucher und Kamele sind reich geschmückt, auch ein Riesenrad wird aufgebaut. *Mandalas** und *Henna*** haben Hochkonjunktur. Traditionelle Tänze, Folklore, Musik und Gesang werden aufgeführt. Vor allem in den kühleren Abendstunden finden viele Wettbewerbe statt, zum Beispiel um den »schönsten Bart«. Auch die Kamele messen sich, und zwar in Wettrennen und Schönheitswettbewerben. Kamelbullen ziehen gewaltig beladene Holzkarren durch die Straßen.

Die Kamele gelangten im 16. Jahrhundert von Afghanistan nach Indien. In der Wüste kommen sie tagelang ohne Wasser aus und ernähren sich hauptsächlich von den dürren Blättern des dornigen Khejribaumes. Ohne die Kamele wäre ein (Über-)Leben in der Wüste nahezu unmöglich. Kamelherden besitzen große ökonomische und ökologische Bedeutung. Sie sind Transport- und Arbeitstiere und werden in der Landwirtschaft eingesetzt. Ihr Dünger wird für den Ackerbau sehr geschätzt. Gefragt sind auch Kameldecken und -teppiche, -milch und -käse. Sogar das Militär setzt bei der Grenzsicherung auf Kamele.

Die Kamelbesitzer Indiens gehören traditionell zu den halbnomadischen *Raika*, die auf der Suche nach guten Weiden und Ansammlungen von Khejribäumen durch die Wüste und das angrenzende Aravalli-Gebirge ziehen. Nur zu Familienfesten kehren sie in ihre Dörfer zurück. Über Generationen hinweg züchteten sie die edelsten Kamele Indiens. Abnehmer waren einst die Maharadschas.

Doch die Baumbestände schrumpfen inzwischen dramatisch. Die Wanderwege werden immer stärker von menschlichen Ansiedlungen durchschnitten. Die alten verbrieften Weiderechte zählen nichts mehr. Durch die zunehmend intensivierte Landwirtschaft gehen

---

* *Geometrische Schaubilder mit religiöser/magischer Bedeutung. Sie reichen von einfachen Symbolen bis zu Darstellungen des Universums. Sie sind Hilfsmittel, um religiöse Zusammenhänge zu vermitteln und zu verinnerlichen und bei Hindus und Buddhisten verbreitet. Buddhistische Mönche wischen die in mehrtägiger Filigranarbeit entstandenen Kunstwerke einfach hinweg, um die Vergänglichkeit unserer Existenz zu unterstreichen.*

** *Aus dem Hennastrauch gewonnenes Pulver wird in warmem Wasser aufgelöst und in Form von Ornamenten und Naturdarstellungen auf Hände und Füße aufgetragen. Diese Tradition ist sowohl in Indien als auch in Nordafrika weit verbreitet.*

immer mehr Weidegründe verloren. Die Preise für die Kamele sind erheblich gesunken.

Wie überall auf der Welt geraten die Nomaden in direkte Konkurrenz mit den Bauern und werden zunehmend diskriminiert. Ihre Lebensweise ist existenziell bedroht, obwohl ihr Lebensstil perfekt zu den Lebensbedingungen in der Wüste passt. So ist es eher ein Segen, dass Touristen in großer Zahl an dem Fest in Pushkar teilnehmen und so neue Einnahmequellen für die Raika entstanden sind.

*10. Grund*

## Weil die Bishnoi zu den ersten Tierschützern zählen

Die Bishnoi sind eine religiöse Gemeinschaft, die von einem Guru namens Jambheshwar (1451–1536) gegründet wurde. Streng genommen handelt es sich bei den Bishnoi um ein Volk aus der Kaste der Viehzüchter. Man kann sie aber auch als Reformbewegung des Hinduismus verstehen, die eine sehr strenge ethische Auslegung betont.

Der Legende nach musste Jambheshwar im Jahr 1476 hilflos eine schwere Dürre miterleben. Er beobachtete, wie die Menschen Blätter von den Bäumen rissen, damit die Tiere zu fressen hatten, und in ihrer Not rodeten sie schließlich ganze Wälder, was zur Verwüstung ganzer Landstriche führte. Wildtiere wurden gejagt und ganze Arten ausgerottet. Die Menschen entzogen sich selbst ihre Lebensgrundlage. Er erkannte, dass der Mensch mit der Natur und den Tieren in Harmonie leben musste, um überleben zu können.

Seit mehr als 500 Jahren leben die Bishnoi in Koexistenz mit der Natur und trotzen so den schwierigen klimatischen Bedingungen der wüstennahen Gebiete, in denen sie sonst nicht überleben könnten. Es gibt allerdings auch Bishnoi in den benachbarten Bundesstaaten von Gujarat, Haryana, dem Punjab und in der Hauptstadt Delhi. Heute leben etwa eine halbe Million Inder nach den Regeln von Guru Jambheshwar.

Bishnoi bedeutet »Neunundzwanzig« und steht für die 29 ökologischen und spirituellen Gebote, die Jambheshwar aufstellte und denen sich die Gläubigen verpflichtet fühlen. Diese Gebote untersagen unter anderem das Töten von Tieren, den Verzehr von Fleisch sowie das Fällen von Bäumen, und sie betonen die Gleichberechtigung zwischen Mann und Frau sowie das Mitgefühl mit anderen Menschen und den Tieren. Habgier, Egoismus und Zorn sind verpönt. Suchtmittel aller Art sind für sie ein Tabu, Begierden müssen bekämpft werden. Ausgerechnet Opium stellt dabei eine Ausnahme dar und wird zu besonderen Anlässen von den Männern als Tee konsumiert. Der Guru soll verboten haben, Opium zu rauchen, von Trinken war nicht die Rede. Angesichts der sonstigen extremen Einschränkungen, denen sich die Bishnoi freiwillig unterwerfen, erscheint mir diese Ausnahme verzeihlich.

Die Bishnoi leben strikt lactovegetarisch, essen also nur, was ihnen die Natur »freiwillig« überlässt. Das schließt sogar den Anbau von Wurzelgemüsen aus, denn selbst die Kleinstlebewesen, die den Boden bevölkern, gelten ihnen als schützenswert und könnten bei der Ernte getötet werden. So bauen sie hauptsächlich Mais und Hirse an. Ihre Felder zäunen sie nicht ein, sondern akzeptieren, dass auch Tiere sich ihren Teil holen. Ohnehin geben sie den zehnten Teil der Ernte an die Tiere ab und legen ihn außerhalb ihrer Dörfer. Selbst Wildtiere wie die sonst sehr scheuen Antilopen kommen zur Tränke in die Dörfer, weil sie wissen, dass von den Bishnoi keine Gefahr für sie ausgeht. Sie schleppen sogar angeschossene Jungtiere zu ihnen, damit ihnen geholfen werden kann. Die Bishnoi geben auch Ziegen und Schafen Unterschlupf, damit diese nicht getötet werden. Es kommt sogar vor, dass Bishnoi-Mütter Rehkitze, die zu Waisen geworden sind, mit ihrer eigenen Milch großziehen.

So friedlich die Bishnoi auch sein mögen – wer ihre Regeln verletzt, bekommt ihren ganzen Zorn zu spüren. Jäger und Wilderer vertreiben sie traditionell aus ihren Gebieten, notfalls schützen sie die Wildtiere unter Einsatz ihres eigenen Lebens.

Als der berühmte Bollywood-Star Salman Khan 1998 auf der Jagd in ein Reservat der Bishnoi eindrang und geschützte Schwarzböcke und eine Gazelle tötete, wurde er in Gewahrsam genommen und eine Woche lang festgehalten. Andere Jäger wurden verprügelt, und ihnen wurde das Versprechen abgenötigt, in Zukunft keine Tiere mehr zu töten. Häufig fordern die Bishnoi Kompensation für ihre Dörfer ein.

Um das Jahr 1730 sollen sich Bishnoi im Dorf Khejarli in Rajasthan gegen die Abholzung von Khejribäumen durch Soldaten des Maharadschas von Marwar gewehrt haben. Angeblich wurden 363 Dorfbewohner getötet, die sich zum Schutz vor die Bäume gestellt hatten. Selbst wenn bei der Geschichte ein überhöhter Mythos mitschwingt: Der Protest war erfolgreich, und der Maharadscha erließ ein Dekret gegen die Abholzung der wichtigen Bäume, die mit ihrer tiefen Pfahlwurzel auch an tiefer gelegene Wasserschichten gelangen können. Sie speichern also Wasser, spenden Schatten in der Wüste und sind Nahrung für Kühe und Kamele.

Diese Protestaktion gilt als Inspiration für die Chipko-Bewegung, in der indische Frauen seit den 1970er-Jahren Widerstand gegen Waldzerstörung leisten. In dieser Tradition sieht sich auch Vandana Shiva, über die ich im Kapitel »Persönlichkeiten« Näheres berichten werde.

Man könnte also sagen, dass die Bishnoi zu den frühen Umweltschützern der Menschheit zählen. Sie wissen ganz genau, dass jeder Eingriff in das Ökosystem, in dem sie leben, ihre Zukunft bedroht. So leben viele Bishnoi wie vor Hunderten von Jahren, und viele verzichten bis heute auf Elektrizität und fließendes Wasser – beides auch potenzielle Fallen für Insekten und andere Kleinstlebewesen. Tauschgeschäfte sind für einige immer noch wichtiger als Geld. Diese Lebensweise führt auch dazu, dass viele Bishnoi nur unter Gleichgesinnten leben wollen. Sie würden kein Essen anrühren, das von jemand gekocht wurde, der selbst Fleisch isst. Er gilt für sie als »unrein«. Als Zeichen ihrer eigenen »Reinheit« kleiden sich die Bishnoi in Weiß. Diese harschen Selbstreglementierungen machen das Leben für sie in der Moderne nicht einfach, und viele junge Menschen wenden sich einem modernen Lebensstil zu. Es ist eine große Herausforderung, sich der Moderne anzupassen, ohne die Ideale zu verraten.

In letzter Zeit müssen die Traditionalisten unter den Bishnoi mitansehen, wie der Fluss Loni, die Lebensader der Region, und damit ihr Ackerland durch Abwasser aus der Textilindustrie Jodhpurs verseucht werden. Ihre faszinierende Lebensweise und Philosophie sind in großer Gefahr, dabei könnten die Bishnoi Vorbild für den »modernen« Menschen sein. Sie zeigen, wie es möglich wäre, in Koexistenz mit der Natur zu leben, statt die eigenen Lebensgrundlagen dauerhaft zu zerstören.

*11. Grund*

## *Weil das Fort Mehrangarh die »blaue Stadt« Jodhpur krönt*

Das Fort Mehrangarh gehört zu den größten Verteidigungsanlagen und Palastkomplexen ganz Indiens. Es wurde ab dem Jahr 1459 vom Fürsten Rao Jodha aus der *Marwar*-Dynastie auf einem 120 Meter hohen Grat über der ebenfalls neu gegründeten Stadt Jodhpur am Ostrand der Tharwüste errichtet. Der Bau der Festung dauerte nur einen Monat, jedoch wurde sie im Laufe der Jahrhunderte ständig ausgebaut, bis sie ihre heutige Gestalt erhielt. Die Marwar-Dynastie gehörte zu den bedeutendsten Fürstentümern der Rajputen. Zuvor war das Zentrum der Marwar das nur acht Kilometer entfernt liegende Mandore, das gegen die islamischen Invasoren um 1000 nach Chr. nicht mehr zu verteidigen war.

Der mächtige Mauerring des Forts ist bis zu 36 Meter hoch, was in Kombination mit der Lage auf einer Anhöhe direkt oberhalb der Stadt dafür sorgt, dass das Gebilde die Stadt imposant überragt.

Die Stadt Jodhpur liegt in den Ausläufern der Aravalli-Berge und spielte durch ihre zentrale Position zwischen den Wüstengebieten und dem fruchtbaren Süden immer eine wichtige Rolle in der Geschichte Rajasthans. Heute wird sie von über einer Million Menschen bewohnt. Jodhpur wird auch als die »blaue Stadt« bezeichnet, was daran liegt, das sich dort viele Brahmanen ansiedelten, deren

Farbe neben dem Weiß das Blau ist. Darüber hinaus entpuppte sich die Farbe als gute Abwehr gegen Insekten sowie als ideal, um die Mauern zu kühlen, und wurde schließlich zur traditionellen Farbe der Stadt. Noch heute kann man das gut erkennen, wenn man von den erhabenen Türmen von Mehrangarh auf die Stadt hinabblickt. Der britische Autor Rudyard Kipling ging gerne auf den Festungsmauern spazieren und genoss den Blick über die Stadt. Er nannte Mehrangarh »das Werk von Engeln, Feen und Riesen«.

Über einen steilen Pfad kann man das Fort direkt von der Altstadt aus erreichen. Der Komplex erstreckt sich auf einer Fläche von 475 mal 75 Metern. Sieben Tore führen in die verschiedenen Höfe, Paläste und Friedhöfe, die, wie bereits geschildert, über Jahrhunderte hinweg von den verschiedenen Herrschern aus der Dynastie von Marwar erbaut wurden.

Den Besucher erwartet eine exquisite Inneneinrichtung: Gold- und Silberelemente sind in den Schlafgemächern verbaut, bunte Glasfenster brechen das Licht, edle Holzmöbel, Schnitzereien und Kronleuchter – Luxus wurde bei den Maharadschas großgeschrieben!

Heute beherbergt Mehrangarh ein vorzügliches Museum mit Ausstellungen von den Waffen, den Gemälden, Kleidern und der Einrichtung sowie zur Geschichte der Marwar-Dynastie.

Der Haupteingang Jai Pol (»Siegestor«) wurde erst 1809 nach Man Singhs Sieg über seine Erzfeinde, die verbündeten Armeen der rivalisierenden Maharadschas von Jaipur, Bikaner und Udaipur, errichtet. Man Singh war der letzte unabhängige Maharadscha der Marwar-Dynastie. 1818 verbündeten sich die Marwar mit der britischen Kolonialregierung und wurden zu einem ihrer wichtigsten Partner. So sicherten sie sich noch eine Zeit lang ihre Macht.

Um die Adelsfamilie selbst muss man sich jedoch auch heute keine Sorgen machen. Sie residiert noch immer im Umaid-Bhavan-Palast von Jodhpur. Ein Teil des gigantischen Gebäudes wurde in ein Hotel, ein anderer in ein weiteres Museum umgewandelt. Bis heute ist die Familie in der Stadt besonders respektiert.

Andere beeindruckende Forts sind in ganz Rajasthan zu finden: der Palast der Winde von Jaipur, der Seepalast von Udaipur, die

Forts von Bundi oder Bikaner und unzählige weitere Stadtpaläste und Militäranlagen. Auch in Gujarat lassen sich viele Paläste der Rajputen finden. Der Vorteil ist hier, dass man die kaum weniger spektakulären Bauten abseits der Touristenströme ganz in Ruhe besichtigen kann.

*12. Grund*

## *Weil Ajmer die Hauptstadt der Fakire ist*

Die Stadt Ajmer liegt 140 Kilometer südwestlich von Rajasthans Hauptstadt Jaipur und ist der wichtigste religiöse Pilgerort für die indischen Muslime. Im überwiegend hinduistisch geprägten Rajasthan ist Ajmer eine einzigartige Bastion des Islam. Mit ihren gewaltigen Torbögen erinnert die Altstadt auf den ersten Blick eher an eine nordafrikanische Medina. Heute leben in Ajmer etwa eine halbe Million Menschen.

Ajmer wurde vom Rajputen-Clan der *Chauhan* im 9. oder 10. Jahrhundert n. Chr. in einem Talkessel des Aravalli-Gebirges im zentralen Rajasthan als neue Hauptstadt ihres Reiches gegründet. Der Ana Sagar-See wurde im 12. Jahrhundert künstlich angelegt.

Im Jahr 1024 wurde Ajmer das erste Mal von islamischen Eroberern von Afghanistan aus angegriffen und geplündert, 1193 nach der Belagerung durch Mohammed von Ghur zerstört. Nun stand Ajmer unter islamischer Herrschaft. Damit war der Weg für den Vormarsch des Islam nach Nordindien frei. Mohammeds Armee stieß bis Bengalen vor und errichtete das erste indische Reich unter islamischer Führung. Doch als er nach dem Tod seines Bruders Führer des Ghuridenreiches wurde, dessen Stammgebiet im Grenzgebiet von Iran, Pakistan und Afghanistan lag, übertrug er die Führung Nordindiens an seinen türkischen Sklaven Qutb-ud-Din Aibak.

Im Jahr 1559 wurde Ajmer ein Teil des Mogulreichs. Besonders für den Mogulkaiser Akbar und seine Nachfolger Jahangir und Shah Jahan wurde die Stadt neben Kaschmir zur Lieblingsresidenz. Sie förderten Ajmer, ließen es zur Metropole ausbauen, einen Paradiesgarten am Ana Sagar-See anlegen und eine gewaltige neue Festung mit rötlicher Stadtmauer und eine Reihe prächtiger Moscheen erbauen. Ihre Konzentration auf Ajmer lag an der hohen strategischen Bedeutung der Stadt. Zum anderen steht im heiligen Bezirk Dargah (auf Persisch und Urdu »Schrein«) das marmorne Grabmal des Sufi-Missionars Muinuddin Chishti (1142–1236). Er war Prediger, Asket, Philosoph und Mystiker und im Gefolge von Mohammed von Ghur nach Ajmer gelangt. Als Gharib Nawaz – »Der Wohltäter für die Armen« – wurde er von allen sozialen Schichten verehrt. Seine Philosophien prägten die toleranten Ansichten Akbars entscheidend. Khwaja (»Der Freund der Armen« – wie ihn die *Fakire* nennen) wurde zum Schutzpatron des Herrscherhauses der Moguln. Akbar unternahm regelmäßig Wallfahrten nach Ajmer. Als Dank für die Geburt seines Sohnes Jahangir soll er zu Fuß die 363 Kilometer von Agra gelaufen sein.

Bis heute tun es ihm die Fakir-Bruderschaften nach. 30 bis 40 Kilometer marschieren sie jeden Tag. Viele Wege führen nur über die Highways Indiens, entsprechend anstrengend sind diese oft wochenlangen Märsche. Die Fakire rasten auf Friedhöfen, wo sie sich mit anderen Bruderschaften treffen und austauschen, sie werden von der Bevölkerung selbstverständlich verköstigt, kehren unterwegs bei Freunden, Bekannten und Glaubensbrüdern ein. Es ist der Höhepunkt in ihrem Jahreskalender.

Ein Fakir (»[freiwillig] arm«) oder auch *Derwisch* ist ein Anhänger des islamischen Sufismus. Der Begriff »Fakir« bezog sich ursprünglich ausschließlich auf muslimische Mystiker, wurde mit der Zeit auch auf Praktiken von Sadhus übertragen. Sie führen obskure Shows auf. Dazu gehört das Liegen auf einem Nagelb(r)ett oder das Durchstoßen der Haut mit metallischen Gegenständen. Dies ist nur in Trance möglich, die den Schmerz betäubt und verhindert, dass Blut aus den Wunden strömt. Auch Zaubertricks kommen zur Aufführung. Für manche sind die bizarren Kunststücke die einzige Einkommensquelle.

Diese Formen der Selbstgeißelung sind auch von den Schiiten im irakischen Kerbala bekannt. Der Irak gilt auch als der Ursprung der

Sufi-Bruderschaften. Sie waren es einst, die den Islam von Westafrika bis Indonesien und den Philippinen attraktiv machten. Besonders waren es auch die Einflüsse der großen Mystiker wie Qalandar, Rumi oder Muhyī d-Dīn Ibn ʿArabī, die bis heute fortbestehen.

Würden die Fakire, auch als »Narren Gottes« bezeichnet, keine grünen Fahnen und individuellen Standarten als Zeichen des Islam tragen, so wären sie kaum von hinduistischen Sadhus zu unterscheiden. Beide sind in Bruderschaften/Sekten organisiert, strahlen (häufig) eine heitere Gelassenheit aus, kennen ähnliche Methoden, um die Überwindung des Körpers zu demonstrieren, leben in selbst gewählter Armut und beschränken sich vollständig auf ihren spirituellen Dienst. Sie versuchen dabei nicht zu bekehren, sondern wollen nur Vorbild sein. Der Konsum von Haschisch ist sowohl unter Fakiren als auch Sadhus weit verbreitet, andere lehnen den Konsum als Form der Ablenkung ab.

Auch die Fakire betonen die Beziehung von Meister (*Murshid*) und Schüler (*Murid*) als ideale Form des Lernens. Die alten Meister, die einer Bruderschaft vorstehen, werden *Pir* genannt.

Der Sufismus, die islamische Mystik, gilt als die toleranteste Interpretation des Islam, wird aber von Radikalen abgelehnt und verfolgt. Für den Islam, der sich in Indien verbreitete, spielten die Sufi-Bruderschaften eine entscheidende Rolle. Wie alle Pilger auf dem indischen Subkontinent wird ihnen dabei Verehrung entgegengebracht. Keiner steht dem Göttlichen näher als die Mönche der verschiedenen Traditionen.

Wobei der Fakir streng genommen kein Mönch ist. Er legt keine Gelübde ab, im Gegensatz zum Sadhu ist ihm die Heirat erlaubt, viele leben dennoch in selbst gewählter Keuschheit. Es kommt auch vor, dass sich Fakire in einem Dorf niederlassen. Nach ihrem Tod wird dem Heiligen dann ein Grabmal errichtet.

Am Todestag von Muinuddin Chishti findet das Fest *Urs* statt – die »heilige Hochzeit« –, die mystische Vereinigung mit Allah. Dieses Fest wird ausschließlich in Ajmer gefeiert. Bis zu zwei Millionen Anhänger strömen für die sechstägigen Festlichkeiten aus ganz Indien und dem benachbarten Pakistan herbei, unter ihnen

Tausende von Fakiren. Viele bringen einen *Chador* mit, um ihn im Heiligtum segnen zu lassen – das sind große, bestickte Tücher, die je nach finanziellen Möglichkeiten aus Baumwolle oder edler Seide gewebt sind. Alle Gläubigen versuchen, die Fakire und ihre Tücher auf ihrem Weg durch die verwinkelte Altstadt von Ajmer zu berühren, um einen Anteil von dem Segen abzubekommen.

Tagsüber werden Opfergaben in zwei riesigen Kesseln gesammelt. Abends werden sie gereinigt, und über Nacht werden in ihnen vier Tonnen Reis mit Zucker und Gewürzen gekocht, der an die Gläubigen ausgegeben wird. Nach zehn Minuten sind beide Kessel geleert.

Die Menge der Gläubigen hängt stark von der öffentlichen Stimmung gegenüber den Muslimen Indiens ab. Kommt es zu Spannungen zwischen den indischen Hindus und Muslimen, trauen sich viele Muslime nicht in die Öffentlichkeit. Auch die Spannungen zwischen Sufis und radikalisierten Muslimen im benachbarten Pakistan spielen eine große Rolle. 2007 kam es zu einem Anschlag auf den heiligen Bezirk. Die Fanatiker sprechen den Anhängern des Sufismus ab, Muslime zu sein.

Während der Feierlichkeiten werden die Nächte über *Qawwalis* (sakrale Gesänge) gesungen, Rhythmen werden bis zur Ekstase getanzt, Gebete erfüllen die Nacht.

Der Besuch der heiligen Stätten von Ajmer lässt sich gut mit dem Besuch von Pushkar, wo der bereits erwähnte Kamelmarkt stattfindet, verbinden, denn beide Städte liegen nur 15 Kilometer voneinander entfernt.

Der Islam in Indien gilt durch sein sufistisches Erbe als ausgesprochen friedfertig, radikale Kräfte haben wenig Einfluss. Auch der Konflikt zwischen Sunniten und Schiiten spielt bei Indiens Muslimen eine untergeordnete Rolle. Umso verheerender wirkt die Benachteiligung und Stigmatisierung von Muslimen im heutigen Indien.

Diese Herabsetzung könnte sie empfänglich für radikale Tendenzen machen und langfristig fatale Folgen für die Koexistenz der Religionen haben.

*13. Grund*

## *Weil in Deshnoke Ratten verehrt werden*

In Deshnoke, 36 Kilometer südwestlich der Stadt Bikaner im Norden der Tharwüste Rajasthans, gibt es einen besonders ungewöhnlichen Tempel, der in seiner Form einzigartig ist – denn in seinem Innern werden Ratten verehrt. Als besonders heilig gelten die seltenen weißen Exemplare mit Albinismus, vor ihnen werfen sich die Gläubigen auf den Boden. Die Berührung mit den Ratten soll Glück verheißen, und so warten viele Pilger stundenlang, um eine weiße Ratte zu Gesicht zu bekommen.

Im Tempel leben etwa 20.000 kleine Ratten, die mit Draht gegen Raubvögel geschützt sind. Die heiligen Wesen werden mit gesegneter Nahrung (*Prasad*) gefüttert. Wasser, Milch, Getreide, Süßigkeiten auf Silbertabletts oder Bronzeschalen, die in der Küche des Tempels zubereitet werden, stehen für die Nager bereit. So gut versorgt sind die Ratten harmlos und ausgesprochen zutraulich. Das gilt jedoch nur für diejenigen, die innerhalb des Tempels leben, und nur sie gelten als heilig. Außerhalb werden sie als Schädlinge betrachtet und weit entfernt ausgesetzt.

Ihre Heimstatt ist kaum weniger behaglich. Es finden sich Arbeiten aus weißem Marmor und mit Silber beschlagene und mit Ornamenten verzierte Tore, die vom Maharadscha Ganga Singh (1880–1943), dem Regenten von Bikaner, gespendet wurden. Der Eingangsbereich ist mit Reliefs von Ratten geschmückt.

Der Tempel darf wie fast alle Gotteshäuser Indiens nur ohne Schuhe betreten werden, Touristen wird aber ausnahmsweise zugestanden, ihn mit Socken zu betreten. Das Allerheiligste ist aber nur Hindus vorbehalten.

Die Verehrung der Ratten ist mit der Legende von der in Rajasthan populären Göttin Karni Mata verbunden. Sie gehörte der Kaste der *Charan* an, der damals hochverehrten fahrenden Sänger, und wurde bereits zu Lebzeiten als Heilige verehrt. Die weiblichen Mitglieder der Kaste galten als Verkörperung von Durga (auch bekannt als Kali, jeweils Avatare* von Shivas Gemahlin Parvati), die sie auch als höchste Göttin verehrten. Parvati wiederum ist die Mutter von Ganesha, dessen Reittier eine Ratte ist und somit eine Rolle in der hinduistischen Mythologie innehat. So werden die Ratten wie Ganesha als klug und glücksverheißend verehrt.

Die königliche Familie von Jodhpur und Bikaner erklärte Karni Mata bereits zu Lebzeiten zur Göttin, weil sie sich durch ein besonders asketisches Leben auf ständiger Wanderschaft auszeichnete und als Mystikerin mit magischen Kräften Wunder wirkte. So wurde sie schnell in der Region bekannt. Besonders setzte sie sich für Unterdrückte und Arme ein. Für die Rajputen wurde sie zu einer Schutzgottheit. Erst in Deshnoke kam sie schließlich zur Ruhe, weshalb hier der Tempel erbaut wurde. Den Gläubigen zufolge wurde sie biblische 151 Jahre alt.

Der Mythos besagt, dass sich der Fürst von Bikaner an die Göttin gewandt habe mit der Bitte, sie möge deren soeben verstorbenen Sohn wieder zum Leben erwecken (in einer anderen Version handelt es sich um ihren eigenen Sohn Laxman). Der vedische Totengott Yama, mit dem sie unter Trance in Verbindung trat, verweigerte sich jedoch dieser Bitte, weil die Seele bereits neu inkarniert sei. Karni Mata wurde fuchsteufelswild und schwor sich, dass niemand mehr aus ihrem Volk in Yamas Totenreich unter dessen Herrschaft geraten würde. Stattdessen sollten die Menschen als Ratten wiedergeboren werden und nach ihrem erneuten Tod als Barden. Die fahrenden Sänger und Poeten genossen in Rajasthan seit jeher großes Ansehen als Verbreiter von Mythen der Götter und irdischen Herrscher.

Während Ratten sonst allgemein als Überträger von Krankheiten gefürchtet sind, teilen Gläubige und Priester im Tempel von Deshnoke sogar ihre Speisen und Getränke mit den heiligen Tieren, die Priester übernachten auch dort. Das macht natürlich wesentlich mehr Sinn, wenn man sich vergegenwärtigt, dass für die Gläubigen die Ratten Inkarnationen ihrer Vorfahren sind, sie sich also im Familienkreis befinden.

---

* *Inkarnation/Wiedergeburt eines Gottes in anderer Gestalt.*

Das (unabsichtliche) Töten einer Ratte gilt als großes Missgeschick. Wem das passiert, dem bleibt nur, dem Tempel eine Ratte aus Gold oder Silber zu schenken. Schließlich handelt es sich in der Vorstellung der Gläubigen um ein Volk von 20.000 fahrenden Sängern, deren Seele vorübergehend in einer Ratte verweilt.

*3. Kapitel*

# *Indiens Seele und Kultur*

*14. Grund*

## *Weil Mahatma Gandhi den friedlichen Widerstand entfachte*

Die berühmteste Persönlichkeit Indiens war sicher Mahatma Gandhi. Bis heute prangt das Konterfei des gewaltlosen Widerstandskämpfers auf den indischen Geldscheinen. Leider sind viele seiner Lehren im heutigen Indien hingegen vergessen.

Mohandas Karamchand Gandhi, wie er wirklich hieß, wurde 1869 in Porbandar auf der Halbinsel Kathiawar in Gujarat als jüngster von vier Söhnen geboren. Er stammte aus gehobenen Verhältnissen. Sein Vater und zuvor sein Großvater waren Minister des autonomen Fürstentums Porbandar, das allerdings unter Oberherrschaft der Briten stand. Sein Vater fungierte auch als Friedensrichter und Mediator. Die Familie entstammte der Kaste der Kaufleute und verehrte Vishnu als ihren alleinigen Gott. Im Elternhaus verkehrten jedoch auch häufig Angehörige anderer Religionsgemeinschaften, darunter Muslime, Parsen und die Jaina, deren weitgehende und konsequente Auslegung des Prinzips von *Ahimsa* (Gewaltlosigkeit, »Nicht-Verletzen«) ihn zeit seines Lebens stark prägen sollte.

Bereits im Alter von sieben Jahren wurde er mit Kasturba Kapadia verlobt und im Alter von 13 Jahren mit ihr verheiratet. Später setzte sich Gandhi sehr kritisch mit der Tradition der Kinderheirat auseinander und verurteilte sie moralisch.

Die beiden hatten vier Kinder zusammen, bevor er 1906 ein Gelübde sexueller Enthaltsamkeit ablegte. Seine Ehefrau begleitete ihn später nach Südafrika und sprach sowohl dort als auch in Indien auf seinen politischen Veranstaltungen und gab Alphabetisierungskurse. Sie stand immer in seinem Schatten, zugleich pflegte Gandhi seine Frau während einer schweren Krankheit und stand ihr am Totenbett bei.

Mohandas Gandhi war lange kein guter Schüler, tat sich schwer mit dem Englisch in der Schule, das auch seine Eltern nicht beherrschten. Er testete häufig Grenzen aus und probierte Fleisch,

Alkohol, Zigaretten und käufliche Liebe. Im Nachhinein schämte er sich so sehr für seine Verfehlungen, dass er über Selbstmord nachdachte. Schließlich bereute er sein Verhalten und entwickelte aus diesen Erfahrungen eine harsche Selbstdisziplin.

Sein Vater starb, als er 16 Jahre alt war. Mit 19 Jahren lieh ihm sein ältester Bruder, nun zum Familienoberhaupt aufgestiegen, Geld für die Reise und ein Jurastudium in England. Gandhi besuchte die Anwaltskammer Inner Temple. Zur selben Zeit erwachte das Interesse der Briten an den Philosophien des Ostens. Zum ersten Mal las Gandhi selbst eines der zentralen Werke der hinduistischen Philosophie, die *Bhagavad Gita* (»Der Gesang Gottes«). Die 18 Gesänge mit etwa 700 Strophen sind ein Teil des großen Epos *Mahabharata**.

Erst im Ausland fand Gandhi einen inneren Zugang zu seiner eigenen Kultur. Zugleich beschäftigte er sich mit dem Wirken von Buddha, Jesus und Mohammed, aber auch den Theorien von Sozialismus, Pazifismus, Humanismus, Anarchismus und Atheismus. Außerdem bewunderte er die freiheitlich demokratische Ordnung mit Streikrecht und Pressefreiheit in Großbritannien, fand Gefallen an Französischstunden, Tanz und Mode.

1891 erhielt er seine Zulassung als Rechtsanwalt, die ihm Arbeit im gesamten britischen Empire ermöglichte, und kehrte nach Indien zurück. Er fand Arbeit als Anwalt in der Nähe von Bombay. Beruflich war er jedoch nur mäßig erfolgreich und erlebte immer wieder Diskriminierung durch die britischen Kolonialherren.

1895 übernahm er den Auftrag, einen Landsmann als Rechtsberater im südafrikanischen Pretoria zu vertreten. Er machte sich unter in Südafrika ansässigen indischen Geschäftsleuten schnell einen Namen und blieb letztendlich 19 Jahre in Südafrika. Mit der Zeit wandelte er sich zum Widerstandskämpfer gegen die Auswüchse des Apartheid-

* *Neben den Veden sind die Epen Mahabharata und das Ramayana die wichtigsten Texte für den Hinduismus. Sie wurden ab dem 2.–4. Jhd. n. Chr. niedergeschrieben, reichen in mündlicher Überlieferung aber mindestens bis 400 v. Chr. zurück. Heute hat das indische Kino und Fernsehen diese Erzähltradition teilweise übernommen. Die Mythen und Götter erfreuen sich als Blockbuster und Telenovelas ausgesprochen großer Beliebtheit. Oft haben sich diese Neuinterpretationen aber weit von den Ursprüngen entfernt.*

systems. Gegen den Versuch, den Indern in Südafrika das Wahlrecht zu entziehen, gründete er den Natal Indian Congress und war mit seinem Vorhaben erfolgreich. Die Souveränität der Briten stellte er jedoch (noch) nicht grundsätzlich infrage. Seine Solidarität weitete er auch nicht auf die schwarze Bevölkerung aus. Vielmehr wollte er nicht auf deren (niedriger) Stufe stehen. Man kann ihn daher auch nicht als Kämpfer gegen allgemeinen Rassismus verstehen, sondern ausschließlich als Vertreter der indischen Bevölkerung in Südafrika.

So erhielt Gandhi bei einem kurzen Abstecher nach London die »Kaisar-i-hind«-Medaille. Noch erkannten die Briten in ihm keine Bedrohung Britisch-Indiens. Auch in der Folgezeit versuchten die Briten immer wieder, Gandhi am Nasenring durch die Manege zu ziehen. Am Ende unterschätzten sie jedoch seine Opferbereitschaft und seine strategischen Fähigkeiten massiv.

1914 kehrte er nach Indien zurück, und jetzt eilte ihm der Ruf voraus, sich vehement für die Inder in Südafrika eingesetzt zu haben. Trotz mehrerer Verhaftungen in Südafrika hatte er sich unbeugsam gezeigt. Der große Lyriker Rabindranath Tagore nannte ihn bei seiner Rückkehr *Mahatma* – »Große Seele«. Gandhi, der schmächtige Mann mit der Nickelbrille, tat sich lange schwer mit diesem ungeliebten Titel, weil er keinen Kult um seine eigene Person wollte. Innerlich wandte er sich in dieser Zeit vom Konzept der Familie ab und immer stärker der Askese und Spiritualität zu. »Sei du selbst die Veränderung, die du in der Welt sehen willst« wurde zu seinem Motto. Auch von westlichen Idealen distanzierte er sich immer stärker. Er stellte das indische Dorf ins Zentrum seiner Vorstellung von Zivilisation, das Spinnrad und das *Khade*, ein handgewebtes Tuch, wurden zu Symbolen der Rückbesinnung auf die Traditionen Indiens. Er begründete das »häusliche Spinnen«, um eine von den Briten unabhängige Textilindustrie aufzubauen.

Gandhi rief seine Landsleute dazu auf, »passiven« Widerstand gegen die Briten zu leisten, ihre Waren zu boykottieren, ihre Verwaltung zu sabotieren, und propagierte bürgerlichen Ungehorsam. Er bemühte sich, die Inder zu vereinen und eine geschlossene Front gegen die Kolonialherren zu errichten. Er setzte sich für die Rechte der niederen Kasten ein und rief zur Versöhnung mit den Muslimen auf. Allerdings wollte Gandhi das Kastensystem keineswegs vollständig abschaffen und den Dalit auch keine Selbstorganisation zugestehen. Er wollte vielmehr stellvertretend für sie sprechen, um seine Bewegung zu stärken. Tatsächlich gelang es ihm, eine indische Massenbewegung zu formen.

Zu seinem Markenzeichen wurde der gewaltlose Widerstand, der den Briten die Möglichkeit nahm, mit Gegengewalt zu antworten. Immer wieder trat Gandhi in den Hungerstreik, um seine Forderungen durchzusetzen. Dieser wurde zu seiner einzigen »Waffe«, die immer schärfer wurde, je beliebter er in der indischen Bevölkerung wurde.

Als es im April 1919 in Amritsar zu einem Massaker der britischen Kolonialherren an den friedlichen indischen Demonstranten während einer von Gandhi initiierten Demonstration kam, obwohl er selbst vor der zunehmenden Gewalt gewarnt hatte, unterbrach er seine Aktionen des Widerstands und begann zu fasten, um zu büßen.

Zu seinen wichtigsten philosophischen Pfeilern wurden drei alte Konzepte aus dem Hinduismus: das Gelöbnis zu *Ahimsa*, *Satyagraha*, das kompromisslose Festhalten an der Wahrheit, und *Swaray*, die individuelle und politische Selbstkontrolle und Selbstbestimmung, aus der auch seine Forderung nach Unabhängigkeit der Inder erwuchs.

Doch die Briten weigerten sich hartnäckig, Indien den Status eines »Dominion« zuzugestehen, was zumindest einige Autonomie innerhalb des britischen Empire bedeutet hätte.

Die Kongresspartei (Indian National Congress*) beauftragte den charismatischen Gandhi 1930 mit einem neuen Protestzug. Am

* *Die Kongresspartei wurde 1885 von Muslimen und Hindus in Pune gegründet. Sie ist eine der ältesten demokratischen Organisationen der Welt. Sie spielte die entscheidende Rolle im Unabhängigkeitskampf der Inder. Doch erst das Massaker in Amritsar vereinte die Lager aus Reformern und Radikalen vorübergehend. Nach der Unabhängigkeit bestimmten ihre Politiker die Geschicke des Landes maßgeblich, und noch heute gehört sie gemeinsam mit der erst 1980 gegründeten BJP zu den wichtigsten Parteien des modernen Indiens. Im Gegensatz zur BJP, die offen Hindu-nationalistisch auftritt, ist die Kongresspartei säkular geprägt, betont also die Trennung von Religion und Staat.*

26. Januar 1930 verlas er ein Manifest mit den Forderungen – der Tag gilt im modernen Indien als Nationalfeiertag. Am 12. März 1930 brach er mit Begleitern auf, um am Ufer des Arabischen Meeres Salzkristalle aufzulesen, um symbolisch das britische Salzmonopol zu brechen und gegen die 1923 verdoppelte Salzsteuer zu protestieren. Das ging als »Salzmarsch« in die Geschichte ein und war eine brillante Form des gewaltfreien Protests, die bis heute Nachahmer findet und ihn zu einer der Ikonen der weltweiten Friedensbewegung machte.

Gandhi wurde im Anschluss an den »Salzmarsch« erneut inhaftiert (insgesamt musste Gandhi in Südafrika und Indien acht Jahre in Gefängnissen verbringen), doch ein Jahr später wieder freigelassen, weil die britische Regierung nach dem Scheitern einer Konferenz mit indischen Politikern einen neuen Verhandlungspartner suchte. Die Kongresspartei betraute ihn offiziell als ihren Vertreter. Fast drei Monate wurde in London verhandelt. Inzwischen waren die Briten bereit, Indien als »Dominion« anzuerkennen, doch Gandhi forderte inzwischen die vollständige Unabhängigkeit Indiens, kehrte allerdings mit leeren Händen nach Hause zurück. Winston Churchill nannte Gandhi einen »halb nackten Fakir«, weil er auf seine indische Robe bestand und sich weigerte, einen Anzug zu tragen. Noch immer unterschätzten ihn die Briten massiv, was sich bald änderte. Gandhi sagte dazu: »Zuerst ignorieren sie dich, dann lachen sie über dich, dann bekämpfen sie dich, und dann gewinnst du.«

Er träumte von einem geeinten Vielvölkerstaat, in dem die Religionen nebeneinander bestehen, unterschätzte aber massiv die Interessen der Minderheiten. Gandhi verlor zusehends den Kontakt zur Realität und flüchtete sich in seine Utopien, das Steuerrad über die Unabhängigkeitsbewegung übernahmen andere. Politiker und Widerstandskämpfer wie Jawaharlal Nehru, Vallabhbhai Patel, Baldev Singh und Muhammad Ali Jinnah (mit seiner 1906 gegründeten »Muslimliga«) arbeiteten längst an einem geteilten Indien. So konnte Gandhi auch nicht verhindern, dass die Spannungen zwischen Hindus und Muslimen zunahmen und am 16. August

1946 zu monatelangen bürgerkriegsähnlichen Kämpfen eskalierten. Dasselbe wiederholte sich, als Großbritannien 1947 zwei Staaten in die Unabhängigkeit entließ: Indien und Pakistan. Sofort flammte die Gewalt wieder auf, Millionen Menschen wurden zu Vertriebenen, die von Pakistan nach Indien oder umgekehrt flüchteten. Eine Million Menschen starben. Die schrecklichen Ereignisse schlugen eine Wunde, die bis heute nicht geheilt ist. Es muss seine größte Niederlage gewesen sein, betonte er doch die Einheit, sowohl geografisch als auch spirituell: »Du und ich – wir sind eins. Ich kann dir nicht wehtun, ohne mich zu verletzen.«

Gandhi hörte nicht auf, sich für die Aussöhnung von Hindus und Muslimen einzusetzen. Er fastete, um sich für die Einhaltung der Verträge zwischen den neu geschaffenen Staaten Indien und Pakistan einzusetzen. Das verstand der Hindu-Fanatiker Nathuram Godse als Hochverrat. Zehn Tage nachdem ein Bombenattentat auf sein Haus verübt worden war, wurde Gandhi am 30. Januar an selber Stelle in Neu-Delhi erschossen.

Als seine Asche in den Ganges gestreut wurde, sahen Hunderttausende dabei zu und nahmen Abschied von ihrem *Bapu* – dem »Vater« der Nation Indien. Sein Traum von einem friedlichen Vielvölkerstaat blieb unvollendet. Die bekannten indischen Politikerinnen Indira und Sonia Gandhi tragen zwar denselben Nachnamen, sind jedoch nicht mit ihm verwandt.

Auch wenn Mahatma Gandhi aus heutiger Sicht kein progressives Bild von Frauen, Kaste und Rasse besaß, waren sein Kampf und seine Einstellung in seiner Zeit revolutionär im besten Sinne. Gandhi war eine beeindruckende Persönlichkeit, die bis heute inspirierend ist und deren Lehren im modernen Indien dringend wieder mehr Gehör finden sollten. Seit seinem Tod hat sich keiner mehr in diesem Maße um Aussöhnung zwischen Hindus und Muslimen bemüht, Lahore und Neu-Delhi verharren in unfruchtbarer Erzfeindschaft. Glücklicherweise sind einige in seine Fußstapfen getreten, ihr werdet sie im Kapitel »Persönlichkeiten« kennenlernen. Gandhis Beispiel wird hoffentlich noch viele Menschen inspirieren!

*15. Grund*

## *Weil Buddha in Nordindien seine Lehren verbreitete*

Siddhartha Gautama, Begründer des Buddhismus und später als »historischer Buddha« bekannt, wurde in Lumbini in Nepal, nahe der heutigen Grenze zu Indien, geboren. Seine Wanderschaft, seine Predigten und die Geschichte um seine finale Erleuchtung spielten sich jedoch in Nordindien ab. Der Mythos und die historische Realität sind dabei kaum voneinander zu trennen.

Siddhartha (»Der, der das Ziel erreicht hat«) soll ein Sohn aus dem Adelsgeschlecht der Shakya gewesen sein. Sein Vater war wohl der regierende Fürst des Kleinstaates Kapilavastu im heutigen Nepal direkt an der Grenze zu Indien. Mit 16 Jahren wurde er mit seiner Cousine Yasodhara verheiratet, und aus ihrer Ehe ging ihr Sohn Rahula hervor.

Der Legende nach versuchte man, die Schrecken der Welt möglichst lange vor ihm zu verbergen. Doch auf vier Ausflügen begegnete er einem Kranken, einem Alten, einem Asketen und sah den ersten Toten. Diese Erfahrungen offenbarten ihm die Fragwürdigkeit und Vergänglichkeit irdischer Freuden und seines luxuriösen Lebens am Hof. Daraufhin beschloss er, dem adeligen Leben zu entsagen und als Wanderasket Erleuchtung zu finden. Die Kasteiungen, die er sich zunächst auferlegte, waren jedoch so extrem, dass sie ihn dem Tod nahebrachten. Er erkannte daraufhin seinen Irrweg und suchte fortan nach einem »Mittleren Weg«.

Er begann sein eigenes Selbst, seine Gefühle und Gedanken nicht weiter zu negieren, sondern sie als vergängliche Momente zu begreifen und gleichmütig zu ertragen. Diese Methode soll zur Erkenntnis führen, dass zwar alles Leben leidvoll ist, dass das Leid aber keine Realität an sich hat, sondern nur in unserer Wahrnehmung existiert und daher überwunden werden kann. Die innere Versenkung, die Meditation, wurde zu seinem neuen Werkzeug in dem Streben nach Erkenntnis. Sieben Jahre soll seine Innenschau angehalten haben, bis er die »vier Wahrheiten« erkannte, die ihn erleuchteten und zum

»Buddha« machten. Vor allem erkannte er, dass alles, was entstanden ist, vergehen muss (um neu zu entstehen). Diese Erkenntnis nahm ihm die Furcht vor seiner Sterblichkeit, was ihn grundsätzlich von Ängsten befreite. Buddhas innere Transformation soll in Bodhgaya unter einer Pappelfeige, dem sogenannten Bodhibaum (*bodhi* = Erleuchtung), stattgefunden haben. Daran erinnert bis heute der Mahabodhi-Tempel, in dem angeblich ein Abkömmling jenes Baumes wächst.

Doch anstatt sich dem erlösenden Frieden des Nirwana hinzugeben, beschloss er, auf Erden zu bleiben und den leidenden Menschen seine Erkenntnisse zu vermitteln. Mit der ersten Predigt im »Gazellenhain von Sarnath«, unweit der Stadt Varanasi, setzte er das »Rad der Lehre«* in Bewegung. Seiner Überzeugung nach führt die menschliche Gier nach Macht, Bequemlichkeit und Geld zu Leid. Die einzige Hoffnung bestand für ihn darin, im Wissen um die Vergänglichkeit das eigene Ego zu zertrümmern und das Verlangen und die illusionäre Welt zu überwinden. Vierzig Jahre lang zog Buddha als Wanderprediger durchs Land, und seine Anhängerschaft wuchs rasant, bis er um 483 v. Chr. bei Kushinagar gestorben sein soll und Erlösung fand.

*16. Grund*

## *Weil der Buddhismus von Indien aus zur Weltreligion wurde*

Nach dem Tod Siddharthas, der zum Buddha geworden war, verbreiteten seine Schüler seine Lehren weiter, und bis ins 10. Jh. n. Chr. hinein spielte der Buddhismus eine wichtige Rolle in Indien. Erst danach wurde er vom wieder erstarkenden Hinduismus zurückgedrängt. Im 9. Jahrhundert war er nur noch in Bihar und Bengalen unangefochten.

---

* *Dieses Dharmachakra (auch »Rad des Gesetzes«), ein achtspeichiges Rad, das die »Acht Wahrheiten« symbolisiert, schmückt bis heute die indische Nationalflagge.*

Als im 12. Jahrhundert der Vormarsch des Islams einsetzte, wurden auch dort viele Klöster zerstört und Mönche ermordet. Die Gläubigen zogen sich im 13. Jahrhundert verstärkt nach Tibet, China, Sri Lanka, Bhutan oder Südostasien zurück.

Zwar bekennt sich heute nur noch ein Bruchteil der indischen Gesellschaft zum Buddhismus – die offiziellen Zahlen liegen bei unter einem Prozent –, doch er war ein wichtiger Faktor in der indischen Geschichte, besonders unter Kaiser Ashoka, der sich der Lehre anschloss und sie in ganz Indien bekannt machte. Heute ist der Buddhismus auf indischem Gebiet vor allem im Himalaya verbreitet. In den dünn besiedelten Regionen von Ladakh, Zanskar, Spiti und Nubra konnte sich der Buddhismus erhalten. Neuen Zulauf fand er durch Flüchtlinge aus Tibet, die sich vor allem um Dharamsala angesiedelt haben.

Bhimrao Ramji Ambedkars, einer der Gründungsväter Indiens und selbst ein Dalit, rief kurz vor seinem Tod 1956 alle Dalit dazu auf, zum Buddhismus zu konvertieren, um den gravierenden Nachteilen für die »Unberührbaren« innerhalb des Kastensystems zu entkommen. Hunderttausende folgten seinem Aufruf. Er war bitter enttäuscht, dass den Dalit auch in einem demokratischen Staat* keinerlei Anerkennung entgegengebracht wurde.

Der Buddhismus etablierte sich nun in Süd- und Ostasien und verbreitete sich später in der ganzen Welt. Auch im Westen fand und findet die Weltanschauung zunehmend Anhänger, doch oft fehlt den »Gläubigen« wesentliches Hintergrundwissen.

Der Buddhismus gilt als grundsätzlich friedfertige Philosophie. Doch der Völkermord an der muslimischen Minderheit der Rohingya im buddhistisch geprägten Myanmar zeigt auf erschreckende Weise, dass dies nicht stimmt, der verheerende Bürgerkrieg auf Sri Lanka zwischen Buddhisten und hinduistischen Tamilen, der zwischen 1983 und 2009 in dem Inselstaat wütete, ist ein weiteres Beispiel. Auch dort flackert in letzter Zeit Gewalt gegen Muslime auf. Ähnliches gilt für den Süden Thailands. Die Tibeter waren in ihrer

* *Trotz festgelegter Quoten für Dalit in Parlament und Unterhaus.*

Geschichte in Kriege verwickelt und missionierten teilweise aggressiv. Auch die Zen-Schulen ließen sich vom militanten Nationalismus Japans vereinnahmen. Groß angelegte Kreuzzüge, um den eigenen Glauben zu verbreiten, gab es jedoch nicht.

Unter Gläubigen ist umstritten, ob es sich beim Buddhismus um eine Religion oder um eine Philosophie beziehungsweise Erkenntnisschule handelt. Ich finde es sehr schwer, beides zu trennen, schließlich basiert Religion auf einer verbindlichen Ethik. Der Buddha ist in jedem Fall kein Gott, sondern ein Vorbild auf der Suche nach Erkenntnis. Trotzdem ist die Frage, ob der Buddhismus Götter kennt, nicht so einfach zu beantworten und hängt auch von der jeweiligen Schule ab. Wie der Hinduismus kennt der Buddhismus unterschiedliche Strömungen. Jedenfalls gibt es auch für Buddhisten ein »Höchstes Absolutes«, mit dem der Erleuchtete in Verbindung steht. Einen klassischen Schöpfergott gibt es im Buddhismus eindeutig nicht. Wenn es Gott gibt, dann ist er für den Menschen nicht fassbar, und die Erlösung vom Leiden ist daher viel zentraler. Anders gesagt: Die (Selbst-)Erkenntnis steht über der Offenbarung. Dennoch gibt es viele Darstellungen des Göttlichen, gerade der tibetische Buddhismus ist stark von Göttern, Schutzgeistern und Dämonen geprägt, die teilweise auf die ältere *Bön**-Religion zurückgehen.

Die vier Hauptorden des Buddhismus sind *Kagyü*, *Sakya*, *Nyingma* und *Gelugpa* (auch »Gelbmützen« genannt), unterschiedliche Strömungen, die sich in der Geschichte des Buddhismus entwickelt haben. Die Mönche haben die Aufgabe, die Lehren des Buddhismus lebendig zu erhalten. In manchen Traditionen ist es üblich, sich für ein lebenslanges Leben als Mönch zu entscheiden, in Südostasien ist eher verbreitet, in jungen Jahren zwei Jahre dem Kloster zu dienen und danach ein weltliches Leben weiterzuführen.

---

* *Die schamanistisch geprägte Bön-Religion und der Buddhismus prägten sich stark gegenseitig. Manchmal wird der Bön auch als 5. Schule des Buddhismus bezeichnet. Die Bön-Religion wird nur noch im östlichen Tibet vereinzelt praktiziert und ist sonst vollständig im Buddhismus aufgegangen. Das tibetische Staatsorakel ist wie die Dämonenwelt ein Relikt aus dem Bön.*

Der Dalai-Lama* ist eine der wichtigsten Persönlichkeiten der Gelugpas. Er trägt denselben Beinamen wie Siddhartha, der zum Buddha wurde, Gautama oder Gotoma.

In der Vorstellung der Buddhisten gibt es 24 »Vorzeitbuddhas« und »Zukunftsbuddhas«. *Maitreya* ist nach ihrer Vorstellung die nächste Inkarnation des Buddha.

Die älteste Strömung ist das *Theraveda*, »die Schule der Älteren«, und entstand etwa im 4. Jahrhundert v. Chr. Hier spielen die Kleriker die Hauptrollen, nur sie können Erlösung erreichen. Diese Interpretation ist heute vor allem in Myanmar, Laos, Thailand, Kambodscha und Sri Lanka verbreitet.

Im 1. Jahrhundert v. Chr. entstand das *Mahayana* (»Großes Fahrzeug«). Jetzt konnten auch Laien Nirwana erlangen, die Macht der Kleriker wurde dadurch eingeschränkt. Die Mahayana-Anhänger nennen die Theraveda-Schule auch *Hinayana* (»Kleines Fahrzeug«) – ein verbreiteter, aber auch abwertender Begriff, den Theraveda-Anhänger ablehnen. Das Mahayana ist bis heute die prägende Schule für die Buddhisten in China, Vietnam, Japan und Korea. Auch der Zen-Buddhismus entwickelte sich aus dieser Schule.

Das *Vajrayana* (»Diamantenes Fahrzeug«) oder auch *Tantrayana*, ist eine esoterisch geprägte Strömung des Buddhismus. Sie entstand im 4. Jahrhundert n. Chr. in Indien und hat die Wahrnehmung des Buddhismus im Westen am stärksten geprägt. Die Lehren des Tantra wirkten sich in dieser Phase stark auf Hinduismus und Buddhismus aus. Erst jetzt tauchten zum ersten Mal zentrale Begriffe wie das *Mantra* (»Schutzformel«), das *Mandala* und *Mudra* (»heilige Gesten«) auf, die besonders in der westlichen Interpretation eine große Rolle spielen. Bis heute ist Tibet neben Nepal und der Mongolei Zentrum dieser Auslegung.

Durch die Verschmelzung von Theraveda und Vajrayana entstand der tibetische Buddhismus mit seinem klerikal-theokratischen Herr-

* *Der aktuelle Dalai-Lama, der buddhistische Mönch Tendzin Gyatsho, gilt als 14. Inkarnation. Er wird als Bodhisattva verstanden, ein erleuchtetes Wesen, das aus Mitgefühl reinkarniert, um das Leiden der Anderen zu lindern.*

schaftssystem. Andere Strömungen und Schulen haben die Jahrhunderte nicht überdauert.

Alle vier Schulen verbindet der Glaube an die »vier edlen Wahrheiten« und den »achtfachen Pfad« zur Erlösung vom Leiden, verbunden mit dem Ende der Täuschung und der Anhaftung an die materielle Welt. Ziel ist das Nirwana, das Erlöschen von Begierden wie Gier, Hass und Verblendung, weder gutes noch schlechtes Karma zu produzieren und das Erlangen von *Buddhata* – der »Buddhaschaft«. Nur die Wege zu diesem Ziel unterscheiden sich in den verschiedenen Glaubensschulen. Der wichtigste Feiertag für die Buddhisten ist Vesakh. An diesem Tag, Ende Mai oder Anfang Juni, wird der Übergang von Siddhartha zu Buddha gefeiert.

Auch im Westen fand der Buddhismus immer mehr Anklang. Dazu trugen u.a. die Werke von Arthur Schopenhauer und Hermann Hesse bei.

Nur wer dem Kreisen um das eigene Ego entkommt, dem offenbart sich, dass er Teil eines großen Ganzen ist. Es geht darum, die Struktur der eigenen Denkmuster zu entlarven. Ziel sind Gelassenheit und Angstfreiheit – es ist ein langer, steiniger Weg. In diesem Leben Erleuchtung zu finden, werden nur wenige erreichen. Dennoch habe ich aus der Beschäftigung mit dem Buddhismus Lehren für mein Leben ziehen können, etwa Leiden als Erkenntnisweg zu verstehen.

*17. Grund*

## *Weil Ashoka sich vom grausamen Feldherrn zum friedlichen König wandelte*

Ashoka wurde um 304 v. Chr. im Norden Indiens geboren. Er war der Enkel von Chandragupta Maurya, der die nach ihm benannte *Maurya*-Dynastie 321 v. Chr. begründet hatte. Das Kernland war das nordindische Bihar in der nördlichen Ganges-Ebene. Daraus entstand unter Ashoka das größte Reich während der indischen Antike. Handelsrouten verbanden das Maurya-Reich mit Babylon und Persepolis, dem Kaspischen, Roten, Schwarzen und dem Mittelmeer, mit Birma und der Ostküste Afrikas.

Zunächst war Ashoka Statthalter von Taxila im heute pakistanischen Teil des Punjabs. Taxila war im 6. vorchristlichen Jahrhundert die Hauptstadt des Gandhara-Reiches, in dem sich hellenistische, indische und buddhistische Einflüsse mischten. Hier kam Ashoka das erste Mal mit der buddhistischen Philosophie in Berührung, was später noch große Bedeutung haben sollte.

Als er den Thron im Palast der Hauptstadt des Maurya-Reiches Pataliputra (dem heutigen Patna) bestieg, lag sein Hauptaugenmerk zunächst auf der Vergrößerung seines Reiches. Damit setzte er die Tradition seiner Vorfahren fort. Dabei erwies er sich als besonders grausam und jähzornig. Er soll 500 Beamte enthauptet haben, die sich seinem Willen widersetzten. Haremsdamen, die ihn verspotteten, ließ er bei lebendigem Leib verbrennen. In Pataliputra ließ er ein Gefängnis errichten, in dem grausam gefoltert wurde und das niemand lebendig verlassen sollte. Auch vor dem Mord an Familienmitgliedern schreckte er nicht zurück. Gleich 99 Brüder soll er aus dem Weg geräumt haben. Allerdings spricht einiges dafür, dass die Chronisten ihn als besonders grausam darstellen wollten, um seine spätere Wandlung stärker glorifizieren zu können.

Mit der gewaltsamen Einnahme des Königreichs Kalinga, bei der Hunderttausende Soldaten und Zivilisten umgekommen sein sollen, beherrschte er ein Reich, das bis auf den äußersten Süden ganz Indien vereinte und sich bis nach Afghanistan erstreckte.

Angeblich soll er angesichts der ständigen Gewalt in eine psychische Krise geraten sein – eine Felsinschrift soll das belegen. Sie besagt, dass ein militärischer Sieg letztlich sinnlos sei, sondern allein der Sieg des Dharma bedeutend sei. Diese Erkenntnis löste offenbar einen grundlegenden Wandel Ashokas aus. Auf dem Höhepunkt seiner Macht soll er zum Buddhismus konvertiert sein. Eine Legende berichtet davon, wie beeindruckt der Herrscher von einem buddhistischen Mönch gewesen sein soll, der dessen grausames Gefängnis überlebte. Wahrscheinlicher ist aber, dass sich Ashoka nach und nach und über viele Jahre mit den Lehren des Buddhismus auseinandersetzte. Schließlich war er der buddhistischen Philosophie bereits in Taxila begegnet.

Er beschloss, auf weitere Eroberungen zu verzichten und das Reich zu konsolidieren. Bei weiteren Feldzügen wäre es allerdings auch schwierig geworden, die Grenzen zu verteidigen und sich der Unterstützung lokaler Machtstrukturen zu versichern.

Stattdessen widmete er sich fortan der sozialen Wohlfahrt und der Friedenssicherung. Er verbot sogar die Kriegsführung und forderte seine Untertanen dazu auf, keine Gewalt anzuwenden. Er strebte nun nach freundschaftlichen Beziehungen zu seinen Nachbarn, allen voran den Nachfolgereichen Alexander des Großen, den Seleukiden, deren Reich von Kleinasien und dem heutigen Israel über Mesopotamien und Persien bis nach Baktrien reichte.

Zwei Jahre nach dem verheerenden Krieg gegen Kalinga unternahm er eine Pilgerreise nach Bodhgaya, wo Siddhartha Erleuchtung gefunden hatte und zum Buddha geworden war. Im Anschluss bereiste er sein Großreich, ließ *Stupas* (kreisförmig angelegte Grabhügel, in denen Reliquien des Buddha und bedeutender Mönche und Äbte aufbewahrt wurden) errichten und zeigte sich privat als Anhänger des Buddhismus. Zur Staatsreligion wurde dieser jedoch nicht, wahrscheinlich wäre es riskant für Ashoka gewesen, die Anhänger anderer Religionsgemeinschaften in seinem Reich zu erzürnen. So begann er, einen Moralkodex zu verfassen, die Dharma-Regeln. Diese Regeln wurden im ganzen Reich bekannt gemacht, indem sie in Felsen graviert wurden, später fanden sich die Inschriften an den Grenzen seines Reiches auf bis zu 15 Meter hohen und 50 Tonnen schweren Säulen. In diesen Botschaften bezeichnete er sich selbst als »Liebling der Götter« und berichtete von seiner großen Reue wegen der grausamen Eroberung Kalingas. Das brachte ihn aber nie dazu, die eroberten Gebiete zurückzugeben oder auch die Vertriebenen nach Kalinga zurückkehren zu lassen.

Die zentralen Forderungen sind der Respekt vor den Älteren, Großmut, Wahrhaftigkeit und das Gebot von Ahimsa, das

»Nicht-Verletzen«, also kein Lebewesen zu töten. Dem folgten auch konkrete Reformen. Ashoka beendete die steuerliche Willkür, förderte Landreformen, ließ Schulen und Krankenhäuser errichten und ließ die Lehren Buddhas in seinem Reich verbreiten. Er verbot Tieropfer, verbesserte die Infrastruktur auf den Karawanenrouten und ließ viele Klöster erbauen.

Seine Botschaft, dass jedem das Himmelreich offen stehe, waren revolutionäre Töne im antiken Indien. Besonders das starre Kastensystem mit seinen Vorrechten und Benachteiligungen sorgte dafür, dass seine Ideen anfangs Anklang fanden, sowohl unter Angehörigen der niederen Kasten als auch unter den aufstrebenden Händlergilden, die zuvor keine weiteren Aufstiegsmöglichkeiten hatten.

Doch bald gab es auch Widerspruch gegen seine Reformen und ethischen Vorstellungen. Ashokas Ansprüche waren fast unmöglich zu erfüllen. Kein Mensch und kein Tier durften zu Schaden kommen. Wie sollte man das umsetzen? Dürfen die Fischer also nicht mehr angeln, die Jäger nicht mehr nach Raubtieren wildern, und wie können die Bauern ihre Felder pflügen, ohne die Lebewesen in der Erde zu zerstören?

Die Gläubigen wollten nicht auf die traditionellen Tieropfer verzichten, die Brahmanen nicht auf ihre Einnahmen aus Tempelspenden und der Durchführung der Rituale verzichten. Die Höflinge wollten Spektakel mit Tierkämpfen.

Ashoka machte es seinen Untertanen keineswegs leicht und ließ bereits neue Edikte einmeißeln. Darin rühmte er sich seines Edelmuts und ernannte Beamte, die über die Einhaltung der Dharma-Regeln wachten. Gleichzeitig baute er eine Art Tugendpolizei auf. Ashoka inszenierte sich als fürsorglicher König, der seine Untertanen erziehen wollte, doch das grenzte wiederum an Tyrannei.

Der Buddhismus stand zu jener Zeit vor einer frühen Spaltung. Buddhas Worte waren ausschließlich mündlich überliefert worden, und bald entbrannte ein Streit um die Auslegung der Ordensregeln. Ashoka ließ ein Konzil in der Hauptstadt einberufen, um eine Zersplitterung zu verhindern. Die größte Streitfrage bestand darin, ob die Macht in den Händen des Klerus liegen müsse oder der Buddhismus eine Laienbewegung sei und welche Wege zur Erlösung führen würden. Doch die Mönche wurden sich nicht einig, und so entstanden nach und nach die verschiedenen buddhistischen Orden, die bis heute prägend sind.

Höhepunkt seiner Bemühung zur Missionierung waren schließlich Gesandtschaften, die er in die gesamte bekannte Welt schickte, etwa zu den Seleukiden, den Ptolemäern, nach Kleinasien, Makedonien, Nordafrika, Burma, Sri Lanka und Westchina. Er wollte seinen Willen zum Frieden bekunden und seine Morallehre zu einer universellen machen. Sicherlich lag darin viel Anmaßung, andererseits ist sein kosmopolitischer Ansatz faszinierend, visionär und revolutionär für die Antike.

Doch letztlich hatten seine Dharma-Regeln nicht die einigende Kraft, um das Reich dauerhaft zu stabilisieren. Die Konflikte zwischen den Kasten und verschiedenen Glaubensrichtungen konnte er nicht befrieden. Seine »Religions-Polizei« erzeugte eher zusätzlichen Unmut. Doch Ashoka war weiter besessen von seiner Lehre. Am Ende soll er seine Besitztümer an ein Kloster verschenkt und seine Autorität verloren haben. Die Macht war ihm entglitten, und er starb als gebrochener und desillusionierter Mann. Doch die Erinnerung an ihn bleibt erhalten in Literatur, Kalligrafie und seinen Säulen. Eines der Säulenkapitelle mit vier Löwen ziert heute das indische Nationalwappen. Ashoka war sicher nicht so edel wie in den Legenden, die von ihm berichten, doch ihm ist zu verdanken, dass der Buddhismus zu einer Weltreligion wurde.

*18. Grund*

## *Weil verschiedene Religionen nebeneinander existieren*

An den meisten Orten Indiens leben die Anhänger verschiedener Religionen seit Generationen Tür an Tür, ohne dass es zu Konflikten wegen unterschiedlicher Weltanschauungen kommt. Die Tempel der verschiedenen Religionen stehen wie selbstverständlich nebeneinander im Stadtbild. Es kommt sogar vor, dass ein Hindu den Rat eines muslimischen Fakirs einholt oder ein Muslim den Rat eines Sadhu. Diese Koexistenz der Religionen hat mich in Indien sehr fasziniert. Allein die Vielfalt der Weltbilder ist immens: Es gibt Buddhisten, Jaina, Bishnoi, Parsen, Bahai, Sikhs, Hindus, Muslime, Christen und Animisten. Und wie wir im Kapitel *Götter und Mythen* noch sehen werden, unterscheiden sich die Strömungen des Hinduismus zum Teil erheblich voneinander.

Allerdings heißt eine zumeist friedliche Koexistenz nicht, dass es überall ein Miteinander gibt. Weder die Geschichte noch die Gegenwart ist frei von Gewalt zwischen den Religionen. Es wäre falsch, die Zustände in Indien zu glorifizieren. Gerade die Ankunft des Islams führte zu heftigen Spannungen, während der Blüte der Moguln zu einer Phase der friedlichen Koexistenz und Akzeptanz, bevor in der späten Phase wieder Konflikte zwischen Muslimen und Hindus oder Sikhs in den Vordergrund traten. Besonders war es jedoch die blutige »Teilung« mit der bis heute klaffenden Wunde in Kaschmir, die neuen Nährboden für religiöse Konflikte bot. Im Jahr 2000 standen Indien und Pakistan wegen des Kaschmir-Konflikts an der Schwelle eines Atomkrieges.

Im November 2008 folgten die verheerenden Anschläge in Bombay, die von religiösen Fanatikern aus Pakistan angezettelt wurden und bei denen viele Menschen starben. Angesichts dieser Ereignisse in der jüngeren Geschichte und der Reaktionen fanatischer Hindus, die die Muslime aus Indien vertreiben wollen, ist es erfreulich, dass die indischen Muslime bislang wenig anfällig für extremistisches Gedankengut sind, obwohl Kaschmir und die benachbarten Länder Pakistan und Afghanistan viel Nährboden für islamischen Fundamentalismus bieten.

Auch die Wahl des aktuellen Ministerpräsidenten Narendra Modi bietet Anlass zur Sorge. Als RSS-Mitglied und glühender Verfechter eines (reinen) Hindu-Staats war er verantwortlich dafür, dass wochenlange Pogrome, die 2002 in Gujarat im Streit um die heilige Stätte Ayodhya* entbrannten, viel zu spät gestoppt wurden. Es ist tragisch, wie politische Agitation zu grausamen Konflikten führen kann, aber das ist beileibe kein indisches Problem. Und meiner Meinung nach ist es auch kein Konflikt zwischen den Religionen. Der Glaube wird vielmehr für Machtinteressen instrumentalisiert. Problematisch sind die Radikalen, die ihren persönlichen Glauben zu wichtig nehmen und versuchen, ihn anderen um jeden Preis aufzuzwingen. Meine Brüder waren hingegen immer die Mystiker, die viele Wege zu Gott kennen.

Indien bietet eigentlich viel, um als Modell zum Zusammenleben verschiedener Religionsgemeinschaften gelten zu können. Für die meisten Inder ist das Zusammenleben mit einem Nachbarn einer anderen Religionszugehörigkeit eine Selbstverständlichkeit, die Religionsfreiheit insgesamt ein hohes Gut in Indien. Viele Inder sind durchaus liberal gegenüber anderen Religionen eingestellt. Grundsätzlich habe ich in Indien meist erlebt, dass die Neugier und der Respekt vor dem Glauben des anderen stärker waren als eine reflexhafte Abschottung.

*19. Grund*

## *Weil das Kamasutra die erotische Fantasie beflügelt*

Das Kamasutra (»Verse des sinnlichen Verlangens«) wurde um 250 n. Chr. von Vatsyayana Mallanaga in Pataliputra verfasst. Es umfasst auch Schriften von anderen Autoren. Das Kamasutra geht auf die indische Tradition der Lehrwerke über Erotik (*Kamashatra*) zurück. Als ein Leitfaden für Erotik und Liebe enthält das Kamasutra bebilderte Beschreibungen von 64 Sexstellungen, die zum Teil äußerst

* *Zu diesem Zeitpunkt stand hier die von Babur gegründete Babri-Moschee. Er soll damals einen zuvor bestehenden Hindu-Tempel abgerissen haben. Nun forderten radikale Hindus den Abriss der Moschee und die Errichtung eines Rama-Tempels. 10.000 aufgeheizte Hindus zerstörten daraufhin die Moschee und töteten in den darauffolgenden Wochen über 2.000 Menschen – hauptsächlich Muslime.*

akrobatisch anmuten. Das Ziel ist die Steigerung des erotischen Genusses durch bewusste Kontrolle über die eigenen Sinne.

Das Kamasutra steht in Beziehung zum *Tantra*, das die Transformation von Sexualität ins Göttliche beschreibt. Der Körper ist im Tantra nicht Gefängnis, sondern Tempel der Seele. Darin werden Shiva und Shakti gemeinsam verehrt, das männliche und weibliche göttliche Prinzip. Körper und Geist sollen im sexuellen Akt eins werden. Sich selbst und den anderen bewusst und konzentriert wahrnehmen und zu fühlen, ist ein wesentliches Ziel. Tantra-Massagen sollen dazu dienen, Blockaden zu lösen, sodass die Energie frei im Körper zirkulieren kann. So soll die sexuelle Energie sich im gesamten Körper verteilen, und aus einem Gefühl der totalen Entspannung sollen intensivere Orgasmen entstehen. Tantra wird aber im Westen häufig missverstanden, es geht keineswegs um reinen Sex, sondern um eine Verbindung von Spiritualität und Sexualität sowie die Suche nach einer vollständigeren Intimität. Tantra ist eine hochkomplexe Philosophie.

Die Tempelanlage von Khajuraho in Zentralindien gilt als Meisterstück der Darstellung von Szenen aus dem Kamasutra. Auf der äußeren Fassade werden Sexorgien dargestellt. Begriffe wie »Porno-Tempel« halte ich jedoch für wenig angemessen. Zum einen macht die Darstellung der äußerst schlüpfrigen Sexorgien nur etwa zehn Prozent der Bildnisse insgesamt aus. Zum anderen stellen sie die Hochzeit Shivas nach und bringen es so in einen religiösen Kontext. Shiva symbolisiert neben Keuschheit und Askese auch Schöpfung sowie (frivole) Mannes- und Zeugungskraft.

Man sollte das Kamasutra aber nicht missverstehen als Zeichen der Emanzipation. Zwar spielt in den Darstellungen auch die Lust der Frau und deren Befriedigung eine wichtige Rolle, zugleich bleibt die Vorstellung generell eher die von einer treuen, unterwürfigen Frau. Gleichzeitig kann man nur staunen, wie freizügig das Thema Sexualität in manchen Phasen der indischen Geschichte behandelt wurde, während sich heute eine unerträgliche Prüderie ausgebreitet hat, die mit den Wünschen der Menschen nur wenig gemein hat und in meinen Augen leider auch wegen seiner Tabuisierung sexuelle

Gewalt begünstigt. Hauptziel des Kamasutras ist es hingegen, Liebe, Ehe und Sex in Einklang zu bringen.

In der indischen Philosophie spielt *Kama*, das sinnliche Verlangen, eine ähnlich wichtige Rolle wie das Streben nach *Artha* (Wohlstand), *Dharma* (Rechtschaffenheit) und *Moksha* (Erlösung) – die vier Lebensziele des Menschen. Sexuelle Vereinigung kann hier als evolutionäre Kraft verstanden werden.

*20. Grund*

## *Weil die Uhren nach »Indian Stretching Time« laufen*

Das Zeitempfinden der Inder unterscheidet sich erheblich von dem der Europäer oder Nordamerikaner. Während bei uns viel Wert auf Pünktlichkeit und Zuverlässigkeit gelegt wird, ticken die Uhren in Indien völlig anders. Zeit erscheint eher als eine relative Einheit und nicht als eine unumstößliche Konstante. So sind Zeitangaben in Indien ausgesprochen dehnbare Begriffe. Wen Verspätungen der Deutschen Bahn im Minutenbereich zur Weißglut treiben, der hat noch nicht die Erfahrung gemacht, in Indien einen halben Tag auf seinen Zug zu warten. Verschmitzt bezeichnen viele Inder die »Indian Standard Time« auch als »Indian Stretching Time«.

Sicher handelt es sich bei dieser Auslegung der Zeit nicht um ein rein indisches Phänomen. Auch im Orient, weiten Teilen Afrikas oder in Lateinamerika ist dieses Zeitempfinden verbreitet. Unsere Termingenauigkeit im Westen ist eher Ausdruck der Hektik moderner Gesellschaften und deren Effizienzstreben.

In Indien ist eine nicht-lineare Vorstellung von Zeit besonders stark ausgeprägt, und es bleibt dem Reisenden gar nichts anderes übrig, als sich damit zu arrangieren, sonst wird sich niemals Entspannung einstellen und die Reise zum Albtraum werden.

Wer eine Position innehat, die es ihm ermöglicht, willkürlich Zeit zu dehnen, besitzt allerdings auch Macht. Das konnten die Leser von

Michael Endes *Momo* bei den »Grauen Herren« eindrücklich lernen. Oft geht es um die Aufrechterhaltung einer irrwitzigen Hierarchie.

Eines ist jedoch absolut sicher: Wer als Ausländer Ungeduld an den Tag legt, macht sich im besten Fall unbeliebt und verliert sein Gesicht. Eine dicke Geldbörse mag ein gutes Argument sein, um das Ziel schneller zu erreichen, die Freundlichkeit wird jedoch nur oberflächlich sein. Die Wahrscheinlichkeit, noch deutlich länger warten zu müssen und dabei völlig ignoriert zu werden, ist hoch.

Die meisten Inder nehmen diese Umstände mit bewundernswerter Gelassenheit hin. Was sollen sie auch tun? Es bleiben eigentlich nur zwei Möglichkeiten: die mentale Flucht nach innen, eine Form der Meditation, um der Monotonie zu entfliehen, oder eine Form des Fatalismus, die viel Übung und (Selbst-)Verachtung erfordert.

Andererseits: Was macht Beschleunigung für einen Sinn in einer sich zyklisch ausbreitenden Zeitachse, die ewig währt und der nicht zu entkommen ist?

Auch bei Verabredungen im Freundeskreis ist es durchaus üblich, erst Stunden nach der vereinbarten Zeit einzutreffen. In Deutschland wäre der Wartende wutschäumend abgerauscht und die Freundschaft spätestens beim dritten Mal beendet. Allerdings ist das Konfliktpotenzial deutlich geringer, wenn beide Seiten auf flexible Verabredungen eingestellt sind.

Nach einer gewissen Eingewöhnungszeit empfinde ich dieses flexible Zeitempfinden, das an Zeitlosigkeit grenzt, als einen der schönsten Umstände Indiens. Nach den ersten Busreisen jenseits der 15-Stunden-Marke und nach einigen sinnlosen Wartereien verfüge ich wieder über das Maß an Geduld und die Einsicht, dass ich vieles sowieso nicht beschleunigen, geschweige denn ändern kann.

Ich spüre, dass jeder Widerstand zwecklos ist und ich mich dem Fluss des Lebens hingeben muss. Dann stellt sich große Gelassenheit in mir ein. Ohne diese Einstellung kann einen Indien schnell in den Wahnsinn treiben. Den inneren Frieden eines Inders werde ich jedoch kaum erreichen können. Ich bin immer wieder erstaunt, wie es Menschen gelingt, inmitten von ohrenbetäubendem Lärm zu schlafen.

Das soll keineswegs heißen, dass Indien niemals hektisch ist. Die moderne Welt hat in den Städten längst Einzug gehalten. Auch wenn geduldig stundenlang auf den Zug gewartet wird, ändert sich das Bild grundlegend, sobald der Zug eingefahren ist. Ein regelrechtes Balgen um die besten Plätze bricht aus. Hat jedoch jeder seinen Platz gefunden, setzen sich innere Ruhe und/oder Fatalismus wieder durch.

*21. Grund*

## *Weil der »Wackelnde Kopf« viele Bedeutungen kennt*

Der wackelnde Kopf ist sicher die am weitesten verbreitete Geste des Subkontinents. Überall wird der Reisende ihr begegnen, lediglich im Himalaya ist sie eher unüblich. Auf Fremde wirkt die Geste sicherlich zunächst verwirrend. Meine Irritation währte aber nicht lange, und schnell ließ ich mich davon anstecken. Bei meinen späteren Reisen nach Indien begann das Schauspiel schon im Flugzeug: Von jetzt auf gleich wollte mein Kopf unbedingt wackeln – Vorfreude und Anspannung vor der Wiederbegegnung mit dem außergewöhnlichen Land.

Die Bedeutung hinter dem Wackeln zu verstehen fiel mir weitaus schwerer, handelt es sich doch nicht um eine einheitliche Geste, sondern um eine, die ganz unterschiedliche Bedeutungen kennt, je nachdem, in welcher Form und Geschwindigkeit der Kopf des Gesprächspartners wackelt.

Nehmen wir das rhythmische Hin-und-her-Wiegen des Kopfes: In Verbindung mit den ebenfalls allgegenwärtigen Ausdrücken des Hindi *teek hey* oder *achha,* was »In Ordnung« bedeutet, ist es eine zustimmende Geste, die leicht zu verstehen ist und »Ich habe dich verstanden« oder »Ich stimme dir zu« besagt. Die Geste entspricht dem Kopfnicken in unserem Kulturraum, das auch in Indien eine Variante darstellt. Je stärker die Bewegung ausgeprägt ist, desto mehr Zustimmung signalisiert es dem Gegenüber. Das gilt auch für alle anderen Ausdrücke, die das Kopfwackeln haben kann. Oft ist die Geste auch neutral, bedeutet »Vielleicht«, »Wir werden sehen«.

Nonverbal wird es schon deutlich schwieriger, das Kopfwackeln zu deuten. Die Geste ist nämlich auch eine Methode, um jemanden zu grüßen, der außer Hörweite ist, und kann schlicht einem Fremden gegenüber eine Form der Begrüßung und eine Geste des Respekts sein, etwa für den Nebensitzer im Zug. Manchmal wird es auch als Alternative zum »Danke« benutzt, was die Inder nur sehr selten verbal ausdrücken.

Im Restaurant senkt man als Gast den Kopf, um den Kellner zu rufen. Den Kopf zu heben ist im Allgemeinen eine auffordernde Geste, kann aber auch einen Flirt bedeuten. Wird ein Auge dabei zugekniffen, heißt es so viel wie: »Zieh weiter«. Frauen sollten mit diesen Gesten vorsichtig sein, um nicht unfreiwillig Interesse am Gegenüber zu signalisieren.

Das ausschließlich seitliche Kopfschütteln ähnelt der Geste, wie wir sie kennen, und kann milde oder heftige Ablehnung signalisieren. Das lässt sich in aller Regel auch am Gesichtsausdruck ablesen, die Augenbrauen ziehen sich nach unten, was insgesamt bedeutet, dass man (noch) nicht überzeugt ist. Sehr schwierig ist am Anfang naturgemäß, Ironie oder Sarkasmus zum Ausdruck zu bringen, was viele Inder ohnehin nicht verstehen.

Ziehen sich die Augenbrauen hoch, ist das ein Zeichen hoher Zustimmung. Befinden sie sich in Normalposition, ist alles in Ordnung. Ansonsten gilt es zu beobachten und selbst damit zu experimentieren. Bis man die Feinheiten mitgekriegt hat, dauert es schon einige Wochen.

Richtig angewendet erntet man mit dem Kopfwackeln jedoch meist ein breites Lächeln des Gegenübers. Auch deshalb macht Kopfwackeln süchtig und ist höchst infektiös. Nach einer längeren Indienreise gehörte es immer wie selbstverständlich noch für einige Wochen oder Monate zu meinem Habitus, und spätestens bei meinen Erzählungen über Indien begann sich mein Kopf im indischen Takt zu wiegen. Übrigens: Auch auf der Tanzfläche kann man ein rhythmisches Kopfwackeln bestaunen.

Mir hat die Geste auf Anhieb gefallen, ich habe gerne damit gespielt, und ich muss kein Hellseher sein, dass mich der »Kopfwackel-Virus« wieder ereilt, kaum dass ich wieder indischen Boden betrete.

### *22. Grund*

## *Weil der Monsun den ersehnten Regen bringt*

Es gibt verschiedene Monsunsysteme auf der Welt, das wichtigste und stärkste ist der indische Monsun. Er gehört zu einem Verbundsystem von verschiedenen Monsunwinden über dem Indischen Ozean, dessen Ausläufer bis nach Südostasien, Nordaustralien und Ostafrika reichen.

Die meisten Touristen vermeiden eine Reise während des Sommermonsuns. Dabei ist der »große Regen« ein entscheidendes Ereignis im indischen Jahreskalender. Seine Ankunft ist ein Freudenfest, denn von seiner Stärke hängt der Ertrag in der Landwirtschaft ab, die immer noch einer der Grundpfeiler der indischen Gesellschaft ist. Bis zu 70 % der Inder hängen direkt oder indirekt von der Agrarkultur ab.

Der Sommermonsun wird lange herbeigesehnt. Kein Wunder, denn in den Monaten davor verwandelt die unbarmherzige Sonne Indien in einen Glutofen. Schließlich verhängen dicke Wolken den Himmel wochenlang, die Luft ist drückend schwül. Doch trotz der immensen Luftfeuchtigkeit dauert es unendlich lange, bis sich der Himmel gnädig zeigt und den Regen bringt, der Menschen, Tiere und Pflanzen benetzt und neues Wachstum ermöglicht.

Zwischen Juni und September bringt der Sommermonsun starke Niederschläge. Anfang Juni erreicht der Monsun im Mittel die Südwestküste Indiens und bewegt sich langsam nach Norden. Etwa einen Monat später erreicht er die Hauptstadt Delhi. Bis Mitte Juli erreicht er im Normalfall alle Gebiete Indiens, die nicht von der ersten Hauptkette des Himalaya vom Monsun abgeschirmt sind. Allerdings sind genaue Prognosen über das Eintreffen des Monsuns trotz meteorologischer Messungen fast unmöglich zu treffen, zumal seine Stärke erheblich variiert.

Der Wintermonsun setzt in den Monaten September oder Oktober ein und hält bis Juni oder Juli an. Er transportiert überwiegend trockene Kontinentalluft von den Hochgebirgen aus Richtung Meer. Lediglich dem Südosten, der während des Sommermonsuns verhältnismäßig wenige Niederschläge abbekommt, bringt er in den Monaten Oktober bis Dezember ergiebige Regengüsse, da er sich beim Überqueren des Golfs von Bengalen mit Luftfeuchtigkeit anreichert.

Der Monsun zeichnet sich also dadurch aus, dass tropische Luftströmungen im Halbjahresrhythmus ihre Richtung umkehren. Im Sommerhalbjahr wehen sie vom Meer zum Land, im Winterhalbjahr drehen sie aufs Meer zu. Die Ursache dieser jahreszeitlichen Änderung der Windrichtung sind die unterschiedlichen Temperaturen über dem indischen Festland und dem Arabischen Meer. Die starke Erwärmung des indischen Subkontinents (allen voran in der Tharwüste) führt im Sommer auf dem Festland zur Ausbildung von bodennahen Hitzetiefs, die mit Feuchtigkeit gesättigte Luft von der Andamanensee und dem Indischen Ozean ansaugen. Die Luft strömt nach Norden und reichert sich auf ihrem Weg über den Ozean mit weiterer Feuchtigkeit an.

Am Mittelgebirge an der Südwestküste, den Westghats, teilt sich der Monsun. Der eine Teil zieht weiter nördlich über das Arabische Meer und bringt vor allem Bombay verheerende Unwetter. Der andere Teil wird nach Nordosten abgelenkt und zieht Richtung Golf von Bengalen und Assam im Nordosten Indiens und regnet sich schließlich an den Gebirgen im äußersten Osten Indiens ab, der regenreichsten Region Indiens. Die Gebirgsbarriere des Himalaya zwingt die Luft zum Aufsteigen. In höheren Luftschichten führt die kältere Luft zur Wolkenbildung und schließlich zu Regen und Schnee.

Wenn das kühlende Nass endlich das Festland erreicht, ist das ein Moment großer Freude. Denn gerade in Südindien sind die trocken-schwülen Wochen und Monate, bevor der Monsun eintrifft, selbst für Einheimische schwer zu ertragen. Während der Gluthitze wird das Haus möglichst selten verlassen. Die Temperaturen erreichen stellenweise über 50 Grad. Das Leben ist fast nur im Schatten auszuhalten. Jedes Jahr sterben viele Bauern auf den Feldern an Überhitzung und Dehydrierung.

Umso größer ist die Erleichterung über die einsetzende Regenzeit. Viele Menschen, allen voran die Kinder, tanzen im erfrischenden Regen und füllen alle verfügbaren Gefäße mit Wasser. Endlich erwacht das Leben neu, und die Landschaft wird wieder grün. Die Luft ist klar und frisch, der ewige indische Staub für einige Zeit gebändigt.

Viele Inder halten den Monsun für die schönste Jahreszeit. Obst und Gemüse gedeihen, die Strände sind einsam. Wer sich von einer Reise in dieser Jahreszeit nicht abschrecken lässt, erlebt den Vorteil von günstigeren Tickets und Hotelzimmern sowie ungewohnter Ruhe an Touristen-Hotspots. Die ersten heftigen Regengüsse können einige Tage andauern, danach regnet es meist stundenweise, und zwischendurch zeigt sich immer wieder die Sonne.

Dies ist ein ideales Wetter für das Pflanzenwachstum. Trifft der Monsun rechtzeitig ein und bringt gemäßigte Niederschläge, kann sich Indien selbst ernähren. Zwei bis drei Ernten sind dann im Jahr möglich. Gerade für den Reis, das mit Abstand wichtigste Nahrungsmittel für die Inder, bietet das Land ideale klimatische Bedingungen.

Die nordöstliche Himalayaregion jenseits der ersten Hauptkette (mit den Gebieten Spiti, Ladakh oder Zanskar) wird vom Monsun nur selten erreicht, weil sich die Regenwolken bereits an den vorgelagerten Gebirgsketten abregnen. In diesen Regionen ist während des Monsuns sogar die beste Jahreszeit zum Reisen, weil es verhältnismäßig warm wird. Wenn die Hauptreisezeit ab Oktober für den Rest Indiens beginnt, wird es in diesen Regionen eisig kalt.

Leider hat der Monsun auch noch ein anderes Gesicht. Schon immer konnte er nicht nur Leben spenden, sondern auch zerstören. Einerseits kann er die Flüsse anschwellen lassen und die Felder mit fruchtbarem Sediment versorgen, andererseits kann flutartiger Regen und/oder zu früh einsetzender Monsun ganze Ernten zum Verfaulen bringen. Mit diesem Wetterphänomen verhält es sich ähnlich wie mit Regionen, die stark von vulkanischer Aktivität bestimmt sind. Der Monsun ist Fluch und Segen. Ohne seine Fruchtbarkeit spendende Kraft hätte sich niemals eine so reiche Landschaft entwickeln können, zugleich aber sind die Menschen ständig bedroht.

So kommt es regelmäßig zu Hungersnöten und Seuchen, vor allem in den ländlichen Gebieten. In den Städten, allen voran Bombay und Kalkutta, kann das Wasser hüfthoch ansteigen und das gesamte Leben über Tage lahmlegen.

Gerade in Zeiten des Klimawandels kommt es immer häufiger zu Katastrophen. Je stärker sich der Indische Ozean erwärmt, desto mehr Regenwolken ziehen dem Himalaya entgegen. So kommt es inzwischen fast jedes Jahr zu verheerenden Überschwemmungen im Norden Indiens. Als ich während meiner Reise auf dem Weg Richtung Quelle des Ganges war, konnte ich erahnen, welche Folgen diese verheerenden Wassermassen auf die Menschen haben, die direkt an den Flüssen am Fuße des Himalaya leben. Der Ganges hatte sich kurz zuvor in einen reißenden Strom verwandelt und alles mit sich gerissen. Viele Menschen waren gestorben und ganze Dörfer vernichtet worden. Man konnte noch immer erkennen, wie gewaltig der Ganges angeschwollen war und bis in welch gewaltige Höhe er das Tal bedeckt hatte.

Besonders tückisch ist, wenn der Monsun lange ausbleibt und sich dann wahre Sintfluten ergießen, die die trockene Erde nicht aufnehmen kann. Die erhebliche Abholzung in Indien hat zu Erosion geführt und dazu, dass Wasser nicht mehr im Boden gespeichert werden kann und die Überschwemmungen immer häufiger werden.

Bleibt der Monsun ganz aus, ist die Situation ähnlich verheerend, denn dann verdorrt die Ernte. Immerhin die Hälfte des indischen Getreides wird während des Monsuns angebaut, entsprechend verheerend sind Ernteausfälle. Es ist offensichtlich, dass sich das Monsunsystem in den letzten Jahren erheblich verändert hat. In Goa hat sich die Saison in den letzten 15 Jahren um etwa einen Monat nach hinten verschoben. Die Touristen kommen später, die Saison verkürzt sich, noch verheerender sind die Veränderungen langfristig für die Landwirtschaft. Der Monsun ist die entscheidende Lebensader Indiens, von seiner Stärke hängt ein Großteil der indischen Bevölkerung direkt ab.

*4. Kapitel*

# *Religiöses & Philosophisches*

*23. Grund*

## *Weil die Puja den Alltag prägt*

Die Puja, etwa vergleichbar mit einem Gottesdienst, hat sich im Laufe der Geschichte des Hinduismus zu einem zentralen Ritual entwickelt. Es findet sich auch bei den Buddhisten, was einmal mehr die gemeinsamen Ursprünge aufzeigt.

Während dieser Zeremonie werden die Götterbilder in den Tempeln oder im eigenen Haushalt in einer Wandnische, einem Altar oder einem Schrank verehrt, manchmal sogar einem eigenen kleinen Raum. Im Alltag sind die Götterstatuen oder -bilder in der Regel verhüllt und werden nur während der Puja aufgedeckt. Häufig findet sich auch ein Schrein im Innenhof. Dort wächst meist die Pflanze Tulsi, das Ur-Basilikum, das eine (Schutz-)Göttin verkörpert, die einmal im Jahr rituell mit Vishnu verheiratet wird. Durchaus gebräuchlich ist auch die Feier einer Puja in der freien Natur. In seltenen Fällen wird sie auch zu Ehren eines besonderen Gastes gefeiert.

Die Puja ist das zentrale Element der religiösen Praxis im Hinduismus. In Abgrenzung zum vedischen (Tier-)Opfer ist die Puja streng vegetarisch. Das Verb *puj* – »verehren« – findet sich erstmals in den Veden. Möglicherweise ist das uralte Ritual der Puja sogar älter als der Hinduismus selbst.

Während das vedische Opfer ein Ritual war, das nur brahmanischen Priestern vorbehalten war, so war die Puja schon immer auch Laien erlaubt. Entsprechend bedeutsam ist sie für die indische Volksreligion. Während des Rituals werden den Göttern Süßigkeiten, Früchte oder Blumen offeriert. Welche Götter dabei verehrt werden, hängt vom individuellen Glauben und regionalen Besonderheiten ab. Besonders stark assoziiert mit der Puja ist der Gott Vishnu.

Die Zeremonie in den eigenen vier Wänden wird jeden Tag neu zelebriert, meist zu Beginn des Tages. Sie reicht mit einiger Wahrscheinlichkeit auf die frühe Verehrung des Sonnengottes Surya zurück. Aufwendige Mandalas werden zum Beginn des Tages vor der Eingangstür des Hauses auf den Boden gemalt, auch im Haus war

Boden- und Wandbemalung mit Schutzzeichen sehr üblich, wird aber zunehmend durch industriell gefertigte Poster ersetzt. Meist wird eine Öllampe oder Kerze entzündet, oft werden auch Räucherstäbchen verbrannt.

Häufig benutzte Opfergaben während der Puja sind auch Sandelholzpaste, geklärte Butter *(Ghee)*, Reis, Kokosnüsse, Blätter des Mangobaums, Zuckerrohr, Bananenstauden oder Ringelblumen, seltener auch Goldschmuck.

Die Puja im Tempel wird nach wie vor von brahmanischen Priestern durchgeführt. Nach einem Reinigungsritual betreten die Gläubigen barfuß den Tempel, läuten die Glocke, um den Göttern ihren Besuch anzukündigen und böse Geister zu vertreiben.

Nun sprechen die Gläubigen Mantras und überreichen den Göttern ihre Gaben. Danach umrunden sie den Altar und erhalten von den Priestern das Stirnmal des jeweiligen Gottes mit gesegneter Asche. Im Anschluss erhalten sie einen Teil ihrer Gaben gesegnet zurück.

Sollte man das Glück haben, zu solch einem Ritual eingeladen zu werden, so sollte man unbedingt annehmen und die spezielle Atmosphäre auf sich wirken lassen. Gerade in den Tempeln stellt sich in der Abenddämmerung mithilfe der Glocken, der Kerzen und beleuchteten Nischen eine fast mystische Stimmung ein. Die meisten Hindu-Tempel stehen auch Angehörigen anderer Religionen offen.

*24. Grund*

## *Weil Karma Indiens heimliche Währung ist*

Das Konzept von *Karma* ist eine der Besonderheiten der indischen Philosophie und breitet sich seit einigen Jahrzehnten zunehmend in der westlichen Welt aus, besonders in esoterischen Kreisen.

Karma ist eine aktive Kraft, sie betont den (freien) Willen des Menschen. Alle seine Taten haben Konsequenzen. Die aktuelle Existenz, sein Glück oder Unglück ist für den Hindu die Konsequenz seiner Taten in vergangenen Leben und keine Gottesstrafe. Die Taten im diesseitigen Leben beeinflussen seine Zukunft, sie finden Widerhall in der Welt. Gute Taten werden belohnt, schlechte bestraft.

Der Gedanke von Karma ist auch ein zentraler Bestandteil des Glaubenssystems der Jaina und Buddhisten. Im Buddhismus bilden bereits die Gedanken Karma. Die Absicht ist wichtiger als die Tat. Unabsichtliche Taten verursachen kein Karma.

Für die Buddhisten ist Karma das Prinzip, das uns alle in diesem Daseins-Kreislauf auf dieser Erde gefangen hält, weil wir mit jeder Handlung, ob gut oder böse, neues Karma schaffen. Erst wer in seiner aktuellen Existenz kein neues Karma schafft und dessen individuelle Seele in die »Weltenseele« eingeht, kann Erlösung erfahren.

Die hinduistischen Yogis oder Sadhus und die buddhistischen und Jain-Mönche versuchen diesen Kreislauf zu überwinden. Ziel ist es, ihre Anhaftung an die Welt als Illusion zu erkennen.

Auf der einen Seite werden die Gläubigen dadurch ermuntert, Arme zu unterstützen, um ihr eigenes Karma zu verbessern. Andererseits ist der Arme/Behinderte/Kranke nicht unschuldig. Das führt auch zu grausamer Ignoranz, hat doch jeder Mensch sein Unglück in einem vorherigen Leben selbst verursacht. Das Kastensystem ist überdies eng mit dem Gedanken von Karma verknüpft und wirkt fatalistisch auf viele arme Menschen. Denn nur wer sein Schicksal ergeben erduldet, hat die Chance auf eine bessere Wiedergeburt. So fördert diese Auslegung von Karma den Fatalismus und erschwert soziale Bewegungen, die Verbesserungen für die Armen einfordern. Schließlich haben sie ihren Status selbst »verschuldet«. Das Konzept von einem unschuldig geborenen Kind, das viele im Westen haben und somit auch mir näher ist, ist damit kaum zu vereinen.

Ich mag den Gedanken von Karma und habe ihn in Teilen auf meinen Reisen verinnerlicht. Ich persönlich begrenze das Konzept auf ein Menschenleben, und da ich beruflich Erfahrungen mit behinderten Menschen gesammelt habe, kann ich wenig mit dem Gedanken anfangen, sie hätten ihr schwieriges Leben selbst zu verantworten. Problematisch ist für mich generell, wenn diese Philosophie für die dauerhafte Rechtfertigung von Kastenzugehörigkeit,

Unglück, Armut, Behinderung oder Krankheit herhalten muss. Diese Interpretation ist in meinen Augen fatalistisch.

Die große Frage für mich ist, welcher Stellenwert das aktuelle Leben hat und wie stark das Karma vergangener Existenzen auf das gegenwärtige Leben Einfluss hat. In vedischer Zeit spielte das diesseitige Leben noch eine größere Rolle, mit der Zeit richtete sich der Blick der Hindus immer stärker auf das Jenseits.

Auf der anderen Seite zeigt der Weg des Sadhu, dass eine Erlösung innerhalb eines Lebens, verbunden mit gewaltigen Anstrengungen, erreicht werden kann. In diesem Fall der Erlösung entsteht weder gutes noch schlechtes Karma, die Anhaftung an die Welt der Wiedergeburten ist aufgehoben.

Wie gesagt, gerade das Kastensystem sorgt bis heute für großes Unglück und Ungerechtigkeit. Doch bei aller Kritik muss man anerkennen, dass dieses Ständewesen die indische Gesellschaft seit Jahrtausenden prägt. In Zukunft muss sich noch zeigen, ob sich dieses System nachhaltig verändern kann.

*25. Grund*

## *Weil Yoga mehr ist als nur Gymnastik*

Kaum etwas hat sich so stark von Indien aus in der Welt verbreitet wie das Yoga. Fast jeder hat schon einmal etwas vom Lotossitz oder dem Sonnengruß gehört. In den Städten der westlichen Welt entstehen immer neue Yoga-Studios, überall werden Kurse angeboten – Yoga gilt als Trendsport, esoterischer Hype und Lifestyle. Doch das wird der komplexen Lebensphilosophie nicht gerecht.

Yoga ist nämlich keine reine Gymnastik, die nach der Arbeit hilft, Stress abzubauen, auch wenn sich die Körperübungen *(Asanas)* durchaus dafür eignen. Das eigentliche Ziel von Yoga besteht darin, ein bewusstes Leben auf allen Ebenen zu führen. Wer Yoga als reines Fitnessprogramm oder gar als Wettkampf mit anderen oder dem eigenen Körper begreift, missversteht das Ziel: innere und äußere

Harmonie, ein inneres Gleichgewicht, den Einklang von Körper, Geist und Seele und Empathie für andere Lebewesen und eine (beseelte) Natur. Höchstes Ziel ist *Samadhi*, die tiefe innere Versenkung, und das Einswerden von *Atman* und *Brahman*, dem Eingehen der individuellen Seele in die Weltenseele. Diesen beiden grundlegenden Konzepten wende ich mich später ausführlicher zu.

Der Begriff »Yoga« stammt aus dem Sanskrit und hat denselben Wortstamm wie unser Wort »Joch«. Im übertragenen Sinn kann man darunter ein »Anschirren des Geistes« verstehen, besser noch eine Vereinigung zwischen Geist, Körper und Seele.

Yoga ist eine der sechs klassischen Schulen* der indischen Philosophie. Es handelt sich um eine jahrtausendealte Tradition mit vielen eigenständigen Schulen, die – ähnlich wie das *Ayurveda* – zu einem gesunden Leben verhelfen soll. Häufig wird beides auch miteinander kombiniert.

Atem- und Körperübungen, aus denen sich später die Yoga-Philosophie entwickeln sollte, wurden schon in den *Upanishaden*, einem Teil der *Veden*, beschrieben. Als »Vater des Yoga« gilt heute jedoch Patanjali, der Verfasser des *Yogasutra*, der zwischen dem 2. und 4. Jahrhundert n. Chr. gelebt haben soll.

Während der britischen Kolonialzeit wurde Yoga stark zurückgedrängt, weil die Briten die Tradition als rückständig erachteten. Stattdessen entstanden ab Mitte des 19. Jahrhunderts vereinfachte Formen des Yoga, die bis heute fortbestehen. Nach westlichen Maßstäben ausgebildete Inder, die auch Psychologie, Esoterik, Körperübungen und wissenschaftliche Thesen gelernt hatten, passten Yoga diesen westlichen Bedürfnissen an. Das »moderne« Yoga ist also eher eine halbgare »New-Age«-Variante als eine uralte Form hinduistischer Spiritualität. Traditionelles indisches Yoga enthält viel komplexere Lehren und Praktiken, die auch die Lebensführung miteinbeziehen.

---

* *In den Veden werden folgende Schulen genannt: Nyaya (Logik, Erkenntnistheorie, Vaisheshika (naturphilosophische Lehre), Samkhya (dualistische Erlösungsphilosophie),* ***Yoga*** *(praktischer Erlösungsweg), Purva Mimansa (Rituale, Erkenntnisphilosophie) und das Vedanta (monistische Erkenntnisphilosophie).*

Wesentlich für das wiedererstarkende Interesse an Yoga war die Tätigkeit des 1918 geborenen Yoga-Meisters B. K. S. Iyengar. Er kam geschwächt auf die Welt und zog sich im Lauf seiner Kindheit viele schwere Erkrankungen zu. Als er mit 15 Jahren Schüler eines Yogis wurde, verbesserte sich sein Gesundheitszustand erheblich. 1937, als Iyengar 19 Jahre alt war, ging er nach Pune, um selbst Yoga zu lehren. Im Verlauf der nächsten 70 Jahre entwickelte er seinen eigenen Stil und lehrte im von ihm gegründeten Institut. Dort konzentrierte er sich vor allem darauf, auch kranken Menschen Wege zu eröffnen, Yoga für sich nutzen zu können. So begann er, Hilfsmittel wie Kissen, Stühle, Bänder, Gurte und Seile zu integrieren. Bald konzentrierte er sich ganz auf den Einsatz von Yoga als Medizin und Therapieform, um die Bewegungsfähigkeit seiner Patienten wiederherzustellen.

Das *Hatha Yoga* mit seinen Körperübungen wurde durch die Arbeit und Schriften von Iyengar international populär. Sein 1966 veröffentlichtes Buch *Light on Yoga* wurde zum Standardwerk. Dabei stellte das *Hatha Yoga* ursprünglich nur die erste Stufe des *Raja Yoga** dar.

Besonders Iyengars Wirken führte dazu, dass es ab den 1950er-Jahren in Europa und den USA zu einem regelrechten Yoga-Boom kam. Iyengar starb 2014 mit 95 Jahren und hinterließ mit seinem Institut eine lebendige Einrichtung, die von seiner Familie weitergeführt wird.

Entscheidend für die Verbreitung waren auch die Hippies, die sich besonders zu den Yogis hingezogen fühlten. Schließlich repräsentierten die Yogis die Spiritualität, wegen der sich die Hippies auf den Weg nach Indien gemacht hatten. Die (echten) Yogis hatten ihr Ego gezähmt, beherrschten Körper und Geist und lebten im Einklang mit der Natur. Sie hatten von der zum Yoga gehörenden Meditation gelernt, nicht von ihren Gedanken und Gefühlen übermäßig kontrolliert zu werden. Interessanterweise war es jener weltweite Boom, der dafür sorgte, dass auch in Indien das Interesse an Yoga wieder deutlich erstarkte, quasi als Re-Import.

---

* *Das »königliche Yoga« – dessen höchstes Ziel ist die Geisteskontrolle.*

Leider führt das Halbwissen vieler unreflektierter Yoga-Lehrer und überenthusiastischer Einsteiger zu dem esoterischen Hokuspokus, der dem Yoga bis heute nachhängt. Viele wirken so, als hätten sie gerade den Heiligen Gral entdeckt und fühlten sich unmittelbar zu übereifrigen Missionaren berufen, die keine Sekunde zögern dürfen, um alle Welt über ihre sensationelle Entdeckung in Kenntnis zu setzen. Der Grat zwischen spiritueller Philosophie und esoterischem Trendsport ist extrem schmal.

Es gibt inzwischen viele unterschiedliche Formen von Yoga. Die drei wichtigsten sind das bereits erwähnte Hatha Yoga, das *Ashtanga Yoga*, das wesentlich schwieriger, akrobatischer und schneller ist und sich nur für Fortgeschrittene anbietet, sowie das *Kundalini Yoga*, in dem die Spiritualität die entscheidende Rolle spielt.

Viele weitere Varianten haben sich seitdem entwickelt. Halbwegs sinnige, in denen Akrobatik, Massage und Yoga verbunden werden, aber auch absurde wie »Bier-Yoga«. In Indien erfreut sich hingegen das morgendliche Lachyoga großer Beliebtheit.

Eine wichtige Rolle spielen die *Chakren*. Das sind in der Vorstellung der Yogis Energieknotenpunkte, in denen sich Energie staut, sodass sie nicht mehr durch den Körper zirkulieren kann und deswegen Blockaden auslöst.

Yoga kann tatsächlich helfen, Rücken-, Schulter- und Nackenschmerzen oder Druckkopfschmerz zu lindern. Auch bei innerer Unruhe und Schlafproblemen kann Yoga helfen. Mit der Zeit verbessert sich auch das eigene Körpergefühl erheblich.

Ursprünglich war es den Yogis nicht erlaubt, mit ihrem Wissen Geld zu verdienen, doch auch in Indien haben sich die Zeiten geändert. Nachdem man einige Zeit Unterricht genommen hat, braucht man jedoch nichts weiter als eine Matte, Willenskraft und Konzentration, um mit den Übungen allein fortzufahren.

Ich habe Yoga als eine sehr anregende körperliche, sinnliche und geistige Erfahrung erlebt. Meine Unterrichtsstunden bei einem nahezu blinden Yogi, der zehn Jahre allein in einer Höhle verbracht und dort seine Fähigkeiten vervollständigt hatte, beeindruckten mich nachhaltig. Diese vollständige Isolation und Konzentration auf Körperübungen und Meditation ist der traditionelle Weg zum Meister. Währenddessen findet seine innere Transformation statt.

Der Unterricht unter freiem Himmel gewährte mir einen Einblick in die spirituelle Dimension der Yoga-Philosophie. Der Unterricht beginnt mit einer Friedensgeste und dem *Chanten*, dem Singen von Mantras, die um das Wohlergehen aller Lebewesen bitten. Auch das *Om* steht häufig am Anfang einer Yoga-Stunde. Es symbolisiert den transzendenten Urklang *Nada*, dessen Vibrationen das Universum erschaffen haben sollen.

Dann folgen Atemübungen (*Pranayama*). Der Atem ist im Yoga die Lebensenergie (*Prana*) und unsere Verbindung zur (kosmischen) Welt. Geatmet wird ausschließlich über die Nase. Die Übungen dienen dazu, sich zu fokussieren, achtsamer zu werden und sich zu erden. Was im Westen erst spät und umständlich als psychosomatische Prozesse bezeichnet wurde, war in Indien immer selbstverständlich: Der Körper spiegelt die Seele.

Erst dann wird mit den Körperübungen begonnen. Wichtig sind fließende Bewegungen und möglichst langes Verharren in den Posen. Die Übungen steigern sich von einfachen Lockerungs- und Dehnübungen bis hin zu schwierigen Positionen, die gerade dem »modernen Menschen« mit seinem von der Arbeitswelt verkrampften Körper am Anfang sehr schwerfallen. Ein langer Atem und Willenskraft sind vonnöten, um dauerhafte Fortschritte zu machen und durch fortwährendes Dehnen die Gelenkigkeit zu erhöhen. Für diesen Prozess braucht es Zeit und Geduld, wer zu schnell sein Ziel erreichen möchte, riskiert Gesundheitsschäden. Wichtig ist, mit dem Lehrer vorab körperliche Vorschädigungen zu besprechen, auf Hilfsmittel wie Kissen zurückzugreifen und sich zu nichts drängen zu lassen. Ziel ist durchaus, auch in den Schmerzbereich zu gehen, man sollte dabei aber unbedingt auf seinen Körper hören und dort die Übung abbrechen, wo es sich richtig anfühlt. (Falscher) Ehrgeiz ist nicht angebracht. Manche Übungen, wie etwa den Kopfstand, sollte man erst mit etwas Erfahrung angehen.

Am Ende steht die Meditation, in der wie zu Beginn der Atem in verschiedenen Körperregionen beobachtet werden soll. Nach dem Yoga fühlte ich mich meist klarer und fokussierter und energetischer – trotz der körperlichen Anstrengung. Yoga ist eine ideale Methode, um im Hier und Jetzt anzukommen und zu innerer Ruhe zu finden.

### *26. Grund*

## *Weil Meditation dem inneren Frieden näherbringt*

Die Meditation ist eine uralte Methode der »Selbstversenkung«, die in Indien seit Jahrtausenden praktiziert wird. Sie dient den Buddhisten, Jaina und Hindus als Erkenntnismethode, zum Herstellen innerer Harmonie und zur (zeitweisen) Abkehr von der materiellen Welt.

Die Technik der Meditation ist eng mit der Verbreitung des Mönchtums verknüpft. Die »heiligen Männer« ließen sich in Felsenhöhlen nieder, um sich in jahrelanger innerer Einkehr dem wahren Selbst und dem Göttlichen anzunähern. Daraus entstanden Klausen, Schreine und schließlich Klöster. Der Weg vom Benediktinermönch zum buddhistischen oder Jain-Kloster ist dann trotz aller kulturellen Unterschiede nicht mehr weit.

Das Ziel, die Meditation zu erlernen, zieht besonders viele Sinnsuchende nach Indien. Für viele findet dieses In-sich-Ruhen im Rahmen des Yoga statt, andere besuchen *Vipassana*-Kurse.

Ich habe innere Andacht auf meinen langen Märschen in den Bergen erlebt, wenn mir vor lauter Anstrengung gar nichts mehr übrig blieb, als meine Gedanken kreisen zu lassen. Denn darum geht es letztlich auch in der Meditation. Nicht etwa darum, nicht denken zu wollen (ein sinnloses Unterfangen!), sondern darum, die Selbstwahrnehmung zu schulen, das Ego zu kontrollieren und sich langfristig vom eigenen Gedankenstrom und inneren Konflikten und Begierden zu lösen. Die Meditation ist eine Achtsamkeitsübung, die den Fokus auf das Hier und Jetzt legt. Meditiert wird in der Regel mit geschlossenen Augen und im Schneidersitz. Die Konzentration auf den eigenen Atem, der die Verbindung zur Welt darstellt, ist dabei zentral.

Wer jahrelang meditiert, der steigert seine soziale Intelligenz und sein Mitgefühl und kann diese Fähigkeiten einsetzen, um klare Entscheidungen zu treffen und Konflikte zu lösen.

Längst hat sich diese Methode auch in der westlichen Welt verbreitet. Denn wer könnte stärker auf Momente der Ruhe angewiesen sein als »Wohlstandsgeschädigte« in einer Welt, deren rasant zunehmende Geschwindigkeit eine zunehmende Anzahl von Menschen überfordert. Auch in Indien suchen immer mehr Städter nach Auszeiten von einem hektischen Alltag, der Stresserkrankungen begünstigt.

Denn die moderne (Arbeits-)Welt erzeugt viel sozialen Stress. Ängste vor der Beurteilung und den Erwartungen von Vorgesetzten in Verbindung mit chronischem Stress können krank machen. Während die Angst in einem Krisengebiet und bei Bedrohung durch ein gefährliches Wildtier evolutionär sinnvoll ist, so ist sie bei »Bedrohungen« wie einer Prüfung oder die Bewertung durch andere eigentlich unangemessen, wird deswegen aber als nicht weniger real oder bedrohlich empfunden.

Meditation kann dabei helfen, diese Anspannung abzubauen und einen anderen Umgang mit Stresssituationen zu erlernen. Man kann von einer Form von mentalem Training sprechen, das von der Fähigkeit des Gehirns profitiert, sich neu zu verknüpfen – der Plastizität. Jede Nervenzelle kann mit unterschiedlichen anderen verbunden sein. Sehr augenscheinlich ist dieser Prozess bei Verletzungen, wenn Neuronen die Aufgaben von zerstörten Verknüpfungen übernehmen, oder bei angeborenen Sinneseinschränkungen – etwa das übermäßig gute Gehör, das blinde Menschen entwickeln.

Auch beim Ausdauersport oder auf langen Reisen können sich meditative Zustände einstellen. Hauptsächlich geht es jedoch um eine Tätigkeit, die ortsungebunden ist und in das Innere des Geistes führt, wobei die Außenwelt nur eine untergeordnete Rolle spielt.

Im Westen erfreut sich die Transzendentale Meditation (TM) großer Beliebtheit. Doch das, was beispielsweise der »Guru« Maharishi den Beatles damals bei ihrem Besuch in Rishikesh mit auf den Weg gab, wurde schnell zu einer Marketingmaschine, die immer neue Gelder von den Mitgliedern abverlangt und an sektenähnliche Strukturen erinnert.*

Empfehlenswert für den Einsteiger und den Fortgeschrittenen sind hingegen Vipassana-Kurse, vor allem solche, die auf den Vipassana-Meister Satya Narayan Goenka zurückgehen. Sie basieren auf Spenden und sind – im Gegensatz zu den meisten anderen dieser Kurse – nicht mit religiösen und spirituellen Inhalten verknüpft. Die Einsteiger-Kurse dauern meist 10 Tage und verlangen vom Teilnehmer viel Disziplin (Aufstehen in aller Herrgottsfrühe und stundenlanges Meditieren im Schneidersitz) sowie volle Aufmerksamkeit und verbieten Ablenkungen (keine Bücher, kein Schreiben**, keine Medien, keine Gespräche, kein Blickkontakt). Die Teilnehmer schlafen auf dem Gelände des Meditationszentrums und erhalten dort auch einfache Mahlzeiten. Diese (wahrscheinlich früh-buddhistische) Tradition, die seit dem 18. Jahrhundert wiederbelebt wird, findet sich auch in anderen Ländern Südostasiens und breitet sich auch zunehmend in der westlichen Welt aus. Da es auch ein Bestandteil des Yoga ist, ist die Verbreitung von beidem nur schwer voneinander zu trennen.

Die Meditation ist eine faszinierende Methode, um zu innerem Frieden zu gelangen. Gerade am Anfang braucht man jedoch viel Sitzfleisch und Willenskraft.

*27. Grund*

## *Weil »Mutter Ganga« von Sünden reinwäscht*

Der Mythos von der Göttin Ganga gehört zu den essenziellen Quellen der indischen Religion und Philosophie. Als »Mutter Ganga« wird

---

* *Sehr interessant ist in diesem Zusammenhang der Dokumentarfilm* David wants to fly *von David Sieveking.*

** *Andreas Altmann brach diese eine Regel und schrieb das lesenswerte Buch* Wenn du Buddha siehst, töte ihn!

von den Gläubigen sowohl der Fluss selbst als auch die durch ihn personifizierte Gottheit Ganga bezeichnet.

Besondere Verehrung wird der Quelle zuteil, die im indischen Himalaya liegt, wo der längste Quellfluss noch Bhagirathi heißt. In der Legende wird Shiva vom weisen König Bhagirathi gebeten, die Göttin Ganga zur Erde zu schicken. Ganga hatte die Strafe, auf die Erde verbannt zu werden, durch ungebührliches Verhalten gegenüber einem Weisen verschuldet, aber bisher nicht antreten müssen. Jahrelang meditiert Bhagirathi, um Shiva zu erweichen, bis dieser bereit ist, mit seinem Haargeflecht die Kraft der Göttin zu bändigen, die sonst zu einer zerstörerischen Sintflut geführt hätte. So entstehen stattdessen drei Quellflüsse. Mit ihrer reinigenden Kraft erlöst sie die 60.000 Seelen der Söhne Sagars, des Königs von Ayodhya, und ebnet ihnen den Weg ins Paradies. Aufgrund dieser reinigenden Kraft, die Ganga zugeschrieben wird, soll ein Bad im Ganges von Sünden reinwaschen.

Die Quelle des Bhagirathi ist ein gewaltiger Eisgletscher, der noch einmal 18 Kilometer von Gangotri entfernt auf 3.892 Metern Höhe liegt und wegen seines Aussehens auch Gomukh (»Kuhschnauze«) genannt wird. Gomukh ist von Gangotri aus über eine Trekkingroute erreichbar. Sadhus sind dort oben in den Sommermonaten in großer Zahl anzutreffen.

Gangotri selbst liegt auf 3.042 Metern und ist einer der vier wichtigsten Pilgerorte* für die Hindus im Himalaya. Dort steht auch ein großer Tempel für die Göttin Ganga, der in seiner jetzigen Form allerdings erst Anfang des 18. Jahrhunderts erbaut wurde.

In den schmalen Gassen des Ortes werden Devotionalien und abgefülltes Gangeswasser verkauft, es gibt zahlreiche *Ashrams* (Einsiedeleien) zur inneren Einkehr, und der Ort zieht ebenfalls zahlreiche Sadhus an, die hier an ihrer Befreiung vom Rad der Wiedergeburten arbeiten und teilweise auch in Eremitenhöhlen oder einfachen Steinbehausungen leben. Im Winter verlassen die meisten von ihnen

* *Die anderen drei sind Badrinath, Kedernath und Yamunotri. Sie befinden sich alle in der Bergregion des Garhwal und werden gemeinsam als Chota Char Dham bezeichnet.*

Gangotri, um im späten Frühjahr wiederzukehren. Nur eine Handvoll der ganz Harten unter ihnen bleibt sogar im Winter.

Alle anderen Bewohner verlassen den Ort, weil es im Winter schlicht zu kalt wird, wenn man nicht gerade über das Wissen verfügt, wie das innere Feuer entfacht werden kann, um sich zu wärmen. Durch die Bergformationen, über die die Sonne bereits im Spätherbst kaum hinüberkommt, ist es schon vor Einbruch des Winters eisig. Alle Normalsterblichen verlassen den Ort Ende Oktober oder Anfang November.

Mit einigem Glück und viel Widerstandskraft erlebte ich dort ein sehr interessantes Ritual. Bereits die Feier zu Divali war vor der Kulisse des Ganga-Tempels ein besonderes Ereignis. Die vielfarbigen Lichter tauchten die Tempel und Statuen in eine mystische Atmosphäre.

Doch der Tempelschließung beiwohnen zu können, war für einen »Outsider« wie mich eine Sensation. Denn bevor die letzten Menschen Gangotri verlassen, wird der Ganga-Tempel geschlossen. Die Göttin, die normalerweise auf einem Altar im Innern des Tempels thront, nehmen sie mit. Ein letztes Mal wird vor dem Tempel die Puja zelebriert. Ganga wird, sobald sie den Tempel verlassen hat, als lebendige Göttin verehrt und ist wunderschön auf einer Trage drapiert. Innerhalb von zwei Tagen wird sie von den Gläubigen in einer Prozession in ihre Winterresidenz in Mukhba, weiter unten im Tal, getragen. Dort verweilt sie, bis die Pilger sie im Mai wieder zurück nach Gangotri bringen und damit das Leben in Gangotri neu erwacht.

*28. Grund*

## *Weil der Ganges die Lebensader Indiens ist*

Mit über 2.600 Kilometern ist der Ganges der längste Fluss Indiens, und neben der Quelle gibt es noch weitere Flussabschnitte, denen besondere Bedeutung zukommt. Folgen wir also dem Lauf des Ganges-Quellflusses Bhagirathi von Gangotri hinab. Bei Devprayag, das auf nur noch 472 Metern Höhe liegt, vereinigt sich der Bhagirathi mit dem deutlich mehr Quellwasser führenden Zufluss Alaknanda und heißt fortan Ganges.

Bei der Pilgerstadt Rishikesh verlässt der Ganges die gewaltigen Täler des Himalaya. Danach durchschneidet der Strom die Siwalik-Berge und erreicht bei der ebenfalls bedeutenden Pilgerstadt Haridwar die Gangesebene. Dort zweigt der gewaltige Ganges-Kanal ab, der ein System von 6.000 Kilometern Bewässerungskanälen speist. Kanpur ist die größte Stadt am oberen Ganges und industriell sehr bedeutsam. Die Gerbereien und anderen Industrieanlagen sind aber auch verantwortlich für die erhebliche Belastung des Ganges mit Abwässern und Schadstoffen. Bis heute ist es für mich schwer nachzuvollziehen, wie sehr der Ganges verehrt und wie gleichgültig von vielen Gläubigen die massive Verschmutzung gleichzeitig hingenommen wird.

Auch die heutige Millionenstadt Allahabad ist von herausragender Bedeutung. Hier fließt dem Ganges der wichtigste Nebenfluss Yamuna (»Zwilling«) zu, der zuvor parallel zum Ganges verläuft und ein Zweistromland bildet. Allahabad gilt zugleich als Quelle des mythischen, unsichtbaren Stromes Sarasvati. Die Stadt wird auch *Tirth Raj*, »König der Pilgerstätten«, genannt. Alle 12 Jahre findet hier die größte *Kumbh Mela*, das größte Pilgerfest der Welt, statt.

Im weiteren Verlauf strömt der Ganges durch Varanasi, die heiligste Stadt für den Hinduismus, bevor er Patna*, die größte Stadt an seinen Ufern, passiert.

Etwa 200 Kilometer flussabwärts teilt sich der Ganges. Als Hugli fließt er direkt nach Süden, durch die Stadt Kalkutta hindurch, und mündet unweit südlich in den Golf von Bengalen. Auf der Insel Sagar, die in der Mündungsbucht liegt, befindet sich ein weiteres Heiligtum, das an die Legende von Bhagirathi erinnert. Es ist das Endziel einer gewaltigen Pilgerreise, die von der Quelle zur Mün-

---

* *Patna ist der moderne Name Pataliputras, der Hauptstadt des antiken Maurya-Reiches.*

dung führt. Während des Festes *Sagar Mela*, das Mitte Januar gefeiert wird, nehmen die Pilger hier ein rituelles Bad.

Doch der Hauptstrom des Ganges führt südöstlich nach Bangladesch hinein. Unmittelbar nach der Grenze fließt er mit dem Brahmaputra zum Fluss Padma zusammen und bildet gemeinsam mit dem Oberen Meghna den größten Strom Asiens, der ebenfalls in den Golf von Bengalen mündet. Das gewaltige Delta des Ganges erstreckt sich auf einer Fläche von etwa 140.000 $km^2$ über Indien und Bangladesch und ist bedeckt von Mangrovenwäldern, in denen eine gefährdete Population von Königstigern lebt.

Der Ganges versorgt die nordindische Ebene mit Wasser sowie fruchtbarem Sediment und Mineralien, die er aus den Bergen mit sich trägt. Ohne ihn wäre die kulturelle Blüte Nordindiens nicht denkbar gewesen. Bis heute vertrauen die meisten Inder auf seine reinigende Kraft.

*29. Grund*

## Weil Varanasi Erlösung verspricht

Jeder gläubige Hindu will die Pilgerreise nach Varanasi mindestens einmal in seinem Leben unternehmen. Die Bedeutung der Stadt ist vergleichbar mit der von Mekka für Muslime und der von Jerusalem für Christen, Juden und Muslime. Varanasi gilt als eine der ältesten Städte der Welt. Unter den Briten war sie unter dem Namen Benares bekannt, für die gläubigen Hindus ist sie Kashi, Shivas Stadt des Lichtes.

Ich hatte großen Respekt vor der Begegnung mit dem Ort. Nirgendwo trifft man auf eine solch konzentrierte Portion Indien. Für manche Besucher ist die Stadt daher nur schwer auszuhalten, andere lieben sie deshalb ganz besonders. Ich habe mich langsam an sie herangetastet, war mit genug Indien-Erfahrung angereist und habe mich sehr wohlgefühlt. Gerade die Streifzüge an den *Ghats* (Treppen, die an den Uferböschungen erbaut wurden und direkt zum Ganges hinabführen) waren für mich sehr inspirierend.

In Varanasi ist die Vergangenheit im Zuge der Moderne nicht einfach abgerissen worden. Zwar hat die Neustadt ähnlich wenig Reiz wie viele Neubaugebiete Indiens, die viel zu schnell und ohne großen Plan wachsen. Varanasis Altstadt hingegen ist eine ungebrochen lebendige Stadt mit Charakter und Seele. In den verwinkelten Gassen der Altstadt ging ich innerhalb kürzester Zeit verloren. Doch gerade diese orientierungslosen Streifzüge gefielen mir besonders, und sobald ich mich treiben ließ, entdeckte ich in den engen Gassen ständig Neues aus allen Epochen. Wenn ich gar nicht mehr weiterkam, stieß ich irgendwann wieder auf den Ganges.

Oft fragte ich mich, warum die Inder so wenig gegen den Verfall tun. Doch die Menschen in Indien schauen traditionell mehr nach innen, messen dem äußeren Schein nur wenig Bedeutung bei. Genau das spricht mich besonders an.

Am Ufer werden die meisten der über 80 Ghats von den Pilgern für rituelle Bäder in »Mother Ganga« genutzt, um sich von ihren Sünden reinzuwaschen. Sie opfern der Göttin Girlanden und schwimmende Kerzen. Prächtige Kaufmannshäuser, Villen und Tempel aus dem 18. und 19. Jahrhundert dominieren die Promenade und zeugen vom goldenen Zeitalter der Stadt. Zahllose Boote brechen zu jeder Tageszeit zu Fahrten über den Ganges auf. Nur in den späten Abendstunden kann man Ruhe und Frieden an seinem Ufer finden.

Am Manikarnika Ghat und Harishchandra Ghat verbrennen die Hindus ihre Toten. Jeder gläubige Hindu möchte hier verbrannt werden. Dieser Ort verspricht Erlösung von *Maya*, der illusionären Welt mit ihren Begierden und Leiden, die sofortige Erlösung vom Kreislauf der Wiedergeburten und den Eingang in Moksha oder Mukti – die Erlösung von der irdischen Existenz.

Auch mich zog es bald zu den ewigen Totenfeuern am Manikarnika Ghat. Ich hatte die Begegnung lange vor mir hergeschoben, nun fühlte ich mich bereit, mich in dieser direkten Form mit dem Tod auseinanderzusetzen. Von einem Balkon blickte ich auf die Totenfeuer hinab. Die glühende Hitze des Feuers und der Geruch verbrannten Fleisches zogen zu mir hinauf. Ich beobachtete von meiner Warte aus Zicklein, Kühe und Wasserbüffel, die sich ihren Weg durch die unwirkliche Szenerie bahnten und über die bereitliegenden Berge aus Sandelholz stiegen, ohne Notiz von der Morbidität dieses Ortes zu nehmen, die vor allem von den verfallenen Gebäuden und den Scharen von Fledermäusen ausgeht. Die Sadhus waren in ihre Gespräche vertieft, rauchten das *Chillum**, Lachen ertönte. Der ständige Blick auf die Totenfeuer erzeugte bei mir leichte Trance. Gerade angesichts dieser unmittelbaren Nähe zum Tod wurde ich mir meiner Lebendigkeit besonders bewusst. Zugleich erinnerte ich mich der Menschen, die ich im Lauf meines Lebens verloren hatte.

Die Angehörigen trugen ihre Verstorbenen auf Bambusbahren zum Fluss hinunter. Viele Trauernde hatten sich die Köpfe kahlgeschoren. Die Leichen waren in glitzernde Seidentücher gehüllt. Ich beobachtete, wie die letzte rituelle Waschung im Ganges vollzogen wurde. Der älteste Sohn umrundete den Leichnam ein letztes Mal und setzte ihn in Brand.

Die Angehörigen wandten sich nun ab, um der Seele des Verstorbenen die Möglichkeit zu geben, Moksha zu erlangen. Solange sie sich ihr in Trauer zuwenden, ist sie auf dieser Erde gefangen. Tief in Gedanken kehrte ich zu meinem Hotel zurück. Angst vor dem Tod empfand ich an diesem Tag keine.

Zum Abschluss meines Aufenthalts durfte ich noch die lokale Variante von Divali erleben. Vom Boot aus konnte ich in den Abendstunden die von Zehntausenden Öllampen und Kerzen illuminierten Ghats betrachten. Auch der Ganges leuchtete im Widerschein Tausender schwimmender Kerzen. Über 100.000 Menschen hatten sich am Ufer des Ganges versammelt.

Als ich Varanasi verließ, hatte ich vorläufig meinen Frieden mit Indien und dem Tod gemacht.

---

* *Eine konisch geformte Tonpfeife zum Konsum von Ganja, Bhang oder Charas (jeweils Cannabisprodukte).*

## Weil an Divali ganz Indien leuchtet

Das »Lichterfest« Divali ist der absolute Höhepunkt im indischen Festkalender. Divali wird überall in Indien gefeiert, kennt aber regional unterschiedliche Ursprungsmythen. Im Norden Indiens markiert es den Beginn des neuen Jahres. Im Zentrum der Verehrung steht die Göttin Lakshmi, Gattin von Vishnu. Während am *Dashahara*-Fest 20 Tage zuvor der Sieg von Vishnus Inkarnation Rama über den Dämonen Ravana gefeiert wird, steht an Divali seine Rückkehr nach Ayodhya nach 14-jährigem Exil im Vordergrund. Das fünftägige Fest findet im Oktober oder November statt.

Am ersten Tag räumt man das Haus auf, und neue Kleidung, Kochutensilien und wenn möglich auch Wertgegenstände wie Gold- und Silberschmuck werden eingekauft. Am zweiten Tag steht der Mythos um Krishnas Sieg über den Dämon Naraka und die damit verbundene Befreiung von 16.000 Frauen im Vordergrund. Diese Legende ist in Südindien besonders wichtig, dem Schauplatz dieser Legende. Die Gläubigen stehen sehr früh auf und machen sich besonders schön. Neue Kleider werden getragen und Öllampen angesteckt. Die Familie spielt die Hauptrolle. Am Abend wird Feuerwerk gezündet.

In Nordindien ist hingegen der dritte Tag der wichtigste. Die Lichter sollen hier Lakshmi »anlocken«, die nur dort einkehrt, wo Lichter brennen und sauber aufgeräumt ist. Die Ladenbesitzer reinigen ihre Geschäfte und legen neue Geschäftsbücher an. So bitten sie die Göttin des Glücks und des Wohlstands um Hilfe für ihren Erfolg. Auch Glücksspiele erfreuen sich an diesem Tag großer Beliebtheit. In Bengalen wird an Divali statt Lakshmi der Göttin Kali gehuldigt.

Am vierten Tag wird Vishnu verehrt. Die Frauen tupfen ihren Ehemännern ein Segenszeichen (*Tilaka* oder *Tika)* auf die Stirn.

Der fünfte Tag steht im Zeichen von gegenseitigem Schutz zwischen Schwester und Bruder.

Auch Jaina und Sikhs feiern Divali. Bei den Jaina steht der Eingang ihres Guru Mahavira ins Moksha, also die Erlösung, im Vordergrund, bei den Sikhs Har Gobinds Sieg über den Mogulherrscher Jahangir und seine darauf folgende triumphale Rückkehr nach Amritsar.

Früher wurden ausschließlich Öllampen verwendet. Dem modernen Inder hingegen steht eine ganze Palette von Lichterketten und Feuerwerkskörpern zur Verfügung. Die Kinder freuen sich über Süßigkeiten. Die Familie spielt an Divali eine besondere Rolle, fast wie bei uns an Weihnachten. Wer kann, der fährt nach Hause. Wer also plant, um Divali herum zu reisen, der sollte reservieren. Bahntickets werden sehr rar!

Ich selbst habe das Fest an ganz verschiedenen Orten erleben können. Zweimal war ich während Divali auf Indiens Straßen unterwegs. Einmal habe ich das Lichterfest vor dem Ganga-Tempel in Gangotri erlebt, was ein sehr intimes und in dieser Kulisse fast mystisches Erlebnis war. Am meisten beeindruckt hat mich jedoch die Erfahrung in Varanasi. Die wichtigsten Ghats waren in den Tagen zuvor frisch gestrichen worden. Nun waren sie übersät mit Öllampen und Kerzen, die die Menschenmenge erstrahlen ließen. Viele Gläubige schickten ihre Wünsche mithilfe kleiner Papierboote mit Devotionalien und einer Kerze auf den Fluss. Spätestens als die Raketen aufstiegen, explodierte das ganze Gangesufer in einer Lichtorgie.

Wer also die Chance hat, dieses Fest während einer Indienreise zu erleben, sollte sich die Gelegenheit nicht entgehen lassen.

*31. Grund*

## *Weil zum Holi-Fest alle Inder in Farbe getaucht werden*

Holi, auch bekannt als das Fest der Farben, ist inzwischen die außerhalb des Subkontinents bekannteste indische Feierlichkeit. Sicher habt ihr schon Bilder von Holi in den Medien gesehen: Ausgelassene Menschen besprengen sich gegenseitig mit buntem Puder und Wasser, bis alle Farben des Spektrums auf den Kleidern und Haaren verteilt sind. Auch Süßigkeiten fliegen durch die Luft, wie die Kamelle im Kölner Karneval.

Findige Agenturen haben damit begonnen, Elemente des Fests in einen westlichen Rahmen zu integrieren und zu kommerzialisieren. Diese Events stehen aber kaum mit der indischen Tradition in Verbindung, ohne kulturellen Bezug sind sie reine Happenings.

Holi wird das Fest hauptsächlich in Nordindien und Nepal genannt, in anderen Landesteilen ist es unter verschiedenen lokalen Namen bekannt, und verschiedene Mythen werden betont oder lokale Gottheiten eingebunden. Auf die Natur bezogen markiert Holi den Beginn des Frühlings und seinen Sieg über den Winter. Auf die drei wichtigsten Ursprungsmythen gehe ich hier ein.

Das Fest wird je nach Mondstand zwischen Ende Februar und Mitte März begangen. Eigentlich handelt es sich um ein anderthalbtägiges (selten auch längeres) Fest, in dem der Sieg des Guten über das Böse gefeiert wird.

Im ersten Mythos geht es um die Dämonin Holika, der das Fest seinen Namen verdankt. Es heißt, der Dämonenkönig Hiranyakashipu habe über fünf Spezialkräfte verfügt. Er konnte weder von einem Menschen noch einem Tier, weder drinnen noch draußen, weder tagsüber noch nachts und weder mit Geschossen noch mit einer Handwaffe, weder an Land, im Wasser noch in der Luft getötet werden. Diese Überlegenheit machte den König arrogant, und er verlangte, dass ausschließlich er verehrt würde. Doch sein Sohn Prahlada war damit nicht einverstanden und hielt an seiner Verehrung von Vishnu fest, was seinen Vater schwer erzürnte. Er bestrafte seinen Sohn auf vielfache Weise, doch der wollte von seinem Glauben nicht ablassen. Schließlich lockte ihn Holika, Prahladas böse Tante, auf einen Scheiterhaufen. Holika trug einen Umhang, der sie unempfindlich gegen das Feuer machte. Doch als das Feuer brannte, ging der Umhang auf Prahlada über, Holika verbrannte.

Vishnu nahm die Form von Narasimha an, einer Inkarnation halb Mensch, halb Löwe. Zur Dämmerung (weder Tag noch Nacht) trug er Hiranyakashipu zu einer Türschwelle (weder draußen noch drinnen), platzierte ihn auf seinem Schoß (weder Land, Wasser noch Luft) und tötete ihn mit seinen Löwenpranken.

Dieser Mythos steht auch im Vordergrund des ersten Abends des Fests, auch *Holika Dahan* genannt. Überall in den Straßen werden zum Vollmond Figuren, die den Dämon Holika repräsentieren sollen, auf Scheiterhaufen verbrannt. Die Gläubigen singen, tanzen und beten dafür, von ihren inneren Dämonen befreit zu werden.

Erst am zweiten Tag beginnt der bekanntere Teil des Fests. Erst jetzt wird farbiges Pulver, das zuvor in Tempeln geweiht wurde und segensreich wirken soll, mit Wasser gemischt und in die Menge geworfen, bis die Kleider aller Festbesucher in eine psychedelische Farbexplosion getaucht sind. Passend dazu ist auch der Konsum des Cannabisprodukts Bhang an diesem Tag verbreitet.

Auch Angehörige anderer Religionen, vor allem Jaina, Sikhs und Buddhisten, nehmen an Holi teil.

Am zweiten Festtag (*Rangwali Holika*) steht ein zweiter Mythos über den Gott Krishna im Vordergrund. Gefeiert wird die göttliche Liebe, die Krishna von seiner Angebeteten Radha geschenkt bekommt. Krishna wurde als Baby von der Dämonin Putana mit ihrer Milch vergiftet, was dazu führte, dass seine Haut blau wurde. Er soll in Radha verliebt gewesen sein, die allerdings von anderer Herkunft und Hautfarbe war. Er war besorgt, ob er trotz seiner blauen Haut geliebt werden kann. Seine Mutter riet ihm schließlich, sich Radha zu nähern und ihre Gesichtsfarbe ebenfalls zu verändern. Schließlich triumphierte die Liebe über die Tradition, und die beiden wurden ein Paar. In der Erinnerung an diesen Mythos sind an Holi alle Schranken zwischen den Geschlechtern, Kasten und Völkern aufgehoben. Das erinnert entfernt an Traditionen wie Mardi Gras oder den Fasching, wo die Machtverhältnisse ebenfalls aufgehoben oder gar umgekehrt werden.

Ein dritter Mythos dreht sich um die Liebe zwischen Shiva und Kama und spielt vor allem im Süden Indiens eine größere Rolle als die anderen Mythen. In dieser Legende bittet Parvati den Gott der Liebe, Kama, ihr zu helfen, Shiva aus seiner Trauer über den Tod Satis zu befreien. Doch Shiva tötet den Gott versehentlich mit seinem yogischen Feuer, als er sein drittes Auge öffnet. Dessen Frau Rati und Parvati meditieren ihrerseits und erreichen, dass Shiva Mitleid empfindet, aus seiner Trance erwacht und Kama lebendig zurückbringt.

Jedenfalls sieht man die Inder nur selten so ausgelassen wie an Holi, und es ist ein Riesenspaß, an der mittlerweile weltweit bekannten Farbenschlacht teilzunehmen. Wer sich dafür ein weißes Hemd besorgt, hat ein psychedelisches Farbmotiv als Souvenir für zu Hause.

*32. Grund*

## *Weil »Heilige Männer« auf Indiens Straßen wandeln*

Die Sadhus, die »Heiligen Männer«, sind sicher die ungewöhnlichste Erscheinung Indiens. Sie haben dem weltlichen Leben entsagt, leben in Askese und widmen ihre Existenz ausschließlich dem Streben nach Erleuchtung. Sie leben in der Nähe eines Tempels, als Eremiten in Höhlen, in Ashrams oder sind völlig heimatlos auf ständiger Wanderschaft.

Auch *Sannyasin* genannt, stählen sie sich als Wandermönche von der Welt abgewandt in Askese, Selbstkontrolle und Yoga. Ihr ganzes Streben ist darauf fokussiert, Moksha zu erreichen, die Befreiung vom Kreislauf der Wiedergeburten (*Samsara*) durch Vereinigung mit dem Göttlichen. Erlösung ist in dieser Vorstellung nur dann möglich, wenn kein neues Karma mehr entsteht, weder positives noch negatives. Eine weitere Grundvoraussetzung ist die Erkenntnis, dass die äußere (materielle) Welt reine Täuschung ist und sich das Absolute dahinter verbirgt, eine transzendente Wahrheit.

Auch in den »Reformbewegungen« des Hinduismus, dem Jainismus und dem Buddhismus, gilt dies als höchstes Ziel. Moksha ist gleichzusetzen mit dem im Westen bekannteren Begriff Nirwana, den die Buddhisten verwenden.

*Sannyasa* ist eigentlich erst die letzte der vier Stufen eines idealen Hindu-Lebens, das im Dharma, der hinduistischen Ethik, als erstrebenswert angesehen wird. Im letzten Abschnitt des Lebens besteht die Aufgabe, sich von allem Weltlichen zu lösen und sich als Wanderer auf die Suche nach Erlösung zu begeben. Dabei werden die Eremiten durch milde Gaben von den Gläubigen unterstützt. Die Sadhus treten diesen Weg schon früher an. Sie wollen Jivanmukti erreichen, das heißt, bereits im Leben befreit sein.

Man geht davon aus, dass vier bis fünf Millionen Sadhus in Indien leben. Die allermeisten sind Männer, es gibt aber auch weibliche Vertreter.

Besonders im Himalaya trifft man viele Sadhus an, die dort in Höhlen ihren Willen trainieren. Ihre Hauptstadt ist jedoch Varanasi, denn dort zu sterben gilt als besonders verheißungsvoll, um Samsara zu überwinden.

Das größte indische Pilgerfest, die Kumbh Mela, zieht Sadhus magisch an. Aus dem ganzen Land ziehen sie an den Ganges, um sich von ihren Sünden reinzuwaschen.

Als ich selbst den Totenfeuern in Varanasi beiwohnte, betrachtete ich einen *Naga Baba*, einen Mann, der nichts weiter am Körper trug als die »heilige Asche« der Totenfeuer. In seinen Augen brannte ein Feuer, gestählt durch die Erfahrung des Alleinseins und der Askese. Er schien entrückt, in einer Art stiller Ekstase. Er wirkte, als habe er sich unendlich weit von dieser Welt entfernt.

Ich fühlte mich am stärksten zu den Vertretern hingezogen, denen der Schalk im Nacken saß. Sie belächelten alle, die ausschließlich in der materiellen Welt nach Erfüllung suchten, aber nicht minder sich selbst. Das hatte nichts Überhebliches, sondern etwas großväterlich Nachsichtiges an sich.

Einige kennen diese Begierden nur zu gut, sie hatten früher ganz »normal« gelebt. Doch irgendwann hatten sie erkannt, dass sie nicht glücklich waren, und hatten eine radikale Kehrtwende vollzogen. Nun strebten sie danach, die Welt der Begierden und Täuschungen konsequent hinter sich zu lassen.

Natürlich findet man auch lustige und grimmige Scharlatane, die es eher auf das Geld der Touristen abgesehen haben und wilden Hokuspokus veranstalten. Besonders häufig trifft man diese Vertreter an heiligen Orten wie dem Pushkarsee oder den Verbrennungsstätten am Ganges. Aggressiv fordern sie völlig übertriebene Gelder für Kleinigkeiten ein. Man sollte nicht darauf eingehen und sich bedrängen lassen!

Besonders bizarr sind bestimmte Praktiken der Sadhus, beispielsweise jahrelang nur auf einem Bein zu stehen oder den Arm nach oben gereckt zu halten (mehr dazu im folgenden Kapitel über die Kumbh Mela). Das Rauchen von Haschisch ist weit verbreitet unter den »heiligen Männern«. Der Konsum von Cannabis erleichtert die Meditation und das lange Verharren in ebenjenen steifen Posen. Von anderen wiederum wird Ganja als Ablenkung abgelehnt.

In meinen Augen sind die Sadhus die Antagonisten des Fortschrittsversprechens und der Fixierung auf die materielle Welt, der längst universell nachgeeifert wird. Sie machen viel von der spirituellen Anziehungskraft aus, die Indien auf die meisten Besucher ausübt. Viele sind nach Indien gereist, um dort eine mystische Welt jenseits ihrer durcherklärten Welt zu suchen.

Solange Sadhus auf den Straßen Indiens überleben können und Respekt genießen, wird es ein ungewöhnliches Land bleiben, ein Gegenmodell. Daran kann bislang die Moderne nichts ändern, trotz allem, was sich aktuell an der Oberfläche verändert.

*33. Grund*

## *Weil das größte Pilgerfest der Welt in Indien stattfindet*

Die Kumbh Mela ist das größte religiöse Fest auf Erden. Das »Fest des Kruges« geht auf die Legende vom »Quirlen des Milchozeans« zurück. Der Milchozean wurde von Göttern (*Devas*) und Dämonen (*Asuras*) gequirlt, um den Nektar der Unsterblichkeit zu gewinnen. Es brach Streit zwischen beiden Gruppen aus, wer von dem Elixier trinken darf, und dabei fielen vier Tropfen von *Amrita* (dem »Nektar der Unsterblichkeit«) auf den Boden. Wo sie die Erde berührten, entstanden die heiligen vier Städte, an denen die Kumbh Mela im Wechsel stattfindet.

Die Städte, in denen das Fest alle drei Jahre gefeiert wird, sind Allahabad (einst Prayaga), Haridwar (wo der Ganges die Tiefebene erreicht), Ujjain (am Fluss Shipra im Bundesstaat Madhya Pradesh) und Nashik (am Fluss Godavari in den Westghats). Allahabad gilt als besonders heilig, und hier finden alle zwölf Jahre die größten Zusammenkünfte am Zusammenfluss von Ganges, Yamuna und dem mythischen Fluss Sarasvati statt. Es gibt auch jährliche Zusammenkünfte (*Magh Mela*). Die bedeutendste Kumbh Mela findet alle 144 Jahre (12x12) statt. Die letzte war 2001.

Das Bad an diesen besonders verheißungsvollen astrologischen Konstellationen soll von allen Sünden befreien. Denn dann soll sich das Wasser der heiligen Flüsse in den Nektar der Unsterblichkeit (Amrita) verwandeln. So sollen sich 2013 in der Stadt Allahabad an nur einem Tag bis zu 30 Millionen Menschen versammelt haben, um ein reinigendes Bad im Ganges zu nehmen. Die Menschenmenge war sogar aus dem Weltraum zu erkennen.

Innerhalb kürzester Zeit entsteht eine *Kumbhnagar* genannte, gigantische temporäre Zeltstadt, die es an Größe, Trubel und Lärm mit jeder Megacity aufnehmen kann. Auch wenn es regelmäßig zu tödlichen Zwischenfällen kommt, ist erstaunlich, in welch geordneten Bahnen das auf den ersten Blick heillos chaotische Fest abläuft.

Für das Fest im Jahre 2001 wurden auf dem *Sangam* genannten Uferstreifen am Zusammenfluss von Ganges und Yamuna 140 Kilometer Straßen errichtet, Strom-, Wasser- und Telefonanschlüsse verlegt, zahlreiche Pontonbrücken über die Flüsse gebaut und 20.000 Toiletten aufgestellt. 6.000 Müllmänner, 20.000 Polizisten und Tausende Freiwillige sorgten für ein Mindestmaß an Ordnung. Die Wassermenge des Ganges wird während des Festes reguliert, die Abwässer, die sonst ungefiltert im Fluss landen, werden in Reservoirs über die Festtage gelagert.

Die Kumbh Mela ist der Treffpunkt für Philosophen, Asketen, Heilig-Verrückte, Babas, Bettler, Sadhus, Pilger, Schaulustige, Swamis, Gurus und Yogis. Aus allen Ecken des Landes reisen gläubige

Hindus für das Fest ganz selbstverständlich an, so wie es alle ihre Vorfahren taten. Für die einfachen Menschen ist es ein absoluter Höhepunkt, höchstens vergleichbar mit der Bedeutung der Hadsch, die jeder Muslim unternehmen will/muss. Unterwegs werden die Pilger selbstverständlich von der Bevölkerung verköstigt. Auch Jaina und Buddhisten werden von dem Fest angezogen.

Vor allem auf Sadhus wirkt das Fest wie ein Magnet, und die verschiedenen Mönchsorden, Akharas genannt, bevölkern die Flussufer. Die 13 Akharas existieren seit etwa 1.000 Jahren und wurden ursprünglich gegründet, um den inneren Zerfall des Hinduismus abzuwenden und sich gegen die »islamische Bedrohung« zu stellen.

Für die Sadhus besitzt die Kumbh Mela eine zentrale soziale Bedeutung und sie umgekehrt für die Organisation des Festes, bei der die Akhara eine wichtige Rolle spielen. Es ist ihre *Agora*, ihr Marktplatz, und bietet eine Unterbrechung von der inneren Einkehr.

Für manche Asketen ist die Kumbh Mela der einzige Grund, ihre Ashrams, Tempel oder Einsiedeleien und Höhlen zu verlassen. Während der Feierlichkeiten werden auch (bis auf ein Haarbüschel am Hinterkopf kahl geschorene) Novizen in die Sadhu-Orden aufgenommen, und ihnen werden von ihren Gurus Mantras übergeben. Mit dem Bad im Fluss endet ihre Ausbildung zum Mönch.

Der Poet und Filmregisseur Ira Cohen besuchte die Kumbh Mela 1986 in Haridwar. In seinem sehenswerten Film *Kings with Straw Mats*, der 1998 erschien, berichtet er von einem »circus of high madness, true devotion and showbiz«, machte psychedelische Erfahrungen und meinte, die ganze Energie Woodstocks in einem einzigen Zelt von Sadhus auszumachen.

Tatsächlich hat das Ganze etwas von einem riesengroßen Rummel. Rauchige Essensstände bieten Kulinarisches, Lagerfeuer brennen. Aus scheppernden Lautsprechern erklingen Musik und Mantras. Allgegenwärtig ist das Friedensmantra »Shanti Om«, Chöre, Tempelgesang und Schellen erklingen. Bühnen und Podien werden aufgebaut, auf denen Symposien abgehalten und religiöse Lehrstücke aufgeführt werden, die bis zu 15 Tage andauern. Manche Orden ziehen mit reich geschmückten Festwagen ein.

Es ist ein bizarres, häufig groteskes Schauspiel, an dem die unterschiedlichsten Sekten teilnehmen. Einige treten aggressiv und militärisch auf und wirken furchteinflößend. Sie ziehen finstere Grimassen, nehmen angeberische Kampfpositionen und schreiten bewaffnet mit Lanzen, Dreizacken, Speeren und Schwertern durch die Menge. Tatsächlich kommt es manchmal zu gewalttätigen Übergriffen mit Toten, vor allem bei Streitigkeiten unter den Bruderschaften darüber, welche zuerst das reinigende Bad nehmen darf.

Andere beweisen, wie bereits zuvor angedeutet, ihre Willenskraft durch das bis zu zwölf Jahre lange Stehen, bevorzugt auch auf einem Bein oder einen Arm in die Luft gestreckt. Damit wollen sie die Überwindung der Schmerzen und ihres Egos unterstreichen. Das reicht über Fakir-Betten bis zu Sadhus, die mit ihrem Penis schwere Gewichte stemmen oder ihn zum Zeichen ihrer Keuschheit und Selbstüberwindung in ein Schloss zwängen. Andere praktizieren stundenlang die Meditation im Kopfstand. Einige haben ein Schweigegelübde abgelegt und machen sich durch Glöckchen bemerkbar. Hier sind eben alle vertreten: die Heiligen, die Verrückten, die Ausgestoßenen, die Rebellen, Quacksalber und Fanatiker. Als Meister der Askese gelten die Naga Babas. Wie im vorherigen Grund bereits beschrieben, sind sie nur mit Asche »bekleidet«, manchmal tragen sie auch einen Lendenschurz. Sie gehören zu den *Juna Akhara*, die als besonders militant gelten und sich häufig bei den Auseinandersetzungen um das Recht, als Erste im Nektar zu baden, hervortun. Sie praktizieren tantrische Rituale, trinken aus Schädeln, zeigen so, wie wenig ihnen die Welt der Lebenden bedeutet, die ihnen nur als Maya – als Täuschung – gilt. Sie gelten als radikalste Vertreter der Sadhus. Ihr aggressives Verhalten wirkt wenig fromm, sondern höchst provokant.

Die Teilnahme an einer Kumbh Mela gehört zu den größten Herausforderungen in Indien und gewährt zugleich einen unvergleichlich tiefen Einblick in jahrtausendealte Traditionen und Mythen. Das Fest bietet die einmalige Möglichkeit, Weisen zu begegnen, die sonst weltabgewandt leben, und das ganze Spektrum der heiligen/weisen Männer auf einer Palette bestaunen zu können. 2025 wird die nächste große Kumbh Mela in Allahabad stattfinden. Ich hoffe, dabei zu sein.

*34. Grund*

## *Weil die Kuh heilig ist*

Die heilige Kuh ist aus Indien nicht wegzudenken. Ihre besondere Bedeutung stammt noch aus der Zeit, als sie wegen ihrer Milch, des Fleisches (das Schlachtverbot im Hinduismus entwickelte sich erst mit der Zeit) und ihres Universaldüngers entscheidend für das Überleben auf dem indischen Subkontinent war. Die Bauern nutzen die Ochsen und Wasserbüffel als Zugtiere und den Dung als Brenn- und Baustoff. Das Leder diente zur Kleiderherstellung. Geklärte Butter aus Kuhmilch (Ghee) spielt auch eine wichtige Rolle in der Puja. Die Kuh entwickelte sich so zum Symbol allen Lebens. Heute leben über 200 Millionen Kühe in Indien. Die meisten sind Zebu-Rinder, die verhältnismäßig wenig Milch geben – kein Vergleich zu den heutigen Hochleistungsrassen wie etwa der Holstein-Kuh.

Bauern betrachten sie als Familienmitglieder, schmücken sie mit Girlanden, bemalen die Hörner und beten für die Tiere, wenn sie krank sind, oder lassen neugeborene Kälber vom Priester segnen. An Divali werden die Kühe gewaschen, reich geschmückt und erhalten besondere Leckereien. Wem das absurd erscheint, der sollte bedenken, dass auch in Europa Stier-Kulte sehr verbreitet waren. Man denke an den Pfingstochsen oder den Stierkult der Minoer mit dem Minotaurus, einem Menschen mit dem Kopf eines Stiers.

In Indien ist diese Verehrung ungebrochen. Die Kuh wurde mit Shiva und Vishnu assoziiert, es gibt Darstellungen beider Götter in Kuh- oder Stier-Gestalt. Die aktuell beliebteste Inkarnation Vishnus, Krishna, ist in der Mythologie ein Kuhhirte. Die Kuh wird als *Aghnya* (»Die Unantastbare«) oder als *Kamadhenu*, die Wunsch-erfüllende Kuhmutter, verehrt. Auch die Muttergöttin Prithivi erscheint in manchen Epen in Gestalt einer Kuh.

In Indien gibt es kein größeres Sakrileg, als eine Kuh zu verletzen oder gar zu töten. Das verlangt vor allem im Verkehr viel Aufmerksamkeit ab. Denn die Kühe sind sich ihres hervorgehobenen Status durchaus bewusst. Aufreizend lässig schlendern sie über die Straßen oder entschließen sich dazu, gleich an der Kreuzung eine Mittagspause einzulegen. Der Verkehr fließt nun um die stoisch kauende Kuh herum. Auch auf Bahnschienen gehen sie offensichtlich gerne spazieren. An Marktständen finden sich die Tiere besonders gerne ein und bedienen sich wie an einem Buffet.

Die Verehrung der Kuh führt zu einigen kuriosen Situationen. Es gibt beispielsweise Arme, die sich eine Kuh gegen eine Leihgebühr vom Besitzer »mieten«. Sie führen die Kuh zu einem belebten öffentlichen Ort. Dort bieten sie den gläubigen Hindus Futter zum Kauf an. Eine Kuh mit Nahrung zu versorgen soll dem Karma zugutekommen.

Leider kann man trotzdem nicht behaupten, dass es allen Kühen gut ginge. Vor allem in den Städten sind viele der Tiere verwahrlost und ausgemergelt, geben kaum noch Milch und fressen den überhandnehmenden Müll, der überall herumliegt. Das ist eine ihrer traditionellen Aufgaben, doch die Art des Mülls hat sich in den letzten Jahrzehnten erheblich geändert. Vor allem das viele Plastik ist für sie sehr gefährlich, denn es führt zu erheblichen Verletzungen der inneren Organe, Darmverschluss und im schlimmsten Fall zum Tod.

Gerade in den letzten Jahren wurde der Status der Kuh für politisch-religiöse Zwecke instrumentalisiert – ein Konflikt, der Muslime und Hindus schon immer gespalten hat und immer wieder zu schweren Pogromen gegen Muslime führt. Denn für die Muslime ist die Kuh keineswegs heilig, und in einigen indischen Bundesstaaten gibt es Schlachtereien, die von Muslimen betrieben werden.

Das ist für die hindu-nationalistische Partei BJP und deren Kaderorganisation RSS ein Graus. Da sie ohnehin einen reinen Hindu-Staat anstreben, nutzen sie diesen Umstand aus, um Stimmung gegen Muslime als Mörder von heiligen Wesen zu machen. Das nimmt oft sehr skurrile Züge an. Beispielsweise gibt es selbst ernannte »Kuhschützer«, die *Gau Rajaks*, die nicht vor Gewalt zurückschrecken und Kühe aus Schlachtereien befreien oder diese zerstören. Muslime werden als »Kuhmörder« verunglimpft. Schon das Gerücht, man habe eine Kuh geschlachtet, kann für den Betroffenen lebensgefährlich werden. Bis heute entstehen immer wieder Mobs aus »engagierten Tierschützern«, die sich so aufheizen, dass Muslime getötet werden. Einige Bundesstaaten haben inzwischen Schlachtverbote verhängt. In Gujarat steht auf die Tötung einer Kuh lebenslange Haft. Das ist vor allem ein Problem für die muslimischen Fleischesser, die ihrerseits auf den Verzehr von Schweinefleisch verzichten müssen. Geflügel ist hingegen so teuer, dass sich viele den Kauf nicht leisten können. Gerade bei großen Ernteausfällen führt das Schlachtverbot zwangsläufig zu Spannungen.

Noch skurriler ist die Tatsache, dass die hindu-nationalistische Regierung von Uttar Pradesh Krankenwägen für Kühe angeschafft haben, die die Kühe in Kliniken oder ins *Gaushala*, ein Pflegeheim für Kühe, bringen. Das ist insofern absurd, weil die meisten Inder von solchen medizinischen Hilfen nur träumen können. Es ist reine Symbolpolitik, bei der es eher um die Ausgrenzung von Muslimen geht als um die Belange der Kühe. Allerdings kritisieren liberale Kräfte diesen Wahnsinn und wollen sich nicht vorschreiben lassen, was sie essen.

Doch solange sich nur ein Bruchteil der indischen Bauern einen Traktor leisten kann und der Kuhmist unverzichtbar als Stickstoffquelle ist, wird die indische Kuh eine wichtige Bedeutung für die ländliche Bevölkerung behalten.

*35. Grund*

## *Weil die Jaina alles Leben achten*

Die Religionsgemeinschaft der Jaina hat sich wahrscheinlich um dieselbe Zeit entwickelt wie der Buddhismus, beides sind (je nach Ansicht) Reformbewegungen des Hinduismus. Die Religion der Jaina blieb jedoch fast vollständig auf Indien beschränkt.

Der Religionsgründer Mahavira soll nach traditioneller Überlieferung 599–527 v. Chr. gelebt haben, wahrscheinlicher aber etwa 100 Jahre später. Er soll im nordindischen Vaishali geboren worden sein. Seine Lebensdaten sind jedoch umstritten, und so ist unklar, ob er zur selben Zeit wie der historische Siddhartha lebte. Jedenfalls stammten beide aus dem heutigen Bundesstaat Bihar, beide predigten teilweise an denselben Orten, und auch ihre Lehren verbindet Essenzielles. Sicherlich haben sich die beiden neuen Religionen gegenseitig beeinflusst.

Denn die Lebensgeschichte, die Mahavira zugeschrieben wird, ähnelt sehr stark der des Prinzen Siddhartha, der zu Buddha wurde. Denn Mahavira wird nachgesagt, als Prinz Vardhamana (»Der Glückliche«) geboren worden zu sein, um sich dann radikal für ein Asketenleben zu entscheiden. Zwölf Jahre wanderte er nackt umher, wurde von Spöttern angefeindet und von widrigem Wetter gestählt, bis er unter einem Weidenbaum Allwissenheit erreichte. Nun erhielt er die Ehrennamen Mahavira (»Großer Held«) und Jina (»Der Siegreiche«) und zog fortan predigend durch Indien, um seine Lehre zu verbreiten. Er setzte sich in die Ahnenfolge als der letzte der 24 *Tirthankaras.** Nur die letzten drei gelten dabei als historische Persönlichkeiten. Von ihnen wird im *Kalpa-Sutra*** ebenso berichtet wie von dem mystischen ersten Tirthankara, Rishabha, der auch als Adinath (»Ahnherr«) verehrt wird.

Die Jaina betonen ganz besonders den Gedanken von *Ahimsa* – der Gewaltlosigkeit. Sie sind strenge Vegetarier oder Veganer. Ihre Lebensweise erinnert insgesamt stark an die der Bishnoi, die ich im Rajasthan-Kapitel vorgestellt habe. In der indischen Stadt Palitana ist nur vegetarische Kost erlaubt, weil dort viele Jaina leben. Ähnliches gilt aber auch für bedeutende Städte der Hindus.

Der Vorstellung von Hindus und Jaina nach wechseln sich vier Zeitalter (*Yug*) ab. Gemeinsam bilden sie *Kalpa*, einen Zyklus von 4.320.000 Jahren, der sich wiederholt. Im »Goldenen Zeitalter« wachsen die moralischen Tugenden und spirituelle Fähigkeiten, im *Kali Yug*, einer Art Endzeit, in der wir uns nach Vorstellung der Hin-

---

* *»Furtbereiter« – sie gelten als Mittler zwischen materieller und spiritueller Welt, helfen bildlich über die Furt beider Welten.*

** *So heißt einer der heiligen Texte der Jaina.*

dus aktuell befinden, verfällt jede Moral. Erst danach beginnt wieder eine Erneuerung.

Der Jainismus sieht in der Welt zwei Prinzipien: das Geistige und das Un-Geistige. Das Geistige ist die Summe der individuellen Seelen (*Jiva*). Das Un-Geistige umfasst Bewegung, Ruhe, Raum, Stoff und Zeit. Alles Stoffliche ist beseelt – sowohl Mensch, Tier, Pflanzen und Natur.

Die ursprüngliche Reinheit ist nach Vorstellung der Jaina durch die Verunreinigung mit (schlechtem) Karma verloren gegangen Auch hier winkt Erlösung nur dem, der kein Karma mehr erzeugt. Die Seele kann gereinigt werden durch ethisches Verhalten und strenge Askese. Erst dann kann sie in den »Höchsten Himmel« eintreten. Allerdings gesteht der Jainismus das nicht allen zu – er kennt auch *Abhavya Jivas* (»unfähige Seelen«), die keine Chance besitzen, dem Samsara, also dem Kreislauf der Wiedergeburten, zu entkommen.

Die Regeln für Mönche sind besonders streng. In dem Buch *9 Lives* von William Dalrymple las ich den berührenden und zugleich sehr irritierenden Bericht von einer uralten Tradition. Er beschreibt, wie eine Nonne über viele Jahre auf immer mehr Nahrung verzichtet, bevor sie sich zu Tode hungert. Es ist die drastischste Schilderung von Askese, die ich kenne, die aber von den traditionellen Jaina nicht als Selbstmord, sondern als vorbildliche Selbstkasteiung gewertet wird.

Zu den wichtigsten Heiligtümern der Jaina gehören der Berg Parsnath im Osten Indiens, die Shatrunjaya-Berge bei Palitana in Gujarat, der Adinath-Tempel in Ranakpur und die weißen Marmortempel bei Mont Abu, die aus riesigen Blöcken zusammengesetzt wurden (beide in Rajasthan), sowie das Heiligtum für Bahubali, einen der Söhne Adinaths, im südindischen Karnataka. Besonders faszinierend sind auch die filigranen und miteinander verbundenen Tempel im Fort von Jaisalmer. Auch in jeder anderen größeren Stadt findet man Tempel der Jaina.

Auf ihren Pilgermärschen zu diesen Heiligtümern fegen die Gläubigen mit einem Staubwedel den Weg vor sich und tragen ein Mundtuch, um keine Insekten einzuatmen und so das schlechte *Karma* anzuziehen. Auch hier zeigt sich die immense Bedeutung des Gebots des »Nicht-Verletztens«. Besonderen Wert legen die Jain-Mönche auch auf ihre Gelübde, wahrhaftig zu sein, sich nicht an fremdem Eigentum zu bereichern, keine unkeuschen Beziehungen einzugehen und nur lebensnotwendige Güter zu besitzen.

Die Jaina machen nur 0,4 % der indischen Bevölkerung aus, doch das sind immerhin über vier Millionen Gläubige. Die Jain-Tempel mit ihren Kragkuppeln und den aufwendigen Ornamenten gehören zu den schönsten Tempeln, die der Reisende in Indien finden kann.

*36. Grund*

## *Weil Spiritualität in Indien allgegenwärtig ist*

Der Ausdruck von Spiritualität ist nach wie vor integraler Bestandteil des indischen Alltags. Kein Tag vergeht, an dem nicht irgendwo in Indiens Straßen ein religiöses Fest begangen oder ein reich geschmückter Toter von seinen Angehörigen zur Verbrennung getragen wird. Überall laden die Tempel Gläubige verschiedener Religionen ein, sich des Beistands der Götter zu versichern. Die Geschäftsleute stellen sich ein Abbild von Lakshmi, der Göttin des Wohlstands, auf ihren Tresen. Die Armaturenbretter nahezu aller Fahrzeuge sind mit einem Minialtar ausgestattet, den Götterbilder, frische Girlanden und Räucherstäbchen schmücken. Bei den Muslimen sind es Abbilder der Kasbah in Mekka und religiöse Musik, die Christen setzen auf den Schutz von Jesus, Maria oder Lady Fatima.

Auch das Prinzip von Karma greift stark in die eigene Lebensführung ein. Jeder gläubige Hindu ist damit beschäftigt, durch Wohlverhalten, Spenden und Almosen auf eine bessere Wiedergeburt hinzuarbeiten.

In Europa und Nordamerika sind diese Formen des öffentlichen Religionsausdrucks – abgesehen von den großen Festtagen – selten geworden. Religion empfinden viele als anachronistisch in einer (scheinbar) vollständig rationalisierten Welt. Von den Amtskirchen sind viele Gläubige wegen deren Starre frustriert. Generell fußt das

Europa der Aufklärung auf einer Trennung von privater Religionsausübung und dem Staat. Am ehesten haben die Freikirchen noch Zulauf, indem sie Religion zum Event machen. Bei den traditionellen Kirchen findet man bei den orthodoxen Christen in ländlichen Regionen eine solche Alltäglichkeit von religiösen Festen. In Lateinamerika, Afrika und weiten Teilen Asiens spielt die Religion nach wie vor eine zentrale Rolle.

Während das »Grüß Gott« außerhalb von Süddeutschland fast ausgestorben ist, grüßen sich die Inder nach wie vor mit dem *Namaste* – wörtlich übersetzt: »Ich grüße das Göttliche in dir.« Dabei werden die Handinnenflächen in der Nähe des Herzens zusammengelegt, als besonders ehrerbietige Gesten auch auf der Höhe des »dritten Auges*« und verbunden mit einer leichten Verbeugung.

Selbst wenn man wollte – in Indien ist es völlig unmöglich, der Spiritualität zu entgehen, unabhängig davon, was man selbst glaubt. Denn das Religiöse dringt auch in das Private vor. Besonders deutlich sieht man das am Beispiel der Puja. Göttern werden jeden Tag Blumengirlanden umgehängt, oder sie werden mit Räucherstäbchen bedacht. Tempel, Schreine, Altäre, Moscheen sind allgegenwärtig. Tempelglocken erklingen, der Gesang des Muezzins ruft die gläubigen Muslime zum Gebet gen Mekka. Und besonders die Sadhus, die ihre komplette Existenz der Anbetung Gottes gewidmet haben, sind eine ständige Erinnerung an das Übernatürliche oder Göttliche.

Im Übrigen sind keineswegs alle Inder religiös. Auch der Atheismus hat in Indien eine lange Tradition. Einige Schulen haben Gott verworfen und betonen ethische Grundsätze. Öffentlich bekennen sich dazu aber nur wenige.

Auch im indischen Fernsehen und den Zeitungen kann man Religion/Spiritualität/Esoterik kaum entgehen. Ausführlich wird über Feste und Pilgerfahrten berichtet. Äußerst skurrile »Guru-TV-Formate«

---

* *Das »Dritte Auge« soll sich auf der Stirn befinden, dem Ort des »Stirn-Chakra«. Ist dieses Auge geöffnet, so sollen Intuition und Erkenntnisfähigkeit gesteigert sein. Gerade unter Esoterikern ist diese Vorstellung sehr beliebt, hier wird das »Dritte Auge« auch mit den Fähigkeiten des Hellsehens und Gedankenlesen assoziiert.*

erfreuen sich großer Beliebtheit, gegen die hiesige »Astro-TV«-Sendungen fast (!) wissenschaftlich wirken. Auch die Werbung bedient sich schamlos an den beliebtesten Göttern und Mythen.

Indien bietet die Möglichkeit, sich mit den verschiedensten Religionen und Philosophien auseinanderzusetzen, aber auch, sich mit der eigenen Spiritualität jenseits eines vorgefertigten Glaubens auseinanderzusetzen und am Ende vielleicht einen neuen Zugang zur Religion/Spiritualität zu finden. Generell kann man sagen, dass die religiöse Praxis mit ihren Ritualen für die Hindu-Identität wichtiger ist als die sich durchaus stark voneinander unterscheidenden Glaubensinhalte.

Diese Spiritualität war für mich von Anfang an besonders faszinierend. Die westliche Welt versuchte im Geiste der Aufklärung, alles Spirituelle zu entmystifizieren. Schon die Hippies hatten dies als Mangel empfunden und sich auf die Suche nach den Mysterien der Welt gemacht – kaum ein Land eignete sich dafür besser als Indien. Am Ende ist der Grat zwischen Spiritualität, Esoterik und Scharlatanerie extrem dünn. Für mich ist Spiritualität ein Ausdruck der alten philosophischen Fragen, danach, wie wir entstanden sind und was unsere Aufgabe auf Erden ist. Orthodoxe Religion ist hingegen das Gießen dieser spirituellen Antworten, die individuell ausfallen, in ein starres Gefäß, was leicht zur Ablehnung anderer Einsichten führt. Erst dann wird Religion für mich zum Problem. Bei aller berechtigten Kritik an starrer Religion ist sie auch ein verbindendes Element.

*37. Grund*

## *Weil die Sikhs Indiens »Löwen« sind*

Die Religionsgemeinschaft der Sikhs wurde im 15. Jahrhundert von Guru Nanak begründet. Er stammte aus einer Hindu-Familie, suchte aber nach neuen Antworten auf seine Lebensfragen. So zog er jahrelang durch Indien und dessen Nachbarländer. Mit der Zeit begann er damit, öffentlich die traditionellen religiösen Riten und den Brahmanismus mit seinem Kastenwesen zu kritisieren. Auch im Islam sah er keine Alternative. Auf seiner Wanderschaft wurden ihm die okkulten Praktiken und die Weltabgewandtheit der Yogis und anderer »heiliger Männer« immer stärker suspekt. Er sah in der Meditation ein Ritual, das nur in der Liturgie Bedeutung hat. Seine Philosophie betonte stattdessen eine Arbeits- und Sozialethik, sich im Hier und Jetzt durch harte und aufrichtige Arbeit sozial und politisch zu engagieren. Seiner Auffassung nach hilft Gott nur dem, der sich selbst (und anderen) hilft.

Priester, Mönche und Nonnen als Mittler zwischen Mensch und Gott erachtete er als überflüssig. Auch »Laien« hätten das Potenzial, das Göttliche in sich zu erfahren. Diese Thesen waren beeinflusst von der Philosophie der frommen Bhakti-Bewegung und des islamischen Sufismus. Der Sikhismus zählt zu den monotheistischen Religionen und besaß von Anfang an einen religionsübergreifenden Charakter. Die Sikhs betonen nicht nur die Gleichheit von Mann und Frau, sondern die Gleichberechtigung aller Menschen. Der Gott der Sikhs ist gestalt- und geschlechtslos.

Die übrigen Ziele ähneln denen der viel älteren Traditionen von Hinduismus und Buddhismus: innerer Frieden und Erlösung von den Wiedergeburten durch die Anhäufung guten Karmas und die Entwicklung eines erwachten und aufgeklärten Bewusstseins. Das Gefühl des Getrenntseins von allem Existierenden soll als Illusion erkannt werden. Erlösung kann ein Sikh bereits zu Lebzeiten erreichen. Zentral ist auch die Beziehung zwischen einem Guru und seinem Schüler.

Auf Guru Nanak folgten neun weitere Gurus. Bereits Akbars Nachfolger Jahangir rief zur Gewalt gegen Andersgläubige auf und folterte später den fünften Guru der Sikhs, Arjan, zu Tode. Der sechste Sikh-Guru Har Gobind begann sich gegen die Intoleranz zu wehren und baute Streitkräfte aus.

Der zehnte und letzte Guru Gobind Singh (1666–1708) betrieb eine Militarisierung der Sikhs in der Tradition von Har Gobind. 1699 gründete er die Bruderschaft der *Khalsa* (»Die Reinen«). Ihre Mitglieder trugen fortan den Nachnamen Singh (»Löwe«) oder Kaur (»Prinzessin«). Die Kastenzugehörigkeit, die sich bei Hindus im

Nachnamen zeigt, sollte so ausgehebelt werden. Die Sorge der Sikhs bestand immer darin, wieder vollständig im Hinduismus aufzugehen.

Die Khalsa tragen nach ihrer Initiation die fünf *Kakars*: *Kes* (ungeschnittenes, aber gepflegtes Haar), *Khanga* (ein Holzkamm, der ins Haar gesteckt wird), *Kirpan* (Dolch), *Kara* (eiserner Armreif) und *Kachera* (eine Art langer Unterhose, die Treue und Beherrschung der Lust symbolisiert). Außerdem tragen sie den orangefarbenen *Dastar*, eine Art Turban. Die Mitglieder verpflichten sich dem Vegetarismus, und ihnen ist der Genuss von Alkohol und Drogen verboten.

Nach dem gewaltsamen Tod von Gobind Singh 1708 endete die Zeit der Gurus. Bereits zu Lebzeiten hatte der verkündet, dass es nach ihm keinen weiteren Guru mehr geben würde. Seine Autorität übertrug er auf das 1.400 Seiten starke heilige Buch *Adi Granth* (1604), das aus mehrsprachigen Texten besteht und auch Texte von Kabir und anderen Mystikern enthält, die ebenfalls hinduistische mit sufistischen Elementen in ihren Philosophien verbanden.

Während der britischen Kolonialherrschaft spielten die Sikhs eine herausragende Rolle innerhalb der britisch-indischen Armee und stellten viele Generäle. Große Bedeutung besitzen die Sikhs heute vor allem durch ihre Vormachtstellung in der Landwirtschaft. Bereits zu Zeiten der grünen Revolution in den 1960ern setzten sie auf Traktoren. Ihr Stammland, der Punjab (»Land der 5 Flüsse«), war und ist die Kornkammer Indiens.

Heute leben weltweit etwa 25 Millionen Sikhs, die mit Abstand meisten in Indien, die größten Exilgemeinden existieren in Nordamerika und Großbritannien.

*38. Grund*

## *Weil der Goldene Tempel allen Menschen offensteht*

Der Goldene Tempel (*Harmandir Sahib*) in Amritsar ist unter den unzähligen prächtigen Tempelanlagen Indiens eines der herausragenden Bauwerke. Diese Tempel der Sikhs werden auch *Gurdwana* genannt, was »Tor zum Guru« bedeutet. Der Goldene Tempel ist der bedeutendste unter diesen Tempeln und bildet den Mittelpunkt des Sikh-Kosmos. Das Gebäude liegt auf einer Insel inmitten eines Sees, der *Amrit Sarovar* (»Nektarteich«) genannt wird, und ist von einer Palastanlage umgeben. Der Tempel ist nach allen vier Himmelsrichtungen geöffnet, was unterstreicht, dass er allen Menschen offensteht, unabhängig von ihrer Religion. Lediglich eine Kopfbedeckung ist Pflicht. Männer und Frauen beten in getrennten Bereichen, es herrscht aber keine strikte Abgrenzung.

Der fünfte Sikh-Guru Arjun Dev ließ den Tempel erbauen, seine heutige Form erhielt er aber erst im 19. und 20. Jahrhundert. Der mit Blattgold verzierte Bau besitzt vier Eingänge in allen Himmelsrichtungen und symbolisiert so, dass er (im Gegensatz zu vielen Heiligtümern anderer Religionen) allen Menschen unabhängig von ihrer Weltanschauung offensteht.

Der Eintritt, die Übernachtung und die Teilnahme am vegetarischen Gemeinschaftsmahl *Guru Ka Langar* (»Die Küche des Gurus«) sind kostenlos. Das gemeinsame Mahl im Schneidersitz, das aus Linsenbrei, Brotfladen, Reis und Gemüse besteht, soll die Gleichheit aller Menschen betonen. In dieser »Ur-Volksküche« werden jeden Tag mindestens 10.000 Mahlzeiten von ehrenamtlichen Helfern zubereitet. Sie schnippeln, kochen und spülen in Gemeinschaftsarbeit.

Am gedeckten Tisch sind alle gleich, und man kommt gut ins Gespräch mit den philosophierfreudigen Sikhs.

Im Goldenen Tempel wird der *Adi Granth* verehrt, die heilige Schrift der Sikhs. Jeden Tag wird stundenlang aus dem auch *Guru Granth Sahib* genannten Werk rezitiert. Für die Nacht wird es sorgfältig in Seide geschlagen und auf dem *Akal Takht* (dem »heiligen Thron«) im Allerheiligsten des Tempels gebettet.

Der Goldene Tempel ist eine einzigartige Einladung an alle Menschen, sich mit der Religion und Philosophie der Sikhs auseinanderzusetzen, mit ihnen zu essen und sogar auf dem Gelände zu übernachten.

## *Weil man Indien auch außerhalb Indiens begegnen kann*

Als wäre Indien selbst nicht groß genug, kann man der indischen Kultur auch außerhalb Indiens begegnen. Bei Ländern, die in unmittelbarer Nachbarschaft auf dem indischen Subkontinent liegen, mag das wenig überraschen. Nepal war immer mit den Geschicken Indiens verknüpft und war bis 2008, als der letzte König abdankte, die einzige hinduistische Monarchie weltweit. Bis heute sind über 80 % der Nepalesen Hindus.

Auch mit den Nachbarländern Bangladesch (ca. 10 % Hindus an der Gesamtbevölkerung), Bhutan (25 %) und Sri Lanka (die Tamilen im Norden stellen 13 % der Bevölkerung) verbindet Indien ein langes gemeinsames Erbe, nicht nur während der Kolonialisierung durch die Briten, sondern die gesamte Geschichte hindurch. In Pakistan ist die Zahl der Hindus nach der Trennung in Indien und Pakistan und den daraus folgenden gewaltsamen Umsiedlungen massiv gesunken. Hindus machen nur noch 1,5 % der Bevölkerung aus.

Auch Birma, das heutige Myanmar, war Teil des britischen Kolonialreichs. Das zeigt sich auch in der Kleidung: Der *Lungi* (der indische Wickelrock) ist dort weit verbreitet. Auch in Laos trifft man auf viele indische Mythen, und die Khmer-Kultur in Kambodscha ist stark geprägt von hinduistischen und buddhistischen Einflüssen, die aus Indien einsickerten. In den Bauwerken von Angkor und anderen Tempelstädten lässt sich das besonders gut ablesen. Die frühen Bauwerke waren noch Hindu-Göttern geweiht, Angkor Wat etwa dem Hochgott Vishnu.

Auch in Indonesien hat die indische Kultur große Spuren hinterlassen. Ähnlich wie in Südostasien waren es vor allem Händler, die den Weg ebneten. Ihnen folgten Brahmanen, die indische Philosophien, Traditionen und Glaubensvorstellungen mitbrachten und nicht selten zu Gurus fremder Herrscher wurden.

Gerade auf Java lassen sich die verschiedenen Einflüsse, die zu unterschiedlichen Zeiten aus Indien kamen, gut betrachten. Von den ersten Hindu-Königreichen, von denen etwa Prambanan* zeugt, über buddhistische Einflüsse, wie sie vor allem in Borobudur** zu bestaunen sind, bis zur Ankunft des Islams, der bis heute den indonesischen Archipel prägt, kamen über Jahrhunderte immer neue Wellen von Einflüssen aus oder über Indien auf dem Seeweg nach Südosten.

Während der Hinduismus und der Buddhismus weitgehend verdrängt wurden und beide auf Java nur noch vereinzelt am Fuße des Vulkans Bromo im Osten der Inseln anzutreffen sind, hat sich der Hinduismus in Bali bis in die heutige Zeit erhalten. Selbstverständlich hat er sich dort in seinem Charakter verändert. Doch bis heute sind Darstellungen von Ganesha, dem Kriegsgott Indra und anderen hinduistischen Göttern ein gewohnter Anblick. 90 % der Balinesen sind Hindus.

Auch Malaysia hat eine Bevölkerungsminderheit von etwa 7 %, die sich zum Hinduismus bekennt. In der Hauptstadt Kuala Lumpur gibt es auch einen Stadtteil mit Namen »Little India«.

Doch es gibt auch Einflüsse, die auf den ersten Blick ungewöhnlich sind. So hat sich der Hinduismus auch auf und über den Indischen Ozean ausgedehnt. Auf der Inselgruppe Mauritius, östlich von Madagaskar, stammen zwei Drittel der Bevölkerung ursprünglich aus Indien, und fast die Hälfte sind Hindus. Auch an der Ostküste Afrikas leben viele Menschen mit indischen Wurzeln. Sie sind die Nachfahren indischer Händler, die sich im Verlauf der Jahrhunderte an der ostafrikanischen Küste niedergelassen haben.

Noch exotischer ist die Präsenz von Hindus in weit entfernten Regionen der Erde. So finden sich bedeutende Minderheiten von Hindus und Sikhs bis heute auf den Fidschi-Inseln in der Südsee

---

* *Die größte hinduistische Tempelanlage Indonesiens wurde um 850 n. Chr. im zentralen Süden der Insel Java erbaut.*

** *Borubudur ist eine der größten buddhistischen Tempelanlagen Südostasiens und liegt etwa 50 Kilometer westlich von Prambanan. Erbaut wurde sie zwischen 750 und 850 n. Chr.*

oder in Guyana und Surinam an der Nordküste Südamerikas. Sie siedelten sich als Arbeitsmigranten innerhalb des britischen Empire an.

Die moderne Arbeitsmigration hat viele Inder in die USA und nach Großbritannien gezogen. Auch in den Golfstaaten steigt die Zahl von indischstämmigen Menschen erheblich. Dabei haben die Inder ihre Küche und ihre unterschiedlichen Philosophien und Glaubensrichtungen mitgebracht.

In Deutschland leben etwa 60.000 Hindus, vor allem vertriebene Tamilen aus Sri Lanka. Ihr kulturelles und religiöses Zentrum ist der Sri-Kamadchi-Ampal-Tempel in Hamm, der seit 2002 besteht. Nach dem Neasden-Tempel in London handelt es sich um den zweitgrößten hinduistischen Tempel Europas.

*40. Grund*

## *Weil das Taj Mahal der Inbegriff von Romantik ist*

Wer an Indien denkt, dem fällt schnell das Taj Mahal ein. Bei dem prunkvollen Gebäude handelt sich um ein Mausoleum, das der Großmogul Shah Jahan* ab 1631 in Agra, der damaligen Hauptstadt des Mogulreichs, erbauen ließ. Der Bau sollte ein Andenken an seine bei der Geburt ihres 14. Kindes verstorbene Frau Mumtaz Mahal sein.

Unmittelbar nach ihrem Tode wurde von 20.000 Handwerkern mit den Arbeiten an dem Gebäude begonnen, das nach 12 Jahren** fertiggestellt wurde. Dabei wurden allein 500 Kilogramm Gold verbaut, und in den Marmor wurden Blumenmotive aus Edelsteinen eingesetzt. Das Bauwerk sollte das Abbild eines Hauses im Paradies sein. So sollte das Taj Mahal das Beste präsentieren, was die Moguldynastie an Architektur, Gartenkunst, Malerei und Kalligrafie zu bieten hatte. Im Innern ergänzten edle Möbel, Teppiche und

* *»König der Welt«; unter Shah Jahan erreichte das Mogulreich seinen Machthöhepunkt.*

** *Die Bauzeit ist umstritten. Andere Quellen gehen von 17 oder 21 Jahren Bauzeit aus.*

Schmuck das Gesamtkunstwerk. Seit 1983 gehört der Prachtbau zum UNESCO-Weltkulturerbe.

Bis heute ist das Taj Mahal ein Symbol der Liebe (auch über den Tod hinaus) und zieht daher traditionell Frischverliebte an. Der indische Dichter und Nobelpreisträger Rabindranath Tagore beschrieb das Taj Mahal einmal als »eine Träne auf der Wange der Zeit«. Wer hier allerdings Andacht finden will, muss einen Besuch außerhalb der Hauptsaison planen, während der das Taj Mahal geradezu von Touristen überrannt wird.

Wer vor dem Wasserbecken steht, in dem sich das Gebäude spiegelt, der kann sich der Magie des Taj Mahal kaum entziehen. Besonders eindrucksvoll sind die Morgenstimmung und die Abenddämmerung, wenn sich der gelbliche Marmor golden färbt. Der Bau ist ein gutes Beispiel, wie eindrucksvoll architektonische Einflüsse aus Persien und Indien während der Mogulzeit verschmolzen.

Auf einer 100 mal 100 Meter großen Plattform aus Marmor wurde das Grabmal erbaut, das 58 Meter lang und 56 Meter breit ist. Die innere Kuppel misst mit Spitze 44 Meter Höhe. Die Form des Mausoleums ist an die einer Moschee angelehnt. In den Ecken der Plattform stehen vier Minarette, die leicht nach außen geneigt sind, sodass sie im Falle eines Einsturzes nicht das innen liegende Heilige beschädigen. Die Krypta mit der Grabkammer ist für Besucher nicht zugänglich. Nach Westen ist eine richtige Moschee erbaut, die nach Mekka weist. Nach Osten schließt sich ein Gästehaus an.

Vor dem Taj Mahal befand sich ein 18 Hektar großer Garten, ein sogenannter *Tschahār Bāgh*, der das irdische Paradies im Islam darstellte. 1908 wurde er vom damaligen indischen Vizekönig, dem Briten Lord Curzon, durch Rasenflächen ersetzt, was dem Garten enorm an Reiz nahm. Bis heute ist das längliche Wasserbecken der Mittelpunkt der Anlage.

Nach Shah Jahans Tod wurde er ebenfalls in dem Mausoleum beigesetzt. Doch ursprünglich war das Taj Mahal ausschließlich als Grabstätte für seine Frau gedacht. Es ist sehr wahrscheinlich, dass er auf der anderen Seite der Yamuna ein weiteres Mausoleum plante, das in Symmetrie zum Taj Mahal stehen sollte. Darauf verweist auch, dass das Taj Mahal nicht wie üblich im Zentrum des Paradiesgartens errichtet wurde, sondern erst durch einen zweiten Bau in den Mittelpunkt gerückt worden wäre. Das wichtigste Vorbild für das Taj Mahal war die Grabstätte für seinen Urgroßvater Humayun in Delhi, der diese Tradition auf indischem Boden begründet hatte, die alle seine Nachfolger zu übertreffen suchten.

Doch 1658 wurde Shah Jahan von seinem Sohn Aurangzeb vom Thron gestoßen und musste seine Pläne begraben. Die restlichen acht Jahre seiner Lebenszeit fristete er im Roten Fort von Agra als Gefangener. Nur aus der Ferne konnte er auf das Grabmal seiner geliebten Frau blicken. Es war das tragische Ende einer großen Liebe, die durch das Taj Mahal repräsentiert wird.

*41. Grund*

## *Weil die Flussinsel Majuli von tanzenden Mönchen bewohnt wird*

Der Nordosten unterscheidet sich stark vom Rest Indiens. Dort haben sich bis heute viele unterschiedliche Völker erhalten können, die lange ohne großen Einfluss der indischen Zentralmacht existieren konnten. Die Anreise in den Nordosten ist beschwerlich, und Assam wurde lange als Hochburg schwarzer Magie gefürchtet. Das Volk der Naga ging lange Zeit der Kopfjagd nach.

Der Zugang zu den nordöstlichen Gebieten Indiens ist nur über einen schmalen Korridor in West-Bengalen möglich, der zwischen den Ländern Nepal, Bhutan und Bangladesch entlangführt. Hier liegen die sieben »Schwesterstaaten« Assam, Aruanachal Pradesh, Nagaland, Manipur, Mizoram, Tripura und Meghalaya. Während der britischen Herrschaft waren die Schwesterstaaten zu Assam vereinigt.

Die Teilung in Indien und Pakistan isolierte den Nordosten erheblich. Ost-Bengalen wurde zuerst Teil von Pakistan und 1971 als Bangladesch unabhängig. Weitere Nachbarstaaten im Nordosten sind Myanmar und China. Dabei ist der Grenzverlauf mit China umstritten und die Grenze zu Myanmar kaum durchlässig. Der Grenzübertritt nach Bangladesch gestaltet sich noch schwieriger, seit die indische Regierung aus Angst vor weiterer Zuwanderung einen gigantischen Grenzzaun errichtet hat.

Das Flussbecken des Brahmaputra (»Sohn des Brahma«) prägt den nördlichen Teil der Region. Der Brahmaputra entspringt im tibetischen Hochland und überquert auf seiner über 3.000 Kilometer langen Reise China und Indien. Auf indischem Gebiet führt der Fluss so viel Wasser, dass er sich während des Monsuns, der im Nordosten seine stärkste Kraft entwickelt, auf bis zu 15 Kilometer verbreitert. In Bangladesch vereinigt er sich mit dem Ganges und mündet schließlich in den Golf von Bengalen.

Die Flussinsel Majuli erstreckt sich auf einer Fläche von etwa 80 Kilometern Länge und 10 bis 20 Kilometern Breite und hat 140.000 Bewohner. Sie gilt als eine der größten Flussinseln weltweit. Eigentlich handelt es sich um ein Binnendeltasystem des Brahmaputra und befindet sich in ständiger landschaftlicher Veränderung. Eine Landkarte ist bei ihrer Vollendung schon wieder veraltet. Majuli wurde bei der UNESCO als Weltkulturerbe (Kulturlandschaft) eingereicht. Die Insel ist ein Paradies für Vögel als Rast- oder Brutplatz und eine Vielzahl von Schmetterlingen.

Auf der Straße trennen die Metropole Kalkutta und Majuli über 1.300 Kilometer. Die Anreise dauert mindestens einen ganzen Tag. Die ein- bis dreistündige An- bzw. Abreise (je nach Strömung) ist von der nahe gelegenen Stadt Jorhat mit einer Fähre möglich.

Ein Beispiel, wie eigenständig sich die Region über lange Zeit entwickeln konnte, sind die Mönche, die auf der Insel Majuli leben. Sie unterscheiden sich deutlich von den anderen hinduistischen Vertretern der mönchischen Kultur, den Sadhus. Während Letztere zumindest in einigen Teilen bizarr oder aggressiv erscheinen, sind die Mönche Majulis an Sanftheit kaum zu überbieten. Sie sind in erster Linie großartige Tänzer, die in ihren Choreografien das Leben ihres bevorzugten Gottes Krishna nachstellen. Häufig verwandeln sie sich dabei in weibliche Wesen, war doch der Gott Krishna der Mythologie nach in seiner Kindheit hauptsächlich von Hirtenmädchen, den

*Gopis,* umgeben, die ihn umschwärmten. Insgesamt wirken viele Mönche sehr weiblich, was sicher auch daran liegt, dass sie sowohl Vaterfigur sind, als auch die Mutterrolle für die jüngeren Mönche einnehmen müssen. Die langen Haare unterstreichen diesen Eindruck. Mit Homosexualität hat das aber nichts zu tun, zumal die Mönche in Keuschheit leben.

Im Gegensatz zu den Sadhus, die ausschließlich von Almosen leben, haben die Mönche von Majuli den Anspruch, sich selbst mit dem Lebensnotwendigen zu versorgen. Sie heuern für die Feldarbeit Dorfbewohner an und verrichten sie gemeinsam mit ihnen auf dem Ackerland, das die Klöster umgibt und sich traditionell in ihrem Besitz befindet. Reis ist die Lebensgrundlage für die Menschen auf Majuli. Es ist selbstverständlich, dass auch Alte, Kranke und Kinder mitversorgt werden. Diese Fürsorge kommt im Notfall auch Andersgläubigen zugute, die Mönche gelten als ausgesprochen tolerant und wenig dogmatisch.

Andere Mönche verdienen Geld als Lehrer, (Kunst-)Handwerker oder Händler. Auch Masken, Requisiten, Kleider und Bühnenbilder stellen sie selbst her. Besonders wichtig ist jedoch die Darstellung religiöser Mythen und Epen, die im musikalisch untermalten Tanzdrama mit Masken und Schminke von den Mönchen aufgeführt werden, eine Tradition, die später in ähnlicher Form bis nach Bali schwappte und dort noch heute gepflegt wird. Eine ähnliche Tradition stellt die Tanzkunst *Kathakali* Keralas dar. Das wichtigste Fest für die Mönche auf Majuli ist Ras Leela, wo die aufwendigsten Aufführungen stattfinden.

Auch in anderen Bereichen unterscheiden sich die Mönche der *Satras** von anderen Geistlichen. Während sich die Sadhus in Askese versenken, lehnen sie den Tanz als Zugang zu Gott ab. Die Satras sind hingegen Zentren der darstellenden Künste. Während ein Ashram den Sadhu auf die einsame Suche nach Erlösung vorbereitet und ihm die Abgeschiedenheit von der Welt abverlangt, bleibt der älteste Mönch einer »Familie« bis zu seinem Tod im Kloster.

---

* *So werden die Klöster genannt.*

**Oben links:** Ansicht eines von fünf filigranen Jain-Tempeln im Fort von Jaisalmer. Im Innern des bewohnten Forts fühlt man sich wie in einem Traum aus »Tausendundeine Nacht«. **Oben rechts:** Die Darstellung im Innern des Tempels zeigt den Thirtankara (»Furtbereiter«) Mahavira, den historischen Begründer des Jainismus. **Unten:** Das Raj Mahal war der Palast der Maharadscha-Dynastie von Jaisalmer. Heute beherbergt das Gebäude ein Museum.

Knapp 50 Kilometer von Jaisalmer entfernt beginnt der Desert National Park. Die Ruhe der Wüste war eine himmlische Wohltat im oft hektischen Indien!

**Oben:** Ein Relief im Fort Mehrangarh zeigt die Armee eines Rajputen-Fürsten. **Unten:** Das Fort Mehrangarh thront über der Stadt Jodhpur und ist eines der prächtigsten Gebäude Rajasthans.

**Oben:** Der Besitzer des »Omelette Shop« im Herzen von Jodhpur ist auch Zwischenhändler und verkauft bis zu 1.000 Eier am Tag. Stolz zeigt er Briefe von Gästen aus aller Welt. **Unten:** Ein Schlangenbeschwörer zeigt seine Künste im Rahmen des Volksfests, das rund um den Kamelmarkt von Pushkar stattfindet.

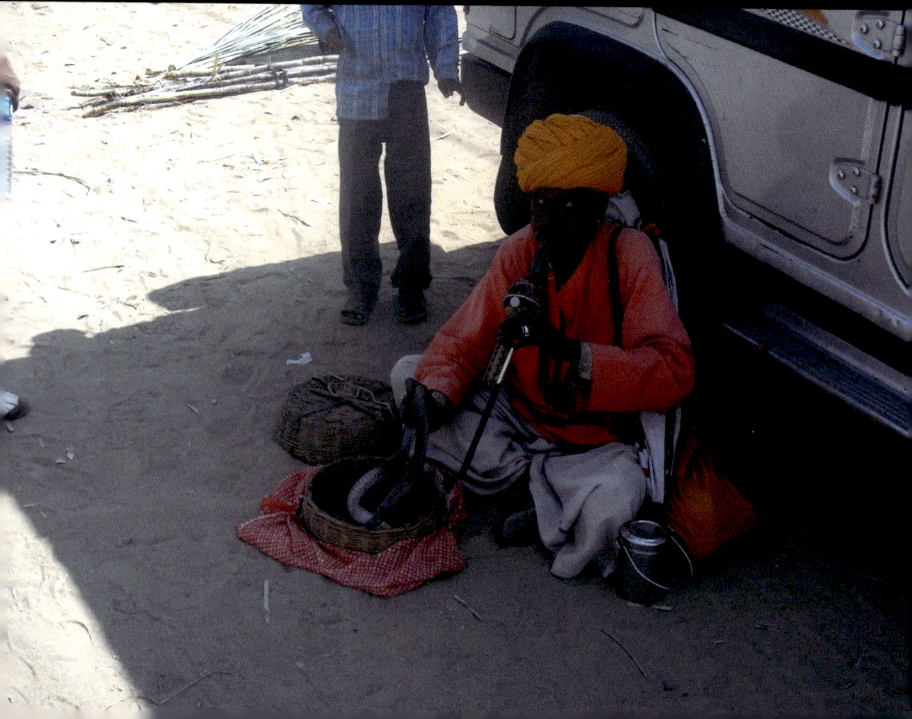

**Oben:** Obwohl (Old) Manali seit Jahrzehnten von Backpackern heimgesucht wird, haben sich die dörflichen Strukturen zum Teil erhalten. **Unten:** Der knapp 500 Kilometer lange Manali-Leh-Highway führt mitten durch den Hohen Himalaya. Die Hochgebirgslandschaften sind spektakulär, die Fahrt ein Parforceritt.

**Oben:** Der Dal-See liegt in Kaschmirs Hauptstadt Srinagar. An den Ufern legten die Moguln ihre islamischen Paradiesgärten an. **Unten:** Die Wanderung durch das Markha-Tal ist in Ladakh besonders beliebt. Atemberaubende Natur und der Kontakt zu den Einheimischen, die Übernachtung und Verpflegung anbieten, machen die Trekkingroute reizvoll.

**Oben links:** Abgebildet ist ein riesengroßes Thangka, ein religiöses Rollbild, das zu Ehren des jährlich stattfindenden Klosterfest in Tikse gespendet wurde. **Oben rechts:** Das tibetische Staatsorakel vernichtet in einem mehrstündigen Rollenspiel symbolisch die Dämonen des Buddhismus und verhilft somit dem Guten zum Sieg über das Böse.

Frontansicht des Klosters Tikse. Neben Hemis, Likir und Alchi gehört es zu den besonders bedeutsamen buddhistischen Klöstern im Indus-Tal von Ladakh.

**Oben links:** Auf der einsamen Wanderung von Lamayuru über den Kanji La nach Rangdum kehrte ich bei einem Halbnomaden ein, der mich zu einem Glas Chang (warmes tibetisches Bier) einlud. **Oben rechts:** Diese Darstellung von Guru Rinpoche fand ich im Kloster Tikse. Er gilt als Gründer des tibetischen Buddhismus. Historisch gesehen gehören Ladakh, Zanskar und Spiti zum tibetischen Kulturraum.

Das Kloster Likir in einem Seitental des Indus mit einer Stupa im Vordergrund.

**Oben:** Der Khardung La während eines plötzlichen Wintereinbruchs. Die wichtigen Pässe sind mit tibetischen Gebetsfahnen geschmückt, die die aufgedruckten Gebete mit dem Wind in die Welt tragen sollen.
**Unten:** Ein Blick von einem Steilgrat hinab auf das muslimische Dorf Turtuk. Die Felsnadel im Hintergrund gehört zum K2-Massiv in Pakistan. Ein Übertritt über die schwer gesicherte Grenze ist jedoch unmöglich.

Die beliebte und anstrengende Wanderung von Padum nach Lamayuru führt die ersten Tage am Zanskar entlang. Im Winter wird er von den Einheimischen Chadar genannt. Einige Wochen ist das Eis dick genug, um ihn als Handelsroute und Schulweg nach Ladakh zu nutzen.

**Oben:** Während meiner Wanderung von Ladakh über den Kanji La nach Zanskar konnte ich dieses Bergpanorama bestaunen. **Unten:** Der Hochgebirgssee Pangong fasziniert mit kristallklaren Blautönen inmitten einer Felslandschaft aus Braun und Grau. Er gilt als Überbleibsel des Thetys-Meers.

**Oben:** Jenseits von Kibber geht das karge Spiti in die noch kärgere Region Rupshu über. Daher wirkt die Rottönung der Büsche magisch. Faszinierend, wie Menschen hier überleben können. **Unten:** Fahrten im indischen Himalaya sind nichts für schwache Nerven. Ohne Fatalismus oder Gottvertrauen stirbt man tausend Tode. Hier: der staatliche Bus nahe Kibber.

**Oben:** Die Göttin Ganga zieht aus ihrem Tempel in Gangotri aus und überwintert mit den Bewohnern in tieferen Lagen. Kehrt der Frühling nach Gangotri zurück, tragen die Gläubigen sie zurück. **Unten:** Die Göttin Ganga wurde zuvor liebevoll auf einer Trage drapiert.

**Oben:** Das Badeghat in der Pilgerstadt Haridwar an einem normalen Tag. **Unten:** Das Bad im Ganges bei Varanasi gilt als besonders verheißungsvoll und sündenreinigend.

**Oben:** Das Ritual Ganga Aarti wird bis heute täglich von jungen Priestern in Varanasi ausgeführt. Es ist Teil der Puja. Das Ritual wird auch in Haridwar und Rishikesh zelebriert. **Unten:** Ein Sadhu am Ufer des Ganges.

Als Gründer des ersten Klosters gilt Sankardev. Er begab sich auf Pilgerschaft und besuchte die wichtigsten Zentren der Verehrung Vishnus in Nordindien. Die Schlüsse, die er aus seinen Erfahrungen zog, brachten ihn in Konflikt mit den Brahmanen und Königen Assams, woraufhin er sich nach Majuli zurückzog. Denn er wies das Kastensystem mit seiner Diskriminierung zurück und pochte auf Gleichheit der Menschen. Außerdem lehnte er Tieropfer und die Verehrung von Götzenbildern ab. Stattdessen setzte er auf schlichte Gebetsräume und die mantrische Anbetung Vishnus, der für ihn den einzigen Gott darstellte. Er begründete den »Neo-Vishnuismus« und errichtete auf Majuli mit seinem ersten Schüler Madhavdev das erste Satra. Er übersetzte auch einen der wichtigsten religiösen Texte, die *Bhagavata*, in die Sprache Assams.

Seit dem 16. Jahrhundert liegt in seinen Satras das Zentrum der Verehrung Vishnus in der Region. Krishna ist bis heute der wichtigste Avatar von Vishnu, und in seinen Epen spielten Tanz, *Mantras* und Musik eine entscheidende Rolle, wie man auch bei den zahlreichen Hare-Krishna-Anhängern weltweit erleben kann. Die Mönche leben in kleinen Gemeinschaften zusammen, die als Familienersatz dienen. Der älteste Bewohner eines Hauses oder einer Bambushütte ist der »alte Weise«, der die Entscheidungen trifft. Unter ihm steht der »große Bruder«, der sich um die Unterrichtung und die Erziehung des jüngsten Mitglieds kümmert. Die jungen Mönche werden adoptiert und kommen ins Kloster, weil sie zu Waisen geworden sind oder andere Umstände der Familie nahelegen, ihr Kind in ein Kloster zu geben. Häufig teilen sich drei bis sechs Mönche einen Hausstand.

Die Insel Majuli ist extrem vom Klimawandel bedroht und hat durch starke Erosion seit Mitte des 19. Jahrhunderts bereits zwei Drittel ihrer Fläche* verloren. Bei der letzten verheerenden Überschwemmung im Jahr 2007 standen weite Teile der Insel unter Wasser. 32 Klöster und 80 Dörfer sind bereits in den Fluten des Brahma-

* *Während Majuli Mitte des 19. Jahrhunderts noch 1.250 Quadratkilometer umfasste, so sind es inzwischen nur noch 450 Quadratkilometer.*

putra versunken. Das Ackerland versandet und bedroht die Landwirtschaft. Prognosen zufolge könnte die Insel bereits in 20 Jahren verschwunden sein. Es müssten große Anstrengungen unternommen werden, um zumindest die bedeutendsten Klöster als Kulturerbe zu retten oder an anderer Stelle wiederaufzubauen.

*42. Grund*

## *Weil die Parsen Nachfolger Zarathustras sind*

Die Parsen sind Nachfolger der Religion Zarathustras. Von den etwa 150.000 Anhängern dieser Religion leben heute die meisten in Indien, vor allem in Bombay, in Pune, in Maharashtra und an der Küste von Gujarat.

Die im Iran entstandene Religion des Zoroastrismus* wurde von den Achämeniden (559–330 v. Chr.) gefördert, später vom Feldherrn Alexander dem Großen zwischen 356 und 323 v. Chr. erbittert verfolgt und fast ausgelöscht. Das verhinderte auch den möglichen Aufstieg zur Weltreligion. Erst unter den Sassaniden (226–651 n. Chr.) erlebte die Religion eine neue Blütephase als »Zurvanismus«.

Als im 7. Jahrhundert der Islam die neue Religion Persiens wurde, flohen viele Anhänger Zarathustras nach Indien, um ihren angestammten Glauben weiter praktizieren zu können. Ihre erste Kolonie entstand 717 in Sanjan am Südzipfel von Gujarat. Der Legende nach wurde ihnen zunächst die Landung an der Küste verweigert, Verhandlungen scheiterten. Daraufhin soll der Älteste der Flüchtlinge dem Minister des Königs anhand eines Glases Wassers und eines mit Milch, die er zusammenschüttete, vorgeführt haben, wie die Parsen in Indien aufgehen würden. Der König war beeindruckt und gestattete ihnen die Ansiedlung unter den Auflagen, kein Rindfleisch zu essen, kein Leder zu tragen und nicht zu missionieren. Fortan wurden sie nach ihrem Herkunftsland Persien in Indien Parsen genannt.

---

* *Die Entstehung des Zoroastrismus ist unter Fachleuten höchst umstritten.*

Es ist umstritten, wann der Religionsgründer Zarathustra gelebt hat. Die meisten Schätzungen gehen von einer Lebenszeit um 1000 v. Chr. aus. Sicher ist hingegen, dass die Religion Zarathustras zu den ältesten der Menschheit zählt und sich innerhalb einer Hirten- und Nomadenkultur im Stammland der Arier entwickelte. Zarathustra war ein Priester, der sich zeit seines Lebens zum Propheten einer neuen Religion wandelte. Er galt als Moralist, lehnte orgiastische Kulte ab und wollte den Glauben erneuern. Wahrscheinlich entstand die Religion im iranischen Hochland um die Stadt Yazd, in der noch heute etwa 20.000 Anhänger leben, etwa zwei Drittel der verbliebenen Anhänger Zarathustras im Iran. Bis heute prägen viele Feuertempel das Stadtbild. Die meisten seiner Nachfolger leben aber inzwischen in Indien. Im Iran ist die Religion als abrahamitische Religion in der Verfassung anerkannt, dennoch haben die Zoroastrier im Iran spätestens seit der Islamischen Revolution im Jahre 1979 einen schweren Stand durch eine Kopfsteuer, mangelnde Aufstiegschancen und das Verbot, neue Feuertempel zu errichten. Die Tradition der »Türme des Schweigens« ist seit 1970 im Iran verboten.

Immer wieder werden sie als »Feueranbeter« bezeichnet, sie beten jedoch nicht das Feuer selbst an, sondern den darin befindlichen Gott des Elements Feuer. Die Bezeichnung »Feueranbeter« soll dazu dienen, die Anhänger der Religion als Heiden zu brandmarken, dabei handelt es sich um eine der ersten Religionen mit monotheistischen Elementen. Genau genommen prägt den Zoroastrismus eine dualistische Vorstellung, in der Polaritäten eine entscheidende Rolle spielen.

Denn in der Vorstellung der Parsen befindet sich das Gute (*Spenta*) im ständigen Kampf gegen das Böse (*Ahriman* oder *Angra*), die in ihrer Vorstellung Zwillingsgeister sind, die aus demselben Ei geschlüpft und nicht ohne das jeweilige Gegenstück denkbar sind. Die Polarität zwischen den Extremen erschafft in dieser Vorstellung die Welt, und der gläubige Parse muss sich fortwährend zwischen Gut und Böse entscheiden. Die Parsen betonen den freien Willen des Menschen.

Die Parsen haben die Vorstellung von einem höchsten Gott, den sie *Ahura Mazda* (»Herr der Weisheit«) oder im Persischen *Ormusd* nennen. Der japanische Autohersteller heißt übrigens nicht zufällig wie der Gott Mazda. Er wird im Japanischen ähnlich ausgesprochen wie der Name des Firmengründers Matsuda.

Ahura Mazda ist Fruchtbarkeitsgott, Schöpfer und Erhalter der Menschen. In der Hierarchie des Guten befinden sich darunter die *Amesha Spenta* – jeweils drei unsterbliche männliche und weibliche Gottheiten, die Schutzgottheiten der Elemente, aus denen sich das Leben zusammensetzt (Erde, Wasser, Luft, Feuer). Diese Schutzgeister, auch *Faravahar* genannt, sind Prototypen der biblischen Erzengel.

Dem steht eine Hierarchie des Bösen gegenüber. Der zerstörerische »Teufel« *Angra Mainyu* (Ahriman) steht an der Spitze und herrscht über die Hölle, flankiert von dämonischen Gehilfen. In den Mythen der Zoroastrier finden sich weiter die Vorstellung von einem von einer Jungfrau geborenen Heiland, einem langbärtigen, männlichen Gott, Hölle, Paradies und Jüngstem Gericht sowie einem Zwischenreich, das an das Fegefeuer erinnert, und der Lüge des Heiligen Yima, durch dessen Verfehlung die Menschheit sterblich wurde und das Paradies verlassen musste. Viele Elemente daraus fanden über den Umweg des Judentums während der Diaspora im babylonischen Exil Einzug in das Christentum.

Das heilige Buch der Zoroastrier ist das *Avesta*, das um etwa 600 n. Chr. entstand und nur noch in Teilen vorhanden ist. Es wurde auf Altpersisch verfasst und durch die Kommentare *Zend* ergänzt. Die im Avesta enthaltenen Gebete, Opferrituale, Hymnen und Epen nennt man *Gathas*, sie werden Zarathustra selbst zugeschrieben.

Die Parsen leben abgeschottet in einer Art Diaspora in Bombay, sie lehnen Konvertiten und die Heirat mit Angehörigen anderer Religionen ab. Sie bilden bis heute einen wesentlichen Teil der kulturellen und unternehmerischen Elite Bombays. Grundlage ist ihre Arbeitsethik mit einer ausgeprägten Gründungskultur. Die Parsen gründeten ihre eigenen Geschäfte und Institutionen. Heute liegen vier der größten 20 indischen Unternehmen in den Händen von Parsenfamilien – die Tata-Familie mit ihrem weltumspannenden Stahlkonzern und vielen weiteren Industriezweigen ist die bekannteste Dynastie. Mit einem Anteil von acht Prozent an der indischen Wirtschaftsleistung haben die Parsen überproportionalen Einfluss, stellen sie doch nur einen verschwindend kleinen Anteil an der Gesamtbevölkerung Indiens.

Sie gelten als besonders ehrlich und wenig anfällig für Korruption, sodass die Briten in ihnen gute Partner sahen und die Parsen als Kassierer in ihren Banken einsetzten. Die guten Kontakte mit den Briten wurden zu einer der Grundlagen ihres Reichtums.

Traditionell leben die Parsen in den (inzwischen) exklusiven Vierteln Malabar Hill und Marine Drive. Sie entwickelten das sogenannte »Bag-System«, das auf Spendenbasis Wohnblocks finanziert, in denen weniger Begüterte wohnen können. Angesichts der krass gestiegenen Wohnungspreise in Bombay ist das ein entscheidender Vorteil: Die Miete kann so auf etwa 50 Dollar im Monat gehalten werden. In den exklusiven Wohngegenden kostet eine normale Wohnung ohne Subventionierung inzwischen bis zu 30.000 Dollar monatlich. Dieses Prinzip der Solidarität mit Schwächeren und die Bereitschaft, innerhalb der Gemeinschaft zu teilen, zeigt sich auch in Sozialfürsorge und Krankenversorgung. Die Parsen unterhalten eigene Schulen, Krankenhäuser, Forschungseinrichtungen und Universitäten. Frauen gelten in der Gemeinschaft als gleichberechtigt. Einer der Sinnsprüche der Parsen lautet »Humata, Hukhta, Huvarshta« – »Gute Gedanken, gute Worte, gute Taten«. Dieses Credo nehmen sie sehr ernst, sie treten besonders zurückhaltend und bescheiden auf.

Allerdings verleiht ihnen diese orthodoxe und anstrengende Moral auch ein gewisses Maß an Arroganz. Ihre Vorstellung von Reinheit unterstreichen sie ähnlich wie Jaina und Bishnoi durch ihre weiße Kleidung. Damit geht ein elitäres Denken einher, das bisweilen fundamentalistische Züge aufweist: Wir sind das auserwählte Volk.

In Bombay unterhalten die Parsen etwa 50 Feuertempel, die nur ihnen offenstehen und häufig keine Fenster haben, sodass das Innere ein intimer Ort der stillen Andacht ist. Im Innern brennt ein ewiges Licht, das niemals verlöschen darf. Mit hoher Wahrscheinlichkeit hatte die Tradition auch einen großen praktischen Nutzen. Als sie entstand, war Feuer ein Luxusgut, und die Gläubigen holten sich ihr Küchenfeuer aus dem Tempel nach Hause.

Eine Besonderheit ist auch der Bestattungsritus der Parsen in den »Türmen des Schweigens«. Im Stadtteil Malabar Hill stehen fünf dieser Türme. Auf ihnen werden die Leichen aufgebahrt, und die Geier holen sich die Überreste der Toten. Als der erste »Turm des Schweigens« 1670 im *Dungerwadi*, dem »Totenpark« der Parsen, gebaut wurde, war das Gebiet noch ein Dschungel mit Tigern und Hyänen. Inzwischen liegt das Areal mitten in der dicht besiedelten 18-Millionen-Metropole, die in atemberaubendem Tempo wächst.

Die Tradition dieses Bestattungsritus geht nicht auf Weisung Zarathustras zurück, sondern war entweder ein Erbe der Meder oder eine Notwendigkeit nach der zwischenzeitlichen Flucht in die Felsenklöster der Wüste um Yazd und der damit verbundenen Rückkehr zur nomadischen Kultur. Auch in anderen nomadischen Gesellschaften finden sich ähnliche Praktiken, etwa bei der Himmelsbestattung der Tibeter. Zur Grundlage wurde das Gebot, die Elemente Feuer (bei Verbrennung) und Erde (bei Bestattung) nicht zu verschmutzen. Der Tote gilt als unrein und stellt den vorübergehenden Triumph des Bösen über das Gute dar.

In Bombay lässt sich diese Tradition nur noch schwer am Leben erhalten, da die Geier fast vollständig aus der Stadt verschwunden sind. In ganz Indien ist ihre Population dramatisch geschrumpft. Schätzungen zufolge lebten 1980 noch 40 Millionen Geier, die in Indien wegen des weitgehenden Schlachtverbots für Kühe und Rinder ein gutes Angebot an Nahrung fanden. Doch als die Bauern damit begannen, den Wirkstoff Diclofenac in der Rinderzucht einzusetzen, setzte ein Massensterben bei den Geiern ein. Das Medikament führt zu Nierenversagen bei den Vögeln. Trotz eines inzwischen erlassenen Verbots wird der Wirkstoff immer noch illegal eingesetzt. So bevölkern heute nur noch etwa 100.000 Tiere den Himmel über Indien. Die Krähen sprangen ein, hatten jedoch die unangenehme Angewohnheit, Leichenteile in der Umgebung zu verteilen. Der Versuch, Geier in Bombay nachzuzüchten und in Volieren zu halten, scheiterte. Am besten funktionierten noch Sonnenkollektoren, um die toten Körper auszutrocknen. Inzwischen wollen jedoch viele Parsen Reformen. In Gujarat wurde die Erdbestattung gegen den Willen der Priester gestattet. Die Erde wird dabei durch Betonkästen vor dem direkten Kontakt geschützt.

Die Parsen drohen auszusterben. Inzwischen sind Heiraten mit Angehörigen anderer Religionen zwar gestattet und üblich, die Kinder werden dadurch zu Parsen, allerdings nicht zu Zoroastriern. Das werden sie erst nach der *Navjote*-Zeremonie, die man entfernt mit Kommunion oder Konfirmation vergleichen kann.

Ein Übertritt von einer anderen Religion, wie er etwa unter den Anhängern in den USA inzwischen akzeptiert wird, ist in Indien weiter undenkbar. Am Ende hat sich gerade wegen des strikten Befolgens des »Nicht-Vermischens« womöglich tatsächlich die Legende vom Glas mit dem Wasser und der Milch bewahrheitet, und die Parsen sind dabei, sich endgültig in Indien aufzulösen. Erfreulich wäre dennoch, wenn ihr kulturelles Erbe weiter gepflegt wird und erhalten bleibt.

5. Kapitel

# Der indische Alltag

43. Grund

## Weil Handeln mehr ist als nur Feilschen

Handeln gehört in Indien zum guten Ton. Und auch wenn es auf den ersten Blick so scheint – es geht nicht nur darum, den besten Preis auszuhandeln, sondern auch wesentlich darum, wie und in welchem Geist das geschieht.

Wer feilschen will, braucht vor allem Zeit, Geduld und ein Pokerface. Das Prozedere kann sich über Minuten, Stunden oder sogar Tage hinziehen. Der Akt enthält viele spielerische Elemente, die an Theater grenzen. Wer nicht handelt, räumt dem Verkäufer zwar einen höheren Verdienst ein, wird aber von diesem kaum respektiert. Nicht unüblich ist, dass zwischendurch gemeinsam Tee getrunken wird oder man sich beiläufig über den Preis für ein anderes Produkt unterhält, das einen gar nicht interessiert. Niemals sollte man zu viel Interesse zeigen für das, was man wirklich möchte. Es ist durchaus üblich, beim Handeln auch Ärger oder Entsetzen zu zeigen, man sollte es aber auch nicht übertreiben. Den ultimativen Preisabschlag erreicht man, indem man sich nach längeren Verhandlungen abwendet und Anstalten macht, den Laden zu verlassen. Wird nun kein letzter Preis genannt, hat man den Bogen völlig überspannt.

Gerne benutzt der Händler suggestive Aussagen, der Kauf sei nützlich »for the good luck«, man sei der »first customer« an diesem Tag, die Qualität sei außergewöhnlich gut, oder man wird in belanglosen Small Talk verwickelt, der plötzlich in ein Verkaufsgespräch übergeht. Das kann sehr an den Nerven zerren.

Als Faustregel gilt, dass höchstens ein Drittel des vom Verkäufer zuerst genannten Preises gezahlt wird. Für einen Touristen ist es allerdings schon ein großer Erfolg, nur die Hälfte zu zahlen. Am Ende sind die meisten Waren in Indien allerdings so günstig, dass dabei niemals ein Schaden entsteht. Höchstens Gier kann dazu führen, wenn man sich einlullen lässt und sich auf fantastische Diamantengeschäfte oder Ähnliches einlässt.

Selbst wer große Freude am Handeln entwickelt, sollte sich immer wieder vor Augen halten, wie wichtig der Verdienst für den Händler ist – für viele hängt davon die Existenz ihrer Familie ab – und wie groß das soziale Gefälle zwischen Europa und Indien ist. Man sollte es beim Feilschen nicht übertreiben.

Auf Obstmärkten mit vielen Kunden ist Feilschen einfach zu umständlich und macht höchstens Sinn bei hohen Abnahmemengen; bei festgelegten Preisen für Tickets von Bussen oder anderen Verkehrsmitteln wirkt man als feilschender Ausländer eher knausrig als schlau und hat wenig Chancen, selbst wenn man einen Touristenaufschlag zahlen sollte. In Staatsbetrieben ist es (meist) unmöglich.

Bei Rikschas oder Taxis, die sich weigern, einen Taxameter zu nutzen oder über keinen verfügen, kann Handeln hingegen Sinn machen. Ich habe es oft so gehalten, dass ich den Preis gedrückt habe und trotzdem ein Trinkgeld gegeben habe, wenn ich zufrieden war. War der Fahrer aufdringlich und versuchte mich gegen meinen Willen in einen Laden zu schleppen, in dem er Kommission erhielt, Umwege fuhr oder mir penetrant andere Dinge aufschwatzen wollte, erhielt er auch kein Trinkgeld.

Inzwischen gibt es gerade in den Städten häufiger Läden, die bereits im Schaufenster verkünden, dass es sich um einen »fixed priced store« handelt. Die Verkäufer sind oft des Handelns überdrüssig und haben die Erfahrung gemacht, dass gerade Touristen und junge oder reiche Inder bevorzugen, nicht handeln zu müssen und daher auch nicht bedrängt zu werden. Im Einzelfall bekommt man jedoch auch dort Rabatt.

Für mich hing der Erfolg des Handelns oft von meiner Tagesform und Disziplin ab. Konnte ich nicht verbergen, was mich interessierte, hatte ich keine Chance, auch nur einen Bruchteil des Preises zu drücken. An anderen Tagen lief es wie geschmiert, und das Feilschen machte sowohl mir als auch dem Händler Freude. Nur einmal habe ich es geschafft, innerhalb einer Woche dreimal um denselben Gegenstand zu schleichen und schließlich ein Schnäppchen zu machen.

44. *Grund*

## *Weil der Duft von Räucherstäbchen, Essenzen und Gewürzen betört*

Es sind keineswegs nur Wohlgerüche, die dem Reisenden in Indien in die Nase steigen. Auch hier ist Indien extrem ambivalent. Brennende Plastikberge, zum Himmel stinkende Abgase von Autos und Fabriken ohne Filteranlagen, der Geruch von Fäkalien und Urin in einem Land ohne ausreichende Toiletten und Kanalisation. Der allgegenwärtige Müll, die Hinterlassenschaften der Tiere und der Schweiß im Gedränge und der Hitze tun ihr Übriges. Damit muss der Geruchssinn erst mal klarkommen. Nach einiger Zeit hat man sich an die meisten Geruchsquellen gewöhnt, es bleiben jedoch Orte, an denen man sich die Nase zuhalten möchte. Es ist zwar nicht so verbreitet wie in Südostasien, doch man sieht durchaus Reisende mit Atemmasken. Das erscheint mir gerade in den Städten, die oft von heftigem Smog heimgesucht werden, durchaus sinnvoll, auch wenn es apokalyptisch anmutet.

Doch dem stehen glücklicherweise paradiesische Düfte entgegen, die Indien nicht minder prägen. Die Wohlgerüche entströmen den omnipräsenten Straßenküchen. Das buttersüße Ghee, der Geruch von Knoblauch, Kreuzkümmel, Kurkuma, Curry, Chili, Vanille, Zimt, Kardamom, frisch gebackenem Chapati oder Naan sowie der Duft von Tee und Gewürzmischungen.

An den Küsten lockt der salzige Geruch des Meeres und der faulig-süße Duft der Tropen, im Hochgebirge dominieren Gerüche von Holzkohlefeuern oder Yak-Dung und dem köstlichen Käse.

Dazu kommen Düfte von Weihrauch, Harz, Kampfer, Rosenblüten und Räucherstäbchen, die aus jedem Tempel und vielen Wohnhäusern und Geschäften strömen. Die Räucherstäbchen werden aus einer Paste aus Holzpulver, Ölen, Wasser und Räucherwerk hergestellt, die auf ein dünnes Stäbchen aufgetragen werden. Das Räucherwerk besteht aus Sandelholz, Patschuli, Ambra, Myrrhe, Kardamom, Frangipaniblüten, Orange, Zeder oder Zimt – Düfte, die auch verschieden kombiniert werden. Die Anzahl der Variationen ist fast unendlich. Am beliebtesten ist wohl die Marke *Nag Champa*, die überall zu bekommen ist.

Gerade in Goa habe ich häufiger Straßenhändler gesehen, die große Mengen an Räucherstäbchen bei sich trugen, um sie an Touristen und Geschäftsleute zu verkaufen. Nicht wenige landen dann wieder in esoterischen Geschäften hierzulande oder auf Weihnachtsmärkten.

Räucherstäbchen werden im Hinduismus, im Buddhismus, von Taoisten, Anhängern Konfuzius' sowie im Feng-Shui verwendet, um den Göttern ein Opfer zu bringen oder sich gegen schwarze Magie und den bösen Blick zu schützen. Oft dienen sie als Ritual, um Räume atmosphärisch und spirituell zu reinigen.

Neben Indien ist die Verwendung vor allem in Nepal, China, Japan, Korea und Südostasien verbreitet. Gerade auf Bali sind Räucherstäbchen nicht aus dem Alltag wegzudenken. In Tibet und Japan ist auch loses Räucherwerk ohne Stäbchen üblich. Inzwischen werden zunehmend synthetische Moschus-Ambrette-Verbindungen verwendet, die unter dem Verdacht stehen, gesundheitsschädlich zu sein.

Glücklicherweise ist die Erinnerung gnädig, und die angenehmen Düfte speichern sich ab, sodass der Geruch ausreicht, um Erinnerungen wachzurufen. Die Gerüche bleiben an den Kleidern haften, und Räucherstäbchen und Gewürze helfen dem Gehirn, der dauerhaften Reizüberflutung der Sinne, die einem in Indien widerfährt, nachzuspüren. Auch die Nase bleibt nicht verschont. Am Ende kann nur sie entscheiden, ob einem Indien gut riecht.

*45. Grund*

## *Weil Musik in Indien allgegenwärtig ist*

Die indische Musik lässt sich grob in drei Bereiche einteilen: Zum einen die klassische indische Musik, der eine ähnliche Bedeutung wie in Europa zukommt. Daneben gibt es die »Volksmusik«, die häufig von religiösen Inhalten geprägt ist, und schließlich den modernen indischen Hindi-Pop, der stark von den Soundtracks aus Bollywood beeinflusst ist.

Musik ist in Indien nahezu allgegenwärtig. Die Geräuschkulisse verstummt nur sehr selten. Selbst in der Einsamkeit der Thar-Wüste erklang am Abend Musik, die unsere einheimischen Begleiter auf einfachen Saiteninstrumenten darbrachten.

Lange spielte Musik vor allem im religiösen Kontext eine Rolle. Als eine der ältesten Kunstformen gilt der *Dhuprad*-Gesang mit seinen religiösen Mantras, der eng mit der Krishna-Verehrung und dem Epos *Mahabharata* verbunden ist. Diese Gesangsform öffnete den Hinduismus für die Laien.

Insgesamt war der persische Kulturraum besonders einflussreich auf die Musiktraditionen und Instrumente Nordindiens. Tansen, der im 16. Jahrhundert lebte, gilt als Begründer der nordindischen klassischen Musik. Zunächst spielte er für die Maharadschas von Gwalior und wurde dann vom Mogulkaiser Akbar als Hofmusiker ausgewählt.

Sehr häufig trifft man im hohen Norden wegen der vielen Flüchtlinge aus Tibet auch auf tibetische Musik, die auf Mantras basiert. Diese Musik ist wunderschön, allerdings wird sie an manchen Orten so pausenlos abgespielt, dass man einen Overkill bekommt.

An den Stränden Goas und den Discos der großen Städte regiert heute vornehmlich westliche Pop- und elektronische Musik. Hier entwickelte sich auch die Goa-Trance-Musik, in der moderne und traditionell indische Musik verschmolzen. Bis heute gibt es ein großes Angebot an *Fusion*-Musik, in der östliche und westliche Einflüsse verschmelzen.

Der ungekrönte König ist jedoch der immer präsente Bob Marley. Auch das kann trotz der Schönheit seiner Musik auf Dauer sehr lästig werden, etwa wenn zum fünften Mal am Tag *No Woman, No Cry* erklingt.

Der bekannteste indische Musiker ist Ravi Shankar, der sich vor allem als Komponist und als Meister der *Sitar** einen Namen machte. Die Sitar ist ein faszinierendes und komplexes Instrument, das

---

* *Eine Langhalslaute zum Zupfen mit einem Kürbiskorpus als Basis.*

unheimlich schwer zu erlernen ist und wunderschöne Klangfarben erzeugt. Ravi Shankar machte die indische Musikform *Raga* weltbekannt und war mit George Harrison, dem Gitarristen der Beatles, befreundet, dem er auch Sitar-Unterricht gab.

Ravi Shankar spielte auch eine Rolle für die Hippiebewegung und trat auf den zwei wichtigsten Musikfestivals der Gegenbewegung, in Woodstock und Monterey, auf. Allerdings war er im Nachhinein wenig begeistert von der drogeninduzierten Atmosphäre der Festivals und der Schlammschlacht, die sich in Woodstock entwickelte.

Seine Töchter sind Anoushka Shankar, die ebenfalls virtuos Sitar spielt, und Norah Jones, die bekannte Soul- und Jazzsängerin. Von Ravi Shankar gibt es auch Lehr-CDs, in denen er Interessierten die Grundlagen der indischen Musik, die Ragas, ihre Taktung und Tonleitern erklärt.

Weitere sehr bekannte Musiker sind Zakir Hussain, der die *Tabla* – die indische Doppeltrommel – beherrscht, oder Shiv Kumar Sharma, der das *Santur* spielt, ein eigenwilliges Instrument, das eine Art Urform der Harfe ist. Außerdem der Geiger Yehudi Menuhin, die Sängerin Lata Mangeshkar, der Komponist und Musiker Ali Akbar Khan, der Mandoline-Spieler Upalappu Shrinivas, der Perkussionist und Sänger Trilok Gurtu sowie der Musiker Hazrat Inayat Khan, der sich auch als Sufi-Meister international einen Namen machte. Gerade in der Tradition der Sufis spielt die Annäherung an Gott durch Musik und Tanz eine herausragende Rolle. Als bedeutendster Dirigent Indiens gilt Zubin Mehta. Sein Vater Mehli Mehta war der Gründer des Bombay Symphony Orchestra und dirigierte unter anderem das New York Philharmonic Orchestra. Die Musik dieser Künstler findet man in fast jedem Musikladen.

Der britische Popmusiker Panjabi MC machte sich einen Namen, indem er die klassisch indische Musik seiner indischen Vorfahren mit Elementen aus dem Hip-Hop mischte. In Deutschland brachte ihm das im Jahr 2002 Platz 2 in den Charts ein mit dem Song *Mundian to bach ke.*

Naturgemäß lässt sich Musik nur schwer beschreiben, man muss sie erfahren. Doch wenn es einen Europäer gibt, der die indische

Musik beschreiben kann, dann ist es Peter Pannke. Bereits als Student zog es ihn nach Indien, um indische Musik an ihrer Quelle zu studieren. In seinem Buch *Sänger müssen zweimal sterben – Eine Reise ins unerhörte Indien* beschreibt er seine jahrzehntelange Beschäftigung und Begegnung mit der indischen Musik und ihren Vertretern. Er studierte außerdem Indologie sowie vergleichende Religions- und Musikwissenschaft und bereiste neben Indien auch den Nahen Osten, Nordafrika und Pakistan. Er ist selbst Musiker, Forscher, Klangkünstler und Komponist. Sein Zugang über die Musik und Poesie brachte ihn der indischen Seele so nah wie kaum einen Zweiten. Er interessiert sich vor allem für die Zusammenhänge der verschiedenen Musikstile, die er auf seinen Reisen kennengelernt hatte.

Tatsächlich war der kulturelle Austausch zwischen Europa und Asien durch die Seidenstraße früher sehr ausgeprägt. Auf der Suche nach dem sagenumwobenen Reich des heiligen Thomas gelangte im 13. Jahrhundert der Minnesänger Heinrich von Morungen von der deutschen Wartburg über Prag, Istanbul und Jerusalem bis nach Indien. Von dort gelangten die »Lieder von der Liebe« als fertige musikalische Form zu den Minnesängern nach Europa. Gut 800 Jahre später begab sich Pannke auf Heinrichs Spuren. Seine Begleitung bei dieser Entdeckungsreise waren der türkische Roma-Klarinettist Barbaros Erköse, der französische Multi-Instrumentalist Louis Soret, die indischen Vokalisten Premkumar und Anandkumar Mallik und der syrische Lautenspieler Iyad Haimour. Inspiriert von den Liedern der Minnesänger gründeten sie 1993 die Troubadours United, um die Minnepoesie neu zum Klingen zu bringen. Vor dem Hintergrund dieser unterschiedlichen Kulturkreise entstand eine Musik, in der mittelalterliche Töne, arabische *Makams* und indische Ragas wie verschiedene Facetten einer einzigen musikalischen Idee wirken. Der 2002 erschienene Dokumentarfilm *Straße der Troubadoure* von Elfi Mikesch berichtet von ihrer Reise.

In seinem Buch *Sänger müssen zweimal sterben* berichtet Pannke außerdem ausführlich über seine jahrzehntelange Beziehung zur Musikerfamilie Mallik sowie über Varanasi und enthüllt, dass es dort so etwas wie frühe »Soundsystems« gab, wie man sie eher aus Jamaika kennt. Für die frühen Ingenieursleistungen im Bereich der Musikboxen steht bis heute der Name Bose – ursprünglich wanderte die Familie aus Indien in die USA ein.

Die Altstadt von Varanasi ist insgesamt ein guter Ausgangspunkt, um etwas über indische Musik zu erfahren. Hier findet sich auch eine ganze Reihe von Musikläden, die eine gute Auswahl bieten. Darüber hinaus werden in Varanasi auch Musikwissenschaften gelehrt. Ein Studium der indischen Musik dauert fünf Jahre und kann im Ausnahmefall auch von Ausländern absolviert werden, die dafür ein Sondervisum beantragen können.

Es lohnt sich, vor der Rückreise einige CDs Probe zu hören und mit nach Hause zu nehmen. Die Klänge lösen Erinnerungen an den Besuch Indiens aus.

*46. Grund*

## Weil der indische Straßenverkehr ein ständiges Abenteuer darstellt

Der indische Straßenverkehr ist von Anarchie geprägt. Das bedeutet, es gibt Regeln, die aber am Anfang nicht offensichtlich sind und auf völlig anderen Grundsätzen basieren, als vom gemeinen Mitteleuropäer gewohnt. Wer auf »rechts vor links«* hofft oder darauf, mit Geduld und Anstand über die Straße zu gelangen, wartet noch am Sankt Nimmerleinstag am Rande der Straße. Frechheit, Mut und Gottvertrauen oder Fatalismus sind gefragt. Der Neuankömmling muss lernen, sich todesmutig im Verkehr zu bewegen, und signalisieren, dass er seinem Vorhaben treu bleibt. Nur diese Entschlossenheit nötigt die anderen Verkehrsteilnehmer dazu, den Fußbreit Platz einzuräumen, den man benötigt, um voranzukommen. Die Hupe ist dabei das entscheiden-

* *Nicht irreführen lassen: Aus den Zeiten der britischen Kolonialherrschaft hat sich in Indien der Linksverkehr erhalten.*

de Instrument, um seine Zielstrebigkeit oder seinen Ärger über das katastrophale Manöver des anderen zum Ausdruck zu bringen. Das hat vor allem für die Lkw-Fahrer verheerende Folgen. Ein Großteil von ihnen hat eine schwere Hörschädigung, nicht wenige sind längst völlig taub. Um dem entgegenzuwirken, werden die Hupen immer lauter – ein Teufelskreis.

Auch wenn es Zeit braucht, um sich an diese Verhältnisse zu gewöhnen, ist es unausweichlich. Und die Erfahrung wirkt nach: Bei meiner Rückkehr nach Deutschland lief ich oft noch tagelang vogelfrei durch den Innenstadtverkehr.

In Indien teilen sich Gefährte aus allen Epochen der Menschheitsgeschichte die oft heruntergekommenen Straßen: Autos, Rikschas, Kühe, Motorroller, Fahrräder, Ochsenkarren, berittene Elefanten, streunende Hunde, die gerne Motorräder anspringen, und Unmengen von Fußgängern verursachen ein atemberaubendes Chaos. Hatte ich vor meinem ersten Besuch Indiens vermutet, dass die Einwohner Kretas äußerst risikofreudige Autofahrer sind, erscheinen sie mir nun fast wie die Ausgeburt von Vorsicht. Allerdings muss man sich immer wieder vor Augen halten, wie viele Menschen in den Städten inzwischen auf engstem Raum leben.

Ich war von Anfang an fasziniert, dass dieses »System« funktioniert, ohne dass es ständig zu Unfällen kommt. Für den Uneingeweihten herrscht blanker Wahnsinn. Wer im fatalistischen Denken ungeübt ist, stellt sich Fragen nach der verbleibenden Lebensdauer. Doch es gibt ungeschriebene Regeln, die aber viel stärker auf Hierarchie beruhen als auf Verkehrsregeln. Verkehrsschilder sind selten und werden oft nur als Verhaltensvorschläge gedeutet, Gleiches gilt für die Fahrbahnen. Den Nebenmann zu schneiden und sich wenige Zentimeter vor ihn zu drängeln, ist offenbar ein Volkssport. Ampeln gibt es nur in den großen Städten. VIPs sind mithilfe von Polizeikolonnen auf der Überholspur.

Das Geheimnis für das (relative) Funktionieren dieses »Systems« scheint mir die Tatsache, dass jeder immer mit allem rechnen muss, weil in jedem Moment Unerwartetes geschieht. Das heißt natürlich nicht, dass es nicht häufig zu schrecklichen Unfällen kommt. Äußerste Konzentration ist Voraussetzung, um ohne Schaden von der Straße zu kommen. Wer sich als Tourist überlegt, selbst zu fahren, sollte sich das gut überlegen und über viel Erfahrung verfügen. Besonders nachts ist auf Indiens Straßen höchste Vorsicht geboten, da viele Gefährte über kein Licht oder nur schlecht eingestellte Fernlichter verfügen, die das Gegenüber ultimativ blenden. Den Blinker zu benutzen ist nur was für Amateure, und ein gepflegter Vollrausch hält viele Inder nicht davon ab, am Straßenverkehr teilzunehmen.

Nicht zu vergessen sind auch die wilden Tiere, die mit Vorliebe die Straßen kreuzen. Wie bereits gesagt: Eine Kuh anzufahren gehört zu den größten Sakrilegien, die man begehen kann. Und bei Starkregen während des Monsuns verwandeln sich viele Straßen durch die unzureichende Kanalisation in Sturzbäche, und der Verkehr kommt oft zum Erliegen.

Insgesamt kann die Infrastruktur mit dem rasant steigenden Verkehr nicht Schritt halten, was Indiens lange prognostizierten Aufstieg zur Wirtschaftsweltmacht bislang verhindert hat. Erst seit Kurzem hat es den Anschein, dass endlich größere Infrastrukturmaßnahmen umgesetzt werden und das Geld nicht, wie so oft, in dubiosen Kanälen versickert. Aber das bleibt noch abzuwarten.

Der indische Straßenverkehr wird wohl immer ein schaurig-schöner Nervenkitzel bleiben.

*47. Grund*

## *Weil Rikschas nicht aus Indien wegzudenken sind*

Kaum etwas ist so charakteristisch für Indien wie die Rikscha. Auch in anderen asiatischen oder ostafrikanischen Ländern gibt es ähnliche Gefährte, etwa das Tuk Tuk in Südostasien oder das Tricycle auf den Philippinen, aber die indische Rikscha ist die urigste Variante.

Heute dominieren in den Städten die Motorrikschas mit ihrer charakteristischen schwarz- oder grün-gelben Farbe. Sie sind dreirädrig und werden vom Fahrer mit einem schwergängigen Lenkrad gesteuert. Bevorzugt genutzt werden sie als Lastentransportmittel oder als Taxi. Oft haben die Fahrgäste die Möglichkeit, sich mit einem Vorhang rudimentär vor Gerüchen, Abgasen oder neugierigen Blicken zu schützen. Auch uniformierte Kinder sieht man darin häufig auf ihrem Weg zur Schule.

Die Rikschas sind für Inder mit kleineren Einkommen bezahlbar, weil mehrere Personen sich das Fahrzeug teilen können. Auch zwei- oder dreirädrige Fahrradrikschas sind häufig anzutreffen. Im Süden Bombays sind Motorrikschas generell untersagt, weil sie mit ihren 2-Takt- oder Dieselmotoren wesentlich zur Luftverschmutzung beitragen.

Die Rikscha wurde um 1870 in Japan erfunden. Diese Ursprungsvariante mit Läufern, die den Fahrgast oder Güter mit reiner Muskelkraft durch den Verkehr ziehen, ist stark bedroht. In Indien ist sie besonders in Kalkutta traditionell weit verbreitet. Doch seit Jahrzehnten werden Anstrengungen unternommen, sie von den Hauptstraßen zu verbannen. Wer weiterfährt, riskiert Bußgelder, die den kleinen täglichen Verdienst komplett auffressen. Politiker nennen die Laufrikschas rückständig und entwürdigend. Das mag stimmen, für den Reisenden war der Anblick der verschwitzten, oft barfüßigen Läufer, die von morgens bis abends auf den Beinen sind, immer schon irritierend.

Auf der anderen Seite gibt die Laufrikscha vielen eine Arbeit und wird von den Fahrern keineswegs als Entwürdigung wahrgenommen, sondern vielmehr als Ehre, ihren Lebensunterhalt selbst bestreiten zu können und dabei eine wichtige Rolle für andere zu spielen. Denn viele Menschen sind auf die günstigen Gefährte angewiesen, um zur Arbeit, zur Schule, zum Markt oder zum Arzt zu gelangen. Auch bei der Verteilung von billigen Produkten, etwa Milch, wird gern auf sie zurückgegriffen. Während des Monsuns haben sie aufgrund ihrer Höhe bedeutende Vorteile. Das Gleiche gilt für das Befahren der schmalen Seitenstraßen, denn viele davon sind schlicht zu eng, um sie mit einem motorisierten Gefährt zu durchqueren.

Hier zeigt sich, wie weit das alte und das moderne Indien auseinanderdriften. Ich bin der Meinung, dass man Menschen nicht ihre Lebensgrundlage entziehen kann, ohne ihnen eine neue Perspektive anzubieten.

Sicher ist es nicht gesund, sein Leben lang den Körper derart zu schinden und jeden Tag ohne Schutz in den mit Abgas verseuchten Straßen unterwegs zu sein. Viel demütigender ist es aber, nicht für die eigene Familie sorgen zu können.

Viele Rikschafahrer, ob motorisiert oder nicht, haben kein eigenes Zuhause und müssen daher auch in ihren Rikschas schlafen. Vor allem auf der Fahrradvariante führt das oft zu bizarren Verrenkungen, was selbst einen Yogi an seine Grenzen führen würde. Vor einiger Zeit las ich von einer neuen Fahrradrikscha, die so konzipiert ist, dass sich der Fahrer bequem ausstrecken kann. Eine Variante, die hoffentlich bald billiger wird und sich durchsetzt.

Die Fahrer sind oft nicht einmal Besitzer ihres Gefährts und müssen es für verhältnismäßig viel Geld leihen, was ihren Gewinn erheblich schmälert. So dauert es lange, bis die Fahrer in der Lage sind, ihre eigene Rikscha zu fahren. Andere bleiben für immer reine Dienstleister und abhängig von den Besitzern der Rikschas.

Inzwischen gibt es auch die ersten Rikschas, die mit Solarenergie betrieben werden. Erst vor einem Jahr stellte ein Inder unter Beweis, dass man damit sogar bis ins trübe England gelangen kann. Nur einen einzigen Tag musste er sein Gefährt komplett stehen lassen. Bis sich solche (noch sehr teuren) Fahrzeuge durchsetzen, wird aber noch viel Zeit ins Land gehen.

In Europa haben sich inzwischen in vielen Städten Fahrradrikschas etabliert, die Touren für Touristen anbieten. Da ich einen Freund habe, der diesem Job nachgeht, durfte ich beobachten, wie irritierend der Umstand für viele moderne Inder ist, dass Europäer freiwillig einen solch »rückständigen« Job wählen.

Seit gut zehn Jahren gibt es in Indien auch den »Rickshaw Run«, eine Variante für Waghalsige. Es gilt verschiedene, bis zu 1.000 Kilometer lange Strecken mit der Rikscha zu bewältigen. Angesichts der Verkehrsverhältnisse ist solch ein Vorhaben genauso reizvoll wie wahnsinnig und nur etwas für (positiv) Verrückte. Dieses Wettrennen zieht jedes Jahr viele Wagemutige aus dem Ausland an.

*48. Grund*

## *Weil sich Indien wunderbar mit der Eisenbahn bereisen lässt*

Indien mit dem Zug zu erkunden gehört zu den (relativ) angenehmen und zugleich authentischen Reisemöglichkeiten. Die erste Zugverbindung bestand 1853 zwischen Bombay und Thane und wurde von der privaten Eisenbahngesellschaft Great Indian Peninsular Railway betrieben. Diese erhielt ihre Konzession von der East Indian Company.

Bereits Ende des 19. Jahrhunderts umfasste das Streckennetz über 35.000 Kilometer. Durch die hohen Kosten für den Bau des Streckennetzes und äußerst billige Fahrkarten war das Unternehmen jedoch nicht rentabel und wurde nach und nach der britischen Krone unterstellt. Erst nach der Unabhängigkeit Indiens formierte sich daraus 1951 der bis heute existierende Staatsbetrieb Indian Railways.

Das Unternehmen gliedert sich in 16 Regionalgesellschaften und innerstädtische Metro-Betriebe. Die Bahngesellschaft ist mit ihren über eine Million Angestellten einer der größten Arbeitgeber der Welt und betreibt auch eigene Produktionsstätten, Ausbildungseinrichtungen, Ingenieurbüros und Forschungsinstitutionen. Heute umfasst das Streckennetz etwa 65.000 Kilometer und bedient über 7.000 Bahnhöfe. Täglich werden im Durchschnitt 23 Millionen Menschen in 12.000 Zügen befördert. Im Jahr summiert sich die Anzahl der Fahrgäste auf acht Milliarden. Dazu kommen 7.000 Güterzüge täglich, die jährlich eine Milliarde Tonnen Fracht transportieren. Trotzdem entspricht das nur in etwa 10 % des indischen Gesamtverkehrs, in der Tendenz leicht sinkend.

Vielen Indern gilt die Eisenbahn als größtes Vermächtnis der britischen Kolonialherrschaft. In Windeseile hat sie sich in eine typisch indische Institution verwandelt, die wie die gesamte indische Gesellschaft streng hierarchisch aufgebaut ist. Der Bahnhofsvorsteher steht als höchste Instanz über den Schalterangestellten, Schaffnern, Rangierern und Geistlichen. Dahinter folgen Köche, Träger, Läufer und Verkäufer.

Der indische Alltag lässt sich in den Bahnhöfen in all seiner Vielfalt bewundern. Zu jeder Tages- und Nachtzeit drängen sich hier Hunderte bis Tausende Menschen aus dem gesamten indischen Kosmos entlang der Gleise. Viele Fahrgäste schlafen im oder vor dem Gebäude, während sie auf ihren Zug warten, entweder weil er in den frühen Morgenstunden losfährt oder erhebliche Verspätung hat.

Um die wichtigen Festtage, wenn sich halb Indien auf die Beine macht, sind Reservierungen notwendig, wenn man nicht tagelang auf den nächsten Zug warten oder auf Busse ausweichen will. Diese Reservierungen kann man am überfüllten Bahnhof in unbeschreiblichem Gedränge vornehmen, inzwischen aber auch über das Internet. Man kann sich auch auf eine Warteliste setzen lassen, was aber keine Garantie für die Fahrt bedeutet. Auch über Agenturen können Tickets gegen einen Aufpreis bezogen werden, was im Einzelfall sinnvoll ist. Vorsicht ist bei Trickbetrügern geboten, die Wartelistentickets als reguläre verkaufen wollen.

Es gibt auch eine Touristenquote, die für Gäste aus dem Ausland reserviert ist. An manchen Bahnhöfen wie etwa in Neu-Delhi gibt es sogar eigene Bereiche, wo Touristen ihre Fahrkarten kaufen können. Dort kann man sich auch beraten lassen, wenn man seine Reise hauptsächlich mit Zügen bestreiten will. In der Bahnhofsvorhalle gibt es jedoch auch wieder notorische Experten, die einem einreden wollen, es gäbe kein »Tourist Office«, es habe geschlossen oder sei bei einem nächtlichen Feuer zerstört worden. Sie kochen ihr eigenes Süppchen und sind mit großväterlichem Rat gesegnet, der im besten Fall zu einem deutlich überhöhten Fahrpreis oder dem Besuch eines dubiosen »Tourist Information Center« führt. Von einer Buchung dort (speziell nach Kaschmir) kann ich nur dringend abraten! Ich weiß, wovon ich rede!

Die wichtigsten Verbindungen innerhalb Indiens bilden ein »Goldenes Viereck« zwischen den Städten Delhi, Bombay, Madras und Kalkutta. Dazu kommen die wichtigen Diagonalverbindungen zwischen Delhi und Madras sowie Bombay und Kalkutta. Von großer Bedeutung sind auch die Regionalzüge, die Pendler aus den Vororten in die Städte befördern. Fast jeder hat schon Bilder von den hoffnungslos überfüllten Zügen gesehen, aus denen Menschen hängen und deren Dächer gesäumt sind von denen, die drinnen keinen Platz gefunden haben. Egal ob in aller Herrgottsfrühe oder nach einem harten Arbeitstag, diese Fahrgäste müssen immer hellwach sein, um den Stromleitungen auszuweichen. Das führt immer wieder zu schrecklichen Unfällen. Insgesamt sind heute viele Züge marode, die Sanitäranlagen in verheerendem Zustand, und das Streckennetz kann ähnlich wie die Straßenverbindungen mit der immensen Bevölkerungsexplosion kaum schritthalten.

Allerdings gibt es in Indien bis zu acht verschiedene Klassen im Zug. Vom klimatisierten 1.-Klasse-Abteil, in dem sich nur 18 Fahrgäste einen Waggon teilen und mit einer Mahlzeit versorgt werden, bis hinunter zum klapprigen, aber auch spottbilligen »Unreserved«-Waggon, in dem sich bis zu 300 Menschen quetschen, ist die Variation des Standards erheblich. Aber nicht in jedem Zug und auf jeder Strecke existieren alle Klassen.

Am zuverlässigsten sind die relativ modernen Rajdhani-Express-Züge, die auch auf langen Strecken meist pünktlich sind. Die Shatabdi-Züge sind die Variante, die etwa unserem Regionalexpress entspricht. Ansonsten sind Verspätungen von über zehn Stunden nicht ungewöhnlich. Wer lange Strecken bewältigen will, braucht vor allem Geduld. Die längste und weiteste Reise führt mit dem Dibrugarh-Kanyakumari-Vivek-Express vom nordöstlichen Bundesstaat Assam bis ins südliche Tamil Nadu. Dabei überwindet er 4.200 Kilometer in 82 Stunden.

Meine längste Reise dauerte volle zwei Tage und Nächte und beförderte mich von Varanasi quer durch Zentralindien über Bombay bis nach Goa. Meine persönlichen Erfahrungen mit indischen Zügen beschränken sich auf den Aufenthalt in der »Sleeper«-Klasse mit ihren vergitterten oder fehlenden Fenstern, (kaputten) Ventilatoren und klappbaren Metallbetten, die tagsüber als Sitzfläche dienen und nachts drei Fahrgästen übereinander Raum zum Schlafen bieten. Das Ruckeln der Schienen wiegt wunderbar in den Schlaf. Meine erste Reise hatte ich hauptsächlich mit privaten Bussen bestritten, würde aber heute den Zug immer vorziehen. Nur im Himalaya gibt es keine Alternative zu privaten oder öffentlichen Busunternehmen. Die einzigen Ausnahmen sind Schmalspurbahnen, die fast unverändert seit der Kolonialzeit existieren. Nur wenn der Bahnhofsvorsteher die Strecke freigibt, kann sie von der anderen Seite befahren werden. Die spektakulärste ist wohl die schnaufende Lokomotive, die ihre Passagiere über 864 Brücken und durch über 100 Tunnel hindurch nach Shimla trägt und auf den knapp 100 Kilometern über 1.400 Höhenmeter überwindet.

Bevor sich in Indien ein Zug in Bewegung setzt, beginnt ein Hauen und Stechen um die nicht reservierten Fahrplätze. Es gibt Springer am Bahnhof, die für Fahrgäste Plätze besetzen und wieder aussteigen, wenn diese Platz genommen haben. Es kommt auch durchaus vor, dass unter der Hand Sitz- oder Schlafplätze verkauft werden. Manch Unglücklicher quetscht sich in eine Nische und erträgt stoisch die stundenlange Tortur.

Was mir am Bahnfahren in Indien am meisten gefallen hat, war die Atmosphäre. Die Inder sind für ihre Neugier berühmt-berüchtigt. Doch das Starren, das Fremden im Alltag zuteilwird und oft sehr unangenehm ist, verwandelt sich hier in Gespräche von Auge zu Auge. Hatte mein Gegenüber Mut gefasst, prasselte ein Fragenkatalog auf mich ein: Warum war ich nach Indien gekommen und was suchte ich dort? Warum war ich noch nicht verheiratet? Warum hatte ich meine Familie so weit hinter mir gelassen? Einige brachten auch ihre Freude zum Ausdruck, dass ich ihr Land bereiste.

Die weniger Schüchternen sind nur schwer wieder zum Schweigen zu bringen. Gerade junge Geschäftsmänner geben sich gerne weltmännisch, obwohl sie eher eitle Snobs sind, die einen über die Vorzüge des modernen Indiens »aufklären«.

Fasziniert betrachtete ich das Treiben der fliegenden Händler, die Mahlzeiten, Snacks, Tee, Kaffee, Hygieneprodukte, sinnlosen Kitsch oder Bücher im Angebot hatten. Einige zogen durch die Abteile, andere Geschäfte wurden in Sekundenschnelle durch die Zugfenster abgewickelt. Vor diesen Begleitumständen wird der Reisende in den höheren Klassen abgeschirmt. Doch für mich machen sie den Reiz einer Fahrt mit Indian Railways aus, und ich will diese Erfahrungen nicht missen. Wer mit der Bahn unterwegs ist, bekommt zwangsläufig einen tiefen Einblick in den indischen Alltag.

### *49. Grund*

## *Weil Saris in allen Farben leuchten*

Der *Sari* ist Indiens charakteristisches Kleidungsstück und ein uraltes Kulturgut. Er gehört zu den bekanntesten Gewändern der Welt und verbindet Tradition und Eleganz. Schon seit Tausenden von Jahren hüllen sich die indischen Frauen in ihren Sari. Die Farben der Stoffe sind ein wohltuender Kontrast zu den staubigen Straßen und grauen Fassaden. Ohne die Saris wäre Indien wesentlich farbloser.

Der Sari besteht aus einem einzigen rechteckigen Stück Stoff von etwa fünf bis acht Metern Länge. Das *Paluv*, das Schulterstück des langen Tuchs, ist besonders dekorativ gestaltet. Der Hauptteil des Saris ist dagegen meist schlicht gehalten. Er wird fünf bis sechs Mal gefaltet, bevor er an der Hüfte festgesteckt wird. Darunter trägt die Frau einen langen Unterrock. Am Oberkörper trägt sie meist eine kurze feste Bluse, die *Choli*. Traditionell tragen indische Frauen ihre Saris zu jeder Gelegenheit. Egal ob sie zu einer Hochzeit eingeladen sind, ins Büro, ins Kino oder zur Arbeit auf dem Feld gehen. Die junge Generation bevorzugt mittlerweile jedoch zunehmend einen westlichen Kleidungsstil, der im Alltag bequemer zu tragen ist. Junge Frauen holen ihre Saris nur noch zu festlichen Anlässen und Feiertagen aus dem Schrank. Es gibt sie in allen Farben, Stoffen, Mustern, Längen, zu allen Anlässen und Preisen.

Was für die Frau der Sari ist, ist für den Mann der Lungi, eine Art »Wickelkleid«, der mit dem Sarong verwandt ist. Auch das ein ausgezeichnetes Kleidungsstück, um in der Hitze luftig zu bleiben.

Doch die hübschen Saris haben eine dunkle Seite. Ihr dauerhafter Gebrauch im feucht-heißen Klima des Subkontinents ist stark gesundheitsschädlich. An der Hüfte, dort wo der Sari eng am Körper liegt, wird die Haut mit Staub und Schweißrückständen verunreinigt. Die bunten, stark schwermetallhaltigen Farben der (modernen) Stoffe greifen die Haut an und führen zu einer ständigen Reizung. Die Folge ist der sogenannte Sari-Hautkrebs, der entlang der Hüften der Frauen auftritt und außerdem auch zu Schuppenbildung oder Pigmentstörungen führt. In der alten Tradition der Färbung mit Naturmaterialien bestand dieses Problem noch nicht. Viele Frauen in den Städten tragen inzwischen moderne Kleidung. Dennoch bin ich mir sicher, dass der Sari auch in Zukunft Farbe in den oft tristen indischen Alltag bringen wird – es gibt schlicht unglaublich schöne Stoffe, Muster und leuchtende Farben, die sich vor keinem Kleid der Welt verstecken müssen.

*50. Grund*

## *Weil Kaschmirwolle, Kunsthandwerk und edle Teppiche hergestellt werden*

Kaschmir ist weltweit Synonym für ausgezeichnete Wollkleidung. In Indien wird das Produkt auch häufig als Pashmina-Wolle vermarktet, die im Naturzustand weiß ist, aber auch leicht gefärbt werden kann. Pure Kaschmirwolle ist selbst in Indien eine Kostbarkeit, und man sollte sich vor zu günstigen Angeboten in Acht nehmen. Häufig wird die Kaschmirwolle auch mit Seide oder Baumwolle gemischt. Die sehr dünne und empfindliche Wolle hält besonders warm. Das begehrte Gut wird von Kaschmirziegen gewonnen, die auf über 4.000 Metern im Himalaya, Karakorum oder Pamir leben. In dieser Höhe bilden die Ziegen wegen der Kälte ein weiteres Unterfell, aus dem pro Ziege und

Jahr etwa 150 Gramm Kaschmirwolle gewonnen werden können. Die Ziegen kommen sowohl in Grau, Schwarz, Weiß als auch Braun vor.

Auch edle Teppiche sind in Indien zu finden, vor allem in Kaschmir und in Rajasthan, aber natürlich auch in Teppichhäusern und Antiquitätenläden über das ganze Land hinweg. Die Einflüsse aus Persien sind nicht zu übersehen. Allein in Kaschmirs Hauptstadt Srinagar bieten die großen Teppichimperien Millionenwerte feil. Nur ein Bruchteil der indischen Bevölkerung kann sich jedoch solch ein edles Stück leisten.

Durch die vielen Exiltibeter ist auch tibetische Webkunst in Nordindien verbreitet. Besonders angetan haben es mir sogenannte Thangkas, Rollbilder mit religiösen Motiven, etwa Darstellungen vom »Rad des Lebens« oder Mandalas. In Klöstern werden aufwendige Mandalas gelegt und später verwischt, um die Vergänglichkeit unserer Existenz zu unterstreichen.

Weit verbreitet sind auch Götterstatuen aus Bronze, Eisen, Messing, Marmor, aus Holz geschnitzt oder aus Stein gemeißelt, die sich häufig in den Hausaltären finden.

Das Goldschmiedekunsthandwerk steht in Indien ebenfalls in hoher Blüte. Trotz aller Armut besitzt Indiens Bevölkerung insgesamt die größten Goldreserven weltweit und führt jedes Jahr einen Großteil des auf dem Weltmarkt befindlichen Golds ein. In Indien wird es weiterverarbeitet und als Geldanlage (besonders bei Frauen) und zur Mitgift bei Hochzeiten feilgeboten.

Für Kunstliebhaber und Künstler hat Indien reichhaltige Inspiration zu bieten.

*51. Grund*

## *Weil Bollywood zu den größten Filmindustrien der Welt gehört*

Indiens Filmbranche erlebt seit vielen Jahren einen ungebrochenen Boom. Der Name »Bollywood« ist eine Zusammensetzung aus Bombay und Hollywood und erst seit den 70er-Jahren verbreitet, bezog sich aber zunächst nur auf Unterhaltungsfilme. Heute hat sich der Name zu einer riesigen und immer stärker global agierenden Marke entwickelt. Inzwischen handelt es sich bei der indischen um die größte Filmindustrie der Welt, die jedes Jahr etwa 900 Filme produziert – deutlich mehr als Hollywood.

Ursprünglich wurde vom Hindi-Film gesprochen, der seit den 30er-Jahren in Bombay gedreht wird.* Bereits damals gab es Gesangs- und Tanzeinlagen, die bis heute das Markenzeichen der meisten Filme aus Bollywood sind, was dafür sorgt, dass die Filme mindestens zwei bis drei Stunden dauern. Oft fühlt man sich während solcher Szenen an ein Musical oder Theater erinnert. Vom Charakter her sind es häufig Märchen für Erwachsene. Ich muss zugeben, dass ich kein großer Fan dieser Tanz- und Gesangselemente bin. Gerade bei Nachtfahrten in Bussen, die den »Luxus« haben, plärrende, übersteuerte Bollywood-Filme zu zeigen, habe ich für die Begeisterung der indischen Mitreisenden nur wenig Verständnis.

Eigentlich muss man solche Filme auch im Kino sehen. Seit einigen Jahren entstehen überall in Indiens Städten große Multiplexkinos, die mit unzähligen neuen Filmtiteln bespielt werden. Die dortigen Kinos haben noch immer die Bedeutung, die sie im Westen weitgehend verloren haben. Dafür sorgen günstige Tickets und die Tatsache, dass es sich zumeist um Filme handelt, die man mit der ganzen Familie sehen kann.

Das liegt auch daran, dass erotische Szenen noch immer nur angedeutet werden. Selbst harmlose Küsse werden nur selten gezeigt. Es gibt kein Verbot für solche Szenen, doch unverfängliche Filme von romantischer Liebe verkaufen sich wesentlich besser. Filme, in denen solche Szenen doch auftauchen, sorgen noch immer für große Empörung. Dennoch ist Liebe das Hauptthema der meisten Streifen aus Bollywood. Sehr häufig geht es um eine aus gesellschaftlichen Gründen »unmögliche« Liebe, die am Ende doch siegt, nachdem der

---

* *Der erste indische Film entstand 1913 und war noch ein Stummfilm. Der erste Film mit Tonspur war 1931* Alam Ara (Das Licht der Welt).

Anti-Held ausgeschaltet ist. Ein Happy End mit einer prunkvollen Hochzeit ist die Regel.

Doch auch die indische Tradition und Kultur, die Götter des Hindu-Pantheon und ihre Feste, die Träume, Hoffnungen und Wünsche der indischen Mittelschicht, die sich immer stärker dem amerikanischen Traum annähern, sind gewichtige Themen.

Generell wird viel mit dem Klischee von Gut und Böse gespielt. So ist der Moslem häufig der Bösewicht. Mindestens genauso fragwürdig ist die Tendenz, dass die Schauspieler und die Thematik der Filme aus der Mittel- und Oberschicht stammen und nur selten die Probleme der vielen Armen thematisiert werden.

Offensichtlich haben hellhäutige Inder viel bessere Chancen, in den Filmen aufzutreten. Leider gilt in Indien bis heute das, was schon bei den Engländern galt. Weiße Haut wird mit Reinheit verwechselt. Das zeigt sich auch darin, dass in fast allen Hautcremes, die in Indien beworben werden, Weißmacher enthalten sind.

Ein weiteres Problem ist die Anbahnung der Liebe in Bollywood-Filmen. In aller Regel macht der Held seiner Angebeteten dauerhaft Avancen, die nicht auf Gegenliebe stoßen. Der Held verfolgt seine Liebe ungebremst und legt häufig ein Verhalten an den Tag, das an Stalking erinnert. Am Ende rettet er die edle Schöne vor dem Bösewicht, und sie verfällt ihm daraufhin doch. Leider ermuntert diese Aufdringlichkeit viele Inder, sich ähnlich zu verhalten und ein Nein einer Frau nicht zu akzeptieren.

Bollywood ist eine große Parallelwelt, die sich nicht nur um Filme, sondern auch um große Stars, die Millionen verdienen, und kleine Sternchen, um Kosmetik, Schmuck, Modeln, Klatsch und Gala-Shows dreht. Die großen Stars werden im modernen Indien fast wie Götter verehrt. Allerdings verwirklicht sich dieser Traum nur für wenige der Schauspieler, die in Scharen nach Bombay strömen, um berühmt und reich zu werden.

Am interessantesten finde ich die Filme, in denen Polizisten zwielichtige und bestechliche Gestalten sind und damit auf echte soziale Probleme wie die allgegenwärtige Korruption aufmerksam machen. Kritische Themen bietet Indien zuhauf. Gelungene Gesellschaftsparodien sind jedoch selten. Gut gefallen hat mir der Film *Three Idiots*, der sich, zumindest an der Oberfläche, mit den Zuständen an den heiß begehrten Ingenieursschulen beschäftigt. Er zeigt, unter welch immensem Druck die Studenten stehen, was einen von ihnen sogar in den Selbstmord treibt.

Auf jeden Fall ist es unverzichtbar, sich Filme aus Bollywood anzusehen, allein um zu verstehen, welche Träume und Hoffnungen die Mittel- und Oberschicht antreiben und wie unendlich weit entfernt diese Welt für alle Unterprivilegierten ist.

Das indische Kino produziert heute auch für den westlichen Geschmack und erzielt dabei immer größere Erfolge im Ausland. Mit Zee.One gibt es inzwischen sogar einen deutschsprachigen Privatsender, der sich auf Bollywood spezialisiert hat.

Auch der Ableger »Kollywood« boomt: Die Filme, die im Stadtviertel Kodambakkam von Madras produziert werden, gelten als innovativer und enthalten häufig Kampfkunstszenen. Sie sind in der Sprache der Tamilen gedreht. Eine ähnliche Bedeutung besitzt inzwischen die Telugu-Filmindustrie (auch »Tollywood« genannt), die in Hyderabad beheimatet ist. Angesichts der immensen indischen Bevölkerung ist das Potenzial für die Filmindustrie riesig.

Ich bin gespannt, ob in Indien auch irgendwann verstärkt Arthouse-Filme gedreht werden. Das Potenzial an spannenden, kontrastreichen Geschichten jenseits von Schwarz-Weiß-Bildern ist in Indien unerschöpflich.

*6. Kapitel*

# *Götter und Mythen*

*52. Grund*

## *Weil die Hindus unzählige Götter kennen*

Dass Indien unendlich viele Götter kennt, ist zunächst einmal ein viel beschworenes Klischee. Tatsächlich kennen die Hindus einige Tausend Götter, die namentlich bekannt sind. Vor allem wenn man die Inkarnationen der verschiedenen Götter hinzunimmt, ergibt sich eine verwirrende Vielzahl von Gottheiten, selbst für einen Fachmann ist das komplexe Hindu-Pantheon kaum zu fassen. Erschwerend kommt hinzu, dass viele Gottheiten unter verschiedenen Namen bekannt sind.

Beim Hinduismus muss man eigentlich von verschiedenen religiösen Strömungen sprechen, die unter einem Dach vereint werden. Der Begriff »Hinduismus« wurde erst Ende des 18. Jahrhunderts von den Briten geprägt und existierte so vorher nicht. Mir gefällt das Bild von »Einheit in der Vielfalt« sehr gut. Denn auch wenn sich verschiedene Strömungen unterscheiden lassen, ist der Hinduismus im Grunde alles: Er kennt sowohl den Vielgötterkult (Polytheismus), pantheistische Vorstellungen (Gott durchdringt alles), aber auch monotheistische Ausprägungen. Der Hinduismus bezieht sich je nach Auffassung auf ein einzelnes Prinzip oder auf gegensätzliche Prinzipien (Dualität).

In den Hindu-Schriften der *Upanishaden* findet sich eine alte Parabel, die etwas über die Beschaffenheit des Göttlichen im frühen Hinduismus enthüllt. Ein Weiser befragt einen anderen nach der Anzahl der Götter. Dieser antwortet prompt: 3.306. Bei weiteren Nachfragen reduziert sich die Zahl immer weiter, bis die Antwort 1 lautet. Das offenbart etwas über die pantheistische Vorstellung, die den Hinduismus bis heute prägt. So sind alle göttlichen Erscheinungsformen Ausdruck einer göttlichen Quelle. Ähnlich sind Aussagen wie »Indien ist das Land von 300 Millionen Göttern« zu interpretieren, die in der Neuzeit immer neu unreflektiert verbreitet werden. Es sind hingegen eher die launigen Aussagen von Gurus, die sich über den westlichen Versuch, ihre unzähligen Götter zu zählen, lustig machen und die Absurdität dieses Unterfangens durch solch willkürliche und völlig überzogene Zahlen aufzeigen.

Spätestens mit der Einführung des Konzepts von Brahman gibt es eine Kraft, ohne die die Göttererscheinungen machtlos sind. Diesem Prinzip nähern wir uns im nächsten Grund.

Die ältesten Schriften, die *Veden*, wurden lange mündlich überliefert, bevor sie erstmalig fixiert wurden. Am ehesten sind die großen Epen ein verbindendes Element für eine Religion ohne Gründer, ohne Schöpfergott, ohne organisierte Kirche und einheitliche Symbole. Am Ende vereint die Religionspraxis mit ihren Ritualen die Gläubigen oft stärker als der Glaubensinhalt oder welcher Gott besonders verehrt wird.

Letzten Endes können auch 111 Gründe nur eine Annäherung an die Religiosität der Inder bieten, dafür ist das Thema in seiner Gänze viel zu komplex. Ich behaupte, dass man sein ganzes Leben damit verbringen kann, Indien verstehen zu wollen – das Ziel wird man niemals erreichen. Doch ein Grundverständnis kann helfen, um die ersten Einblicke in die indische Seele, Religion und Kultur einzuordnen.

### *53. Grund*

## *Weil das Göttliche in allem steckt*

Das Prinzip von Brahman ist einfach und hochkomplex zugleich. Im Grundsatz sagt es Folgendes: Jede Manifestation, die der Mensch wahrnehmen kann, ist ein Ausdruck derselben göttlichen Kraft. Gott ist in allem, und alles ist von Gott durchdrungen.

Vor diesem Hintergrund ändert sich die Betrachtung des ausufernden Götterkosmos erheblich. Denn nur auf den ersten Blick scheint der Hindu-Pantheon eine polytheistische Vorstellung nahezulegen. Versteht man die Götter jedoch als verschiedene Ausdrücke eines einzigen Schöpfungsprinzips, so speisen sie sich aus einer Quelle. Hier zeigt sich eine pantheistische Vorstellung. Klassisch versteht man aber unter dem Pantheismus eine Vorstellung, dass Gott in allem steckt.

Die Philosophie von Brahman hingegen sieht eine aktive Kraft im Hintergrund. Ohne Brahman ist überhaupt keine beseelte Welt vorstellbar. Es handelt sich um eine schöpferische Kraft und keine personalisierte Gottheit. Brahman ist kein Schöpfer, sondern stattdessen eine omnipräsente und unsterbliche Kraft, die zugleich unsichtbar, unhörbar, undenkbar und letztlich auch undefinierbar ist. Brahman gilt als Urgrund und Beginn allen Seins, aus dem sich erst Materie und Geist entwickelt haben, und repräsentiert das wahre Wesen der Welt, eine Art »Weltenseele«.

Seine Entsprechung im Menschen ist *Atman*, das wahre Wesen des Menschen, die Essenz seines Geistes, durchaus vergleichbar mit dem westlichen Konzept von Seele. Unsere Wahrnehmung der materialisierten Welt ist in dieser Vorstellung nur *Maya* – ein Trugbild, das verhindert, dieses wahre innere Wesen zu erkennen. Ohne diese Erkenntnis ist eine Erlösung unmöglich. Erlösung kann der gläubige Hindu nur erreichen, wenn es ihm gelingt, Atman und Brahman in Einklang zu bringen.

Später wurde die Kraft des Brahman immer neuen Gottheiten zugeschrieben oder wie bei der Vorstellung von *Trimurti* auf drei Götter verteilt. Dennoch bleibt Brahman die eigentliche Kraft, die hinter den Göttern steht. Ohne Brahman könnten sie nichts bewirken.

*54. Grund*

## *Weil Brahma die Welt erschafft*

Wie wir gerade gesehen haben, gibt es nicht den einen Hinduismus, sondern verschiedene religiöse Strömungen, die sich zum Teil gravierend voneinander unterscheiden. Dennoch gibt es mit Brahma, Vishnu und Shiva drei Götter, die im Laufe der indischen Geschichte eine herausgehobene Bedeutung entwickelt haben. Sie gelten als sogenannte »Hochgötter« des Hinduismus.

Aus dem Verständnis von Brahman entwickelt sich langsam die Vorstellung von einer männlichen, personalen Gottheit: Brahma. Brahma war eigentlich nicht die erste bekannte personifizierte Darstellung des Göttlichen im Hinduismus, doch er verdrängte die Götter wie Indra, Vayu, Agni, Mithras, Varuna und Surya, die die Arier mitgebracht hatten. Brahma wird nun von den Priestern – den Brahmanen – als Schöpfungsgott dargestellt, der den Beginn der Zeit markiert.

Daraus entwickelte sich mit der Zeit ein zyklischer Schöpfungskosmos von Werden und Vergehen: Brahma erschafft die Welt, Vishnu erhält sie, und Shiva leitet die Zerstörung der Welt durch einen Tanz ein. Doch der ist nicht nur destruktiv, denn seine zerstörerische Kraft mündet direkt in die Neuerschaffung der Welt durch Brahma.

Die drei Götter repräsentieren eine Trimurti genannte Einheit und bilden gemeinsam eine Art Perpetuum mobile, das sich selbst immer wieder erneuert. Auf der Seite der Menschen ist der Glaube an die Wiedergeburt zentraler Bestandteil der Weltanschauung.

Brahma gilt also als schöpferisches Werkzeug von Brahman. Die Brahmanen hatten ein natürliches Interesse daran, Brahma als höchsten Gott darzustellen, denn durch ihn erhielten sie ihre Privilegien, denn nur sie konnten den Kontakt zwischen Gläubigen und Gott herstellen. So setzte sich die Priesterkaste mithilfe der Vorstellung eines personalisierten Gottes an die Spitze des in den *Veden* angelegten Kastensystems und verdrängte die Königs- und Kriegerkaste von der obersten Stufe der Hierarchie.

Häufig wird Brahma mit vier Köpfen dargestellt, die in alle vier Himmelsrichtungen blicken. Sein Symbol ist eine vierblättrige Lotosblüte, die seine Tempel ziert. Häufig besitzt er in der personalisierten Darstellung vier Arme, in denen er die vier vedischen Bücher *Rigveda*, *Yajurveda*, *Samaveda* und *Atharvaveda* hält. Dabei handelt es sich um die ersten heiligen Texte des Hinduismus.

Brahma bestimmt nun das Schicksal der Welten. Er steht über allen anderen Göttern. Er wohnt in Brahmaloka, seinem eigenen Himmel, in den er die in Schlachten gefallenen Krieger aufnimmt.

Vishnu und Shiva haben später ihren eigenen Himmel. Solange Brahma schläft, existiert nichts, erst bei seinem Erwachen nimmt die Welt wieder Form an. Sein Reittier ist die Gans Hamsa, die ihn an jeden Punkt des Kosmos tragen kann, da sie sowohl in der Luft, im Wasser als auch auf der Erde zu Hause ist. Seine Ehefrau ist Sarasvati, die Göttin der Kunst und des Wissens.

Möglicherweise entwickelte sich Brahma aus dem vedischen Gott Prajapati. Im Manusmriti* (»Manus Gesetz«) wird folgender Schöpfungsmythos berichtet: Prajapati wollte aus seinem eigenen Körper neue Wesen schaffen. So erschuf er mit Kraft seiner Gedanken das Wasser und legte seinen Samen hinein. Daraus entwickelte sich ein goldenes Ei. Das Göttliche existiert nun in diesem Ei, und der in neuer Form wiedergeborene Prajapati teilt sich selbst in zwei Teile, das Männliche und das Weibliche, aus den beiden Eischalen werden Himmel und Erde.**

Der Gott Brahma hat im Gegensatz zu den beiden anderen Hochgöttern im Laufe der Geschichte stark an Bedeutung verloren. Es gibt nur noch wenige ihm geweihte Tempel. Das Konzept des Brahman wurde im Laufe der Geschichte auf Vishnu und Shiva übertragen. Für viele Gläubige repräsentieren ihre göttlichen Aspekte nun das Prinzip von Brahman. Die Brahmanen selbst hingegen verstehen sich weiterhin als Angehörige der höchsten Kaste, auch wenn sie viele Privilegien verloren haben, und genießen weiter hohe soziale Anerkennung innerhalb der indischen Gesellschaft.

---

* *Manu ist quasi der Noah der Hindus. Dem Mythos nach landete seine Arche in Manali, nachdem die Menschheit fast ausgelöscht wurde. Das Auftreten des Manu markiert immer den Beginn eines neuen Erdzeitalters. »Manus« Gesetz gilt als Grundlage der hinduistischen Ethik (des Dharma) und des Kastenwesens.*

** *Mythen von einem »Weltenei« sind auch aus anderen Kulturen bekannt. Die Griechen, Römer (Mithras-Kult) und Ägypter (Amun bedeutet »der Gackerer«) kannten solche Mythen ebenso wie die Anhänger Zarathustras oder die in Nordwestafrika lebenden Dogon und Gnawa.*

### 55. Grund

## Weil Vishnu der »Erhalter der Welt« ist

Der Gott Vishnu verdrängte im Laufe der Geschichte Brahma in seiner Bedeutung. Mit Vishnu begann der eigentliche Hinduismus mit seinen verschiedenen Strömungen. Sein Aufstieg von einer Randfigur in den *Veden* zum »Erhalter der Welt« war rasant. Gemeinsam mit Shiva gilt Vishnu – besonders in seiner Form als Krishna und Rama – als der wichtigste Gott des Hinduismus, vor allem in Nordindien.

Vishnu spielt eine besondere Rolle in den Epen *Ramayana*, *Mahabharata* und dem *Bhagavatapurana**.

In diesen Sagen ist er andauernd damit beschäftigt, die Menschheit und die Götter vor Dämonen oder Katastrophen zu retten. Vishnu hat die Aufgabe, das Böse zu bekämpfen und die Balance zwischen Gut und Böse wiederherzustellen. Sein Reittier ist der Vogel Garuda, eine Kreatur halb Mensch, halb Adler, die Schlangen tötet. Seine Gemahlin ist Lakshmi, die Göttin für Glück, Wohlstand und Schönheit. Vishnu wird oft als Narayana, auf einem Lotos sitzend oder auf dem Urgrund des kosmischen Ozeans auf der »Weltenschlange« Ananta** schlafend dargestellt. Dort ruht er zwischen den jeweiligen Erdzeitaltern und erträumt sich eine neue Welt, die bei seinem Erwachen Gestalt annimmt. Eine Lotusblüte wächst aus seinem Nabel, Brahma nimmt auf einer Blüte Platz und macht sich an die Neuschöpfung der Welt.

Vishnu wird als strahlend schöner Gott in königlicher Kleidung und mit einer Art Krone dargestellt, trägt Schmuck und wird häufig mit dunkelblauem (vor allem als Krishna) oder schwarzem Körper dargestellt. In seinen Armen trägt er die göttlichen Attribute, in

---

* *Die Puranas gehören zu den heiligen Texten des Hinduismus und wurden zwischen 400 und 1000 n. Chr. aufgeschrieben. Sie öffneten den Hinduismus für Laien. Das Studium der Veden war den Brahmanen vorbehalten.*

** *»Die Endlose« – Schlangenkulte waren bei den Ureinwohner Indiens verbreitet und fanden so ihren Weg in den Hinduismus.*

seinem Fall die Keule (*Gada*), um Dämonen zu bekämpfen, eine Wurfscheibe (*Chakra*) als Fernwaffe, der Lotos (*Padma*), Symbol für Weisheit und Reinheit, sowie ein Schneckenhorn (*Shankha*), mit dem er die Götter zusammenruft.

Vishnu erscheint regelmäßig als Wiedergeburt in anderer Gestalt, die, wie bereits beschrieben, als Avatar bezeichnet wird. Als seine wichtigsten Inkarnationen gelten Rama, Krishna und Bodha (auch Buddha).

Zehn Inkarnationen werden im *Bhagvatapurana* von Vishnu angekündigt, von denen neun bereits erschienen sind. Sie prägen das jeweilige Zeitalter (*Yuga*): Als Matsya, Vishnu in Fischgestalt, rettet er Manu, den ersten Mann auf Erden, mitsamt den heiligen Schriften der *Veden*. Als Kurma tritt er in Gestalt einer Schildkröte auf, in deren Panzer der Milchozean gequirlt wird, um Amrita (den Nektar der Unsterblichkeit) zu gewinnen. Als riesenhafter Varaha rettet er die Welt vor dem Versinken, indem er sie aus dem Wasser heraushält. Als Narasimha, halb Mann, halb Löwe, tötet er den Dämonen Hiranyakashipu (siehe die Legende zum Holifest). Als Vamana, in der Gestalt eines Zwerges, überlistet er den Dämonenkönig Bali, indem er sich das vom Herrscher erbittet, was er in drei Schritten erreichen kann – Bali willigt ein, und Vamana verwandelt sich in einen Riesen, der mit seinen drei Schritten seine Füße in Himmel, Erde und Unterwelt setzt, wo er gleichzeitig Bali zertritt. Als Parasurama (»Rama mit der Axt«) besiegt er die Kshatriya und rächt ihren Mord an den Brahmanen, stellt damit die Ordnung der Welt, das *Dharma*, wieder her.

Kommen wir zu einem der wichtigsten Mythen Indiens: Als Rama, der Held des Epos *Ramayana**, wird er durch die Intrigen seiner Stiefmutter daran gehindert, König von Ayodhya zu werden, und gemeinsam mit seiner Frau Sita und seinem Bruder Lakshman ins Exil verbannt.

---

* *Das Ramayana ist neben dem Mahabharata das zweite große indische Nationalepos. Ursprünglich handelt es sich bei Rama um einen menschlichen Helden, der erst später als Inkarnation Vishnus verstanden wurde.*

Doch Sita wird vom zehnköpfigen Dämonenfürst Ravana entführt. Unterstützt vom Affengott Hanuman* und seiner Armee aus Affen töten die Brüder Ravana und befreien Sita aus Lanka.

Krishna wird dargestellt als blauhäutiger, Flöte spielender Hirtengott und ist die Verkörperung eines Kriegshelden im *Mahabharata*. Das Epos ist achtmal länger als die beiden antiken griechischen Werke, die Odyssee und die Ilias, zusammen. Das Epos berichtet von der Auseinandersetzung der Pandava-Brüder Yudhishthira, Bhima, Arjuna, Nakula, Sahadeva und dem 100-köpfigen Kaurava-Clan, angeführt von Duryodhana. Höhepunkt ist eine große Schlacht bei Kurukshetra, von der in der *Bhagavad Gita* erzählt wird, dem Herzstück des Mythos. Arjuna und Krishna, der als Wagenlenker an der Schlacht teilnimmt, unterhalten sich abseits des Kriegsgeschehens über den Sinn des Lebens und darüber, ob es richtig ist, in die Schlacht einzugreifen.

Die neunte Inkarnation Vishnus ist Buddha (Bodha), sodass für die Hindus Buddha wie selbstverständlich in ihren Götterkosmos integriert ist, ohne eine herausragende Rolle zu spielen wie bei den Buddhisten.

Kalki, die letzte Inkarnation Vishnus, ist laut den Gläubigen noch nicht erschienen. Mit seiner Ankunft soll das dunkle Zeitalter des *Kali Yug* enden und ein neues Goldenes Zeitalter beginnen.

Vishnu wird von den Vishnuiten als alleinige Gottheit angebetet.

Als Harihara wird er in Doppelgestalt mit Gott Shiva verehrt. Diese Darstellung ist eine vor allem in Südindien verbreitete Vorstellung, in der Vishnu und Shiva ihre Widersprüche vereinen und gemeinsam Brahman repräsentieren. Diese Vorstellung verbreitete sich über den Süden auch bis nach Kambodscha. Die erste Hauptstadt der Khmer-Dynastie hieß Hariharalaya. Im bedeutendsten Heiligtum Angkor Wat war Vishnu Reichsgott der Khmer-Dynastie, bevor er von buddhistischen Einflüssen verdrängt wurde. Vishnu hat bis heute nichts von seiner hohen Popularität unter den indischen Gläubigen eingebüßt.

---

* *Mehr dazu im Grund »Weil Hanuman ein Gott in Affengestalt ist«.*

## *Weil Shiva die Welt mit einem ekstatischen Tanz zerstört und wieder erschafft*

*»Ich bin der Ursprung der Welt und ihre Auflösung*
*Ich bin das Leben in allen Wesen*
*Und die Askese in den Asketen*
*Ich bin die Unsterblichkeit und der Tod*
*Ich bin sowohl Sein als auch Nichtsein«**

Der Gott Shiva (»Glücksverheißender«) ist heute der wichtigste hinduistische Gott neben Vishnu. Nach dem Erschaffer der Welt Brahma und dem Weltenerhalter Vishnu, die beide sehr auf die kosmische Ordnung bedacht sind, ist der dritte Gott Shiva eine völlig andersartige und widersprüchliche Gestalt. Er vereint edle und grausame Aspekte in sich, die oft gemeinsam in den bildlichen Darstellungen vertreten sind.

Er ist sowohl *Shankara* (»Vollbringer des Guten«) als auch *Bhairava* (»Der Schreckliche«). Shiva ist einerseits der Gott der Zerstörung, der mit seinem ekstatischen Tanz die Welt vernichtet, zugleich steht er für Erneuerung, denn erst seine Zerstörung ermöglicht die Neuschöpfung durch Brahma. Mit der Göttergestalt des Shiva wird das zyklische Weltbild des Hinduismus vollständig. Ähnlich wie Vishnu ist er der große Aufsteiger innerhalb der indischen Götterwelt.

Im *Shivapurana* wird der Mythos erzählt, wie sich Shiva über Brahma und Vishnu erhebt. Brahma und Vishnu stritten darüber, wer von ihnen der Mächtigere sei. Da erschien eine große Lichtsäule. Sie beschlossen, in einem Wettstreit das jeweilige Ende dieser Säule zu finden. Brahma erhob sich mit seiner Gans Hamsa nach oben in die Luft, Vishnu grub sich in seiner Gestalt als Eber, Varaha, in die Erde. Doch so sehr sie sich auch mühten, sie konnten weder Anfang

---

* *Zitat gefunden in: »Terra X: Das Mysterium des Shiva – Heilige Männer in Indien«, ZDF-Dokumentation, 1988, vgl.: www.youtube.com/watch?v=wDq1yvnDGrQ*

noch Ende der Säule finden. Brahma log jedoch und brachte eine von oben herunterfallende Blüte als angeblichen Beweis mit – er habe sie am oberen Ende der Säule gepflückt. Daraufhin erschien Shiva aus der Säule und zeigte den beiden anderen Göttern seine überlegene Macht. Wegen seiner Lüge solle Brahma nicht weiter verehrt werden.

Shiva setzte sich nun an die Spitze des Hindu-Pantheons. Als er in den Hinduismus eingegliedert wurde, wandelte er sich von der furchteinflößenden in eine zwiespältige Gestalt, die nun auch gütige Aspekte in sich trug. Sein Wohnsitz als Herr der Berge ist der mythologische »Weltenberg« Meru, der mit dem den Hindus, Sikhs, Jaina und Bön-Anhängern heiligen Kailash in Westtibet assoziiert wird und die »Weltenachse« darstellen soll. In Indien gilt vor allem der Gipfel Kedernath als sein Wohnort. Auch der Haramukh in Kaschmir wird verehrt.

*Lord Shiva* wird meist dargestellt mit einem Dreizack, dem Symbol der Zerstörung, und *Damru*, einer Sanduhrtrommel, häufig auch einem Muschelhorn, das immer noch zu seinen Ehren ertönt. Seine häufig abgeschlossenen Augen zeigen an, dass er sowohl aktiv an der Welt teilnimmt als auch gleichzeitig in tiefer Meditation ruht. Er trägt ein drittes Auge auf der Stirn, das »Auge der Weisheit«, in dem ein yogisches Feuer schlummert, das töten kann, wenn er seine Augen ganz öffnet. Er trägt langes, ungekämmtes und verfilztes Haar. Häufig ist er in ein Tiger- oder Elefantenfell gehüllt oder nur mit heiliger Asche beschmiert. Oft windet sich eine Kobra um seinen Körper, und er trägt neben der *Mala* (einer Gebetskette) eine Girlande mit Totenschädeln. Sie sollen darauf hindeuten, dass die Gläubigen Shivas ihr Ego zerstören müssen. Sehr beliebt ist die Darstellung in Meditationspose vor dem schneebedeckten »Weltenberg« Meru. Sein Reittier ist der Stier Nandi, der oft in der Nähe von Shiva-Statuen dargestellt wird. Auf vielen Abbildungen ist der Hals von Shiva blau gefärbt. Das geht auf die Legende von Shiva als Nilakanta (»Blauhals«) zurück. In der Legende vom Quirlen des Milchozeans schluckt er das Gift, das zunächst aus dem Milchozean aufsteigt, um die Welt davor zu schützen. Das Gift verfärbt seinen Hals blau, kann ihm aber nicht weiter schaden.

Es ist bis heute umstritten, ob die Götterfigur des Shiva auf den grausamen Aghora-Rudra aus den *Veden* zurückgeht. Shiva selbst wird in den *Veden* nicht genannt. Wahrscheinlicher ist, dass es sich bei Shiva um einen Gott der Draviden handelte, der nach der Unterwerfung durch die einwandernden Arier zunächst eine untergeordnete Rolle spielen musste, bis er seinen herausragenden Platz innerhalb des Hinduismus einnahm. In späterer Zeit wären dann alte vedische Gottheiten wie Rudra und Pashupati (»Der Herr der Tiere«) dem neuen Gott Shiva zugeordnet worden. Darstellungen aus der Indus-Kultur von göttlichen Figuren im Lotossitz lassen wiederum vermuten, dass seine Verehrung womöglich noch älter ist.

Laut der Legende war seine erste Frau Sati. Sie soll alle anderen Männer abgewiesen und sich für ein asketisches Leben entschieden haben, um Shiva für sich zu gewinnen, was ihr schließlich gelang. In manchen Versionen nahm auch ihr Großvater Brahma Einfluss, da Shivas Vereinigung mit der weiblichen, göttlichen Energie Shakti entscheidend für den Fortbestand der Welt war.

Satis Vater, der Gott Daksha, lehnte den Ehemann wegen seiner unkonventionellen Gestalt als nackter, nur mit Asche bedeckter Asket ab. Er hielt ihn für unwürdig.

Daksha organisierte ein großes Opferfest, zu dem alle Götter bis auf Shiva und Sati eingeladen waren. Sati war erzürnt, stellte ihren Vater zur Rede, doch dieser beleidigte Shiva. Aus Scham über die Ehrverletzung warf sich Sati auf das Opferfeuer. Diese Legende wurde in Indien zu einer unseligen Tradition unter dem Namen der Göttin, der Witwenverbrennung. Einzelne Fälle kamen in Rajasthan bis in die 1990er-Jahre vor. Witwen folgten ihrem Beispiel und ließen sich beim Tod des Ehemanns ebenfalls verbrennen. Eine wesentliche Rolle spielte dabei aber auch die Tatsache, dass eine Frau sich in der indischen Gesellschaft nur schwer allein versorgen konnte.

Der Legende nach ließ Shiva Daksha töten, wandte sich nach Sitas Tod vollkommen von der Welt ab und zog tieftraurig und in tiefer Meditation durch das Universum. Die anderen Götter waren besorgt um seine Schöpferkraft. Vishnu zerstückelte den Leichnam Sitas, um Shiva aus seiner Meditation zu reißen. An den Orten, wo die Leichenteile zu Boden fielen, entstanden 64 *Shakti Pithas*, Tempel, die der göttlichen Mutter geweiht sind. An zwölf dieser Orte, die über ganz Indien verstreut sind, finden sich die *Yotirlinga*, besonders wichtige Kultplätze, die den fünf verschiedenen Elementen (Feuer, Wasser, Luft, Erde, Äther) zugeordnet sind. Manche zählen auch Pashupatinath in Nepal hinzu. In den Tempeln finden sich sogenannte *Lingams* (*linga* = leuchtend, strahlend). Es handelt sich um Phallussymbole, die Shivas Schöpferkraft repräsentieren. Das Lingam steht auf *Yoni*, der Erscheinungsform von Shakti, einer stilisierten Vulva. Sie bildet das weibliche Gegenstück zu Shiva, hier vereinen sich die Polaritäten. Das erinnert entfernt an die Vorstellung von *Yin* und *Yang* und ist eine dualistische Vorstellung.

Der Gott der Liebe Kama spielt schließlich den Amor, um Shiva wieder zur Teilnahme an der Welt zu bringen und seine Leidenschaft für Parvati, die jüngere Schwester der Göttin Ganga, zu entfachen – sie ist die Tochter des Gottes Himavat, der göttlichen Personifizierung des Himalaya. Doch auch dessen Frau Mena ist entsetzt beim Anblick ihres zukünftigen Schwiegersohns. Sie will kaum glauben, dass ihre liebreizende Tochter diesen abstoßenden, ausgemergelten, langhaarigen und mit Asche beschmierten Asketen heiraten will. Trotzdem lassen sich die beiden nicht davon abbringen. An *Shivaratri** wird an dieses Ereignis erinnert.

Mit Parvati und seinem »Sohn« Ganesha (manchmal auch mit dem zweiten Sohn Skanda dargestellt) bildet Shiva die göttliche Familie, die als Ideal für den gläubigen Hindu gilt. Der zweite Sohn Skanda tritt häufig sechsköpfig in Erscheinung. Er ist ein Krieger und sein Begleittier ein Pfau. Als Murugan wird er in Südindien und im Norden Sri Lankas von den Tamilen hoch verehrt.

Im krassen Gegensatz steht Shiva in seiner Form als keuscher und einzelgängerischer Yogi (»Mahayogi«), der sich regelmäßig

* *Shivaratri (»Die Nacht des Shiva«) wird Ende Februar oder Anfang März gefeiert. Seine Vermählung mit Parvati wird mit pompösen Umzügen und Aufführungen der Hochzeit die ganze Nacht hindurch gefeiert. Laut dem Mythos ist es die Liebe und Geduld Parvatis, die Shivas Energie und Zerstörungswut zügelt.*

jahrelang zum Meditieren niederlässt oder weltabgewandt als Asket umherwandert. In dieser Form verehren vor allem die Sadhus ihren *Ganja* (Marihuana) rauchenden Gott Shiva. Viele seiner Anhänger, die ihn als alleinigen Gott (»Mahadevi«) verehren, lassen sich ihre Haare nicht schneiden, manche Sadhus dehnen das auch auf ihre Fuß- und Fingernägel aus und haben zum Teil meterlange Haarungetüme, die es mit jedem Rastafari aufnehmen können.

Ein besonderer Ort für die Shivaanhänger sind die Shiva geweihten Skulpturen-Tempel bei Ellora, etwa 350 Kilometer nordöstlich von Bombay. Hier wurden 200.000 Tonnen Gestein aus einem Felsen gehöhlt, um das filigrane Bauwerk zu erschaffen.

Für mich persönlich ist Shiva die faszinierendste Göttergestalt Indiens. Seine widersprüchliche Gestalt als asketischer Yogi in ständiger Meditation einerseits und als kiffender, tanzender und zerstörerischer Lüstling andererseits trägt viel zur Anziehungskraft Indiens bei. Doch je näher man sich mit Shiva beschäftigt, desto facettenreicher wird seine Gestalt. Nicht umsonst wurden schon ganze Bücher über ihn geschrieben.

*57. Grund*

## *Weil Ganesha als »Überwinder der Hindernisse« gilt*

Ganesha gehört zu den beliebtesten Göttern des Hinduismus, und selbst unter den schrillen Gottheiten Indiens sticht er wegen seines Elefantenkopfes besonders hervor. Besonders präsent ist Ganesha in Hausaltären oder am Armaturenbrett.

Es spricht viel dafür, dass es sich um eine Naturgottheit der ursprünglichen Bevölkerung Südindiens, der Draviden, handelte und er sich erst im Laufe der Zeit zu einem Gott veränderte, der seinen Platz im Hinduismus fand, ähnlich wie sein »Vater« Shiva. Das ist auch eines der Kernmerkmale des Hinduismus: (ältere) Einflüsse in sich aufzunehmen und umzuformen. Für eine Minderheit der Hindus ist Ganesha sogar zum höchsten Gott aufgestiegen.

Ganesha tritt auf als Vighnaharta (»Überwinder der Hindernisse«), als Dukhaharta (»Spender von Glück und Verhinderer von Naturkatastrophen«) und als Sukhakarta (»Bringer von Wohlstand, Reichtum und Glück«).

Laut der Legende wurde Ganesha von Parvati, der Ehefrau Shivas, aus Lehm geformt und mit Ganges-Wasser belebt, während sich Shiva zu einer seiner jahrelangen Meditationsphasen in die Berge zurückgezogen hatte. Als Shiva zurückkehrte, traf er seine Ehefrau beim Baden an, beschützt von dem ihm unbekannten Ganesha, der ihm den Zutritt zu Parvati verwehrte. Wutentbrannt wähnte sich Shiva als gehörnter Ehemann und schlug Ganesha den Kopf ab, bevor ihn Parvati über sein Fehlurteil aufklären konnte. Parvati war entsetzt und flehte Shiva an, ihren Sohn zu retten und dessen Kopf durch den abgeschlagenen Kopf des ersten vorüberkommenden Wesens zu ersetzen. Shiva willigte ein – und es war ein Elefant. Fortan trug Ganesha auf seinem menschlichen Rumpf einen Elefantenkopf.

Shiva machte ihn zum Führer seiner Truppen (*Ganas*), zu Ganapati, dem »Gebieter der Scharen«. Zudem verlieh er Ganesha seinen Segen. Shiva ordnete an, dass Ganesha vor allen anderen Göttern angebetet werden sollte. Kein Geschäftsabschluss, keine Prüfung und kein Fest solle von Erfolg gekrönt sein, wenn nicht vorher zu Ganesha gebetet würde. Er lässt die Hindernisse verschwinden, kann aber genauso Probleme schaffen, falls man ihn vergisst. Auch bei Hochzeiten wird er angerufen, denn die Ehe ist ein neuer Anfang und soll von Glück gesegnet sein.

Ganesha wird häufig dickbäuchig dargestellt, mit dem Körper eines Mannes, aber den Beinen eines Kindes. Häufig sitzt der elefantenköpfige Gott auf einem Thron und trägt eine Krone. Manchmal wird er auch tanzend dargestellt. Auf den Ikonen besitzt er zwei, manchmal auch vier Hände. In ihnen hält er je nach Darstellung einen Treibstock, mit dem er die Menschheit auf dem ewigen Pfad vorantreibt und Hindernisse aus dem Weg räumt. Mit der Schlinge zieht Ganesha den Suchenden aus seinen weltlichen Problemen. Oft hält Ganesha einen zerbrochenen Stoßzahn wie einen Schreibstift, ein Symbol seiner Aufopferung. Er soll ihn abgebrochen haben, um das Epos *Mahabharata* aufschreiben zu können. Die Axt dient ihm dazu, Eitelkeit, Selbstsucht, falschen Stolz und weltliche Bindungen zu zerschlagen.

Häufig präsentiert Ganesha den Gläubigen eine Süßigkeit, die die Belohnung spiritueller Suche darstellt. Trägt er eine Lotosblume, so weist sie auf das höchste Ziel der menschlichen Evolution, die Erleuchtung. Alternativ ist eine Hand zu einer heiligen Handstellung geformt, die Schutz und Segen gewährt. Ganesha hat kleine, durchdringende Augen, die das winzigste Detail untersuchen können. Diese Augen verfügen über die innere Schau, den Geist Gottes in jedem zu sehen.

Seine Segelohren sollen anzeigen, dass er für alle Gebete immer ein offenes Ohr hat. Er ist außerdem bescheiden genug, auf der niedrigsten der Kreaturen, einer Ratte, zu reiten. Sie steht für Egoismus und weltliche Wünsche, worin die Ursache für unser Leiden liegt. So wie die Ratte in Dunkelheit lebt und stiehlt, so lebt unser Bewusstsein in Unwissenheit und ist ständig beschäftigt mit materiellen Gewinnen. Ganesha beherrscht sein Reittier vollständig, was anzeigen soll, dass er seinen Egoismus überwunden hat. Gleichzeitig ist die Ratte ein Wesen, das ihm listige Wege eröffnen kann. Ganesha selbst gilt als Inbegriff der Weisheit. Auch seine Ehefrauen Buddhi und Siddhi stehen für Wissen und Erfolg.

Mit den Händlern, die Ganesha besonders verehren, gelangte der Kult um diese Gottheit auch nach Sumatra, Java und Bali. Besonders auf Bali ist der Elefantengott in Form von Statuen bis heute häufig anzutreffen und erfreut sich großer Beliebtheit. Auch die Buddhisten und Jaina kennen Ganesha in abgewandelten Formen und verehren ihn. Mit dem ausbreitenden Buddhismus gelangte er auch nach Südostasien, Tibet und Japan.

Im August oder September jeden Jahres feiert man im südindischen Bundesstaat Maharashtra und dem benachbarten Bombay *Ganesh Chaturthi*, bei dem große, aus Lehm geformte Ganesha-Idole mit Kokosnüssen, Bananen und Süßigkeiten symbolisch gespeist und verehrt werden. Zehn Tage lang gilt Ganesha in Form von Kultfiguren, von denen jedes Jahr Hunderttausende hergestellt werden, als auf Erden präsent. Am Ende des Festes tragen die Gläubigen die Statuen zum Meer oder einem Fluss und versenken sie. Das Gleiche geschieht mit den kleinen Ganesha-Figuren, die während des Festes im Hause gestanden haben, meist auf einem Sockel über dem Türbalken oder im Hausaltar. Die aus der Erde gekommene Gestalt kehrt in den Kreislauf der Natur zurück.

Das Fest entstand erst Ende des 19. Jahrhunderts in Pune, im Bundesstaat Maharashtra. Indiens Nationalheld Bal Gangadhar Tilak* wollte alle Hindus in einem großen Volksfest einen und auf die Straße bringen, um die Unabhängigkeitsforderung an die Briten zu unterstreichen. Doch auch die Abgrenzung von den Muslimen spielte dabei eine unheilvolle Rolle. Noch immer mischen sich während des Festes Religion, Volksfest, Kommerz und politische Propaganda gegen Nicht-Hindus. Heute ist das Fest ein großes Problem für die Umwelt, da riesige Mengen an Müll anfallen.

Damit hat Ganesha selbst glücklicherweise nichts zu tun. Bei meinen Indienbesuchen hatte ich mich schnell an den Anblick des sympathischen Gottes mit dem Elefantenkopf gewöhnt. Als Beschützer der Reisenden wurde ein holzgeschnitzter Ganesha zu meinem Begleiter und hält noch heute seine wachenden Augen über mich.

*58. Grund*

## *Weil Hanuman ein Gott in Affengestalt ist*

Hanuman ist eine sehr populäre Hindu-Gottheit in Form eines (Menschen-)Affen. Er gilt als Sohn der Nymphe Anjana und des Windgottes Vayu, der noch vor Brahma populär war. Im Helden-

---

* *Bal Gangadhar Tilak (1856–1920) gehörte zu den wichtigsten indischen Politikern im indischen Unabhängigkeitskampf. Als Erster forderte er die vollständige Unabhängigkeit Indiens und stellte das Recht der Briten infrage, sich in Indien aufzuhalten. Er forderte – wie später Gandhi –* ***Swaray****, die Selbstbestimmung der indischen Bevölkerung. Er war ein charismatischer Mann, der Massen begeistern konnte. Allerdings wurde er in seinen Ansichten immer radikaler und war entscheidend beteiligt, dass sich die Kongresspartei spaltete.*

epos *Ramayana* ist er ein treuer Helfer Ramas, einer Inkarnation des Gottes Vishnu. In jedem Rama-Tempel befindet sich daher auch eine Statue von Hanuman. Ihm werden magische Kräfte (*Siddhi*) nachgesagt. Er ist schnell wie der Wind, hat die Kraft, Berge zu versetzen, kann fliegen und hat eine Stimme wie Donnerhall. Außerdem ist er klug und sanftmütig.

Die Mythen berichten von zahlreichen Streichen während seiner Jugend. So war der kleine Hanuman hungrig und flog zur Sonne, weil er sie für eine Frucht hielt. Zur selben Zeit kam Rahu, der Dämon der Sonnenfinsternis, um die Sonne zu verschlingen. Der Gott Indra musste auf seinem Reitelefanten einschreiten. Hanuman hielt nun den Elefanten für eine Frucht und stürmte darauf zu. Indra blieb nur, seinen Donnerkeil nach ihm zu werfen, um eine Kollision zu verhindern.

Dabei brach sich Hanuman an einem Berg seinen Kiefer- und Backenknochen (*Hanu*), was ihm seinen Namen einbrachte. Sein Vater Vayu brachte den leblosen Körper zu Indra, der ihn wiederbelebte. Hanuman wird in seiner Jugend generell als gutmütiger, aber auch unbedachter und tollpatschiger Gott dargestellt. Die *Rishis* (die alten Weisen der indischen Mythologie) und Indra müssen ihn erst belehren, wie er mit seinen Kräften verantwortungsvoll umgehen kann.

Im zwischen dem 4. Jahrhundert vor und dem 2. Jahrhundert n. Chr. entstandenen *Ramayana*-Epos wird von dem Affenkönigreich Kishkinda berichtet, das geografisch mit der Umgebung von Hampi identifiziert wird. Auf einer Anhöhe in unmittelbarer Nähe der Ruinen von Hampi existiert auch ein Hanuman geweihter Tempel. Das Königreich wurde vom Affenkönig Sugriva regiert. Damals soll die ganze Region vom Dandaka-Wald bedeckt gewesen sein.

Hanuman ist der General eines Affenheeres, das Sugriva dient, und kann sowohl mit den Menschen als auch den Affen kommunizieren und zwischen ihnen vermitteln. Häufig wird er mit einem muskulösen menschlichen Körper und einem Affenkopf und -schwanz dargestellt.

Durch seine grenzenlose Loyalität gegenüber Rama gilt er den Hindus als Vorbild an Treue, Hingabe und Gehorsam. Das *Ramaya-*

*na* berichtet davon, wie der Dämon Ravana Ramas Gemahlin Sita mithilfe einer List nach Lanka entführt. Sugriva wird von Rama um Hilfe gebeten, und der sendet Hanuman, der ihren Aufenthaltsort schnell ausfindig macht.

Rama bittet den Wassergott, ihm zu helfen, den Ozean überqueren zu können. Dieser gibt ihm das Versprechen, dass jeder Stein, den sie ins Wasser legen würden, an der Oberfläche bleibe. So bauen sie eine gewaltig lange Brücke, um auf die Insel Sri Lanka zu gelangen. Unterwegs wird Hanuman von einer im Wasser lebenden Dämonin angegriffen, die seinen Schatten verschluckt, sodass Hanuman sich endlos vergrößert und sie so zwingt, ihn wieder auszuspucken.

Im Kampf gegen das Dämonenheer des Ravana wird Hanuman der Schwanz angezündet. Doch der Gott kämpft weiter und setzt mit seinem peitschenden Schwanz die Stadt Lanka in Brand. Hanuman und Sugriva besiegen nach langen Kämpfen Ravana und können Sita befreien. Hanuman fliegt danach zum Himalaya und reißt einen Berg mit Heilkräutern aus, um die auf dem Schlachtfeld liegenden Verwundeten zu verarzten.

Als Dank für Hanumans Unterstützung und treue Dienste verleiht Rama Hanuman später die Unsterblichkeit. Als Sugriva mit seinen Affen aufbricht, entschließt sich Hanuman dazu, für immer bei Rama zu bleiben.

An *Hanuman Jayanti* (nach dem hinduistischen Mondkalender im März oder April) wird Hanumans Geburtstag gefeiert. Die Gläubigen besuchen seine Tempel, bestreichen sein Bildnis mit roter Pulverfarbe (*Sindur*) und schmücken es mit Blüten. Die populäre Hymne *Hanuman Chalisa* und Geschichten aus dem *Ramayana* und dem *Mahabharata* werden aufgeführt.

Die in Indien lebenden Hanuman-Languren sind nach ihm benannt und werden als heilig verehrt. Die Affen gelten als seine Inkarnationen, genießen deshalb in Indien eine große Narrenfreiheit und werden von vielen Tempelbesuchern gefüttert, in manchen Tempelanlagen, wie etwa in der Nähe von Jaipur, gelten sie selbst als heilige Geschöpfe.

*59. Grund*

## *Weil die Muttergöttin Mahadevi viele Formen kennt*

In der Strömung des Shaktismus, der dritten großen im Hinduismus neben Vishnuismus und Shivaismus, verehren die Gläubigen eine Muttergottheit, in den anderen Strömungen gelten die Götterfrauen lediglich als weiblicher Aspekt einer männlichen Gottheit.

Die wichtigsten Göttinnen sind Brahmas Gattin Sarasvati, die Göttin der Sprache, Musik und Wissenschaft, sowie Vishnus Gattin Lakshmi, die Göttin des Glücks, der Fülle. Sie spendet Wohlbefinden, Harmonie und Reichtum, ist die Verkörperung von Schönheit und Reinheit sowie von Weisheit und Kraft. Sie sitzt auf einer Lotosblüte.

Parallel zum Shivaismus entstand der Shaktismus. Die Hochzeit der Kulte lag zwischen dem 8. und 10. Jahrhundert. Beide lehnen die brahmanische Tradition ab.

Es ist unmöglich, eindeutig zu sagen, wie alt die Verehrung von weiblichen Gottheiten tatsächlich zurückreicht und ob sie womöglich noch älter ist als die Phallus-Kulte. Funde aus der Indus-Kultur legen nahe, dass bereits zu dieser Zeit eine »Muttergottheit« verehrt wurde, die manchen Forschern als eine Art »Ur-Durga« gilt. Die Verehrung von Göttinnen reichen in jedem Fall weit in die Geschichte zurück. Das spiegelt sich in Epen über Bhudevi, »die Mutter Erde«, oder Aditi, die »Himmelsgöttin« und Muttergottheit.

Eine Besonderheit ist Ardhanarishvara, bei der Parvati und Shiva in einer göttlichen Gestalt vereint sind. Je eine Hälfte des Götterbilds stellt die männliche und weibliche Seite des Göttlichen dar. Shivas *Lingam* ist nicht ohne *Yoni*, das weibliche Gegenstück, denkbar. Shivaismus und Shaktismus sind eng verbundene Vorstellungen, in denen aus der Dualität zwischen den beiden Polen das Göttliche entsteht.

Auch Sarasvati, Parvati und Lakshmi bilden eine Göttertriade. Für viele Gläubige sind diese Göttinnen Ausdruck einer »großen Göttin«, die Mahadevi oder Mahayogini genannt wird.

In dieser Vorstellung repräsentiert allein die Göttin das Prinzip von Brahman. Erst die aktive Energie der weiblichen Gottheiten gibt den männlichen Göttern ihre Schöpfungskraft.

Mahadevi vereint ähnlich wie Shiva gütige und grausame Attribute. Die Verehrer der Muttergöttin (*Shaktas*) verehren Sarasvati, Lakshmi und Parvati samt ihren Erscheinungsformen als Uma, Annapurna, Durga oder Kali.

Durga ist als einzige Göttin alleinlebend. Sie hat wie Shiva ein drittes Auge und reitet auf einem Tiger oder Löwen. Durga ist eine wilde, mächtige Göttin, vor der alle Männer Angst haben müssen. Kali ist mit ihrer grotesk herausgestreckten Zunge eine besonders blutrünstige Variante von Durga, der früher auch Menschenopfer dargebracht wurden. Noch heute sind Prozessionen für Kali in Nepal und Bengalen wahre Schlachtfeste, bei denen zahlreiche Tiere rituell geschlachtet werden.

Durga und Kali werden an *Durga Puja/Navraratri* (»9 Nächte«) gefeiert. Das Fest ist vor allem in Kalkutta, dem angrenzenden Bengalen, dem benachbarten Nepal und Südindien beliebt. Es wird im September oder Oktober zelebriert. Zeitgleich wird in Nordindien *Dashahara* begangen – bei dem Vishnu verehrt wird. Prinzipiell haben alle Feste lokale Besonderheiten bis hin zu völlig anderen Ursprungsmythen.

An den meisten Orten Indiens haben die männlichen Gottheiten die weiblichen an den Rand gedrängt, was sich letztlich auch in der schwächeren Stellung von Frauen in der Gesamtgesellschaft widerspiegelt. Doch an manchen Orten wird der Göttinnen-Kult weiter praktiziert.

Neben der ungebrochenen Verehrung Kalis gibt es den Nanda-Devi-Kult. In der Umgebung des gleichnamigen Bergs in Kinnaur wird die »Göttin der Freude« verehrt. Die noch immer matriarchalisch lebenden Khasi im äußersten Nordosten Indiens sind wie viele lokale (Schutz-)Gottheiten ein weiteres Beispiel.

7. Kapitel

# Himalaya

*60. Grund*

## *Weil das Kaschmirtal (k)ein verlorenes Paradies ist*

Kaschmir ist sicherlich eine der landschaftlich und kulturell interessantesten Regionen ganz Indiens. Doch leider ist die Region zugleich auch die nie geschlossene Wunde der indischen Teilung und für viele ein »verlorenes Paradies«.

Das Kaschmirtal erstreckt sich auf einer Länge von 135 Kilometern, ist 30 bis 40 Kilometer breit und ist umschlossen von Hochgebirgszügen. Im Norden liegt das Felsmassiv des Nanga Parbat, im Westen die Hauptkette des Himalaya, im Südwesten schirmt die Pir-Panjal-Kette Kaschmir zum Punjab ab, und im Osten thront das Massiv des Haramukh. Im Kashmirtal am Fluss Jhelam befindet sich die Hauptstadt Srinagar. Dort leben über eine Million Einwohner.

In prähistorischer Zeit war das Kaschmirtal von einem einzigen See bedeckt. Die Reste davon sind der Dal- und der Wular-See, die bis heute durch den Fluss Jhelam verbunden sind. Durch die Sedimente des Jhelam und seiner Nebenflüsse entstand fruchtbares Ackerland, auf dem es sich lohnte, Obst und Gemüse anzubauen.

Srinagar, das einst wegen seiner vielen Wasserstraßen auch als »Venedig des Ostens« bezeichnet wurde, ist geprägt vom innerhalb des Stadtgebiets liegenden Dal-See, den Paradiesgärten an seinen Ufern, die die Moguln anlegen ließen, seinen Teppichimperien und von einer Reihe alter Holzmoscheen. In einer soll ein Barthaar des Propheten Mohammed aufbewahrt sein. Nach einer wilden Theorie, die unter manchen Esoterikern beliebt ist, findet sich am Ufer des Sees auch die Begräbnisstätte Jesu, was jedoch höchst unwahrscheinlich ist. In ihrer frühen Blüte wurde die Stadt von König Ashoka gefördert, der viele Künstler und Handwerker nach Kaschmir schickte.

Das Klima ist im Sommer ungewöhnlich mild, Srinagar liegt auf einer Höhe mit Damaskus in Syrien oder Fès in Marokko. Doch im Gegensatz zu den östlichen Regionen des Bundesstaats erreicht der Monsun auch das Kaschmirtal und und sorgt für regelmäßige Niederschläge. Im Winter wird es empfindlich kalt, und die Bewohner des Tals hüllen sich in ihre dicken Mäntel.

In der südlich gelegenen Stadt Jammu ist es milder im Winter, sie diente den Fürsten von Kaschmir als Winterresidenz. In der etwa eine halbe Million zählenden Stadt leben überwiegend Hindus, was sich auch an einer Vielzahl von Hindu-Tempeln zeigt. Die Bewohner sprechen hauptsächlich Dogri, eine indoarische Sprache, die mit dem Panjabi verwandt ist.

Kaschmir wird seit vielen Jahren nur von wenigen Ausländern besucht. Die Zeiten, als die Hippies Kaschmir entdeckten und nach einigen Wochen mit einem Klumpen Schwarzer Afghane gen Kathmandu oder Goa weiterzogen, sind lange vorbei. Schuld ist vor allem die völlig undurchsichtige Sicherheitslage, die sich jederzeit dramatisch verschlechtern kann. Kaschmir ist in seiner Geschichte nur selten zur Ruhe gekommen. Seit es kurz nach der Unabhängigkeit von Indien und Pakistan zum ersten Krieg zwischen beiden Staaten um die Kaschmirregion kam und noch zwei weitere folgten, ist Kaschmir ein dauernder Krisenherd, der nur noch kurze Phasen der Entspannung kennt. Das ist vor allem für die Bevölkerung eine anhaltende Katastrophe. Um das Jahr 2000 standen die Atommächte Indien und Pakistan gerade wieder im Konflikt um Kargil kurz vor einer erneuten Konfrontation.

Auch der 11. September 2001 veränderte die Lage in der Region noch einmal dramatisch. Afghanistan blieb Schauplatz eines nie endenden Krieges, Pakistan stürzte seitdem in einen ähnlich tiefen Abgrund und erlebt eine Radikalisierung, die den ursprünglichen Sufi-Islam vernichten will. Durch den verheerenden Drohnenkrieg der US-amerikanischen Regierung in Afghanistan und Pakistan mit vielen zivilen Opfern sind viele erst anfällig für radikales Gedankengut geworden. Das wirkt sich auch auf das nahe gelegene Kaschmir aus, zumal das indische Militär durch willkürliche Gewalt Demonstranten gegen sich aufgebracht hat.

Händlern aus Kaschmir, die meist Kunsthandwerk, Schmuck, Edelsteine, Teppiche und Pashmina-Wolle anbieten, bleibt nichts übrig, als sich anderswo auf dem indischen Kontinent zu verdingen.

Käufer nach Kaschmir zu locken ist wegen der unsicheren Lage eine kaum lösbare Aufgabe, wenn man sie nicht gleich nach Kaschmir »entführt«. Daher auch die Masche, Touristen bereits in Delhi in eine Reise zu verwickeln, die sie sonst kaum antreten würden. Das ist eigentlich jammerschade, denn gerade die Bergregionen Kaschmirs sind landschaftlich wunderschön und erinnern stellenweise an Alpenpanoramen. In Gulmarg und Pahalgam warten grandiose Hochalmen, wo im Winter das Skifahren möglich ist. Pahalgam ist auch der Ausgangspunkt für die 500.000 Shiva-Anhänger, die inzwischen wieder einmal im Jahr nach Kaschmir strömen, um an der Pilgerwanderung zur Amanath-Höhle teilzunehmen.

Im indischen Bundesstaat Jammu & Kashmir, zu dem auch Ladakh zählt, leben etwa zehn Millionen Einwohner, im pakistanisch verwalteten Teil Gilgit-Baltistan mit Nanga Parbat und K2 sowie im teilautonomen Asad Kaschmir (»Freies Kaschmir«) leben weitere fünf Millionen. Im chinesisch besetzten Aksai Chin leben nur einige Tausend Menschen, die dünn besiedelte Region ist aber für die Chinesen von großer Bedeutung für die Kontrolle von Tibet und Xinjiang.

Nördlich des bis heute umkämpften Siachen-Gletschers liegt das Shaksgam-Tal, das die pakistanische Regierung an China übereignet hat. Bis heute beanspruchen Pakistan und China die jeweils von der Gegenseite kontrollierten Gebiete, und auch der latente Konflikt mit China um die genaue Grenzziehung ist ein ständiges Pulverfass für die Region.

Kaschmir ist die einzige Region Indiens, in der die Muslime die Bevölkerungsmehrheit (68 %) besitzen, abgesehen von den Inseln, die zum Unionsterritorium Lakshadweep gehören. Es fühlt sich so an, als sei man plötzlich in einem ganz anderen Land. Im Kaschmirtal sind etwa 90 % der Bevölkerung Muslime. Der Osten des Bundesstaats ist extrem dünn bevölkert und hauptsächlich von buddhistischen Gläubigen bewohnt.

Das Kaschmirtal wurde bereits früh besiedelt, worauf Funde von Lagerplätzen, einfachen Werkzeugen und Waffen hindeuten. Denn Kaschmir war früh ein wichtiger Handelsplatz. Hier kamen verschiedene Routen der Seidenstraßen zusammen, die Zentralasien mit Zentral- und Südindien sowie China verbanden. Auf diesen Routen stießen auch immer neue Invasoren nach Kaschmir vor. Vor allem für Eroberer aus Zentralasien war Kaschmir immer die Brücke nach Indien.

Hunnen, Skythen, Afghanen, Mongolen, Sikhs, Griechen, Rajputen oder die Moguln eroberten das Land, um nur einige zu nennen. Auch die Religion änderte sich mehrmals.

Die erste Blütezeit erlebte Kaschmir unter der hinduistischen Karkota-Dynastie und dem König Lalitaditya, der als tolerant galt und auch buddhistische Stupas errichten ließ. Zuvor war Kaschmir stark von der Gandhara-Kultur im heutigen Pakistan geprägt, in der sich griechische und buddhistische Einflüsse vermischten.

Der Islam erreichte die Region im 14. Jahrhundert, als Kaschmir nach 300 Jahren Bürgerkrieg zeitweise unter die Herrschaft des damals islamischen Ladakh geriet. Sadruddin Shah herrschte als erster muslimischer Regent über Kaschmir zwischen 1320 und 1323. Die Herrschaft fiel danach an den afghanischen Abenteurer Shah Mir, der das gleichnamige Sultanat begründete. Doch erst unter seinem Nachfolger Sikandar Butshikan nahm der Frieden mit den Hindus und Buddhisten ein Ende. Als religiöser Fanatiker zerstörte er Städte und Tempel und trieb viele Hindus ins Exil. Unter seinem Sohn Zain-ul-Abidin folgte wieder eine Phase der Duldung, bevor Kaschmir erneut in Chaos versank.

Eine neue Blütezeit begann unter der Mogulherrschaft ab Ende des 16. Jahrhunderts. Künstler und Architekten wurden nach Kaschmir geschickt, die Paradiesgärten, Moscheen, Befestigungsanlagen und Grabmale errichten ließen. 1707 endete ihre Herrschaft über Kaschmir, und der afghanische Feldherr Ahmad Schah Abdali übernahm die Macht.

1819 wurde die Region von den Sikhs vom Punjab aus erobert und von deren Vertrauten, der Dogra-Dynastie, gelenkt, bis die Briten Indien zur Kolonie machten. Maharadscha Gulab Singh kaufte Kaschmir 1846 jedoch für 750.000 Pfund Sterling von den Briten, was ihm große Autonomie innerhalb des Kolonialreichs verschaffte.

Die Briten durften kein Land in Kaschmir besitzen und kamen daher auf die geniale Idee, mit Hausbooten auf dem See diese Regelung zu unterlaufen.

Sein Nachfolger Hari Singh forderte 1947 nach der Teilung in Indien und Pakistan die Unabhängigkeit Kaschmirs, konnte sich aber nicht durchsetzen. Paschtunische Kämpfer drangen aus Pakistan ein, um Kaschmir für Pakistan zu beanspruchen, der Maharadscha bat in seiner Not Indien um Hilfe. Die indische Regierung setzte eine Luftbrücke ein, und es kam bereits im Jahr der Staatsgründung zum ersten Krieg zwischen Indien und Pakistan, der von 1947 bis 1949 dauerte. Inzwischen sind die Kaschmiri den ständig schwelenden Streit um ihre Heimat dermaßen leid, dass sehr viele sich eine Unabhängigkeit wünschen. Ob Kaschmir irgendwann wieder ein Paradies werden kann, steht aber völlig in den Sternen.

Wer sich von einer Reise nach Kaschmir nicht abschrecken lässt, der sollte sich unbedingt über die aktuelle Sicherheitslage informieren, keine Reisevereinbarungen außerhalb Kaschmirs treffen, besonders was die Hausboote angeht, seinen gesunden Menschenverstand benutzen und sich unter keinen Umständen bedrängen lassen. Man sollte sich darüber im Klaren sein, dass Ausgangssperren jederzeit möglich sind, was heißt, dass nur noch eine minimale Infrastruktur aufrechterhalten wird und dass sich der Zorn der jungen Kaschmiri, die sich perspektivlos fühlen, in Gewalt und übermäßiger Gegengewalt der indischen Streitkräfte entladen kann.

Der äußerste Nordwesten Indiens war meine erste Begegnung mit dem Land nach meiner Ankunft in Delhi. Wie bereits berichtet, kam ich durch eine äußerst dubiose Abmachung in einem völlig unseriösen »Reisebüro« zwar in den Genuss, den pittoresken Dal-See mit seinen Hausbooten, das im Spätherbst wunderschöne Tal bei Naranag und den mächtigen Haramukh sehen zu dürfen, der den Hindus als (ein) Wohnort Shivas gilt. Doch zugleich bekam ich einen unfreiwillig tiefen Einblick in die Machenschaften skrupelloser Ganoven. Ich zahlte einen hohen Preis für die Gutgläubigkeit, mit der ich indischen Boden betreten hatte.

Der Reiz der malerischen Seen und Berge, das kulturelle Erbe der Kaschmirregion, die Paradiesgärten und die alte Stadt Srinagar haben wenig von ihrem Reiz verloren. Und ich wünsche den Menschen von Herzen, dass sie irgendwann in Frieden leben können.

*61. Grund*

## *Weil »Klein-Tibet« in Indien liegt*

Die Stadt Dharamsala ist die Exilheimat des aktuellen Dalai-Lama, seit er 1959 über den Hauptkamm des Himalaya nach Indien fliehen musste. Der Staatsgründer des unabhängigen Indiens, Jawaharlal Nehru, gewährte damals dem 14. Dalai-Lama und vielen anderen tibetischen Flüchtlingen in Indien Asyl. Dharamsala ist ein einzigartiger Mikrokosmos aus Mönchen, Touristen, Pilgern, Suchenden, Bergenthusiasten, Verrückten und Esoterik-Freaks.

Die Stadt ist aufgeteilt in einen unteren und oberen Teil, die durch eine zwei Kilometer lange, sehr steile und schmale Straße verbunden sind. Der obere Stadtteil wird auch McLeod Ganj genannt, ist größtenteils in den Hang gebaut und ist eine ehemalige »Hill station« der Briten. An solch höher gelegenen Orten suchten die Kolonialherren Abkühlung von den glühend heißen Ebenen Nordindiens. Dort oben findet sich heute die größte tibetische Gemeinschaft außerhalb ihrer angestammten Heimat.

Noch weiter oben im Hang liegen dic Ortsteile Bhagsunath und Dharamkot, die ursprünglicher und dörflicher anmuten und vor allem Hippies anziehen. In der Umgebung findet der Wanderer tibetisch geprägte Dörfer, die noch stärker von Ackerwirtschaft geprägt sind. Besteigt man die nahen Gipfel, trifft man auf größere Schafherden mit ihren Hirten und Wachhunden.

McLeod Ganj ist ein bunter Mix von unzähligen kleinen Läden, die wunderbare Kleinode, aber auch furchtbaren Kitsch anbieten. Daneben prägen Tempel, Gasthäuser, Restaurants mit internationalen Küchen, Yoga-Schulen, Massagesalons und Trekkingagenturen die engen Gassen der Stadt. Die Angebote sind vor allem auf den spirituellen Touristen und die Verehrung des Dalai-Lamas zugeschnitten.

Als ich die Stadt erkundete, stieß ich auf kleinere, in den Gassen verstecke Klöster, die mehr Ursprünglichkeit ausstrahlen und mir verdeutlichten, dass trotz allen Kommerzes die Spiritualität vieler Mönche und ihrer Unterstützer ungebrochen ist.

Nicht verpassen sollte man die Momos, eine Spezialität aus Tibet, die an der Hauptstraße direkt im Topf frisch zubereitet und mit Chilisauce serviert werden. Momos sind geröstete oder gedünstete Teigtaschen, die entfernt an Maultaschen erinnern, hier aber vegetarisch sind. Es lohnt sich, die verschiedenen Füllungen und Saucen zu probieren!

Ein Besuch des tibetischen Museums erinnert eindrücklich daran, wie systematisch die tibetische Kultur im Zuge von Maos »Kulturrevolution« zerstört wurde. Von über 6.000 Tempeln und Klöstern existierten 1976 nur noch 13. Aktivisten für die tibetische Sache wurden gnadenlos verfolgt, gefoltert und ermordet. Noch immer zielt die chinesische Regierung darauf, die Tibeter zu »assimilieren«.

Da der Dalai-Lama viel auf Reisen unterwegs ist, ist es nicht selbstverständlich, ihn vor Ort anzutreffen. Weilt er in Dharamsala, veranstaltet er »Teachings«, die Touristen und Mönche gleichermaßen anziehen. Ich selbst habe nicht daran teilgenommen, doch einmal begegnete mir eine Schar von Touristen beim Verlassen der Veranstaltung. Sie waren tief in Gedanken versunken. Die Mönche hingegen verließen den Ort lachend. Offenbar ließ sich die Botschaft besser mit dem Herzen erschließen als mit dem Verstand.

Die Mythen über den Buddhismus im Allgemeinen und Tibet im Speziellen werden im Westen stark verklärt. Der Buddhismus ist nicht grundsätzlich friedlich, und Tibet war vor der grausamen Invasion der Chinesen kein Hort der Seligen. Es war ein festgefahrener »Gottesstaat« mit verknöcherter Hierarchie und furchterregenden Dämonen, die es zu besänftigen galt. Die Legenden von einem mystischen *Shangri-La** entwickelten sich erst später im Westen. Trotzdem hätte ich Tibet die Chance gewünscht, einen eigenen und sanfteren Weg in die Moderne zu finden.

### *62. Grund*

## *Weil Manali das Tor in den hohen Norden Indiens ist*

Manali gehört seit Langem zu den beliebtesten Reisezielen im Vorhimalaya. Die Kleinstadt mit etwa 8.000 Einwohnern liegt am nördlichen Ende des Kullu-Tals in einem Talkessel am Fuße des mächtigen Rohtang-Passes. Das Tal ist geprägt von den bewaldeten Gebirgszügen der Dhauladhar- und Pir-Panjal-Ketten und liegt etwa 500 Kilometer nördlich der Hauptstadt Delhi. Mit dem Nachtbus ist die Strecke gut zu meistern. Der Kontrast von der hektisch-chaotischen Hauptstadt am Abend und den ersten Blicken auf die Berge am Morgen ist zwar eine große, aber angenehme Umstellung. Auf dem Rückweg nach Delhi steht einem ein kleiner Kulturschock bevor.

Bereits die britischen Offiziere schätzten das Kullu-Tal und gründeten an der Stelle des modernen Manali die »Hill station« Duff Dunbar. Einige von ihnen siedelten sich hier an. Die Berge boten willkommene Abkühlung vor der tückischen Hitze der Tiefebenen.

Manali gehört auch zu den Orten, die die Hippies in den 60er-/70er-Jahren für sich entdeckten, und viele von ihnen kommen noch immer regelmäßig hierher. Vor allem war es aber der Einbruch des Tourismus in Kaschmir seit den Jahren 1989/90, der Manali zu einer leicht erreichbaren und sicheren Alternative machte. Bis heute zieht die Stadt (Alt-)Hippies, Backpacker, Freaks, Esoteriker und

---

* *Shangri-La ist ein westlicher Mythos von einem verborgenen Lama-Kloster, das sich im tibetischen Himalaya befinden soll. Es liegt weitab der Hektik der Zivilisation, und seine Bewohner sollen ein biblisches Alter erreichen. Sie bereiten sich in diesem Paradies auf die Apokalypse vor. Besonders bekannt wurde dieser Begriff durch das 1933 erschienen Buch* Lost Horizon *von James Hilton. Die Idee von solch einem Ort geht auf einen alten buddhistischen Mythos vom Königreich Shambhala zurück.*

Wanderer an. Der Charakter Manalis hat sich in dieser Zeit massiv verändert. Die in den 80er-Jahren noch großen Waldbestände wurden erheblich ausgedünnt, und aus einem abgelegenen Dorf am Rande des Himalaya wurde ein Ort, in den die Moderne eingezogen ist.

Die Entwicklung Manalis liegt nicht zuletzt daran, dass in der Region um Manali ein Großteil des indischen Marihuanas angebaut wird und entsprechend leicht zu beschaffen ist. Allerdings weiß das natürlich auch die Polizei, und man sollte sich nicht für zu schlau halten. Einerseits wird gegen den Anbau vorgegangen, andererseits wird er auch häufig toleriert, entweder weil manche Familien diese Tradition seit Generationen weiterführen oder weil Bakschisch* das Problem regelt. Trotzdem sei eindringlich vor Razzien und zu großer Sorglosigkeit gewarnt.

Apfelplantagen bieten eine legale Einkommensquelle für die Bauern, und die Äpfel aus dem Kullu-Tal sind in ganz Indien bekannt und begehrt. Doch die Hauptrolle spielt längst der Tourismus. Das sorgt immer wieder für Spannungen mit der einheimischen Bevölkerung, die häufig sehr viel Wert auf die Tradition legt und verständlicherweise Probleme hat mit dem exotischen Auftreten von Freaks in Sackhosen und knallbunten Hemden, die laute, hoch getaktete elektronische Musik bevorzugen. Viele vergessen im Drogenrausch, wo sie sich eigentlich befinden, und lassen auf erschreckende Weise Respekt vor den Einheimischen vermissen. Vor allem die fahrlässige Entweihung von rituellen Orten hat schon häufig zu Gewalt geführt.

Darüber hinaus ist Manali ein guter Ausgangspunkt für Wanderungen in der näheren Umgebung und für Expeditionen nach Ladakh, Zanskar, Spiti oder dem nahe gelegenen Parvati-Tal. Auch Abenteuersport hat sich in der Region etabliert. Rafting, Felsklettern und Paragliding werden im Sommer angeboten, im Winter lockt ein kleines Skigebiet unweit nördlich.

---

* *Kann sowohl ein Trinkgeld als auch ein Schmiergeld sein, das behördliche Vorgänge oder Dienstleistungen beschleunigen kann.*

Die Saison in Manali dauert von April bis Oktober, besonders in den Sommermonaten wird der kleine Ort fast unerträglich voll. Im Juli und August bringt der Monsun den meisten Regen. In der Nebensaison ist es deutlich angenehmer und ruhiger, zumal es weniger regnet und bei Sonnenschein auch im April und Oktober tagsüber relativ mild ist.

Auch indische Touristen werden von Manali angezogen. Die einen wollen den ersten Schnee in ihrem Leben auf dem Rohtang-Pass sehen, die andern kommen, um hier ihre Hochzeitsreise zu verbringen.

Das neue Manali ist abgesehen von einigen Tempeln recht schmucklos und wenig einladend. Vor allem indische Touristen steigen hier ab. Die Backpacker zieht es eher in den deutlich älteren Ortsteil Manaligarh (oder Old Manali). Nach dem Überqueren der Brücke über den Manaslu führt eine steile, schmale Straße hinauf.

Dort oben haben sich trotz des enormen Tourismus die Reste einer bäuerlich geprägten Gesellschaft erhalten. Die Holz- und Lehmhütten erinnern an Almhütten in den Alpen, und auch die Landschaft weist Ähnlichkeiten auf. Freilaufende Kühe sind in den Gassen unterwegs, und manchmal kann man auch bunt geschmückte Yaks erspähen, aus deren Milch köstlicher Käse hergestellt wird. Auf den Holzveranden werden Kräuter und Gewürze getrocknet. Wer ganz genau schaut, findet in den kleineren Gassen alte Häuser mit niedrigen Decken, die mit religiösen Ornamenten bedeckt sind und auf die immense Bedeutung des Glaubens in dieser Region hinweisen. Im höchsten Ortsteil finden sich die Reste der Festung von Mandakot.

In Manali gibt es eine Vielzahl von unterschiedlichen Unterkünften, von spartanischen Kammern über Gasthäuser bis zu Luxushotels. Einige Unternehmen haben sich darauf spezialisiert, zwischen Goa und Manali zu pendeln, was ihnen einen ganzjährigen Verdienst am Tourismus ermöglicht. Außerdem gibt es eine Unzahl von Cafés, kleinen Läden, Restaurants, Kunsthandwerkern, Antiquitätenläden und Kleiderläden für den angehenden Hippie.

Auf den ersten Blick ungewöhnlich ist die hohe Präsenz von Israelis, die traditionell nach Ende ihres Militärdienstes nach Indien oder Südamerika reisen. Vor allem Indien bietet einen willkommenen Kontrast zum fest reglementierten Alltag als Soldat. Sie bewegen sich alle auf ähnlichen Routen, die sie meist von Manali, Ladakh und Kaschmir über Rajasthan an die Strände Goas verschlagen. Einige kommen jedoch mit der ungewohnten Freiheit nicht zurecht, konsumieren zu viele Drogen, und eine Reihe von ihnen stürzt völlig ab. Das gilt für die Israelis im Besonderen, aber auch für Hippies, die den Kontakt zur Realität verlieren.

Zur Hochsaison dröhnt Trance-Musik aus den meisten Geschäften, den vielen Chillum-Tonpfeifen entströmt der Geruch von *Charras*, einem sehr potenten Produkt, das beim Zerreiben der Marihuana-Pflanzen entsteht. Der Rauch vernebelt die Cafés, und die beliebten Royal-Enfield-Motorräder knattern ohrenbetäubend durch die schmalen Gassen.

Eine Alternative ist Vashisht jenseits des Flusses Beas auf der anderen Seite des Kullu-Tals. Im dortigen Steintempel mit seinen heißen Quellen wird der mythische Guru Vashisht verehrt. Jenseits des sehenswerten Ortes finden sich beeindruckende Wasserfälle. Doch auch hier wird es im Sommer brechend voll.

Ebenfalls auf der anderen Seite des Beas befindet sich eine Siedlung von Exiltibetern, die auch ein Kloster gegründet haben. Dort finden sich auch zahlreiche Werkstätten, wo die Gefährte vor der zehrenden Fahrt durch den Himalaya überprüft werden.

Wem das alles zu viel ist, der hat unzählige Möglichkeiten, sich auf individuelle Pfade in die Berge zurückzuziehen und Wanderungen zu nahe gelegenen Gletscherseen zu unternehmen.

Auch weniger besuchte Orte im Kullu-Tal wie die Hauptstadt Kullu, Naggar oder Jagatsukh sind gute Ausweichmöglichkeiten, falls man nicht ohnehin plant, weiter nach Norden vorzustoßen. In diesem Fall eignen sich Wanderungen um Manali auch zur Höhenanpassung.

In Old Manali gibt es einen Manu-Tempel. Manali heißt auch »Heimat des Manu« – hier soll seine Arche gelandet sein. Ein weiterer wichtiger Tempel steht im »tausendjährigen« Zedernwald von Dhungri. Hier wird Hidimbi Devi verehrt, eine der lokalen

Schutzgottheiten des Kullu-Tals. Der Tempel mit dem Pagodendach stammt von 1533 und wurde auf einem Felsen erbaut, in dem sich noch immer der Opfer- und Ritualraum befindet, der wohl schon deutlich älter ist.

In den Mythen des *Mahabharata* ist Hidimbi die Schwester des rothaarigen Kannibalen Hidimba, ein mythischer Dämon. Diese *Rakshasa* genannten Dämonen sollen von Brahmas Atem geschaffen worden sein, als der Gott schlief. Die daraus entstandenen Kreaturen waren so gewalt- und blutdürstig, dass sie begannen, Brahma selbst zu essen. Brahma schrie: »Rakshama!« (»Schütze mich!«), woraufhin ihm Vishnu zu Hilfe eilte und die Rakshasas vom Himmel auf die Erde verbannte.

Die kriegerische Sippe der Pandava-Brüder erreichte den dichten Wald bei Manali, in dem Hidimba und Hidimbi lebten. Erschöpft und müde legten sie sich zur Nacht nieder, nur Bhima rang sich dazu durch, Wache zu halten. Hidimba roch die Neuankömmlinge und schickte wie gewohnt seine Schwester vor, um die Sippe in eine Falle zu locken. Doch als Hidimbi Bhima erblickte, verliebte sie sich in ihn und verriet ihre wahre Existenz und die Pläne ihres Bruders. In einem großen Kampf tötete Bhima Hidimba und heiratete schließlich Hidimbi.

Während des jährlich stattfinden *Dashahara*-Fests in Kullu werden die Schutzgottheiten wie Hidimbi dem Gott Vishnu unterstellt. Die Rajas von Kullu üben seit Mitte des 19. Jahrhundert nur noch zeremonielle Macht aus, die Nachfahren bewohnen aber noch immer den Palast von Kullu. Traditionell sahen sich die Rajas des Kullu-Tals als Vertreter des Gottes Raghunathji, einer lokalen Variante von Vishnus Avatar Rama.

Eine besondere Auffälligkeit sind die Mützen, die im Kullu-Tal und den angrenzenden Regionen Spiti, Lahaul und Kinnaur getragen werden. Die aus dem Kullu-Tal sind besonders farbenprächtig und voller Verzierungen.

Manali eignet sich vorzüglich als Ausgangspunkt für ausgedehnte Ausflüge in die Welten des Himalaya und ist ein guter Ort, um zwischendurch durchzuatmen.

## *Weil der Manali-Leh-Highway mitten durch den Hohen Himalaya führt*

Unter den spektakulären Straßen, die durch den ganzen indischen Himalaya führen, ist der »Highway« von Manali nach Leh eine der eindrucksvollsten. Die Straße führt mitten durch den Hohen Himalaya, den Hauptkamm des Hochgebirges. Ich war dreimal auf dieser Straße unterwegs und würde es sofort wieder tun, so beeindruckend waren meine Erlebnisse.

Allerdings ist das Befahren der Straße ein gefährliches Unterfangen, ganz egal, ob man in großen Reisebussen, privaten Vans, als Anhalter in einem der rücksichtslos überladenen Lkws (bis die Achse bricht!), auf dem Motorrad oder gar mit dem Fahrrad unterwegs ist. Es gibt sogar Wanderer, die in drei Wochen die Region auf Nebenpfaden bezwingen.

Die Straße führt von Manali im regenreichen Kullu-Tal knapp 500 Kilometer nach Norden bis ins buddhistisch geprägte Ladakh, eine Hochgebirgswüste. Die Hindernisse, die es unterwegs zu überwinden gilt, sind gewaltig. Zwei Pässe führen über 5.000 Höhenmeter hinaus, ein weiterer liegt nur knapp darunter.

Das erste große Hindernis ist jedoch der auf knapp 4.000 Metern gelegene Rohtang-Pass. Auf den 40 Kilometern von Manali aus müssen etwa 2.000 Höhenmeter überwunden werden. Rohtang bedeutet »Feld der Leichen«. Der gruselige Name geht auf die plötzlichen Wetterumschwünge zurück, die vor allem unter Hirten und Nomaden viele Opfer gefordert haben. Bis heute sitzen hier oft Reisende fest und müssen darauf warten, dass sich das Wetter wieder beruhigt. Ein gewaltiger Tunnel unter dem Pass hindurch soll dieses Problem in Zukunft entschärfen.

Außerdem ist der Rohtang eine Wetterscheide, die das fruchtbare Kullu-Tal mit seinen Apfelplantagen und würzigen Nadelwäldern von den trockenen Ebenen von Ladakh, Spiti und Tibet trennt. Während südlich des Passes der Hinduismus dominiert, hat sich im

Norden durch die Abgeschiedenheit und die extremen Wetterbedingungen eine tibetisch-buddhistisch geprägte Kultur erhalten.

Je weiter man nach Norden vordringt, desto karger wird die Landschaft. Nur die Provinz Lahaul kann noch mit Feldern und kleineren Wäldern aufwarten, bevor die Baumgrenze endgültig überschritten wird und sich die Szenerie in eine Steinwüste verwandelt. Heftige Steigungen, waghalsige Brückenkonstruktionen, tückischer Nebel, extreme Höhen, desaströse Abschnitte, die ständig erneuert werden müssen, machen die Straße lebensgefährlich. Auch Gletscher, die sich immer neue Wege bahnen, und Eis sind Faktoren, die jedes Jahr viele Menschen das Leben kosten.

Zwischen Ende Oktober bis in den Mai hinein ist die Straße völlig unbefahrbar. Die Anstrengungen, um sie jedes Jahr nach dem langen Winter wieder freizuräumen, sind immens. Die Schneehöhen reichen bis zu 15 Metern.

Gleich bei meiner ersten Querung des Gebirges stand ich stundenlang in einem Stau, der sich gebildet hatte, weil ein Lkw die Stahlkonstruktion einer Brücke schwer beschädigt hatte und erst geborgen werden musste. Eine Übernachtung auf 4.600 Metern ohne richtige Akklimatisierung wäre schwierig geworden. Die Höhenkrankheit* kann im Extremfall tödlich verlaufen. Da ich half, den gestrandeten Lastwagen zu entladen, weiß ich, was Anstrengung in solchen Höhen bedeutet.

Die Wanderarbeiter zu sehen, die mit Hammer und Meißel Straßenschotter herstellen und meist aus dem ärmsten indischen Bundesstaat Bihar oder aus Nepal stammen, war daher ein bedrückender Anblick. Sie müssen trotz der immensen Kälte in Zelten am Rande der Straße übernachten.

---

* *Leichte Symptome der Höhenkrankheit können schon ab 2.000 bis 2.500 Metern auftreten. Mit steigender Höhe vermindert sich der Luftdruck, und Symptome wie Atemnot, Übelkeit, Verwirrung, Appetitverlust, Schlaflosigkeit und Schwindel verstärken sich. Im Extremfall kann sich die Höhenkrankheit zu einem lebensgefährlichen Hirn- oder Lungenödem ausweiten. Faustregel: Nicht mehr als 500 Meter am Tag aufsteigen und bei schweren Symptomen unbedingt wieder absteigen!*

Wer sich trotzdem auf das Abenteuer Manali-Leh-Highway einlässt, wird mit unfassbaren Panoramen belohnt. Die monumentalen Berggipfel sind unzählbar, jeder Blick eine große Sensation, die Serpentinen furchteinflößend. Anderthalb Tage dauert die Fahrt im besten Fall, eine Übernachtung in zwei verschiedenen kleinen Zeltcamps ist meist üblich. Ich würde sie auch empfehlen, da man sich nachts in den Camps ausruhen kann und in den Genuss kommt, den Großteil der Strecke bei Tageslicht bestaunen zu dürfen. Einziger Haken ist die enorme Höhe, in denen sich die Camps befinden. Sarchu liegt auf knapp 4.200 Höhenmetern, die Alternative Übernachtungsort in Pang gar auf fast 4.500 Metern. Für die Reisenden, die auf etwa 2.000 Metern in Manali gestartet sind, ist das eine enorme Herausforderung. Eine Alternative bietet die frühe Übernachtung im malerisch gelegenen Keylong jenseits des Rohtang-Passes.

Im Verlauf der Reise verändert sich die Landschaft immer wieder dramatisch, zeitweise wähnt man sich in den Hochlandsteppen der Mongolei, passiert bizarre Felsformationen, durchquert auf fast 200 Kilometern Strecke ein Land, in dem menschliche Ansiedlung unmöglich ist. Die kleinen Versorgungszelte stellen manchmal die einzige Zuflucht dar, wenn Komplikationen auftreten.

Das höchste Hindernis ist schließlich der Taglang La auf 5.359 Metern, bevor der Reisende auf den nächsten 30 Kilometern wieder 2.000 Höhenmeter hinabsaust. Danach bleibt die Region auf einem Niveau von etwa 3.500 Höhenmetern.

Irgendwann, wenn selbst der größte Bergromantiker das Ende der Straße herbeisehnt, erkennt man nach dem endlosen Braun und Grau, das nur vom Blau des Himmels und der Flüsse sowie dem Schneeweiß durchbrochen wird, endlich wieder mineralische Farben in den Bergflanken, und bald tauchen die ersten Dörfer und Felder auf. Selten habe ich mich so über einen Anblick gefreut, so fantastisch die einsamen Landschaften auch sind. Nachdem der Reisende das letzte enge Tal bezwungen hat, öffnet sich die Landschaft wieder, und man erreicht das gewaltige Tal des Indus, die Lebensader der Region mit ihren grünen, türkisfarbenen Wassern, in dem Ladakh mit seinen Klöstern und Flussoasen liegt.

*64. Grund*

## *Weil in Ladakh tibetische Kultur lebendig ist*

Wer den Manali-Leh-Highway absolviert, befindet sich in Ladakh, dem »Land der hohen Pässe«. Neben dieser Anfahrt aus dem Süden führt nur eine weitere abenteuerliche Straße nach Ladakh. Sie führt von Kaschmirs Hauptstadt Srinagar über den Zoj-La-Pass vom Westen aus bis in die Hauptstadt Leh. Sonst bleibt nur die Anreise mit dem Flugzeug, was aber nur bei guten Wetterbedingungen möglich ist. Die Region liegt im Osten des indischen Bundesstaates Jammu & Kaschmir, im Norden und Osten grenzt sie an Pakistan und China.

Die schwere Erreichbarkeit der Region ist Fluch und Segen zugleich. Die Lebensbedingungen für die Menschen sind ausgesprochen hart und die Isolation vom Rest der Welt hoch, aber gleichzeitig konnte sich nur so das reiche tibetische Erbe erhalten.

Die Region ist mit knapp 300.000 Einwohnern sehr dünn besiedelt und wird von einer extrem trockenen Landschaft geprägt. Die zwei vorgelagerten Hauptketten des Himalaya im Süden verhindern, dass der Monsun bis nach Ladakh vordringt.

Ladakh ist eine Hochgebirgswüste und wird von den zwei höchsten Bergketten der Welt eingerahmt. Im Süden liegt der Hohe Himalaya, im Nordwesten bildet der Karakorum die Grenze zu Pakistan und Zentralasien. Im Nordosten liegt das tibetische Hochland. Die Berge innerhalb von Ladakh erreichen Höhen von über 7.000 Metern, und selbst die Täler liegen fast immer auf über 3.500 Höhenmetern.

Erst die Tatsache, dass sich der mächtige Indus und wichtige Nebenflüsse wie der Zanskar durch diese Region schlängeln, machte die Besiedlung möglich. Der Niederschlagsmangel kann nur durch künstliche Bewässerung ausgeglichen werden. Das Land wird durch ein ausgeklügeltes System von Kanälen urbar gemacht, die das Schmelzwasser von den Gletschern auf die Schwemmterrassen der Täler leiten. In den Flusstälern, vor allem an Flussmündungen, wurden fruchtbare Oasen geschaffen. Hier können in der auf wenige Monate beschränkten Vegetationsphase Getreide und Gemüse angebaut werden. Auch die Viehwirtschaft mit kleinen Herden von Yaks, Ziegen oder Schafen spielt eine bedeutende Rolle.

Gänse, Kraniche und andere Zugvögel verbringen den Sommer an den großen Seen Pangong Tso und Tso Moriri im verhältnismäßig kühlen Ladakh. Auch Geier und Adler sind hier beheimatet. Außerdem stößt man neben Antilopen, Gazellen, Steinböcken, Luchsen, Wölfen, Füchsen, Hasen, Mäusen und Murmeltieren auf den inzwischen sehr seltenen gewordenen Schneeleoparden. Er trotzt Temperaturen von unter –40 Grad im Winter und trockenen und heißen Sommern.

Bäume sind durch massive Abholzung sehr selten geworden. Am häufigsten sind Wacholderbüsche und Pappeln am Rande der Flüsse und Bewässerungskanäle, vereinzelt gibt es auch Zypressen, Walnussbäume, Ulmen, Weiden und Robinien.

Die Hauptstadt ist das auf den ersten Blick mittelalterlich wirkende Leh, in dem knapp 30.000 Menschen leben. Auf den zweiten Blick hat sich hier eine Infrastruktur entwickelt, die Tourismus sowohl für wohlhabende Reisende als auch Backpacker ermöglicht. Generell stellt der Tourismus heute die wichtigste Einnahmequelle dar.

Allerdings übersteigt der Wasserverbrauch durch den Tourismus und den damit aufblühenden Handel die vorhandenen Reserven. Das fragile Ökosystem Ladakhs und des gesamten Himalaya ist massiv vom Klimawandel bedroht. Jüngere Expeditionen haben belegt, wie massiv die Niederschläge in Ladakh in den letzten Jahren zurückgegangen sind. Laut Berichten der örtlichen Bevölkerung sind zahlreiche Seen in den letzten Jahrzehnten ausgetrocknet und zu Salzseen geworden, in denen keine Fische mehr leben und aus denen ihre Tiere nicht mehr trinken können. Ladakh ist durch massiven Wassermangel bedroht. Das katastrophal schnelle Abschmelzen der Gletscher verstärkt das Ganze noch. Gleichzeitig sind die Niederschläge unberechenbarer geworden: Wenn es regnet, dann ungewohnt heftig. Der völlig ausgetrocknete Boden kann das Wasser nicht aufnehmen, und es kommt zu schweren Überschwemmungen. Bei einer regelrechten Sturmflut wurde 2010 ein ganzer Stadtteil Lehs dem Erdboden gleichgemacht.

Ladakh gehört traditionell zum Einflussgebiet der tibetischen Kultur. Im Gegensatz zum Mutterland, in dem die Pflege der Tradition durch die Chinesen behindert wird, ist der tibetische Buddhismus in Ladakh sehr lebendig. Dafür sorgen auch die Reisen des Dalai-Lama, der Ladakh von Dharamsala aus gut erreichen kann, und der Zuzug von vielen Lamas und Gläubigen, die ebenfalls aus Tibet geflohen sind.

In Ladakh gibt es zahlreiche Klöster mit langer Tradition, wie etwa Thiksey, Alchi, Hemis, Lamayuru, Leh oder Likir. Die Wandgemälde und Götterstatuen gehören zu den schönsten der buddhistischen Kultur. Häufig sind die Klöster auf einem Felsen erbaut und überblicken die Umgebung. Traditionell übten die Äbte großen Einfluss aus. Ihnen gehörten die Felder der Umgebung, und die Bauern waren tributpflichtig.

Die Klöster sind noch immer verhältnismäßig reich, sie erhalten Spenden von den örtlichen Gläubigen und erzielen Einnahmen aus dem Tourismus. Trotzdem finden die wichtigen Klosterfeste im Spätherbst oder Winter statt, wenn die Ernte eingebracht ist und die Feldarbeit ruht. Ich hatte einmal die Gelegenheit, Ende Oktober am Fest in Tikse teilzunehmen. Neben Muschelhörner und Trompeten blasenden Mönchen sah ich den Auftritt eines tibetischen Staatsorakels und eine aufwendige Zeremonie, in der die Dämonen von guten Kräften besiegt wurden.

Der Austausch mit den benachbarten Regionen hat Ladakh immer geprägt. Die Region lag am Schnittpunkt wichtiger Handelswege. Der Handel mit Tibet und Zentralasien stellte die Lebensgrundlage vieler Menschen dar und war ein wichtiger Träger für den Kulturaustausch. Leider sind heute alle traditionellen Handelswege nach Zentralasien gekappt, seit die Grenzen nach Pakistan und China geschlossen sind.

Besonders faszinierend ist die Abendstimmung in Ladakh. In der Höhenluft leuchten die klaren Farben der Landschaft, vor allem das strahlende Blau des Himmels. Die Landschaft ist überall atemberaubend – auch nach drei Monaten in Ladakh faszinierte mich der Anblick der spektakulären Bergformationen und Felsen.

Die Freundlichkeit und Herzlichkeit der Ladakhis sowie ihren fröhlichen Gruß, das »Yulley«, habe ich in lebhafter Erinnerung. Die wettergegerbten Gesichter der alten Menschen haben mir ganze Geschichten davon erzählt, wie mühsam das Leben hier bis vor Kurzem war und für viele noch heute ist. Oft blieb sonst nur die Kommunikation mit Händen und Füßen. Viele jüngere Ladakhi sprechen hingegen Englisch.

Genauso sehr hat die Landschaft tiefen Eindruck in meiner Erinnerung hinterlassen, sodass es zu dem bereits erwähnten dreimonatigen Besuch in Ladakh kam. Und ich werde sicher noch einmal zurückkehren.

*65. Grund*

## *Weil der Markha-Treck den Einheimischen eine Perspektive bietet*

Nachdem sich der Reisende eine Woche im Indus-Tal akklimatisiert und die ersten Ausflüge zu den beeindruckenden Klöstern der Umgebung absolviert hat, ist er bereit für Ausflüge und Wanderungen in die hohen, ringsum lockenden Bergketten.

Die beliebteste Tour in Ladakh ist die Wanderung durch das Markha-Tal. Die Route ist gut erschlossen, und die »Homestays« bieten den Einheimischen die Möglichkeit, sich neben Selbstversorgung ein anständiges Einkommen zu verdienen. So können sie in ihrer Heimat bleiben und ihren Kindern eine Perspektive bieten, ohne dass sie in die Städte abwandern müssen. Näheres dazu folgt im letzten Himalaya-Kapitel über das Trekking im Markha-Tal.

Die Täler von Markha und Rumbak sind Teil des Hemis-Nationalparks, der sich vor allem nach Süden weiter ausdehnt und ein Rückzugsraum für Tiere wie den inzwischen sehr seltenen Schneeleoparden geworden ist.

Die Gasthäuser haben sich zusammengeschlossen und einen Fixbetrag von umgerechnet 8 Euro für Übernachtung und Verpflegung festgelegt. Lediglich im Zeltlager von Niamling wird es etwas teurer. Daneben gibt es Teestuben, in denen man gefiltertes Wasser auffüllen oder Produkte der »Maggi-Mafia« erstehen kann.

So bietet die Wanderung eine gute Alternative zu solchen, bei denen Zelte und Träger unabdingbar sind. Ich habe es sehr genossen, einen Einblick in die Lebensweise der Menschen zu bekommen, mit ihnen in ihrer Wohnküche zu essen und sich so gut es ging auszutauschen. Das Essen ist einfach, aber schmackhaft. Meist bekommt man *Dal Bhat* (Linsen mit Reis und etwas Gemüse), *Chapati* mit Omelette oder einfache Nudelgerichte.

Die Wohnküche ist das Herz des Gasthauses. Der offene Herd spendet Wärme, und die Ausstattung mit glitzernden Teekannen, Silber- und Messingtabletts sowie Kochtöpfen ist ein wichtiges Statussymbol. Die Decke wird oft von Holzpfeilern getragen. Die übrige Einrichtung ist meist schlicht.

Die Wanderung beginnt traditionell beim Kloster Spituk im Indus-Tal, unweit der Hauptstadt Leh. Viele beginnen die Wanderung jedoch auch in Chilling, was weniger strapaziös ist, aber auch weniger Höhenanpassung beinhaltet.

Der Weg von Spituk nach Zingchen bietet nahezu keinen Schatten und kein Wasser, und man sollte sich früh auf den Weg machen, wenn man dort starten will. Belohnt wird die Strapaze mit tollen Blicken auf den Indus, der sich durch einen eindrucksvollen Canyon schlängelt. Startet man im Indus-Tal, ist die Wanderung besonders abwechslungsreich.

Bald nach Zingchen, wo die erste Übernachtung in einem Weiler wartet, folgt ein Nadelöhr, an dem sich die Schlucht auf wenige Meter verengt. Wer genauer hinschaut, entdeckt in den Steilwänden Wildschafe und *Ladakhi Urials*, eine Ziegenart mit an Antilopen erinnernden Hörnern, die selbst in völlig unbegehbaren Passagen Halt findet. Mir wurde schon schwindelig nur vom Zusehen. Als Nutztiere werden in den kleinen Weilern vor allem Schafe, Ziegen, Esel und manchmal Pferde gehalten.

Im weiteren Verlauf locken bunte Felsformationen mit Orange-, Rot- und Lilatönen, die besonders in der Abendsonne unwirklich leuchten. In Yurutse erwarten den Wanderer ein einsames Gasthaus und eine tolle Abendstimmung, wenn die Gerstenfelder vor der imposanten Bergkulisse leuchten.

Nach der Übernachtung geht es über den ersten größeren Pass Ganda La, der fast an 5.000 Meter heranreicht. Es ist die erste Begegnung mit der dünnen Höhenluft, was den Anstieg sehr anstrengend macht. Erst bei Skyu, dem nächsten Etappenort, betritt der Wanderer das eigentliche Markha-Tal. Vom alternativen Startpunkt Chilling aus gelangt man in nur drei Stunden Wanderung direkt dorthin.

Von nun an wird der Weg leichter und folgt dem Verlauf des Markha-Flusses. Nach einiger Zeit zweigt ein Weg links ab, der zum Stok Kangri, einem mit Steigeisen verhältnismäßig leicht zu besteigenden 6.000er-Gipfel, führt. Der Weg, der in den Hauptort Markha mit seinen gelb leuchtenden Rapsfeldern und später nach Hangkar mit den imposanten Resten einer Wehrburg auf einem Felsen führt, ist ziemlich flach. Zwischendurch passiert man auf der rechten Seite eine imposante Felsnadel und hat die Möglichkeit, zum beeindruckenden Kloster Techa, das auf einem steilen Felsgrat errichtet wurde, aufzusteigen und spektakuläre Ausblicke zu genießen.

Zu Problemen können starke Regenfälle führen, die den Markha stark anschwellen lassen. Auf meiner Tour durfte ich erleben, wie schwer es sein kann, einen Fluss über einen instabilen Baumstamm zu überqueren, und musste zwei Frauen aus dem Fluss retten, die mitsamt ihren Rucksäcken mitgerissen wurden.

Die zweite Problematik ist die zu späte Ausschilderung an einem wichtigen Abzweig nach Hangkar. Wer falsch über die schiefe Brücke nach rechts abbiegt, findet sich im Langtang-Tal wieder. Der Unglückliche begibt sich in eine Einöde, die ohne Führer tückisch ist. Auch ich beging mit einigen Begleitern diesen Fauxpas. Als wir unseren Fehler nach einigen Stunden einsehen mussten, blieb uns wegen des am Abend stark angeschwollenen Flusses nur die eisigkalte Übernachtung auf 4.000 Metern unter freiem Himmel ohne Zelt. Eindeutig keine Empfehlung!

Wer hingegen die richtige Abzweigung genommen hat, für den wird der Weg bald wieder viel steiler und führt stetig bergauf. Wenn man den Blick in den Himmel hebt, hat man gute Chancen, Lämmergeier und Goldadler zu erspähen. Der Wanderer passiert einen kleinen Gletschersee, bis er zur Niamling-Ebene gelangt, einer Hochebene auf etwa 4.700 Metern, auf der Wildpferde, Schaf- und Ziegenherden weiden. Außerdem lockt der großartige Anblick auf die Gipfel der Kangyatse-Kette. Von hier aus kann man auch zum Basecamp für die Besteigung vorstoßen. Der kleinere Gipfel mit seinen 6.200 Metern gilt als leicht zu besteigen, der höchste Gipfel auf 6.400 Metern ist hingegen nur mit Expeditionsausrüstung und entsprechender Erfahrung sinnvoll.

Die Übernachtung in dieser Höhe in einfachen Zelten ist empfindlich kalt, zugleich ist die Naturkulisse imposant. Am nächsten Morgen wartet das letzte und größte Hindernis. Auch wenn es keine 500 Meter sind, die nun auf einem steilen Grat zum Kongmaru La auf 5.150 Meter führen, sind sie sehr schmerzhaft und scheinen endlos. Nun steht es dem Wanderer frei, ob er direkt zur nächstgelegenen Straße nach Leh bei Chang Sumdo vorstößt oder eine letzte Nacht in einem Gasthaus verbringt und die Gastfreundschaft und die friedliche Bergwelt genießt, um die Wanderung angemessen ausklingen zu lassen. Es ist eine Wohltat, mit dem heißen Tee in der Hand auf die vergangene Wanderung zurückzublicken, in die Weite zu schauen und den alten Männern dabei zuzusehen, wie sie mit der Gebetsmühle ihre Gebete in den Äther tragen. Danach ist man bereit für noch anspruchsvollere Touren.

*66. Grund*

## *Weil Zanskar spektakulär abgelegen ist*

Zanskar gehört selbst unter den allesamt schwierig zugänglichen Tälern des Himalaya zu den extrem abgelegenen Regionen. Erst 1823 gelangte der erste Besucher aus dem Westen hierher, es war der Ungar Sándor Csoma. 16 Monate verbrachte er im Kloster Zangla. In dieser Zeit verfasste er das erste Wörterbuch Tibetisch–Englisch sowie das erste Werk über die Grammatik des Tibetischen. Er gilt heute als Begründer der Tibetologie und erhielt als erster Ausländer eine Einladung zum Dalai-Lama. Allerdings starb er, bevor er die Reise nach Lhasa antreten konnte.

Der Name Zan(g)skar lässt auf die großen Kupfervorkommen der Region schließen – im Tibetischen heißt Zangs-dkar »Weißes Kupfer«. Sie liegt südwestlich von Ladakh und südöstlich des Kaschmirtals, erstreckt sich über 7.000 Quadratmeter und ist nur sehr dünn besiedelt. Der für lange Zeit einzige Zugang über eine Straße führt vom muslimisch geprägten Kargil, das in etwa auf der Mitte des Highways zwischen Kaschmirs Hauptstadt Srinagar und Ladakhs Hauptstadt Leh liegt, nach Süden. Die Straße wurde erst 1979 gebaut und ist im langen Winter, der bis zu acht Monaten andauern kann, nicht befahrbar. Die Zanskari wachsen unter extrem unwirtlichen Bedingungen auf. Im Winter sinken die Temperaturen auf bis zu –35 Grad Celsius und noch darunter.

Die Route von Kargil führt zunächst durch das Tal des Surus, vorbei an den höchsten Bergen der Region Ladakh, dem Doppelgipfel des Nun (7.135 m) und des Kun (7.077 m). Weiter führt der Weg am bedeutenden buddhistischen Kloster Rangdum vorbei, hier beginnt die Region Zanskar. Das größte Hindernis ist der Pensi La auf 4.400 Metern, weswegen die Straße nur zwischen Juni und Mitte September geöffnet ist. Dort entspringt auch der Doda, dem die Straße nun folgt, bis sie die Hauptstadt Padum erreicht. Der Ort rangiert zwischen einem größeren Dorf und einer Kleinstadt, und dort leben nur etwa 1.000 Menschen. Lediglich im Sommer findet eine kleinere Zahl von Touristen hierher, die das Abenteuer und die Abgeschiedenheit suchen.

Insgesamt leben gerade einmal 10.000 Zanskari in der Region. Die Mehrheit sind Buddhisten, es gibt aber auch eine große muslimische Minderheit, vor allem in Padum. Das liegt auch daran, dass die Region vom muslimischen Kargil aus verwaltet wird.

Noch immer leben die meisten Zanskari von den Erträgen ihrer Felder. Doch der Trekking-Tourismus hat der Gegend neue Einnahmemöglichkeiten gebracht. Viele Zanskari verdingen sich als Führer oder Träger oder haben eigene kleine Reiseunternehmen gegründet, die komplette Trekkingtouren anbieten.

Die Route zwischen Lamayuru in Ladakh und Padum gehört zu den beliebtesten Wandertouren im indischen Himalaya, auch wenn der aktuelle Straßenbau die Attraktivität etwas mindert. Von Padum aus kann man die Route weiter nach Süden fortsetzen, bis man in Darcha eintrifft. Zwischen zwei und drei Wochen muss man für die gesamte Tour von Darcha nach Lamayuru einplanen. Angesichts der vielen schweren Pässe ist dies aber nur Wanderern mit guter Fitness, Willenskraft und Leidensfähigkeit empfohlen. Allerdings ist die Landschaft dermaßen spektakulär, dass man solch eine Tour nie vergisst.

*67. Grund*

## *Weil der Chadar eine extrem abenteuerliche Handelsroute und sogar Schulweg ist*

Zanskar bietet noch eine weitere Besonderheit. Denn auch wenn der Zugang über die Straße und über die eingeschneiten Pässe unmöglich ist, gibt es doch eine traditionelle Verbindung zur Außenwelt, die sogar nur im Winter möglich ist.

Es handelt sich um eine extrem gefährliche Route, die über den gefrorenen Fluss Zanskar im Nordosten der gleichnamigen Region bis nach Ladakh führt. Im Winter nennen die Zanskari den gefrorenen Fluss Chadar. Nur für einige Wochen während des Winters ist das Eis über dem Strom dick genug, um Menschen zu tragen.

Dieses Abenteuer zieht seit einigen Jahren eine Reihe von Wagemutigen aus dem Ausland und den indischen Städten an. Einige Gasthäuser entlang des Zanskar haben sich auf diesen Tourismus eingestellt und auch den Winter über geöffnet.

Die Zanskari selbst haben viel profanere Gründe, um sich auf den gefährlichen Weg zu machen, der sie bis zu 120 Kilometer über das stellenweise sehr brüchige Eis führt. Gerade einmal 12 Euro und weniger verdienen die Träger auf der lebensgefährlichen Route. Für sie ist es die einzige Möglichkeit, während des Winters Waren aus Zanskar heraus- oder in die Region hineinzuschaffen und sich etwas dazuzuverdienen.

Viele Bauern, die sich als Träger von Baumaterialien oder Handelswaren auf dem Chadar verdingen, kommen nur so über die Runden. Hauptsächlich ziehen sie los, um Yakbutter in Leh zu verkaufen und dafür Zucker, Linsen, Salz, Reis, Gewürze und Kleidung zu kaufen. Sie tragen die Waren in Rucksäcken oder ziehen sie, wo es geht, mit Schlitten.

Je nach Startort der kleinen Karawanen braucht die Bewältigung der Strecke vier bis neun Tage. Bei Schneefall bildet sich jedoch Hochwasser, das sich über das Eis drückt. Steigt die Temperatur zu stark, bilden sich gefährliche Risse auf dem Eis, und dann muss gewartet werden, bis der Fluss wieder vollständig zugefroren ist. Alternativ bleibt nur das Ausweichen auf die nicht minder gefährlichen Umgehungen über brüchigen Fels und Steilwände. Diese Umstände können tagelange Verzögerungen bedeuten, für die immer genug Vorräte mitgeführt werden müssen. Im Extremfall kann die Karawane drei Wochen brauchen oder sich der Chadar in eine Todesfalle verwandeln.

Besonders gefährlich sind Dehydrierungen, da das Wasser zu kalt ist, um es ungekocht zu trinken. Auch der direkte Kontakt mit dem –2 Grad kalten Nass ist sehr schmerzhaft, manchmal lässt sich ein Waten durch das Wasser aber nicht vermeiden. Ein Sturz bedeutet fast sicher den Tod. Die meisten Zanskari können nicht schwimmen, und wenn die Kleider einmal nass werden, können sie nicht mehr vollständig getrocknet werden. Dazu reicht das abendliche Lagerfeuer nicht aus.

Nachts wird in Höhlen am Rande der Schlucht übernachtet, und jeder wärmt sich so gut es geht am Feuer. Viele Zanskari haben zugleich Angst vor diesen Plätzen, da sie hier Dämonen vermuten, die

**Oben:** Goa ist für viele Indien-Besucher noch immer der Sehnsuchtsort, den die Hippies in den 60ern für sich entdeckten. Einsame Strände findet man während der Hauptsaison nur mit Mühe. **Unten:** Der kleinste indische Bundesstaat zieht sich malerisch an der Küste des Arabischen Meers entlang und bietet eine Vielzahl schöner Palmenstrände und einladender Strandhütten. Goa hat wegen seines portugiesischen Erbes und der Besucher aus aller Welt einen eigenen Charakter.

**Oben:** Gokarna liegt südlich von Goa und ist ein Pilgerort für den Goll Shiva. Die Unterkünftc sind einfach, der Sonnenstand maßgeblich für das entspannte Strand- und Hängemattenleben. Zugleich zieht Gokarna Freaks und Aussteiger an, denen Goa zu kommerziell geworden ist. **Unten:** Die schroffen Küsten und sanften Strände laden zum längeren Verweilen ein.

Blick von Gokarna nach Süden. Wer auf der Suche nach Einsamkeit ist, wird an der Küste Karnatakas sowie an der Ostküste leicht den richtigen Ort für sich entdecken.

**Oben:** Die Ruinenstadt Vijayanagar, eingebettet in eine bizarre Felslandschaft. **Unten:** Die Tempel liegen auf einem riesigen Areal verstreut und laden zum Entdecken ein. Aufgrund der Größe der Anlagen bietet sich das Leihen eines Fahrrads an.

Die »Stadt des Sieges« war die Hauptstadt des letzten bedeutenden Hindu-Reiches, das zeitweise fast ganz Südindien kontrollierte.

**Oben links:** Ein Gemälde stellt den Gott Hanuman an der Front des ihm geweihten Tempel auf einer Anhöhe in der Nähe von Hampi dar. **Oben rechts:** Hanuman wird von den Gläubigen mit roter Pulverfarbe bestreut. **Unten:** In der letzten Abendsonne leuchten die Steine und Tempelruinen. Die zahlreichen Hügel in der Umgebung bieten weitläufige Panoramen auf den Sonnenuntergang.

**Oben:** Der ungewöhnliche steinerne Tempelwagen mit Elefanten als Zugtieren steht im Tempelbezirk des Vitthala-Tempels zu Ehren Vishnus und war dessen Reittier Garuda geweiht. **Unten:** Hampi gehört zu den Orten, an denen man besonders vielen Sadhus begegnet. (Wie der Hinduismus mit Bruce Lee zusammenhängt, kann Euch dieser Mann erklären!)

Eine Puja unter freiem Himmel in Hampi. Die teilnehmenden Familien erzählten mir, dass sie regelmäßig hierher wandern und drei Tage lang beten, singen und essen.

**Oben:** Die Backwaters im Hinterland der Küste von Kerala sind ein einzigartiges Ökosystem, das von Wasserstraßen, Kanälen, Booten und Landwirtschaft geprägt ist. **Unten:** Die Inselgruppe der Andamanen liegt (wie die Nikobaren) weitab von der indischen Küste in der Andamanensee. Nur ein Teil der Inseln ist für Touristen zugänglich. Einige Stämme von Ureinwohnern lehnen bis heute den Kontakt mit der Zivilisation ab.

Im Tempelbezirk von Madurai werden Tausende Jahre alte Rituale fast unverändert fortgeführt. Das ist in etwa so, als würde das Orakel von Delphi noch immer die Zukunft deuten.

**Oben:** Das Gateway of India liegt ganz im Süden Bombays am Arabischen Meer. Es wurde zwischen 1911 und 1924 zur Erinnerung an den Besuch vom britischen König Georg V. erbaut. Bis zum Ende der britischen Herrschaft kamen hier die Schiffe aus der Heimat an. **Unten:** Der im viktorianischen Stil erbaute Hauptbahnhof von Bombay. Für manche Inder ist die Eisenbahn das einzig gute Relikt aus der britischen Kolonialzeit, die von Ausbeutung geprägt war.

**Oben:** Das Dhobi Ghat ist eine riesige Freiluft-Wäscherei im Herzen Bombays. Die Bürotürme im Hintergrund scheinen in eine andere Welt zu gehören. Kontraste prägen die Stadt. **Unten:** Der Straßenverkehr in den Städten ist atemraubend. Hier die Kreuzung Chandni Chowk in der Nähe des Roten Forts in Old Delhi.

**Oben links:** Ein Dabbawallah beim Umpacken der Essensbehälter. Das System der Essenszustellung von der eigenen Küche ins Büro funktioniert trotz der Herausforderungen des hektischen Bombays einwandfrei. **Oben rechts:** Nächtliche Straßenszene in Delhi. **Unten:** Einer der vielen bunten Straßenläden in Delhi.

**Oben:** Der alle zwölf Jahre in Allahabad stattfindenden Kumbh Mela kommt die größte Bedeutung zu. Bis zu 30 Millionen Menschen versammeln sich hier an einem Tag gleichzeitig. **Unten:** Auch die Kumbh Mela am Ganges in Haridwar ist besonders anziehend für Pilger und Sadhus. Ujjain und Nashik komplettieren die wechselnden Pilgerstätten, an denen die Kumbh Mela im Vierjahresrhythmus stattfindet.

**Oben:** Kerzen, Lampen und Lichter spielen an Divali die Hauptrolle. **Unten:** Eine Opfernische unterhalb eines Hanuman-Tempels. Rechts ist ein Lingam (Phallus-Symbol) auf einer Yoni (eine stilisierte Vulva) dargestellt, dem männlichen und weiblichen Prinzip, welches das Götterpaar Shiva und Parvati und deren gemeinsame Schöpfungskraft repräsentiert.

**Oben links:** Der Goldene Tempel der Sikhs in Amritsar gilt als Symbol für die Koexistenz zwischen den Religionen. **Oben rechts:** Das Taj Mahal in Agra war eine Liebeserklärung des Großmoguls Shah Jahan an seine verstorbene Frau Mumtaz Mahal. Für Rabindranath Tagore war das Taj Mahal eine »Träne auf der Wange der Zeit«. **Unten:** Die Jama Masjid in Old Delhi ist die größte Moschee in Indien. Alle drei Gebäude gehören zu den herausragenden architektonischen Bauwerken, die sich in Indien allerorts entdecken lassen.

über das Schicksal ihrer Reise entscheiden. Daher verbrennen sie regelmäßig Wacholder, um sie zu besänftigen.

Eine besondere Verantwortung lastet auf dem Führer. Er muss entscheiden, ob das Eis auf dem Fluss tragfähig ist, was er oft nur aufgrund des Klangs der Eisschicht abschätzen kann. Er kennt alle Übernachtungsmöglichkeiten und Quellen entlang der Route.

Außerdem ist es dieselbe Strecke, die Schulkinder in Begleitung ihres Vaters oder Onkels auf sich nehmen müssen, um zur Schule nach Leh zu gelangen. Oftmals ist dieser Schulbesuch nur durch Spenden aus dem Ausland möglich. Gerade für die Kinder ist das eine wahnwitzige Strapaze. Im Juni werden sie wieder aus Leh abgeholt und gelangen über Bergrouten zurück nach Zanskar, um während der Anbausaison zu helfen, die in Zanskar gerade mal vier Monate dauert.

Umgekehrt bewältigen die Lehrer der mit Spendengeldern aufgebauten Lamdon High School, an der 300 Kinder und Jugendliche unweit der Hauptstadt Padum unterrichtet werden, die Strecke, um im Frühjahr in Zanskar unterrichten zu können.

Allerdings entstehen einige neue Straßen in der Region. Eine soll direkt am Zanskar entlangführen. Das wäre vor allem im Notfall ein Segen, weil Kranke viel schneller und ohne den kräftezehrenden Weg über den gefrorenen Fluss zu den Krankenhäusern in Ladakh gelangen können.

Allerdings wird sich erst zeigen, ob es gelingt, die Straßen angesichts der extremen klimatischen Bedingungen den ganzen Winter über instand zu halten.

Wie sich diese Verbesserungen der Infrastruktur auf die Kultur der Zanskari auswirken werden, bleibt abzuwarten. Einerseits besteht die Gefahr, dass viele nicht mehr ins isolierte Zanskar zurückwollen, andererseits besteht nur so die Chance, dass Rückkehrer neues Wissen nach Zanskar zurückbringen, um es nach und nach in eine Moderne zu führen, die das Leben dort attraktiver macht, sodass die Jungen freiwillig bleiben oder zurückkehren wollen. Noch ist der Chadar im Winter die einzige Verbindung zum Rest der Welt.

## *Weil das Nubra-Tal ein »Blumengarten« im Hochgebirge ist*

Um von Ladakh ins Nubratal vorzustoßen, gilt es zunächst den mächtigen Khardung La zu überqueren. Es handelt sich um einen auf 5.359 Metern gelegenen Pass, der etwa 30 Kilometer nördlich von Leh liegt. Die Passstraße wird ganzjährig offengehalten – eine riesige Herausforderung angesichts des unwirtlichen Terrains, das auch gut und gerne auf dem Mond liegen könnte. Im Winter zerstören Eis, Gletscher und Geröllmassen durch Erdrutsche die Straße permanent. Auch im Sommer laufen die Arbeiten auf Hochtouren. Ich hatte schon einmal auf dem Khardung La gestanden, damals aber wegen eines Wetterumschwungs kehrtmachen müssen.

Ganz am Anfang dieser Ladakh-Reise hatte ich ein weiteres Mal oben gestanden, um mit dem Fahrrad die wilde Fahrt hinab nach Leh zu unternehmen. Es lohnt sich, die spektakuläre Landschaft aus dieser Warte zu betrachten. Doch diesmal warteten das Nubra-Tal und Turtuk.

Nachdem der Pass überschritten ist, führt die Straße wieder 2.000 Höhenmeter hinab. Bald danach erreicht der Reisende die Flusskreuzung in Khalsar. Links führt der Weg am Shyok entlang zu den beiden größten Siedlungen des Nubra-Tals, dem Verwaltungszentrum Diskit mit seinem spektakulär auf einem Fels gelegenen Kloster und Hunder, einem Straßendorf, das einst die Hauptstadt Nubras war.

Nach rechts führt die Straße nach der Querung des Shyok am Nubra entlang. Hier gelangt man zu den heißen Schwefelquellen bei Panamik und zu einem weiteren Kloster. Viel weiter gelangt der Normalsterbliche nicht. Denn dort liegt militärisches Sperrgebiet, der umkämpfte Siachen-Gletscher, der vom höchsten Berg der Region, dem Saltoro Kangri (7.742 Meter), überragt wird. Ein Vorstoßen zum einst wichtigen Karakorum-Pass ist unmöglich, weil es zur Sperrzone dazugehört. Stattdessen lohnt es sich, Diskit und Hunder zu erkunden.

Nach dem kargen Khardung La präsentiert sich das gewaltige Nubra-Tal (das eigentlich am Shyok liegt) wie ein paradiesischer Garten, eingerahmt von mächtigen Bergen. Der Name soll vom tibetischen Wort *Ldumra* stammen, das »Blumengarten« bedeutet. Nubra liegt etwas tiefer als das Indus-Tal und bietet gute Bedingungen, um Apfel-, Aprikosen- und Maulbeerbäume und üppige Gerstenfelder zu kultivieren. Die beiden Flüsse bieten sich wegen ihrer reißenden Geschwindigkeit nur begrenzt zur Bewässerung an, und so sind die Siedlungen dort entstanden, wo genug Schmelzwasser von den Gletschern zur Verfügung steht.

Wie einige andere Regionen (etwa das Dorf Malana in Himayal Pradesh) leiten manche Bewohner Turtuks ihre Wurzeln im indogriechischen Königreich Alexander des Großen ab. Solche Theorien wirklich zu überprüfen ist kaum möglich.

Zwischen Diskit und Hundar liegen Sanddünen, in deren Nähe Zeltlager für Touristen entstanden sind. Dort leben etwa 50 baktrische Kamele in den Miniatur- Sandwüsten. Das schien mir im ersten Moment ein sehr ungewöhnlicher Anblick vor den gewaltigen Bergformationen. Doch es deutet auf eine glorreiche Vergangenheit hin: Die Kamele sind Überbleibsel der Karawanen, die früher zwischen Zentralasien, China und Indien hin und her zogen. Denn einst waren Turtuk und das Nubra-Tal wichtige Stationen auf einer Teilroute der Seidenstraße zwischen Ladakh und Xinjiang. Doch die Wege, die einst bis nach Samarkand, Yarkand und Kashgar führten, sind seit Langem unpassierbar.

Früher waren es wohl 8.000 bis 10.000 Kamele, die jährlich zwischen Kaschmir, Yarkand und dem Nubra-Tal hin und her zogen. Diese Tradition endete erst in den 30er-Jahren des 20. Jahrhunderts. Noch der schwedische Abenteurer Sven Hedin war auf diesen traditionellen Karawanenwegen unterwegs. Leider besteht kaum Hoffnung, dass die Karawanen irgendwann zurückkommen. Die Grenzen zwischen Indien, China und Pakistan sind im Norden komplett dicht und damit auch der Zugang nach Zentralasien, der Handel wird inzwischen fast vollständig über den Karakorum-Highway zwischen Pakistan und China abgewickelt.

Im Dorf Hunder selbst zeigen lange *Mani*-Mauern mit Darstellungen der buddhistischen Glaubenswelt die Bedeutung des buddhistischen Glaubens in dieser Region. Auf einem Bergrücken stehen der rote und weiße Tempel. Sie sollen vom einflussreichen Mönch Rinchen Sangpo, dem »Großen Übersetzer«*, erbaut worden sein.

Das Nubra-Tal bietet eine interessante Abwechslung zum Indus-Tal, und allein die Hin- und Rückfahrt sind dermaßen spektakulär, dass man sich den Ausflug nicht entgehen lassen sollte.

*69. Grund*

## *Weil Turtuk eines der Enden der Welt markiert*

Das Dorf Turtuk liegt im äußersten Nordwesten von Ladakh. Erst seit 2009 dürfen Touristen mit einem leicht in Leh zu beschaffenden »Special Permit« dorthin reisen, zuvor war ihnen wegen der Grenznähe der Besuch verboten. Trotzdem kommen auch heute nur wenige Besucher, da die Anreise sehr beschwerlich ist.

Vom Nubra-Tal aus verläuft die Straße weiter nordwestlich viele Stunden lang durch das immer enger geschnittene Tal des türkisblauen Shyok (»Fluss des Todes«). Der mächtige Wasserlauf trennt Karakorum und den Himalaya voneinander und verläuft parallel zum Indus im Süden, in den er später auf pakistanischem Gebiet mündet.

Sehr irritierend auf dem Weg dorthin ist die massive Militärpräsenz. Man passiert zahlreiche Militäranlagen, Geschützstände und schwer gesicherte Brücken. Da ich die Gelegenheit hatte, auf dem Dach des einzigen Busses mitzufahren, der Turtuk mit dem Nubra-Tal verbindet, war das eine abenteuerliche Anfahrt, die we-

* *Rinchen Sangpo (958–1055 n. Chr.) war einer der bedeutenden Missionare des Buddhismus, der die Lehren in Kaschmir, Spiti, Ladakh, der Ganges-Ebene sowie im Königreich Guge in Westtibet verbreitete.*

gen der ständigen Präsenz von Militärbaracken und schwerbewaffneten Soldaten stellenweise an einen Thriller erinnerte. Das Militär wirkt inmitten dieser lebensfeindlichen Gebirgslandschaft völlig unwirklich. Doch tatsächlich herrscht inmitten des Hochgebirges ein eiskalter Krieg.

Während der Fahrt erzählte mir ein junger Mann die Geschichte seiner Heimat. Nach der Teilung Indiens wurde Turtuk gemeinsam mit vier kleineren Dörfern in der näheren Umgebung ein Teil Pakistans. Doch während des Kriegs zwischen West- und Ostpakistan (dem heutigen Bangladesch) wurde das Dorf 1971 weit abseits des eigentlichen Kriegsgeschehens in einem Handstreich vom indischen Militär eingenommen. Angeblich soll die Übernahme friedlich vonstattengegangen sein.

Über Nacht gehörte Turtuk also zu Indien. Das war ein großes Dilemma für alle Bewohner, die sich zu dem Zeitpunkt im bis heute weiter pakistanischen Baltistan aufhielten, denn ihnen blieb die Rückkehr in ihre Heimat verwehrt. So wurden ganze Familien entzweit. Bis heute gibt es keine Möglichkeit, die Grenze nach Pakistan an dieser Stelle zu überschreiten. Obwohl die pakistanische Stadt Skardu, in der viele Balti leben, näher als Leh liegt, ist die Reise nur mit einem Pakistan-Visum und über einen gigantischen Umweg von fast 2.500 Kilometern möglich. Umgekehrt haben auch die Balti in Pakistan keine Möglichkeit, ihre Verwandten und Freunde in Indien zu besuchen. Lediglich in der indischen Stadt Kargil und in Padum gibt es eine nennenswerte Balti-Minderheit. Die extreme Isolation Turtuks und der fehlende Austausch mit anderen Balti stellen das Weiterbestehen ihrer traditionellen Kultur infrage.

Bereits im ersten kleinen Balti-Dorf wird klar, wie weit man sich von Ladakh entfernt hat. Fasziniert blickte ich in die ungewohnt hellhäutigen Gesichter. Die Balti gehören der Nubakshia-Strömung des Islam an. Ursprünglich handelte es sich um einen Sufi-Orden, der sunnitische und schiitische Elemente vereint. Man vermutet, dass die Balti im 15. Jahrhundert aus Persien eingewandert sind.

Die zuvor ansässigen Bewohner des Tals praktizierten wahrscheinlich bis ins 8. Jahrhundert den Bön, jene schamanisch geprägte Religion, die sich um den Berg Kailash im Königreich Shangshung etabliert hatte, bevor sich der Buddhismus in Westtibet durchsetzen konnte. Die pakistanische Provinz Baltistan-Gilgit, zu der Turtuk geografisch gehört, stand genau wie Ladakh und Spiti lange unter dem Einfluss Tibets. Das zeigt sich auch in dem westtibetischen Dialekt, den die Balti sprechen. Doch auch das mit dem Arabischen verwandte Urdu und Ladakhi sind verbreitet.

Die Fahrt von Leh dauert mindestens fünf bis sechs Stunden mit einem Jeep. Mit Taxi und Bus dauert es erheblich länger. Doch schließlich erreicht der Reisende Turtuk, das eigentlich aus den beiden Dörfern Youl und Pharol besteht, die von einem kleinen Fluss getrennt werden, über den eine Brücke führt. In Turtuk leben über 3.000 Menschen. Manche Gassen führen direkt mitten durch Wohnhäuser hindurch. Sie konnten hermetisch abgeriegelt werden, um sich vor Angreifern zu verschanzen. Der Stolz des Dorfes sind sein Kunsthandwerk, die eigene Kultur und die Moschee mit ihrem Holzminarett. Seit Neuestem wird auch Solarenergie genutzt.

Eingekesselt zwischen den Gebirgsketten von Ladakh und Karakorum befinden sich Gerste- und Weizenfelder, Gemüsegärten mit Blumenkohl, Tomaten, Spinat, Weißkohl, Karotten sowie Walnuss-, Aprikosen- und Maulbeerbäume. Besonders die Aprikosen sind ausgesprochen delikat. Die Felder werden durch Kanäle bewässert, die das Gletscherwasser der Berge durch die labyrinthartig verlaufenden Gassen führen. Zwei Ernten im Jahr sind möglich. Allerdings haben die Militäranlagen den ohnehin schon engen Raum für die Landwirtschaft weiter verkleinert.

Es gibt viele Kinder im Dorf, und auch die Zahl der alten Menschen ist außergewöhnlich hoch. Die Bewohner des Dorfes scheinen ein sehr gesundes Leben zu führen. Grundlage für die Küche der Balti ist der Buchweizen.

Turtuk ist eine blühende Oase, und die Idylle ist umso erstaunlicher, wenn man sich die Lage vergegenwärtigt. Das Dorf liegt im Würgegriff von Bergen, der Shyok ist ein reißender Strom, und die Militärpräsenz schränkt die Bewegungsfähigkeit stark ein. Im Winter sind die Lebensbedingungen extrem hart.

Auch wenn es angesichts der Abgeschiedenheit absurd erscheint, ist die Region nach wie vor von geostrategischer Bedeutung. Die kleine Flussoase ist nach wie vor Schauplatz der Auseinandersetzung zwischen Indien und Pakistan. Zwei Straßen führen unmittelbar zu scharf bewachten Grenzposten, die verhindern, dass man zur »Line of control« gelangt. Es handelt sich um eine zwischen Indien und Pakistan heftig umstrittene UN-Waffenstillstandslinie, die bereits nach dem Ende des ersten Kriegs um Kaschmir eingerichtet wurde. Beide Länder beanspruchen die gesamte Kaschmir-Region für sich. Erst 1999 kam es zu tödlichen Gefechten mit Pakistan im Rahmen des Kargil-Konflikts. Auch am nordöstlich gelegenen Siachen-Gletscher stehen sich seit Jahrzehnten Pakistan und Indien mit schwerem Kriegsgerät auf 6.400 Metern Höhe gegenüber und schießen regelmäßig mit Artilleriegeschützen aufeinander. Etwa 4.000 Soldaten sollen dort bereits ums Leben gekommen sein, die meisten durch die Folgen von Eiseskälte, Lawinenabgängen und der Höhenkrankheit. Ein irrwitziges Schlachtfeld um eine karge Hochgebirgswüste am Oberlauf des Nubra.

Ich wäre gerne weiter zum relativ nahen K2 und dem Nanga Parbat gereist, doch die Grenzen sind unpassierbar, und eine Veränderung der Situation zeichnet sich nicht ab. Das einzig sichtbare Zeichen von pakistanischem Boden war eine Felsnadel, die zum Massiv des K2 gehört.

Die geschlossene Grenze und die geografischen Gegebenheiten machen Turtuk zu einem isolierten Paradies und einem der Enden der Welt.

*70. Grund*

## Weil Spiti Buddhas Bergwüste ist

Spiti wird auch »Buddhas Bergwüste« genannt. Das liegt daran, dass Spiti in seiner Geschichte im Himalaya den höchsten Anteil von Mönchen an der Gesamtbevölkerung besaß. Jeder achte Bewohner der Region war in der Blütezeit des mönchischen Lebens ein buddhistischer Mönch. Bis heute ist der Buddhismus in der Region sehr lebendig. Das Zölibat war aber auch wichtig, um die Bevölkerung gleichbleibend zu halten, um das fragile Ökosystem Spitis nicht zu zerstören.

Von dieser Tradition zeugt eine Reihe von imposanten Klöstern. Die bekanntesten sind das Kloster Kye, das auf einem prominenten Felsen erbaut wurde, und das abgelegen und einsam auf 3.890 Metern gelegene im Dorf Dhankar, das wie ein Adlerhorst hoch über dem Spiti-Tal schwebt. Für lange Zeit war das festungsartig angelegte Dorf Dhankar die Hauptstadt Spitis. Schließlich lockt in Tabo eines der ältesten Klöster im gesamten Westhimalaya, das über 1000 Jahre alt ist. Lange galt das Kloster in Tabo auch als möglicher Alterssitz des Dalai-Lama. Insgesamt gibt es in Spiti etwa 30 Tempel und Klöster.

Regelmäßig kommt »Seine Heiligkeit« zu Besuchen nach Spiti. Für die Gläubigen sind die Besuche des Dalai-Lamas hohe Festtage, und die Pilger kommen in Scharen. Ganz Spiti scheint auf den Beinen zu sein, und keine noch so lange Anreise ist zu weit. Die »Teachings« des Dalai-Lamas bieten eine willkommene Abwechslung in der Monotonie, die das Leben in Spiti sonst häufig prägt.

Der Name Spiti kommt aus dem Tibetischen und bedeutet »Mittelland«. Er deutet auf die Lage zwischen Tibet und Indien hin, die abgesehen von Phasen der Autonomie jeweils großen Einfluss auf den kleinen Nachbarn ausübten.

Seit der Schließung Tibets in den 1950er-Jahren ist der kulturell wichtige Austausch mit dem im Osten gelegenen Hochland von Tibet zum Erliegen gekommen, und der Einfluss Indiens hat sich ausgeweitet. Durch die vielen Flüchtlinge aus Tibet, die sich auch in Spiti niedergelassen haben, gab es jedoch wieder neue religiöse Impulse.

Im Gegensatz zu Ladakh, Nubra oder Zanskar liegt Spiti deutlich näher an den überwiegend hinduistisch geprägten Tälern, dem Kullu-Tal im Süden und der Region Kinnaur im Südosten, die nur in den Hochlagen buddhistisch geprägt ist. Zugleich sind beide Zufahrtsstraßen sehr spektakulär und verhindern für einen Großteil des Jahres den Zugang nach Spiti.

Vom Kullu-Tal aus muss zunächst der Rohtang-Pass überwunden werden. Unmittelbar nach der Abfahrt vom Pass zweigt die Straße östlich der Hauptroute nach Ladakh ab und führt später über den Kunzum La auf über 4.550 Metern nach Spiti hinein.

Zu diesen geografischen Herausforderungen kam hinzu, dass Spiti bis 1992 für Ausländer komplett gesperrt war. So konnte sich im Spiti-Tal die traditionelle Kultur noch länger ungestört von äußeren Einflüssen entwickeln. Die rein geografisch noch abgelegeneren Regionen von Ladakh und Zanskar sind immerhin seit den 1970ern zugänglich, was vor allem in Ladakh zu einer gut ausgebauten Tourismus-Infrastruktur geführt hat, die schnelle Veränderungen im empfindlichen Mikroklima bewirkt. Die ersten hochgelegenen Täler sind wegen der schrumpfenden Gletscher unbewohnbar geworden, weil die kargen Felder nicht mehr ausreichend bewässert werden können. Regionen im Hochgebirge des Himalaya wie Ladakh und Spiti leiden besonders stark unter dem Klimawandel.

In Spiti leben etwa 10.000 Menschen, was gerade einmal knapp anderthalb Menschen auf einem Quadratkilometer entspricht. Hauptort Spitis ist das Verwaltungszentrum Kaza. An dieser Stelle ist das Flusstal am breitesten und bietet entsprechend Raum für die Menschen und den Anbau, der sonst häufig nur auf einem ganz schmalen Streifen am Rande des Spiti möglich ist. Bei gerade mal 177 Millimeter Regen pro Quadratmeter im Jahr ist ohne Bewässerungskanäle von Gletscher- und Flusswasser kein Überleben möglich. Von Kaza aus gelangt man mit Bussen in jeden auf Straßen zugänglichen Ort in Spiti. Zudem hat sich hier eine Reihe von Läden angesiedelt, in denen das Nötigste verkauft wird. Zudem gibt es einige Gasthäuser und seit einiger Zeit auch einen modernen Elektronikladen, der gerade von jungen Leuten stark frequentiert wird und anzeigt, dass auch in Spiti die Zeit keineswegs stehen geblieben ist. Abgesehen davon ist Kaza ein unspektakulärer Ort, was aber in Spiti ohnehin keine Rolle spielt, da der eigentliche Reiz die Landschaft der Region ist und die nächste Sensation selten mehr als einen Steinwurf entfernt liegt.

Die Landschaft Spitis ist vom Verlauf des gleichnamigen Flusses, vom Eis im Winter und von heftigen Stürmen geprägt, die durch das Tal fegen. Die Erosion, die Winde und der Fluss haben die spektakulären Formationen an den Rändern des Tals geformt, die wie Zinnen einer Burg aussehen und deren abstrakte Formen die Fantasie anregen. Die enormen Höhenunterschiede zwischen 2.500 und 5.500 Metern, in denen die Täler liegen, haben eine dramatische Landschaft geprägt. Im Winter wird es extrem kalt und lebensfeindlich, im Sommer wird es in der Bergsonne sehr heiß. Diese extremen Schwankungen lassen sich auch in den wettergegerbten Gesichtern der Menschen, die Spiti bevölkern, ablesen.

Im Laufe von Jahrtausenden hat sich der Fluss Spiti tief zwischen gewaltigen Bergflanken sein Bett gegraben. Sein Wasser ist die Lebensader der Region, ohne ihn wäre der Anbau von Getreide und Gemüse unmöglich. Hauptsächlich werden Buchweizen, Gerste und Erbsen angebaut. Aus gerösteter Gerste hergestellte *Tsampa* ist Grundnahrungsmittel der dortigen Bevölkerung. Auch der gewöhnungsbedürftige »Buttertee«, ein Schwarz- oder Grüntee, der mit Salz, Milch und eben Butter veredelt wird, erfreut sich großer Beliebtheit. Die Fettsäuren und Mineralien sind ideal für das trockene und auszehrende Klima. Auch das warme Bier *Chang* bietet sich als Erwärmung im Winter bestens an. Sechs Monate im Jahr ist es so kalt, dass die Menschen auf ihre Behausungen beschränkt sind. Einzig Klosterfeste und Hochzeiten bieten dann gelegentliche Abwechslung.

Entlang des Flusses führt auch die Schlagader des bescheidenen Verkehrs, der sich durch das Tal bewegt. Die Straße führt in südöstlicher Richtung und wird nach Verlassen des eigentlichen Spiti-Tals kurz nach Tabo noch imposanter. Eine wilde Fahrt führt über eine der unfallträchtigsten Routen des Himalaya durch das immer enger werdende Tal. Wie in Turtuk braucht man als Ausländer bis heute ein »Special Permit«, um hier unterwegs sein zu dürfen. Das liegt hauptsächlich daran, dass die Straße bei Nako, das bereits in Kinnaur liegt, bis zwei Kilometer an die Grenze zu Tibet heranführt. Es ist keineswegs selbstverständlich, dass man am selben Tag tatsächlich Reckong Peo, die Provinzhauptstadt der Region Kinnaur, erreicht. Schuld daran ist, dass lange Abschnitte der Straße von einer instabilen Moräne geprägt sind, die ständig Erdrutsche verursacht. Als ich auf der Straße unterwegs war, mussten wir den Bus verlassen und an einem heftigen Steinschlag vorbeirennen. Auch sonst ist die Straße nichts für Menschen mit Höhenangst. Die Leitplanken fehlen häufig, Felsüberhänge zwingen die Busse bis an den äußersten Rand des jähen Abgrunds. Der Blick Hunderte Meter hinab auf den Spiti ist beängstigend. Jeder Unfall würde den sicheren Tod bedeuten.

Doch egal wie beschwerlich und gefährlich die Anreise auch sein mag, es ist ein Blick in eine andere Welt, der sich tief in das Gedächtnis einbrennt. Die Lebensfreude, die die Menschen trotz dieser Kargheit ausstrahlen, hat mich tief beeindruckt.

*71. Grund*

## *Weil Kibber hoch über dem Spiti-Tal thront*

Besonders eindrucksvoll war für mich der Besuch des Dorfes Kibber, das in einem Seitental des mächtigen Spiti-Canyons auf knapp 4.200 Metern liegt. Kibber befindet sich nordwestlich von Kaza, für die gut 20 Kilometer Fahrt braucht der Bus über eine Stunde. Unterwegs passiert man das Kloster Kye, das auf einem Felsen thront. Es ist der Sitz des Lochen Trülku, der als Reinkarnation von Rinchen Sangpo gilt.

Kibber ist einer der isoliertesten Orte, die ich je besucht habe. Es erhebt den Anspruch, weltweit die höchstgelegene Siedlung mit Straßenanschluss, Postamt und Elektrizität zu sein (das tun einige andere Dörfer im Himalaya jedoch auch).

Hoch über dem ohnehin schon unwirtlichen Spiti-Tal liegt Kibber in einer extrem kargen Landschaft, die völlig abgeschieden von der Welt scheint. Immer wenn ich den romantischen Blick des Entdeckers ablegte, fiel es mir jedoch schwer, mir hier oben ein Leben vorzustellen. Doch trotz der widrigen Lebensbedingungen betreiben die Menschen Ackerbau auf winzigen Parzellen, auf denen hauptsächlich Gerste angebaut wird. In der Viehzucht sind vor allem die extrem widerstandsfähigen Yaks anzutreffen.

Die Bewässerung der kleinen Felder findet, wie in vielen Dörfern vor Ort üblich, über Kanäle statt, die das Wasser aus den Bergquellen ins Dorf leiten. Inzwischen verlieren die Kanäle an Bedeutung, immer häufiger werden Wasserschläuche eingesetzt. Die meisten Häuser in Kibber sind aus Stein und Stampflehm in tibetischer Bauweise errichtet.

Als ich nach Kibber vorstieß, war es bereits Mitte Oktober und der Weiler bis auf zwei Gasthäuser fast ausgestorben. Ein kleiner Laden hatte sporadisch geöffnet und hielt ein minimales Warenangebot bereit, ansonsten war die Saison beendet. Es war häufig neblig und nachts eiskalt in meinem ungeheizten Gästezimmer. Abends ließ es sich am Küchenfeuer hingegen gut aushalten. Meine Gastfamilie sollte noch bis Ende November bleiben, bevor sie – wie nahezu alle Bewohner von Kibber – in tieferen Gefilden überwintern würde. Da sich in dieser Höhe kaum Bäume finden, ist Feuerholz ein rares Gut. Noch ließ es sich bei Sonnenschein tagsüber im Freien gut aushalten.

In näherer Umgebung liegen noch die Dörfer Comic, Gete und Tashigang. Jenseits von Comic geht die Landschaft langsam in die noch kargere Region Rupshu über. Eine beschwerliche Wanderung führt von hier aus über zahlreiche hohe Pässe nach Norden durch unbesiedeltes Gebiet bis zum Hochgebirgssee Tso Moriri. Früher verlief eine wichtige Salzroute weiter bis zum Markt in Ladakhs Hauptstadt Leh und darüber hinaus bis nach Tibet. Die Route hätte mich sehr gereizt, ist aber ohne Führer kaum zu bewältigen, und im Oktober war es dafür entschieden zu spät.

Eine schöne Wanderung führte mich auf den nahe gelegenen Gipfel des Dangmachan auf knapp 5.000 Metern und bescherte mir Ausblicke auf die Route gen Norden. Vielleicht ergibt sich eines Tages die Möglichkeit, weiter in diese geheimnisvolle Region vorstoßen zu können.

*72. Grund*

## *Weil der Pangong-See magisch blau leuchtet*

Der Hochgebirgssee Pangong Tso gehört inzwischen zu den beliebtesten Zielen, die man von Ladakhs Hauptstadt Leh aus erreichen kann. Das gilt im selben Maße für die noch höher gelegenen Seen Tso Kar und Tso Moriri, die südlich davon liegen. Wie die meisten Touren, die der Reisende in Ladakh unternehmen kann, ist allein die Anfahrt extrem spektakulär. Beim bekannten Kloster Thiksey verlässt man die Hauptverkehrsstraße im Indus-Tal und befindet sich bald darauf auf einer abenteuerlichen Straße, deren Serpentinen sich in die Höhe schrauben. Der Ausblick über das grüne Seitental, das bald weit unter einem liegt inmitten der Bergriesen, ist atemberaubend. Auch nach drei Monaten in Ladakh bin ich nie müde geworden, mich an diesen spektakulären Landschaften und der Anpassungsfähigkeit der Menschen an diese extremen Lebensbedingungen zu berauschen.

Schließlich erreicht die Straße den Hochgebirgspass Chang La auf 5.360 Metern. Nach dessen Überquerung erreicht man die ersten Ausläufer der Changthang-Hochebene, die sich von hier aus bis weit hinein nach Tibet erstreckt. Die Fahrt führt entlang eines Flusses, der zwischendurch auch gequert werden muss. Sehr auffällig ist der große Bestand an Yaks, Eseln und Pferden, die in dieser grünen Oase gemächlich grasen.

Nach etlichen Stunden Fahrt rückt das eigentliche Ziel in den Blick – der Pangong-See. In einem Land, in dem Braun- und Grautöne regieren, sind die Farbtöne aus allen Registern der Blaupalette ein Geschenk fürs Auge. In der klaren Hochgebirgsluft leuchten die Farben besonders intensiv. Es ist ein geradezu unwirklicher Anblick – wüsste man es nicht besser, hielte man den See für eine Fata Morgana. Gerade für die Führer der traditionellen Karawanen muss sein Anblick wie ein Brunnen in der Wüste gewesen sein.

Der Pangong Tso ist ein Salzwassersee, der sich auf einer Höhe von knapp 4.250 Metern befindet. Er erstreckt sich über 134 Kilometer Länge und ist an seiner breitesten Stelle nur 5 Kilometer breit.

Etwa 60 Prozent seiner Fläche befinden sich in China. Trotz seines hohen Salzgehalts friert er im Winter zu.

In seinen Wassern können keine Fische leben, dafür eine große Zahl Krebse. An seinen Ufern leben Kyang (wilde Esel), Pferde, Yaks und absurd große Murmeltiere. Auch für Enten und Gänse ist diese Umgebung ein Paradies und ein willkommener Rastplatz auf ihren Flugrouten im Himalaya.

Weniger paradiesisch sind die unendlichen Streitigkeiten zwischen Indien und China, die einem ungewollt immer wieder auf die eine oder andere Weise begegnen. So erinnert auf dem Weg zum See ein Denkmal an die gefallenen indischen Soldaten während des Indisch-Chinesischen Kriegs im Jahr 1962, den die Chinesen haushoch für sich entscheiden konnten.

Es war eine Wohltat, am Ufer des Sees zu sitzen und auf die unberührten Berge jenseits davon zu blicken. Bei meinem Besuch wurde ich auch Zeuge eines kleineren Unwetters, das über Nacht Schnee auf den umliegenden Bergen brachte. Ich ließ mich von einem Spaziergang im Sturm nicht abbringen und genoss den Blick auf die spektakulären Wolken, die den folgenden Wetterumschwung ankündigten. Der Salzgeruch, die Weite des Sees, die aufkommenden Wellen und kleinere Sandstrände erinnerten mich stärker ans Meer als an einen See. Und tatsächlich war der Pangong wohl einst Teil des urzeitlichen Tethys-Meers, das von Europa bis Asien reichte und auch Teile des Himalaya bedeckte. Das Urmeer verschwand, als die Indische und Afrikanische Platte mit der Eurasischen kollidierten. Der Pangong-See gilt als eines seiner Überbleibsel.

*73. Grund*

## *Weil unzählige weitere Wanderungen in den Himalaya locken*

Es gibt unzählige Wanderungen in der Bergwelt des Himalaya. Jede Art von Tour ist möglich. Von leichten eintägigen Tageswanderungen, die auch mit Kindern möglich sind, über anspruchsvolle Touren mit einheimischen Begleitern bis zu waghalsigen Soloexpeditionen durch die Wildnis.

Wer in das Hochgebirge vordringen will, der muss sich auf jeden Fall erst mal vernünftig akklimatisieren. Dafür eignen sich besonders die Orte in der Nähe des südlichen Rands der Gebirgskette, etwa die Umgebung von Dharamsala oder das Kullu-Tal. Diese Anpassung ist extrem wichtig, wenn man plant, in höhere Regionen ab 3.000 Metern vorzudringen, weil die Höhenkrankheit plötzlich auftreten kann. Wer zu schnell zu hoch aufsteigt, begibt sich in große Gefahr.

Viel besser ist auf niedrigeren Höhen zu starten und sich langsam nach oben zu arbeiten. Besonders gut für die Höhenanpassung ist es, tagsüber regelmäßig aufzusteigen und nachts in tieferen Höhen zu schlafen. Wie schnell man sich akklimatisiert, ist sehr individuell. Für den Notfall gibt es auch Akutmedikation wie Diamox, die die Akklimatisierung aber keineswegs ersetzt, sondern die Bildung von roten Blutkörperchen beschleunigt, die die Atmung in dünner Höhenluft erleichtern. Selbst wer gut akklimatisiert ist, muss sich Zeit lassen, wenn er in den Hochebenen und -tälern von Ladakh, Zanskar oder Spiti ankommt, in dem nur wenige Orte auf unter 3.500 Höhenmetern liegen. Bei der Ankunft sollte man sich immer wieder neu auf die Höhe einstellen, egal wie sehr die Berge locken. Wer beispielsweise in Ladakhs Hauptstadt Leh ankommt und zum ersten Mal zur Shanti Stupa hinaufsteigt, fühlt sich uralt und völlig außer Atem. Nach erfolgter Akklimatisierung, die durchaus eine Woche dauern kann, ist der Aufstieg noch immer anstrengend, doch kein Vergleich mehr mit der altersschwachen Dampflok, die zuvor den Berg hochgekrochen ist.

Was den Charakter von mehrtägigen Wanderungen angeht, so gibt es erhebliche Unterschiede. Auf manchen Touren gibt es eine gute Infrastruktur, die ein Übernachten in Homestays oder Gasthäusern mitsamt Verpflegung ermöglicht. Gerade die Homestays bieten immer wieder einen guten Einblick in den Alltag und fördern zudem die regionale Entwicklung und stoppen die Abwanderung in die Städte.

Auf anderen Touren ist man weitgehend auf sich selbst gestellt und ist häufig auf einen ortskundigen Führer angewiesen, der im Einzelfall auch Gepäck trägt. Der große Vorteil ist, dass ein guter Führer in englischer Sprache auf die kulturellen Besonderheiten der Region eingehen und auf besondere Orte hinweisen kann. Auch Trekking-Unternehmen bieten Touren an und sind besonders für Wanderer geeignet, die mit Gleichgesinnten unterwegs sein und auf Komfort nicht verzichten wollen oder schlicht nicht in der Lage sind, einen schweren Rucksack zu schultern. Häufig werden Pferde oder Esel eingesetzt, die Verpflegung, Zelte und Gepäck der Teilnehmer tragen.

Richtig abenteuerlich wird es für jeden, der sich allein auf den Weg macht. Gerade auf längeren Strecken, die nur wenig oder keine Infrastruktur bieten, muss der Wanderer einen schweren Rucksack mit sich schleppen und gewillt sein, sich unterwegs selbst zu versorgen. Allerdings sollte man sich das gut überlegen, gerade auf selten begangenen Pfaden. Die Orientierung im Hochgebirge ist sehr schwierig.

Da ich persönlich diese einsamen Erkundungen bevorzuge, kann ich auch berichten, wie leicht man sich im unübersichtlichen Gebirge verlaufen kann, wie tückisch die Wetterumschwünge und Flussüberquerungen sein können. Gerade auf selten begangenen Wegen ist eine schwere Verletzung lebensgefährlich. Man sollte sich niemals überschätzen oder gar versuchen, die Natur zu »bezwingen«. Erst der notwendige Respekt macht eine Wanderung zu einem runden Erlebnis.

Eine Wanderung im Himalaya gehört in jedem Fall zu den schönsten Erfahrungen, die man in Indien machen kann, und für jeden gibt es eine Route mit dem richtigen Schwierigkeitsgrad. Immerhin erstreckt sich der Himalaya auf der ganzen Breite Nordindiens und Nepals, das von Indien aus ebenfalls leicht zu bereisen ist.

Ausrüstungsgegenstände finden sich in allen größeren Städten oder Tourismuszentren. Lediglich Gaskartuschen sind in abgelegenen Regionen (etwa Zanskar) kaum zu bekommen. Alternativ sind Benzinkocher leicht zu beschaffen.

Wer einmal in den Bergen des Himalaya unterwegs war, dem brennt sich deren Anblick tief ins Herz, und der wird wiederkommen wollen.

*8. Kapitel*

# *Kulinarisches*

## *Weil mit den Händen gegessen wird*

Traditionell wird in Indien mit den Händen gegessen. Besser gesagt mit der rechten Hand, denn die linke ist wie in vielen anderen asiatischen Ländern der Intimhygiene vorbehalten. Ausländern werden Fehler in der Regel verziehen, aber besonders aufpassen sollte man bei der Begrüßung. Aus den genannten Gründen ist es verständlich, dass viele Inder sich ekeln, wenn man sie mit der linken Hand berührt.

Wer mit den Händen isst, für den sollte es selbstverständlich sein, sowohl vor als auch nach dem Essen die Hände zu waschen. In jedem Restaurant findet sich ein prominentes Waschbecken, häufig wird auch eine Blechkanne mit Schüssel gereicht, sodass man diese Waschung direkt am Tisch vornehmen kann.

Wie vieles im modernen Indien ist auch diese Tradition im Wandel begriffen. Besteck setzt sich immer stärker durch. Mit den Händen zu essen gilt vielen modernen Indern als Zeichen der Rückständigkeit. Wer in einem modernen Restaurant darauf besteht, mit den Händen zu essen, kann sich auf irritierte Blicke einstellen. Nach dem Motto: »Warum verhält sich der Ausländer wie ein armer Inder vom Land und ignoriert seine eigene Essenskultur?«

In den *Dhabas*, den kleinen lokalen Restaurants, ist es aber noch sehr verbreitet, mit den Händen zu essen, und viele indische Gerichte eignen sich auch gut dazu. Das liegt vor allem daran, dass sie mit verschiedenen Arten von indischem Fladenbrot gegessen werden, etwa *Chapati*, *Roti* und *Naan*, die ausgezeichnet zum Tunken in Sauce oder zum Fassen von Gemüse oder Fleisch geeignet sind.

Bei Reisgerichten ohne Brot (etwa Dal Bhat) sieht die Sache schon etwas anders aus. Mit den Fingern der rechten Hand wird ein Bissen geformt, wie mit einer Schaufel zum Mund geführt, und mit dem Daumen wird der Bissen in den Mund geschoben. Eine Technik, die gar nicht so leicht zu beherrschen ist. Das führt dazu, dass man sich gerade als Anfänger gerne ausgiebig bekleckert. Andererseits erntet man im richtigen Rahmen durchaus Respekt allein für den Versuch, sich anzupassen.

Essstäbchen, wie sie in Ostasien verbreitet sind, sind hingegen ausgesprochen selten. Allenfalls zu dem chinesischen Gericht *Chow Mein*, das in Indien sehr verbreitet ist, kann es passen, wird jedoch eher selten angeboten. Der größte Einfluss der chinesischen Küche findet sich in Kalkutta, dort gibt es unzählige Restaurants.

Mir persönlich hat es besonders gut gefallen, mit den Händen zu essen. Ich habe es als olfaktorisches Erlebnis empfunden. Man spürt viel besser die Temperatur und Konsistenz des Essens und merkt, dass die Haut tatsächlich das größte Sinnesorgan unseres Körpers ist.

***75. Grund***

## *Weil Masala Chai der Treibstoff des Landes ist*

Ich hatte bereits am Anfang des Buches beschrieben, warum ich zunächst ein schwieriges Verhältnis zu Indien hatte. Das erste Mal jedoch, dass Indien auf angenehme Art Besitz von mir ergriff, war, als ich mein erstes Glas *Masala Chai* trank und sofort der Sucht verfiel. Bis heute reicht sein Geruch, um mein Herz höherschlagen zu lassen. Wann immer ich Indien verlasse, habe ich die entsprechenden Gewürze im Gepäck, um mir ein Stück des Landes mitzunehmen.

Es waren die Briten, die begannen, Schwarztee im großen Stil in Indien anzubauen, weil sie ihre Abhängigkeit vom chinesischen Schwarztee beenden wollten. Zuvor wurde dieser Tee eher als Medizin im Ayurveda verwendet. Aus der dezenten englischen Teezubereitung mit ein wenig Milch und Zucker wurde bald ein indisches Produkt, in dem Milch, Honig und Gewürze die Hauptrolle spielen.

Die Zubereitung geschieht folgendermaßen: Wasser, (Büffel-) Milch, Gewürze und Zucker oder Honig werden kurz aufgekocht und danach bei geringer Hitze eine Minute geköchelt. Erst dann wird starker Schwarztee (der *Chai*, meist ein Assam) dazugegeben. Das Ganze wird mehrfach aufgekocht, was durchaus 20 Minuten in Anspruch nehmen kann. Hat der Tee die gewünschte Stärke erreicht, wird der Inhalt mehrfach aufgegossen, bis sich eine Creme gebildet hat.

Mit dem Genuss werden sofort die Lebensgeister geweckt. Diese Wirkung ist nicht nur dem Schwarztee und dem Zucker zuzuschreiben, sondern auch der verwendeten Gewürzmischung (*Masala*). Meist besteht sie aus grünem Kardamom, Zimt, Ingwer, Nelken, Sternanis und Fenchelsamen, kann aber auch indische Lorbeerblätter, Muskat oder Pfefferkörner enthalten. Laut der Ayurveda-Lehre regen diese Gewürze die Lebensenergie und das Verdauungsfeuer *Agni* an.

Zu dieser Zubereitungsart gibt es unzählige Varianten, jeder Teeverkäufer und jeder Haushalt schwört auf sein eigenes Rezept mit eigener Gewürzmischung.

In Indien nimmt der Masala Chai die Stellung ein, die bei uns der Kaffee innehat. Guter Kaffee hingegen ist abseits der Großstädte mit ihren alten Kaffeehäusern aus der Kolonialzeit nur schwer zu bekommen. Meist besteht er nur aus Fertigpulver – ein Affront für jeden Kaffeeliebhaber. Doch dafür gibt es nahezu überall den Tee mit der goldenen Farbe. Auch beim Betreten eines Geschäfts ist es üblich, dass ein Angestellter schnell zum *Chai-Wallah* (Teeverkäufer) rennt, um dem Gast einen Tee zu reichen.

Die Straßenverkäufer bieten ein kleines Gläschen für weniger als umgerechnet 10 Cent an. Mit Gas oder auf offenem Feuer und in riesigen Metallbehältern wird das begehrte Nass von morgens bis abends gekocht. Für viele Inder beginnt der Tag mit einem Masala Chai, und im Laufe des Tages kommen einige Gläschen hinzu. Das Getränk ist Treibstoff des Landes und für jeden erschwinglich.

Es gibt viel Konkurrenz an öffentlichen Plätzen, und so muss der Teeverkäufer mit monotonem »Chai, Chai, Chai« den ganzen Tag sein Produkt anpreisen. Auch in den Zügen sind die Verkäufer omnipräsent.

Inzwischen ist Masala Chai weltweit beliebt geworden, der »Chai Latte« besteht aber aus nicht viel mehr als Fertigpulver und Sirup. Ohne Zubereitung mit frischen Gewürzen schmeckt der Tee nicht ansatzweise wie das zu Recht beliebte Original.

*76. Grund*

## *Weil Thali verschiedene Gerichte vereint*

Das in ganz Indien verbreitete *Thali* bietet eine gute Gelegenheit, verschiedene Speisen in einer Mahlzeit zu probieren, zumal das Gericht regional stark variiert. Der Begriff »Thali« bezeichnet auch das Metalltablett, auf dem dieses Essen meist serviert wird. Im Süden kommen stattdessen auch häufig Bananenblätter als Unterlage vor, und die Gerichte werden direkt darauf angerichtet.

Bleiben wir jedoch bei der Variante aus Metall. Auf dem runden Tablett werden kleine Metallschüsseln im Kreis gruppiert, die verschiedene Speisen enthalten. Gedippt werden sie in Nordindien hauptsächlich mit verschiedenen Fladenbroten wie *Naan*, *Chapati*, *Papad(am)* und *Puri*. Im Norden ist es auch verbreitet, dass Fleisch angeboten wird, im Süden Indiens wird das Thali hingegen überwiegend rein vegetarisch angeboten. Dort ist als Beilage auch Reis stärker verbreitet, und Kokosmilch wird häufig für die Zubereitung einzelner Gerichte verwendet.

Das Thali bietet alle sechs Geschmacksrichtungen, die die »Heilküche« des Ayurveda unterscheidet: von salzig und sauer über süß und bitter bis hin zu herb und scharf. Vor allem im Süden sind pikante Schälchen mit *Chutney* und *Pickle* üblich. Diese völlig unterschiedlichen Geschmackssensationen sollen einer gesunden und ausgewogenen Ernährung dienen und sind im Übrigen eine wahre Entdeckungsreise für den Gaumen. Auch für das Auge sind die verschiedenen Farben der Gerichte ein Blickfang – nicht umsonst gibt es den Begriff »Augenschmaus«.

Fast immer Teil des Thali ist eine Schüssel mit Linsen (*Dal*), ein entscheidender Eiweißlieferant für Vegetarier, und Joghurt (*Curd*), der meist aus Büffelmilch hergestellt wird. Gerade bei Letzterem sollte der Reisende, dessen Magen sich noch nicht an die indischen Bakterien gewöhnt hat, etwas vorsichtig sein und im Zweifelsfall lieber darauf verzichten. Überhaupt sind die sehr ungewohnten und vielfältigen Geschmacksrichtungen eine Herausforderung für den Neuankömmling. Andererseits kann man Thali überall essen, und dabei macht man immer wieder neue Entdeckungen von Gerichten, die man noch nicht kannte. Im Übrigen war die Einteilung in Vorspeise, Hauptgericht und Dessert in Indien früher unüblich und kam erst durch westliche Einflüsse ins Land. Nach einem Appetitanreger wurden traditionell alle Speisen gleichwertig behandelt und zusammen verspeist. Auch die indischen Lunchboxen (*Tiffins* oder *Dabbas*) sind so bestückt. An anderer Stelle dazu mehr.

In den Dhabas, den kleinen Straßenrestaurants, ist es üblich, Nachschlag auf das Tablett zu bekommen. Häufig ist ein Kellner damit beschäftigt, Reis oder Fladenbrot nachzureichen oder Schälchen nachzufüllen. Für sehr wenig Geld erhält man, sofern man das will, gewaltige Portionen.

Die einfachste Variante des Thali ist Dal Bhat, das aus Reis mit einer Linsensauce besteht, ein Gericht, das auch als »Meal« bekannt ist. Im Prinzip handelt es sich bei dem Thali um ein klassisches Currygericht. Egal wo man es probiert, ob im Norden oder im Süden, das Thali ist ein guter Start in die Erkundung einer aufregenden kulinarischen Welt.

*77. Grund*

## *Weil exotische Früchte aller Art locken*

Neben auch bei uns in Europa wachsenden Früchten wie Äpfel, Birnen, Trauben, Zitrusfrüchten und Melonen sind es vor allem die exotischen Früchte, die der indischen Küche einen besonderen Reiz verleihen und vielfältige Geschmäcker bereithalten.

Indien ist der größte Mangoproduzent (etwa 40 % der weltweiten Produktion), und dort werden auch die meisten der Früchte verzehrt. Es gibt dabei einige Hundert verschiedene Mangosorten, die im Sommer Erfrischung bringen.

Außerdem gibt es (Koch-)Bananen, Papaya oder die riesige und delikate Jackfrucht. Eine einzige davon kann bis zu 40 Kilogramm Gewicht erreichen. Die Früchte wachsen direkt am Stamm eines großen Baumes, und ihr Geschmack beinhaltet Nuancen, die an Ananas und Banane erinnern. Für mich war die Jackfrucht der absolute Höhepunkt an vorher unbekannten Früchten. Getrocknete Fruchtscheiben werden auch als sogenannte Jackfrucht-Chips angeboten. Unreif wird sie als Gemüse verwendet, aus den Samen kann außerdem Mehl hergestellt werden.

Die Durian gilt als die »Königin der Früchte« und wächst an einem gewaltigen Baum, der bis zu 50 Meter hoch wird. Sie hat eine ähnliche Größe wie die Jackfrucht, ihre Schale besitzt jedoch spitze Stacheln. Die reifen Früchte sondern einen süßlich-fauligen Geruch ab, der an Verwesung erinnert. An vielen Orten sind deshalb der Verkauf und der Konsum von Durian verboten. Das leuchtet mir ein, schließlich kann man die Früchte Hunderte Meter weit riechen, und wer einmal an einem Verkaufsstand vorbeigekommen ist, den überkommen selten kulinarische Gelüste. Nicht umsonst firmiert sie auch als »Stinkfrucht«.

An einer gut ausgereiften Durian scheiden sich die Geister. Die einen lieben sie für ihren vielfältigen Geschmack, die anderen verziehen angewidert das Gesicht. Sie schmeckt dermaßen speziell, dass ich nur empfehlen kann, sie einmal selbst zu probieren. Auf gleichzeitigen Genuss von Alkohol sollte jedoch verzichtet werden, da die Kombination zu schweren Bauchkrämpfen führen kann. Insgesamt ist die Durian schwer verdaulich.

Deutlich bekannter sind Früchte wie die Kokosnuss, vor allem der Saft der jungen Kokosnuss schmeckt vorzüglich, die Milch ist aus der Küche des indischen Südens nicht wegzudenken. Außerdem finden sich im Süden Guaven, Maracuja, Ananas, Granatapfel, Lychee, Cashewnüsse und Feigen.

Wer experimentierfreudig ist, für den gibt es die Drachenfrucht, Carambola (Sternfrucht) oder Chiku (»Breiapfel«) und unzählige weitere Verlockungen. Auch Fruchtsäfte und Shakes erfreuen sich großer Beliebtheit.

## *Weil ein Lassi jeden Milchshake in die Ecke stellt*

*Lassi* ist ein Getränk, das sich in ganz Indien großer Beliebtheit erfreut. Auch ich habe davon nicht genug bekommen können. Dabei handelt es sich um ein Joghurtgetränk, das sowohl in salziger als auch süßer Form existiert, und es gibt eine ganze Reihe von Variationen. Lassi wird aus Wasser oder Milch mit Joghurt im Verhältnis 1:1 bis 1:2 hergestellt. Die häufigste Variante in Deutschland ist wohl das türkische Ayran, quasi die salzige Variante, die sich hervorragend eignet, um Schärfe abzumildern und die Verdauung anzuregen. Ähnliche Getränke sind neben der Türkei auch in den Ländern Südostasiens sowie in Zentralasien weit verbreitet.

Am beliebtesten sind heute Bananen- und Mango-Lassi. Im Prinzip kann das Getränk aus den meisten Obstsorten hergestellt werden, teilweise werden sie auch gemischt. Zum Einsatz kommen entweder Fruchtsäfte oder frische Früchte, die vorher püriert werden. Zucker wird häufig dazugegeben. Bei speziellen Sorten werden auch Rosenwasser, Palmenblütensamen, Kardamom, Zimt, Muskat, Gewürznelken und sogar Kreuzkümmel und Essig beigesetzt.

Bereits in vedischer Zeit existierten solche (salzigen) Joghurtgetränke, sie waren aber als Opfergaben für die Götter bestimmt. Gerade das Salz war in dieser Zeit rar und weit davon entfernt, ein Massenprodukt zu sein. Die süßen und/oder fruchtigen Lassis gelten als Neuerung aus den Adelshäusern, die die kühlende Wirkung und die Vitaminzufuhr mit Genuss verbinden wollten.

Auch in europäischen Supermärkten ist der Lassi eingezogen, schmeckt jedoch kaum so gut wie das Original. Das liegt daran, dass die verwendete Milch von anderen Rinderrassen als in Indien stammt. Zudem kann nichts ein frisch zubereitetes Getränk ersetzen. Neben den Lassis aus Früchten war vor allem die Entdeckung mit Rosinen und Mandeln eine exquisite Köstlichkeit. Diese Varianten sind vor allem in Jodhpur in Rajasthan verbreitet.

Eine besondere Form ist der *Bhang Lassi*, der aus den getrockneten Blättern und kleineren Blütenständen der Cannabispflanze hergestellt wird. Nur in Varanasi und Jaisalmer dürfen dieses Getränk und andere Produkte aus Bhang offiziell verkauft werden. Auch in Pushkar sind diese weit verbreitet, das Getränk befindet sich in einer Grauzone. An Shivaratri, dem Fest zu Ehren der Heirat Shivas mit Parvati, ist der Konsum, wie bereits beschrieben, fester Bestandteil, was allgemein akzeptiert ist. Man sollte das Getränk aber mit Vorsicht genießen. Zum einen dauert es länger als beim Rauchen, bevor die Wirkung einsetzt, und ist daher schwieriger zu dosieren, zum anderen kann die Beimischung des Stechapfels (*Datura*) zu böser Paranoia führen. Die Reizüberflutung kann sich ins Unendliche steigern. Wer sich an einen Bhang Lassi heranwagen will, der sollte das im passenden Rahmen tun, um keine bösen Überraschungen zu erleben!

*79. Grund*

## *Weil Gerichte aus dem Tandoor-Ofen süchtig machen*

Der traditionelle *Tandoor* (oder *Tandur*) ist ein mit Holz(-kohle) betriebener Backofen, dem in der indischen Küche eine wichtige Rolle zukommt. Er kam ursprünglich von Zentralasien aus nach Indien. Dort ist er heute noch stark verbreitet, aber auch in Anatolien, dem Kaukasus, der Mongolei, Pakistan, Südasien, und er ist auch in Teilen Afrikas bekannt.

In ihm können Speisen gegart, geschmort oder gebacken werden. Vor allem im Norden Indiens ist die Tandoor-Küche sehr prägend, zumal Fleisch eine wichtige Rolle in dieser Küchentradition hat. Auch Kebab kann im Tandoor-Ofen zubereitet werden. Der Einfluss der persischen und arabischen Küchen ist bei Tandoori-Gerichten besonders augenfällig.

Traditionell handelt es sich beim Tandoor um einen großen und feuerfesten zylindrischen Tonkrug, der sich nach oben verjüngt. Er ist zur Sicherheit im Boden versenkt oder isoliert mit einem Fundament aus Mörtel, Lehm, Ziegeln oder Holz geschützt. Moderne Varianten werden elektrisch oder mit Gas betrieben. Inzwischen ist ein kleiner Tandoor-Ofen Grundausstattung mancher indischen Küche. Doch vor allem Restaurants haben sich auf die Tandoori-Küche spezialisiert.

Der Tandoor wird im Gegensatz zu anderen Backöfen von oben befüllt. Fleisch wird zum Garen auf sich drehende Haken gespießt, um den Abstand zur Glut zu halten. Das Brennmaterial wird am Boden des Ofens entzündet und der Ofen zwei Stunden vorgeheizt, bevor er mit Fleisch, Gargerichten und Brot bestückt wird.

Im Tandoor werden hauptsächlich Chapati, Naan oder Samosas gebacken, die am Rand des Ofens schnell fertig werden, bis man sie mit einem Feuerhaken wieder herauszieht. Besonders beliebt sind auch Fleischgerichte, allen voran das Tandoori-Hähnchen – in einer ähnlichen Variante auch *Chicken Tikka* genannt. Es verdankt seine orangerote Farbe der Marinade aus Chili, Kreuzkümmel, Koriandersamen, Knoblauch, Zwiebeln, Ingwer, Salz, Zitronensaft und Safran.

Tandoori-Restaurants erfreuen sich in Indien großer Beliebtheit, und die Zubereitungsart im Tandoor und die Joghurtmarinaden zaubern deliziöse Speisen, die man mindestens einmal probiert haben muss. Der unvergleichliche Geschmack kann süchtig machen.

*80. Grund*

## *Weil Curry zu Recht die Welt erobert hat*

Bei Curry handelt es sich ursprünglich nicht um eine Gewürzmischung*, sondern um ein Eintopfgericht. Das Wort stammt vom tamilischen Wort *Kari* ab, was übersetzt Soße bedeutet. Zum Curry (abgesehen von Suppen) gehört also immer eine Beilage, meist sind

* *Diese wird in Indien als Masala bezeichnet.*

es Reis oder indische Brote wie Chapati, Naan oder Papad(am). Denn wer nur ein Curry bestellt, bekommt nur die Sauce.

Die Gewürzmischung, die wir heute im Kopf haben, ist eine Erfindung der Briten, die eine standardisierte Mischung brauchten, die sie zunächst Angehörigen der Kolonialregierung und der Armee zur Verfügung stellten. Bis heute erfreut sich die Mischung in Großbritannien großer Beliebtheit und trat von dort aus ihren Siegeszug durch die Welt an.

Durch das britische Empire fand auch das Gericht Curry große Verbreitung. Indische Arbeiter brachten ihre Küche nach Südafrika, und besonders in der Karibik verbreiteten sich Currygerichte so rasant, dass man heute vermuten könnte, sie seien dort schon immer zubereitet worden.

Auch in ganz Südasien sowie in China, Japan und Korea sind Currys in verschiedenen lokalen Variationen ausgesprochen beliebt. Die indischen Restaurants in aller Welt tun ihr Übriges für die Verbreitung des Kulturguts Curry.

Doch zunächst zurück zur Gewürzmischung. In den Rezepten finden sich meist die folgenden Gewürze: Kurkuma (die Gelbwurz sorgt auch für die charakteristische gelbe Farbe), Kreuzkümmel, Koriander, Paprika, Chili, Kardamom, Nelke, Zimt, Ingwer, Schwarzer Pfeffer, Safran, Lorbeerblatt, Curryblatt, Szechuanpfeffer, Muskat, Senfkörner und Piment. Auch bevor die Briten die Zusammenstellung standardisierten, existierten Gewürzmischungen. So hat jede Familie ihre eigene für Currys, die von regionaler Küchentradition und Gemüse, von religiösen und sozialen Geboten (Kastenverordnung) sowie von Familienvorlieben abhängen.

Den Funden in der Stadt Mohenjo-Daro im heutigen Pakistan nach, die aus der Epoche der Indus-Kultur vor Tausenden Jahren stammen, wurden Überreste von Gewürzen wie Senfkörner, Fenchel, Kreuzkümmel und Kurkuma gefunden, es handelt sich also um eine uralte Tradition.

Aus vedischer Zeit ist die erste schriftliche Rezeptur überliefert. Es handelte sich um eine einfache Mischung, die aus dem Curryblatt, schwarzen Pfefferkörnern und weißen halben Bohnen (*Urad*

*Dal*) bestand und rituell bei der *Shradha*-Zeremonie zur Ehrung der Toten verwendet wurde.

Es gibt eine unendliche Vielzahl von unterschiedlichen Currygerichten. Vegetarische Varianten werden im Süden bevorzugt, mit Fleisch wird hauptsächlich im Nordwesten gekocht. Besonders beliebt sind Huhn- und Lammfleisch, wofür sich auch die Gewürzmischung *Garam Masala* besonders eignet, die im Wesentlichen aus Kreuzkümmel, Muskat, Nelke, Zimt, Lorbeerblatt, Pfeffer, Kardamom und Koriander besteht. Als Gemüse für ein Curry eignen sich etwa Auberginen, Okras, Tomaten, Kohl, Erbsen, Linsen, Bohnen, Kokos, Mangos oder Bananen.

Generell wird im Süden schärfer gegessen. Das dort bevorzugte Madras Curry ist auch deutlich schärfer, weil es mehr Cayenne-Pfeffer (zermörserte Chilischoten) enthält. Auch Kokosmilch ist hier eine häufig verendete Zutat für die Soße. Im Süden findet sich in Küstennähe auch häufig Fischcurry.

Besonders haben es mir die Currys à la Rajasthan angetan, da hier auch häufig Nüsse wie die Cashew verwendet werden, was absolut köstlich ist.

In jedem Fall dürfen gute Currymischungen in meinem Küchenschrank nie fehlen, und so kann ich mir immer ein Stückchen Indien auf den Teller zaubern.

### *81. Grund*

## *Weil scharfe Chilis, Chutneys und Pickles die Geschmacksknospen kitzeln*

Scharfe Speisen und mit ihnen feurige Chilis sind fest mit Indien assoziiert. Umso erstaunlicher, dass die Chili erst mit Vasco da Gama um 1500 von Südamerika aus nach Indien eingeführt wurde. Die scharfe Frucht eroberte den Subkontinent und ist nicht mehr wegzudenken. Besonders scharf ist das Essen jedoch speziell im Süden. Im Norden ist es verbreitet, sich am Tisch selbst nach Wunsch zu würzen.

Auch zuvor kannte die indische Küche Schärfe, bezog sie aber aus den einheimischen Gewürzen, dem Malabarpfeffer, der ersten Pfefferart, die wild im südindischen Dschungel wuchs, ebenso wie das Kardamom, nach dem heute noch die Ursprungsregion als »Cardamom Hills« benannt ist. Pfeffer wurde auch lange als Konservierungsmittel genutzt, weil es ähnliche Eigenschaften wie Salz aufweist. Außerdem werden zum Schärfen der Speisen traditionell Kreuzkümmel, Kurkuma, Ingwer, Bockshornklee, Senfkörner, Tamarinde und das Curryblatt verwendet. Dazu kamen nun die grünen und roten Chilis, die zum Teil extrem pikant sind.

Zur Erntezeit werden die Chilis zum Trocknen ausgelegt und in großen Jutesäcken gelagert und transportiert. Da die Haupterntezeit meist noch ins Ende der Regenzeit fällt, ist es auch üblich, die Chilis einzulegen oder zu räuchern, um sie haltbar zu machen.

Am beliebtesten sind süß-saure oder pikant-scharfe Pickles und Chutneys, bei denen Chilis mit verschiedenen Gemüse- und/oder Obstsorten eingelegt werden. Bei Pickles werden meist ganzes Obst und Gemüse eingelegt, beim Chutney sind es oft nur kleine Stücke, die mit der Sauce eingekocht werden, bis sie in etwa die Konsistenz einer gröberen Marmelade haben. Serviert wird die Beilage kalt. Beide Zubereitungen müssen nicht zwangsläufig scharf sein und enthalten traditionell keine Konservierungsstoffe, sie können frisch zubereitet oder einige Wochen gelagert werden, bevor sie etwa Currygerichte bereichern. Besonders gerne zum Einlegen verwendet werden Aubergine, unreife Mango, Limette, Möhre, Tamarinde, Erdnuss, Tomate, Kohlrabi, Rettich, Knoblauch, Minze, Rhabarber, Rosine, Dattel, Kokosnuss, Ingwer, gefüllte grüne Chilis und andere regionale Gemüse. Eingelegt werden sie bevorzugt in Sesam- oder Senföl mit Salz und Gewürzen.

Die Zubereitungen unterscheiden sich innerhalb Indiens zum Teil erheblich. Auch die Engländer spielten eine Rolle bei der Entwicklung, schließlich kamen viele von ihnen in der Ferne auf den Geschmack und wollten auch zurück in der Heimat die Pickles und Chutneys nicht missen. Schnell wurden die Würzsaucen Bestandteil vieler Gewürzregale, wurden verfeinert und den britischen

Vorlieben angepasst und erfreuen sich bis heute in England großer Beliebtheit, was man eigentlich von der gesamten indischen Küche sagen kann.

In Indien sind das grüne Chutney aus Kardamom und einer Gewürzmischung und die *Mixed Pickles* sehr häufig, in denen sich meistens Mango, Möhre, Zwiebel, Blumenkohl und Kohlrabi finden. Oft sind die Mixed Pickles sehr scharf, und man sollte sich ganz langsam rantasten, um keine bösen Überraschungen zu erleben. Wer sich einmal beim Schärfegrad überschätzt hat, kann sich höchstens noch mit Milch und Joghurt etwas Linderung verschaffen.

Chutneys und Pickles werden auch gerne als Sauce für Snacks wie *Dosa* (eine Art indischer Pfannkuchen, der im Süden besonders beliebt ist), Momos, *Samosa*, *Chaat* oder *Pakora* verwendet. Currypasten sind eine weitere Alternative, aber vor allem in Südostasien, allen voran Thailand, beliebt.

Eine der schärfsten Chilisorten weltweit wurde im Nordosten Indiens kultiviert. In der Hügellandschaft Assams, in der hauptsächlich der gleichnamige Schwarztee angebaut wird, gedeiht auch *Naga Jolokia*, die über eine Million Scoville* erreichen kann. Die Kerne der Chilis sind besonders scharf, und durch ihr Entfernen lässt sich der Schärfegrad erheblich mindern. Noch schärfer sind die Verbindungsstellen von Fruchtfleisch und Samen, die man wie bei der verwandten Paprika entfernen sollte.

In überschaubarer Menge sind Chilis gesundheitsfördernd: Sie wirken schmerzlindernd (man denke an Chili-Pflaster), entzündungshemmend, stärken das Immunsystem und regen Kreislauf und Verdauung an. Darüber hinaus wärmt der Konsum von Chili, wie ich besonders in eisigen Nächten im Zelt erleben durfte. Chili hebt die Stimmung und wirkt sogar aphrodisierend. Man muss seinen Körper jedoch langsam an immer schärfere Gerichte heranführen, sonst drohen Kreislauf- und Magen-/Darmprobleme. Ich habe einmal eine winzige Chilischote auf einer »Organic Farm« im Hinter-

* *Scoville ist eine Einheit für den Schärfegrad – eine Jalapeño weist unter 10.000 Scoville auf, Habaneros haben 100.000 bis 500.000 Einheiten.*

land von Goa probiert. Noch eine Dreiviertelstunde später musste ich aufstoßen, so heftig wurden meine Eingeweide malträtiert.

Bereits bevor ich mich das erste Mal nach Indien aufmachte, war ich dem Geschmack von Curry und Chili verfallen, habe die Schärfe des indischen Essens sehr genossen und meine Toleranz gegenüber der Schärfe stark erweitert. Seitdem würze ich auch europäische Speisen gerne, da sie mir sonst oft zu fad vorkommen. Die Chilischote ist der Kick in der indischen Küche. Zum Glück wachsen sie auch in meinem Garten. Denn Chili macht süchtig.

*82. Grund*

## Weil Straßenstände köstliche Snacks anbieten

Ein wichtiger Bestandteil der indischen Küche ist das sogenannte »Streetfood«. Zu jeder Tageszeit wird in Indien schnell und lecker gekocht, egal ob Süßes oder Herzhaftes – die Inder lieben es zu knabbern. Kein Wunder, dass Indien eine ausgeprägte Snack- und Straßenküchenkultur hat, die es in dieser Vielfalt nur in wenigen Ländern auf der Welt gibt. Im Gegensatz zu Restaurants, die nur für den westlichen Besucher und die indische Mittelschicht gut erschwinglich sind (ein komplettes Mahl mit Getränken kostet oft nur wenige Euro), sind die Erzeugnisse der vor allem in den Städten allgegenwärtigen Straßenstände für die breite Masse der Inder bezahlbar. Für extrem kleines Geld kann jeder satt werden.

Gerade in den Städten ist die Auswahl nahezu unendlich. Das liegt auch daran, dass Arbeiter aus dem ganzen Land in die Städte strömen und ihre eigenen Regionalküchen mitbringen. Besonders beliebt sind beispielsweise Samosas, Pakoras (frittiertes Gemüse im Teigmantel), Masala Vadai (pikante Linsenbällchen), Puri oder Auberginengerichte, die im Geschmack dem vom Fleisch verblüffend nahekommen. Auch was Süßspeisen angeht, macht den Indern so schnell keiner etwas vor. Viele Geschmacksrichtungen sind aber eher ungewohnt, und es macht am Anfang Sinn, sich jeweils eines von verschiedenen Stückchen auszusuchen und mit der Zeit herauszufinden, was einem besonders behagt.

Diese Straßenstände sind noch immer beliebter als moderne Fast-Food-Ketten, auch wenn die alles tun, um sich dem indischen Geschmack anzupassen. McDonald's etwa verzichtet auf Rindfleisch und bietet ungewöhnlich viele vegetarische Gerichte an. Im Vergleich zu den Straßenständen kosten die Gerichte aber auch um einiges mehr.

Mein Verständnis für Touristen, die westliches Essen in Indien suchen, hält sich in Grenzen. Viel lohnenswerter ist es, auf kulinarische Entdeckungsreise in den Straßen zu gehen. Ein paar Vorsichtsmaßnahmen sollte man dabei jedoch beachten. Man sollte sich auf gut gekochte, frittierte oder gedünstete Speisen beschränken und darauf achten, ob frisches Wasser zur Zubereitung genutzt wird. Ich selbst habe diese Regeln nicht immer eingehalten und nur selten Probleme bekommen. Am besten ist immer noch, den Magen langsam, aber sicher an die ungewohnten Gewürze und Geschmäcker zu gewöhnen. Vor allem bei einer längeren Reise macht das Sinn. Bei einer kurzen Reise wäre es jedoch fatal, wenn doch einmal ein mehrtägiger »Durchmarsch« einsetzt.

Um herauszufinden, welche Straßenstände das beste Essen anbieten, sollte man sich schlicht an deren Beliebtheit unter den Einheimischen orientieren, dann kann man eigentlich nichts falsch machen.

Liebe geht auch durch den Magen, und bei der extremen Vielfalt an Speisen, die in Indien angeboten werden, findet jeder für sich das Richtige!

*83. Grund*

## *Weil Indien ein Himmelreich für Vegetarier ist*

Laut verschiedenen Studien verzichten etwa 40 % der Inder komplett auf Fleischgerichte. Auch Eier und Milchprodukte werden von vielen Hindus abgelehnt. Somit lebt in Indien die beachtliche Zahl von einer halben Milliarde Vegetariern und Veganern. Seit Jahrtausenden ist

Vegetarismus fest in der indischen Kultur verankert, spätestens seit sich das Schlachtverbot in der frühen Phase des Hinduismus weitgehend durchsetzte. In manchen von Indiens heiligen Städten ist der Konsum von Fleisch komplett verboten.

Der Konsum von Rindfleisch ist für gläubige Hindus unvorstellbar, Schweinefleisch ist für Muslime ein Tabu. Hamburger und Indien sind kaum unter einen Hut zu bringen, das musste, wie bereits beschrieben, auch McDonald's erkennen. Hühnerfleisch wird angeboten, viele Speisen sind vegetarisch. Generell wird, falls überhaupt, eher im Restaurant Fleisch gegessen, der heimische Herd ist für sehr viele Hindus aus Gründen der Reinlichkeit vegetarischer Kost vorbehalten. Hühner-, Lamm- und Ziegenfleisch sind die häufigsten Fleischsorten, Fisch ist eine weitere Alternative.

Der Fleischkonsum in Indien ist signifikant niedriger als in Deutschland. Während er hierzulande pro Einwohner bei über 60 Kilogramm pro Jahr liegt, sind es in Indien unter 5 Kilogramm , eine der niedrigsten Raten weltweit. Auch in Deutschland gibt es inzwischen sieben Millionen Vegetarier und knapp eine Million Veganer, die Zahlen steigen weiter an. In Indien nimmt der Fleischkonsum hingegen mit dem Fortschritt deutlich zu. Die neue Mittelklasse bevorzugt häufig die westliche »Errungenschaft« Fast Food mit Pizza, Burger und Cola. Fleischkonsum gilt als ein neues Indiz für Wohlstand. Tatsächlich können sich die Ärmsten kaum Fleisch leisten, geschweige denn in westlich geprägten Restaurants bezahlen.

Doch es sind vor allem religiöse Gründe, die für die meisten ausschlaggebend für den Verzicht auf Fleisch sind. Die Vorstellung des Hinduismus von Wiedergeburt ist dabei wichtig, schließlich ist auch die Inkarnation in Tiergestalt möglich. Gemeinsam mit Ahimsa, dem ethischen Verzicht auf Gewalt, sind diese Philosophien für viele Gläubige der Hauptgrund, warum sie sich vegetarisch oder vegan ernähren. Die Frutarier, wie etwa die Bishnoi, gehen dabei am weitesten. Sie wollen der Erde nur entnehmen, was sie freiwillig dem Menschen überlässt und was anderen Lebewesen keinen Schaden zufügt.

Diese Ideen schwappen seit Mitte des 19. Jahrhunderts auch verstärkt in den Westen über, auch dort überzeugt die indische Philosophie die Menschen, aus ethischen Gründen ihren Fleischkonsum einzuschränken oder ganz aufzugeben. Nach wie vor spielen dabei gesundheitliche Gründe eine größere Rolle.

Es ist ein großes Glück für die Welt, dass so viele Inder kein Fleisch konsumieren. Die Folgen unseres übermäßigen Fleischkonsums im Westen lassen sich in Südamerika betrachten: Regenwald wird abgeholzt für immer neue Weideflächen, Fleischproduktion braucht Unmengen an Wasser, Tiere produzieren Methangase, jahrtausendealte $CO_2$-Speicher werden unwiederbringlich zerstört, das Gas in die Luft geblasen. Nicht auszudenken, wenn alle Inder so viel Fleisch essen würden wie im Westen üblich.

Ich selbst bin kein Vegetarier, strebe aber an, selten Fleisch zu essen, und habe während meiner Reisen in Indien gelegentlich ausprobiert, zumindest eine Zeit lang vegetarisch zu leben. Besonders an Orten, an denen der Fleischkonsum aus religiösen Gründen ganz verboten war, habe auch ich aus Respekt ganz auf Fleisch verzichtet, auch wenn es immer Möglichkeiten gab, das Gebot zu umgehen.

Ich behaupte, dass es wohl in keinem anderen Land so einfach (und gesund) sein kann, sich vegetarisch zu ernähren. Das gilt in noch größerem Maße für Veganer, schließlich ist es vor allem am Anfang eine Herausforderung, die tierischen Fette, Ei und Milchprodukte in ausreichendem Maße durch pflanzliche Fette zu ersetzen.

Hülsenfrüchte (wie Erbsen und Bohnen) sind essenziell für die indische Küche und liefern wichtige Kohlenhydrate und Eiweiße, Früchte sind allgegenwärtig und vegetarische Currys unheimlich abwechslungsreich. Fisch und Seefrüchte bieten eine Alternative. Wer trotzdem nicht auf den Geschmack von Fleisch verzichten möchte, dem sei empfohlen, Gerichte aus gebratenen Auberginen, Blumenkohl oder unreifen Jackfrüchten zu probieren, die richtig zubereitet täuschend echt nach Fleisch schmecken. Das ist eine Disziplin, die manche Straßenküchen bis zur Perfektion getrieben haben. Da Restaurants auf Sonderwünsche aller Art eingestellt sind, ist das Leben auch als konsequenter Veganer in Indien sehr unkompliziert und ausgesprochen schmackhaft.

9. Kapitel

# Persönlichkeiten

*84. Grund*

## *Weil Mutter Teresa sich für die Armen einsetzte*

Mutter Teresa wurde am 26.08.1910 als Anjezë Gonxha Bojaxhiu in Üsküb, dem heutigen Skopje in Mazedonien, damals Teil des Osmanischen Reichs, geboren. Ihre Eltern stammten aus dem heutigen Albanien und dem Kosovo, und sie wuchs in gehobenen Verhältnissen auf. Von ihrer Kindheit an war sie geprägt vom katholischen Glauben.

Nach dem frühen Tod ihres Vaters besuchte sie eine katholische Mädchenschule. Sie begann sich für ein Leben als Ordensschwester zu interessieren und erkannte bald ihre Lebensaufgabe darin, ihre gesamte Liebe an Jesus zu geben und ihr Leben der Verkündigung des Evangeliums und der Missionierung zu widmen.

Gerade volljährig geworden, bat sie um die Aufnahme als Novizin bei den »Loretoschwestern«, die sich besonders in der Schulausbildung im indischen Bengalen engagierten. Schon nach zwei Monaten im Mutterhaus in Irland führte ihr Weg direkt nach Indien. Zunächst arbeitete sie in Darjeeling, bevor sie nach Kalkutta kam, damals die zweitgrößte Stadt im britischen Weltreich. Schnell lernte sie Bengali und war 17 Jahre lang Lehrerin und später auch Schulleiterin an der St. Mary's School. Sie unterrichtete dort auch Kinder aus der Oberschicht und knüpfte dabei Kontakte, die ihr später noch nützlich sein würden.

Im Jahr 1946 veränderte sich ihr Leben noch einmal gravierend, als sie eine Vision erlebte. Jesus soll ihr mit den Worten »Mich dürstet« den Auftrag gegeben haben, sich für die Ärmsten in den Slums zu engagieren, um Gottes Werk zu tun. In jedem der Ärmsten sah sie fortan Jesus selbst.

Als erste Missionarin wagte sie sich in die Slums, um den Menschen dort beizustehen, die unter bitterer Armut, Ausgrenzung und widrigsten hygienischen Bedingungen, die viele Seuchen verursachten, leben mussten. Wer einmal einen Blick in solche Zustände geworfen hat und über Sensibilität verfügt, kennt den Drang zu helfen. Sich aber vorzustellen, sein ganzes Leben dieser Sache zu »opfern«, finde ich schwindelerregend. Die Tragweite dieser lebenslangen Entscheidung nötigt mir Respekt ab.

Diese selbst gewählte Aufgabe ließ sie nie wieder los. Nachdem sie ihren Orden auf eigenen Wunsch verlassen hatte, lebte sie als selbstständige Ordensschwester in Kalkutta und engagierte sich in den Elendsvierteln. Ihre Tracht legte sie ab und trug fortan einen einfachen Sari. Bald schlossen sich ihr andere Nonnen und frühere Schülerinnen an, die sie bei ihrer Arbeit unterstützten.

Kurz nach der indischen Unabhängigkeit erhielt Mutter Teresa die indische Staatsbürgerschaft. 1950 gründete sie die Gemeinschaft der »Missionarinnen der Nächstenliebe«, die später auch von der katholischen Kirche anerkannt wurde.

Mutter Teresa wird von denen, die sie getroffen haben, als eine Erscheinung beschrieben, und auf den Filmaufnahmen, die über sie existieren, erkennt man ihren tiefgründigen Blick und ihre empathische Fähigkeit, sich Bedürftigen zuzuwenden.

1979 erhielt sie für ihren Einsatz den Friedensnobelpreis. Von vielen wurde Mutter Teresa als »moralische Ikone« des 20. Jahrhunderts wahrgenommen. Unstrittig sind ihr Mut und ihre Bereitschaft, für ihre Mission alles zu opfern.

Das hatte aber auch Schattenseiten, und so war Mutter Teresa eine durchaus umstrittene Person. Sie vertrat erzkonservative Lehren der katholischen Kirche zum Gebrauch von Verhütungsmitteln, geißelte Schwangerschaftsabbrüche und glorifizierte übermäßig das Armutsgelübde und die Selbstkasteiung, übertrug die immensen Ansprüche, die sie an sich selbst stellte, auf alle anderen Gläubigen. Durch ihre Gespräche mit Staatsmännern und bedeutenden Persönlichkeiten auf Konferenzen weltweit gewann sie großen Einfluss als eine Botschafterin päpstlich-katholischer Wertvorstellungen. Andererseits blieb sie eine Frau der Tat, die vielen Menschen durch ihre Präsenz und ihren Trost beistehen konnte.

Ihr wurden immer wieder falsche Therapieansätze vorgeworfen. Allerdings muss man sich hier der Umstände vergewissern, unter denen Mutter Teresa ihre Arbeit durchführte. Bevor sie begann, sich um die Ausgestoßenen zu kümmern, konnten die auf kaum eine andere Hilfe hoffen. Medizinische Versorgung durch Ärzte mit Medikamenten, Sterbehäuser, Krankenstationen waren ein bedeutender Fortschritt für die Hilfebedürftigen.

Trotzdem kann man kritisch sehen, welche Rolle die Missionierung zum Christentum dabei spielte. Angeblich sollen Patienten ohne ihr klares Einverständnis getauft worden sein. Kritiker meinen, sie habe diesen Auftrag über die humanitäre Hilfe gestellt. Außerdem bemängeln sie, die hygienischen Zustände seien nicht ausreichend gewesen, um Infektionen zu vermeiden. Die Häuser, die Mutter Teresas Orden geschenkt wurden, sollen teilweise gut ausgestattet gewesen sein. Auf Wunsch Mutter Teresas wurden sie schlichter und ärmlicher gestaltet, moderne Matratzen wurden entfernt, und es wurde angeblich nur unzureichend geheizt. Für Mutter Teresa war (freiwillige) Armut ein hohes Ideal, das sie auch auf ihre Patienten übertrug.

Sie weigerte sich außerdem, illegale Spenden zurückzugeben und ihre Verwendung transparent zu machen. Auch Schmerzmittel waren in ihren Einrichtungen verpönt. Mutter Teresa war der Überzeugung, dass Schmerzen und Leiden eine besondere Nähe zu Jesus herstellten, in gewisser Weise glorifizierte sie das Leid als Weg der Erkenntnis.

Doch sie geriet immer häufiger in schwere Glaubenskrisen angesichts des ständigen Leids, dem sie sich aussetzte. Einerseits überhöhte sie ihr eigenes Leiden und das ihrer Patienten als »Weg zu Gott«, andererseits trug sie sehr schwer daran, dass es unmöglich war, das Leid zu beenden. Doch dieses Ziel überstieg auch ihre Möglichkeiten, zumal sie die Symptome einer ungerechten Welt behandelte, nicht jedoch deren Ursachen bekämpfte. Die Zweifel, die daraus resultierten, machte sie mit sich selbst und ihrem Beichtvater aus und kamen erst nach ihrem Tod ans Licht.

Letzten Endes war Mutter Teresa eine zwiespältige Persönlichkeit. Einerseits war sie ein extrem sensibler, gütiger und selbstloser Mensch, der als Vorbild dienen kann, andererseits war sie getrieben von ihren eigenen unerfüllbaren Ansprüchen, geplagt von Selbstzweifeln und einer hemmungslosen Arbeitsethik, die sie ausbrannten. Zugleich waren die Hartnäckigkeit, die Geduld und die

Intensität, mit denen sie ihre Aufgaben anging, unnachahmlich und zeugten von einem unheimlich starken Charakter. Unbestritten ist, dass sie ihr selbstgewähltes Werk bis zum letzten Atemzug weiterführte, ganz gleich wie einsam sie sich dabei manchmal fühlte.

Mutter Teresa verstarb am 5. September 1997. Später wurde sie von der katholischen Kirche seliggesprochen. Heute betreiben die »Schwestern der Nächstenliebe« über 500 Häuser in über 100 Ländern.

*85. Grund*

## *Weil Rabindranath Tagore die indische Seele ausdrücken konnte*

*»Ich wusste den Augenblick nicht, da ich einst die Schwelle des Lebens beschritt. Was war die Macht, die mich hieß, mich zu öffnen in dieses weite Geheimnis, gleich wie die Knospe im Mitternachtswalde. Als ich am Morgen emporschaut ins Licht, fühlt ich augenblicks, dass ich kein Fremder war in der Welt und dass das Unerforschbare, das ohne Namen ist und Gestalt, mich in seinen Arm nahm in Gestalt meiner Mutter. So wird der Tod, der gleich Unbekannte, mir erscheinen als immer gekannt. Und weil ich dies Leben so liebe, so weiß ich, dass ich den Tod gleich lieben werde.«**

Rabindranath Tagore wurde 1861 in Kalkutta als jüngstes von 14 Kindern in eine Brahmanenfamilie hineingeboren, die entscheidenden Einfluss auf die Kultur Bengalens nahm. Einer Legende zufolge war jedoch ihre »rituelle Reinheit« von einem »boshaften« Muslim zerstört worden, weil er die Familie dem Bratenfett des verbotenen Rindfleischs aussetzte. Das reichte, um das Ansehen der Familie nachhaltig zu beschädigen, sodass es schwierig war, Ehepartner für die Kinder der Familie zu finden.

---

* *Rabindranath Tagore:* Hohe Lieder, *erschienen 1914 im Kurt Wolff Verlag – indischer Originaltitel:* Gitanjali

Rabindranath Tagore wuchs vornehmlich unter dem Einfluss seiner Geschwister auf. Es war eine lebendige und kulturell hoch inspirierende Umgebung. Sein ältester Bruder Dwijendranath war Lyriker und Philosoph, der zweitälteste Satyendranath ein Sanskritgelehrter und seine Schwester Swarna Kumari Devi war Journalistin, Sozialarbeiterin und Schriftstellerin. In diesem Umfeld sollte er zu einem der bedeutendsten Literaten, Philosophen, Maler, Komponisten und Musiker werden, die Indien in seiner Geschichte hervorgebracht hat.

Rabindranath Tagore wurde bereits mit vier Jahren eingeschult, an der Schule lernte er sowohl indische auch als westliche Traditionen kennen. Er galt als hochbegabt und ablehnend gegenüber jeglicher Autorität. Hier war er stark von der liberalen Erziehung geprägt, die er zu Hause genoss. Bereits im Alter von acht Jahren schrieb er seine ersten Gedichte, das erste wurde publiziert, als er gerade einmal zwölf Jahre alt war. Sein Vater Debendranath Tagore (1817–1905) ging bald darauf mit ihm auf Reisen. Die Reisen sollten seine Initiation zum Erwachsenen einleiten. Der Vater lehrte ihn in Sanskrit, gewährte ihm zugleich viele Freiheiten. Ihre Reisen führten zunächst durch Bengalen. Es war auch der erste Besuch auf dem Landsitz der Familie in Santiniketan, der zum Einsiedlerort seines Vaters geworden war. Später besuchten sie mehrfach den Goldenen Tempel von Amritsar und reisten in die Bergwelt des Himalaya, was Rabindranath Tagore besonders tief beeindruckte. Er begann nun auch, sich mit buddhistischen Ideen auseinanderzusetzen.

Der Vater führte seit 1828 die *Brajmo Samaj*, eine hinduistische Reformbewegung, zur Blüte, gewann viele Mitglieder aus der Oberschicht hinzu, übte großen Einfluss auf die Gesellschaft Bengalens aus und wurde immer mehr zur zentralen Figur der Bewegung. Er engagierte sich mit der Organisation gegen die furchtbare Tradition der Verbrennung von Witwen, kritisierte die Bilderverehrung, die er als Götzendienst verstand, lehnte (extreme) Askese ab und wollte den Hinduismus aus dem polytheistischen Verständnis zu einem monotheistischen Gedanken entwickeln, bei dem Vishnu im Zentrum der Verehrung stand. Die Inkarnation von Göttern lehnte er ab. Wichtig war auch, dass er allen Kasten zugestand, Gott durch Verehrung erreichen zu können. Ein Gedanke, der sich schon mit der *Bhakti*-Bewegung in Bengalen ausgebreitet hatte. Damals hatte Caitanya (1486–1533) den Vishnuismus reformiert. In Caitanyas Vorstellung wurde das Kastenwesen zumindest aufgeweicht, da er soziale Verantwortung in seiner Philosophie auch jenseits der Kastengrenzen betonte.

Bereits der Großvater Dwarkanath Tagore (1794–1846) hatte hohes Ansehen in Bengalen genossen. Er lebte prunkvoll, nachdem er durch den Opiumhandel mit China reich geworden war, und unterstützte kulturelle, soziale und Bildungseinrichtungen. Er engagierte sich bei *Brahmo Samaj* gegen die Kastenvorschriften.

Die Reisen mit seinem Vater beeindruckten Rabindranath Tagore nachhaltig. 1875 brach er die Schule ab. In frühen Erzählungen macht er sich sowohl über den Machthunger britischer Beamter als auch über die grotesken Anpassungsversuche »anglizierter« Inder lustig, die sich als etwas Besseres und den anderen Indern hoch überlegen fühlten.

1878 wurde Rabindranath Tagore gemeinsam mit seinem Bruder Satyendranath nach England geschickt. Er nahm ein Jurastudium in Brighton auf, wandte sich jedoch schnell der Literatur an der University of London zu, nahm am gesellschaftlichen Leben teil und schrieb pointierte Briefe über die englische Gesellschaft an die Familie in Indien, die eher Besorgnis auslösten. Einen Studienabschluss machte er jedoch nicht und musste daher nach 17 Monaten nach Indien zurückkehren. Er hatte nun doch Gefallen an den elitären Kreisen in Großbritannien gefunden und verhielt sich anfangs dort fast wie ein englischer »Dandy«. 1881 wollte ihn die Familie deswegen erneut nach England schicken, doch er bestieg das Schiff nicht. 1883 wurde er mit der erst zehnjährigen Mrinalini verheiratet, mit der er später fünf Kinder hatte. Obwohl er die Kinderheirat öffentlich ablehnte, sollte er selbst zwei seiner Kinder im Alter von 12 und 14 Jahren verheiraten lassen. Hier zeigt sich, wie schwer es war und ist, sich trotz besserer Überzeugung gegen die Traditionen zu stellen.

1884 wurde er Sekretär in der *Brahmo Samaj*-Bewegung. Nun begann er gemeinsam mit anderen, eine Bengalische Renaissance einzuleiten, wie die Blütezeit der bengalischen Kultur während des 19. Jahrhunderts genannt wird. Als bedeutendste Vertreter dieser Epoche gelten Sri Ramakrishna (1836–1886) und sein Schüler Swami Vivekananda (1863–1902). Tagore selbst wurde immer mehr zu einem Universalgenie. Er schrieb Lyrik, Romane, Erzählungen, er war Schauspieler, Dramatiker und Regisseur, komponierte – unter anderem die Lieder, auf denen die Nationalhymnen Indiens und Bangladeschs basieren –, malte und setzte sich als Pädagoge, Sozialreformer und politischer Aktivist für Veränderung innerhalb der indischen Gesellschaft ein.

1912 brach Rabindranath Tagore zu einer 16-monatigen Reise durch Großbritannien und die Vereinigten Staaten von Amerika auf. In London traf er dabei auf die Literaten William Butler Yeats, Ezra Pound und George Bernard Shaw, die von seiner selbst übersetzten Fassung der *Gitanjali* begeistert waren. Das ebnete Tagore schließlich den Weg zur Anerkennung in der westlichen Welt.

1913 erhielt er als erster asiatischer Schriftsteller den Nobelpreis für Literatur. In den 1920er-Jahren entwickelte sich Tagore in Europa zu einer Kultfigur. Bis heute ist er ein Schlüssel zu einem tieferen Verständnis der indischen Kultur.

Die Verleihung des Nobelpreises an Tagore war jedoch umstritten. Zuvor war er kaum im Westen bekannt. Manche hatten für die Wahl dieses Buches nur Spott übrig. Der deutsche Verleger Kurt Wolff hatte die Absage für das in seinen Augen nicht übersetzbare Buch bereits zur Post gebracht, holte sie nach Bekanntgabe des Nobelpreises für Tagore aber schnell wieder dort ab, bevor er die folgenschwere Entscheidung nicht mehr rückgängig machen konnte. Später verlegte er noch viele weitere Bücher von Tagore.

In Indien bekam Tagore nun endlich die breite Anerkennung, die er sich gewünscht hatte. Zuvor hatte es Zweifler an seiner Person gegeben. Ihm war aber sehr bewusst, dass ihr Umschwenken vor allem seinem Erfolg im Ausland zu verdanken war. Insgesamt war es das erste Mal in der Moderne, dass auch der indischen Kultur zugestanden wurde, Werke von weltweiter Bedeutung zu schaffen – ein wichtiger Schritt zur Anerkennung, der auch das Selbstbewusstsein vieler junger Inder deutlich stärkte. Tagore selbst litt aber auch unter der neuen Popularität und wünschte sich oft, sich wieder unbefangen bewegen zu können.

Seine Beziehung zu Mahatma Gandhi war ambivalent. Beide schätzten sich sehr, hatten jedoch durchaus unterschiedliche Meinungen. So stellte sich Tagore etwa gegen die »Non Cooperation«-Kampagne Gandhis aus Angst vor unweigerlich folgender Gewalt.

Zwischen 1916 und 1932 machte er neun ausgedehnte Reisen durch Europa, die USA, Ostasien sowie kurz vor seinem Tod in den Iran und Irak.

1941 starb Rabindranath Tagore mit 80 Jahren in Kalkutta. Sein Erbe wird Indien noch lange prägen, und für Indien-Interessierte, die einen Blick unter die Oberfläche wagen wollen, ist die Beschäftigung mit seiner Person äußerst wertvoll.

*86. Grund*

## *Weil Salman Rushdie die »Mitternachtskinder« erschuf*

Salman Rushdie ist einer der bedeutendsten angloindischen Schriftsteller Indiens. Sein Roman *Mitternachtskinder* gehört für mich zu den besten Büchern, die je über Indien geschrieben wurden. Rushdie ist für viele eher mit dem Iran assoziiert, was daran liegt, dass der iranische Revolutionsführer Khomeini nach der Veröffentlichung von Rushdies Buch *Die satanischen Verse* 1989 eine Fatwa gegen den Schriftsteller verhängte, die dazu aufrief, ihn zu töten. Sogar ein Kopfgeld von einer Million US-Dollar wurde auf ihn ausgesetzt, das später noch mehrfach erhöht wurde. Die satirische Darstellung des Propheten Mohammed wurde von religiösen Hardlinern als Gotteslästerung verstanden. Besonders geschmerzt haben dürfte Rushdie auch die Tatsache, dass Indien das erste Land war, das *Die satanischen Verse* verboten hat.

Rushdie wurde 1947 in Bombay in eine wohlhabende Familie mit Wurzeln in Kaschmir geboren und wuchs dort bis zu seinem 14. Lebensjahr auf. Danach schickte ihn sein Vater nach England auf das Elite-Internat Rugby School. Im Anschluss studierte er am King's College der Universität Cambridge Geschichte. Theaterrollen und die Arbeit als freier Journalist und Werbetexter brachten ihn über die Runden. Seinen ersten Roman veröffentlichte er bereits 1975, der ihm aber keinen großen Erfolg brachte. Ganz anders war das mit seinem zweiten Roman *Mitternachtskinder*, den er 1981 veröffentlichte. Dieses Buch brachte ihm den Durchbruch als Schriftsteller, und er erhielt dafür den Booker Prize, den wichtigsten britischen Literaturpreis.

Der Roman erzählt die Geschichte des 20. Jahrhunderts in Indien und bedient sich dabei einer ausgeprägten Fantasie, die aber immer mit den historischen Ereignissen verwoben ist. Die Erzählung ist von Humor, Ironie und Sarkasmus durchdrungen, was es ausgesprochen lesenswert macht. Rushdies Stil wird als »Magischer Realismus« bezeichnet – Mythos und Realität verschmelzen zu einem eigenen Kosmos.

Der Protagonist des Romans ist Saleem Sinai, der am Tag der Unabhängigkeit Indiens, dem 15. August 1947, geboren wurde. Seine Biografie ist eng mit der Geschichte des neu geschaffenen Staates Indien verknüpft. Mit Rückblicken versehen, erzählt das Buch sehr unterhaltsam, packend und amüsant die gesamte Geschichte des 20. Jahrhunderts in Indien bis zum Erscheinen des Buchs.

Der Clou der Geschichte ist, dass Saleem entdeckt, dass er aufgrund seiner Geburt in der Nacht der Unabhängigkeit Indiens mit magischen Fähigkeiten ausgestattet ist. Alle Kinder, die in der Nacht der Unabhängigkeit geboren wurden, besitzen solche Gaben. Saleem ist der Herausragende, weil er Punkt Mitternacht geboren wurde. Seine magische Fähigkeit besteht in der Fähigkeit, alle ihre Gedanken lesen und übermitteln zu können. So kann er nach und nach alle »Mitternachtskinder« in Indien und Pakistan aufspüren, und sie können in seinem Kopf telepathisch miteinander kommunizieren. Doch selbst mit diesen Fähigkeiten sind die Vorurteile zwischen Hindus und Muslimen nicht zu überwinden. Saleem selbst zieht mit seiner Familie von Indien nach Pakistan und zurück, schlittert in alle großen Konflikte des 20. Jahrhunderts hinein, wird im Krieg traumatisiert und leidet unter der Präsidentschaft von Indira Gandhi. *Mitternachtskinder* ist eine großartige Einführung in die indische Geschichte sowie Mentalität und ist mitreißend und zugleich humorvoll erzählt.

Salman Rushdie ist für mich eines der wichtigsten Sprachrohre Indiens. Seine Bücher sind grandios erzählt. Der Wortschatz Rushdies ist immens. Sehr lesenswert ist auch *Harun und das Meer der Geschichten*, eines der seltenen Bücher, die sowohl für Kinder als auch für erwachsene Leser funktionieren. Schauplatz ist Kaschmir, das auch in anderen Büchern immer wieder auftaucht, weil seine Familie früher dort beheimatet war.

In der Geschichte verliert der Erzähler seine Fantasie, was man auch als Allegorie auf die Situation Rushdies verstehen kann. Denn nach der Fatwa gegen ihn musste er 13 Jahre lang unter Polizeischutz leben. Das schildert er in seiner Biografie, die er unter dem Pseudonym Anton Conrad (zusammengesetzt aus seinen zwei Lieblingsautoren Joseph Conrad und Anton Tschechow) verfasste, ein Name, den er während dieser Zeit benutzte. Er stand unter akuter Lebensgefahr. Sein japanischer Übersetzer Hitoshi Igarashi wurde brutal ermordet, sein norwegischer Verleger William Nygaard schwer verletzt. Die Anfeindungen gegen Rushdie sind nie verstummt, das Kopfgeld wurde inzwischen auf vier Millionen Dollar erhöht, doch Rushdie lebt inzwischen wieder ohne Bodyguards.

Seine Kritik ist trotz dieser Umstände niemals verstummt. Er verurteilt Fundamentalismus aller Art. Im Roman *Des Mauren letzter Seufzer* übt er Kritik an den aufstrebenden Hindu-Nationalisten. Er setzt sich für die weltweite Kampagne des Schriftstellerverbands PEN International ein, die Autoren unterstützt, die unter Verfolgung und Zensur leiden.

## Weil Kushwant Singh den liberalen Geist Indiens verkörperte

Kushwant Singh gehört für mich zu den besonders interessanten indischen Persönlichkeiten des 20. Jahrhunderts. Besonders beeindruckend waren dabei seine Integrität und seine Unerschrockenheit, seine stark polarisierenden Meinungen zu vertreten, selbst wenn diese unpopulär waren und ihm einflussreiche Feinde einbrachten. Kushwant Singh war ein Liberaler im besten Sinne, der sich nie von Politik oder Religion vereinnahmen ließ.

Singh wurde 1915 im heute pakistanischen Teil des Punjabs in eine wohlhabende Sikh-Familie geboren. Das ermöglichte ihm das Jurastudium in Lahore und später auch in Cambridge und London. Im Anschluss war er acht Jahre lang als Anwalt in Lahore tätig. Danach nahm er einen Posten im indischen Außenministerium an, der ihn jedoch nie erfüllte und ihn so sehr enttäuschte, dass er sich vom Jura ab- und dem Journalismus zuwandte. Er machte sich schnell einen Namen und stieg schließlich zum Herausgeber von gleich drei Magazinen/Zeitungen auf: der zur *Times of India* gehörenden *Illustrated Weekly of India*, des *The National Herald* und der *Hindustan Times*.

Zu seinem Markenzeichen wurden jedoch seine scharfzüngigen Essays und Kolumnen. Zeitweise schrieb er wöchentlich drei Kolumnen. Für ihn waren Tabus da, um sie zu brechen, er provozierte jedoch nicht um der Provokation willen, sondern um den Finger in die offenen Wunden der indischen Gesellschaft zu legen. Vor allem Scheinheiligkeit, übertriebene Frömmigkeit und Heuchelei waren ihm zeit seines Lebens ein Dorn im Auge. Für Engstirnigkeit hatte er nur Spott übrig.

Er war ein vielschichtiger und bisweilen widersprüchlicher Charakter, ein Multitalent, das sowohl Kurzgeschichten, Spontanprosa, Essays, Erzählungen, Romane und Witz-Bücher veröffentlichte. Kushwant Singh war ein besessener Workaholic, der über 80 Bücher verfasste.

Sein bekanntestes Werk erschien bereits 1954. In *Train to Pakistan* beschrieb er die brutale Vertreibung und die Pogrome, die auf die »Teilung« in Indien und Pakistan folgten. Ein großartiges Buch, das die Grausamkeiten glaubhaft schildert.

1963 verfasste er in zwei Bänden die *History of the Sikhs.* 1974 wurde ihm der Literaturpreis *Padma Bushan* verliehen. 1984 gab er ihn jedoch aus Protest gegen die Militäraktion »Blue Star« zurück, während der der Goldene Tempel in Amritsar blutig gestürmt wurde, nachdem Sikh-Nationalisten ihn besetzt hatten. Von 1980 bis 1986 war er Mitglied des Oberhauses im Parlament. 1989 schrieb er *Delhi* – die Stadt sollte ihm bis zu seinem Tod Heimat bleiben.

Er war ein kühner, streitbarer und unangepasster Mann, der perfekt mit Humor, Ironie und Sarkasmus zu spielen wusste, gleichzeitig anrüchig wie zärtlich, messerscharf in seinen Analysen und kaum eitel. Der Personenkult, der ihn umwehte, war ihm eher peinlich. Er liebte die subversive Provokation und hasste Denkverbote. Das zeigte sich noch einmal deutlich in seinem 2003 erschienenen Buch *The End of India,* in dem er die Hindu-Fanatiker offen und scharf kritisierte.

Viele nahmen ihm auch übel, wie offen er über Sexualität schrieb. Zwar kann man seine Texte im Vergleich höchstens als »Softporno« beschreiben, doch das reicht bis heute, um die in Prüderie erstarrten Inder zu schockieren. Trotzdem ist beispielsweise ein Charles Bukowski mit seiner »Gossen-Literatur« ein völlig anderes Kaliber. Sehr angreifbar für seine Kritiker war Singh auch, weil er sich offen als Agnostiker oder Atheist bezeichnete.

2013 veröffentlichte er mit seinem Buch *The Good, the Bad and the Ridiculous* eine scharfe Kritik an Religionspraxis, Priestern und der Leichtgläubigkeit der neuen indischen Mittelschicht und ihrer Bereitschaft, sich unreflektiert dem Hindu-Nationalismus hinzugeben. Großartig ist auch sein Buch *Absolute Kushwant – Between Life and Death,* in dem der Großmeister der Kolumne wenige Jahre vor seinem Tod noch einmal ungeschminkt und voller Schalk und ohne Verbitterung auf sein bewegtes Leben zurückblickt.

Kushwant Singh wurde 99 Jahre alt und bleibt für mich eine wichtige Stimme eines liberalen, weltoffenen Indiens, das sich keine Tabus aufzwingen lässt und Religion als Privatsache und nicht als Politikum versteht. Manche sagen, er habe sich gegen Ende seines Lebens noch einmal stärker dem Glauben zugewandt. Natürlich immer mit dem ihm ganz eigenen Humor und seiner Leichtigkeit. Wie er selbst schrieb: »Thank the Lord he is dead, this son of a gun.«

Eine Persönlichkeit wie Kushwant Singh fehlt Indien sehr! Ich hoffe, dass in seinen Fußstapfen neue Literaten den Mut fassen zu schreiben, was sie bewegt, und sich dabei nicht von Hardlinern in ihrer Meinungsfreiheit einschränken zu lassen.

*88. Grund*

## *Weil Vandana Shiva für die Rechte der Bauern und gegen die Saatgutkonzerne kämpft*

Vandana Shiva ist Wissenschaftlerin für Physik, politische Aktivistin, Konsum- und Globalisierungskritikerin. Sie ist eine der bedeutendsten Vertreterinnen für einen grundlegenden Wandel in Indien. Sie setzt sich vor allem für Umweltschutz, Biodiversität, Nachhaltigkeit und Frauenrechte ein und scheut dabei keinen noch so mächtigen Gegner. Das macht sie zum Vorbild für ein gerechteres Indien.

Vandana Shiva sollte außerhalb Indiens viel bekannter sein, steht sie doch für ein modernes Indien des Aufbruchs und der Emanzipation auf Grundlage der indischen Traditionen.

Vandana Shiva stammt aus einer wohlhabenden Brahmanen-Familie. Ihre Eltern waren in der indischen Unabhängigkeitsbewegung engagiert und entschlossen sich dazu, den Kasten-neutralen Beinamen »Shiva« zu führen und sich so für die Abschaffung des Kastensystems, von dem sie selbst profitierten, einzusetzen.

Sie hatte das große Glück, bei einer Mutter aufzuwachsen, die sie ohne das vorherrschende Vorurteil der unterwürfigen Frau in der indischen Gesellschaft aufzog. Diesem Erbe fühlt sie sich bis heute verpflichtet. Sie wuchs in den waldreichen Vorgebirgen des Himalaya auf und entwickelte ein frühes Verständnis für die Schönheit dieser Naturlandschaften und wie wichtig es ist, sie zu schützen.

Zunächst wandte sie sich der Wissenschaft zu. Ihr großes Vorbild war Albert Einstein. Als sie jedoch erkannte, welch zerstörerisches Potenzial in der Nukleartechnologie, für die sie sich besonders interessierte, steckte, wandte sie sich von diesem Forschungsfeld ab und der Quantenphysik zu und studierte für längere Zeit in Kanada.

Nach ihrer Rückkehr nach Indien Ende der 70er-Jahre wurde sie von der Wissenschaftlerin zur Aktivistin. Sie wurde Teil der »Chipko-Bewegung«, die als die erste Umweltbewegung Indiens gilt und Feminismus und Naturschutz vereinte. Die Bewegung richtete sich im Besonderen gegen die industrielle Abholzung von Wäldern und die damit verbundene Zerstörung der Lebensgrundlagen vieler Menschen. Die Aktivisten ketteten sich an Bäume und erreichten schließlich, dass die Regierung sich dafür einsetzte, Gemeindewälder zu erhalten.

Für ihr Engagement wurde sie mehrfach ausgezeichnet. 1993 wurde ihr der Right Livelihood Award, inoffiziell auch Alternativer Nobelpreis genannt, verliehen, weil sie die Themen Frauen und Ökologie in den Mittelpunkt des Diskurses um moderne Entwicklungspolitik gestellt hat. Sie ist Mitglied des Club of Rome, einer gemeinnützigen Organisation, die das Dogma des Wachstums hinterfragt und nach Lösungen für eine nachhaltige Zukunft sucht.

1991 gründete Vandana Shiva die Organisation Navdanya (»Neun Samen«) und setzte sich damit für Saatgutfreiheit und gegen Patente und den steigenden Einfluss der großen Saatgutkonzerne ein, die viel Unheil über Indien gebracht haben. Mit diesem Kampf hat sie es mit großen Konzernen aufgenommen: Bayer mit der Tochterfirma Syngenta, Monsanto (bald wahrscheinlich Teil des Bayer-Konzerns) und Cargill. Diese Unternehmen treiben viele Bauern in die vollständige Abhängigkeit, indem sie ihnen gentechnisch verändertes Saatgut und die dafür »passenden« Pestizide anbieten. Abgesehen von den verheerenden Auswirkungen auf die Umwelt liegt das größte Problem darin, dass das neue Saatgut nicht nachbaufähig ist. Hybridsorten können nur im Labor erzeugt werden, da hier Inzestlinien gekreuzt werden, um einmalig eine optimale Ernte zu erzielen. Bei gentechnisch veränderten Sorten, die vermehrt werden können, untersagt ein Knebelvertrag den Bauern die Weiterverwendung des Saatguts. Das greift in das Kerngeschäft der Landwirte ein. So sind die Bauern gezwungen, das Saatgut jedes Jahr neu zu kaufen, und geraten durch jede Missernte in die Gefahr, neues Saatgut nur mithilfe von Krediten beziehen zu können. Die schlimmste unmittelbare Folge, über die 2006 auch *DER SPIEGEL* berichtete, war der Selbstmord von Tausenden Bauern, von denen sich viele absichtlich mit den Pestiziden vergiftet hatten, weil sie die »Schande« nicht ertragen konnten.*

Menschen wie Vandana Shiva sind essenziell wichtig, weil sie den Finger in die Wunde legen, sich nicht von Gewaltandrohung einschüchtern lassen und Perspektiven aufzeigen, wie Indien in eine gerechtere Gegenwart geführt werden könnte. Oder Unternehmer wie Anil Jain, die ein Interesse daran haben, dass Bauern mehr verdienen, um ein würdiges Leben führen zu können und fairen Zugang zu Tröpfchen-Bewässerung, Wissen und Saatgut zu bekommen. Die Subsistenzwirtschaft, von der bis heute viele Inder abhängen, spielt dabei eine wichtige Rolle. Die Problematik von Monokulturen und Pestiziden reicht außerdem weit über Indien hinaus. Für mich ist Vandana Shiva eine der Lichtgestalten des modernen Indiens.

*89. Grund*

## *Weil sich Arundhati Roy für die Rechte von Minderheiten einsetzt*

Arundhati Roy ist eine der wichtigsten Frauen im heutigen Indien, die sich für die Rechte von Adivasi und Dalit sowie gegen das Kastensystem und die Instrumentalisierung von Religion im modernen Indien einsetzt. Meiner Meinung nach sollte sie im eigenen Land viel

* *Vgl.: www.spiegel.de/wirtschaft/selbstmord-serie-tausend-indische-bauern-gehen-in-den-tod-a-446922.html*

mehr Gehör finden. Roy beschäftigt sich aber auch mit internationalen Entwicklungen, ist profilierte Kritikerin an Kapitalismus und vorherrschender Globalisierung. Darüber hinaus ist sie die bekannteste Schriftstellerin Indiens, die bereits mit ihrem ersten Roman *Der Gott der kleinen Dinge* berühmt wurde. Gerade erschien nach 20 Jahren ihr zweiter Roman *Das Ministerium des äußersten Glücks*, in dem sie sich wieder nicht scheut, Missstände zu verarbeiten, ohne sich von denen einschüchtern zu lassen, die sie als »Nestbeschmutzerin« diffamieren wollen.

Das Besondere an ihrem Erfolg ist auch, dass Arundhati Roy immer in Indien gelebt hat und sich damit von ihren erfolgreichen literarischen Vorgängern unterscheidet, die meist in Oxford oder Cambridge studiert haben, dauerhaft im Ausland leben und deren Muttersprache Englisch ist – während nur 3 % der indischen Bevölkerung englischsprachige Literatur liest. Roy kennt Indien von innen und hat alle Entwicklungen hautnah miterlebt, was sie in einer sehr bildhaften Sprache voller Metaphern erzählt.

Arundhati Roy wurde 1961 in Shillong im nordöstlichen Bundesstaat Meghalaya geboren. Ihr Vater war ein Teepflanzer, ein hinduistischer Bengale, ihre Mutter eine syrische Christin aus Kerala. Doch bald nach Arundathis Geburt zerbrach die Ehe, und die Mutter ließ sich scheiden – ein ungewöhnlicher Schritt für die damalige Zeit. So wuchs Arundhati bei ihrer Großmutter in Kerala auf. Ihre Mutter leitete dort eine christliche Reformschule, den Vater lernte sie erst kennen, als sie Ende 20 war.

Sie genoss einige Freiheiten, da sie bestimmten Konventionen von Religion, Kaste und Tradition nicht unterworfen war, zugleich war sie eine absolute Außenseiterin, ohne Chance, sich in die lokale (Kasten-)Gesellschaft einzufügen (auch die Christen Keralas entwickelten eine Art Kastensystem). Diese Erfahrungen sollten sie stark prägen.

Mit 16 Jahren zog sie nach Delhi, wo sie bis heute wohnt. In der ersten Zeit lebte sie in einer kleinen Hütte und verdiente ihr Geld mit Flaschensammeln, während sie erfolgreich ihr Studium an der Delhi School of Architecture absolvierte.

Roys zweiter Ehemann, der Filmregisseur Pradip Krishen, weckte ihr Interesse am Film, und sie begann, Drehbücher zu schreiben und kleinere Rollen zu spielen. Sie wollte aber nicht in einem Team arbeiten, sah sich als Einzelkämpferin und wandte sich der Literatur zu.

1997 wurde sie mit ihrem ersten Roman *Der Gott der kleinen Dinge*, an dem sie fünf Jahre gearbeitet hatte, über die Grenzen Indiens hinaus berühmt. Der semibiografische Roman erzählt als Familientragödie von den Erfahrungen ihrer Kindheit, von gescheiterter Liebe, Spannungen zwischen den Generationen, vom Leben syrischer Christen in Kerala. Sie beleuchtet die massive Benachteiligung der Frau in der indischen Gesellschaft, die Folgen von Kastensystem und Fremdherrschaft sowie der Zerstörung der Lebensgrundlagen im modernen Indien. Der kulturelle Zwang und das individuelle Aufbegehren stehen in einem starken Spannungsverhältnis. Der Roman verkaufte sich inzwischen in 30 Ländern, erhielt den renommierten Booker Prize und verhalf Arundhati Roy zum Durchbruch.

In der Folgezeit wendete sie sich trotz Angeboten für einen Nachfolgeroman stärker politischen Essays und öffentlichen Reden zu. Immer mehr wurde aus der Chronistin eine streitlustige und unerschrockene Aktivistin. Sie kritisierte öffentlich die Zuspitzung zwischen den Atommächten Indien und Pakistan im Konflikt um Kaschmir, als die Situation um das Jahr 2000 fast eskalierte. Sie benannte offen den (wieder) zunehmenden Rassismus der Hindu-Nationalisten, stellte immer wieder das Kastenwesen infrage, behandelte aber auch internationale Fragen. So kritisierte sie den »Krieg gegen den Terror«, den Irak-Feldzug von George W. Bush und die Politik von Weltbank und Welthandelsorganisation. Sie betonte in ihren Essays die Themen Umweltschutz, Engagement für den Frieden und stellte die Wirkungsweise von einseitiger Globalisierung infrage.

Besonders engagierte sie sich im Kampf gegen den Dammbau entlang des Flusses Narmada. Sie kritisierte vor allem die Entrechtung der Adivasi und Dalit scharf, die ohne ausreichende Kompensation von ihrem Land vertrieben wurden. Sie spendete Preisgelder und Tantiemen für Bürgerrechtsbewegungen gegen den Dammbau.

Roy schreckte auch nicht davor zurück, das indische Idol Gandhi zu kritisieren. In ihrer Schrift *The Doctor and the Saint* zur Einführung in eine kritische Ausgabe von Bhimrao Ramji Ambedkars *Annihilation of Caste* stellte sie fest, dass Ambedkar, der selbst aus der Schicht der »Unberührbaren« stammte und wie Gandhi zu den Vordenkern und Gründungsvätern des heutigen Indiens zählte, das Kastensystem tatsächlich abschaffen wollte, während Gandhi sich zwar für die Benachteiligten einsetzte, aber nicht grundsätzlich die aus dem Kastensystem resultierende Unterdrückungskultur infrage stellte. Er wollte für die Dalit sprechen, ihnen jedoch keine Selbstorganisation zugestehen.

In Jahr 2005 lehnte sie den Sahitya Akademi Award, den höchsten indischen Literaturpreis, ab, aus Protest gegen die Politik der indischen Regierung. 2015 gab die leidenschaftliche Querdenkerin gemeinsam mit anderen indischen Künstlern zahlreiche Auszeichnungen zurück, um gegen die zunehmende Gewalt gegen Muslime in Indien zu protestieren. Anlass war der Mord an einem Moslem, der aufgrund des Gerüchts, er habe Rindfleisch gegessen, von einem aufgebrachten Mob getötet wurde. Solche Fälle häufen sich seit Jahren. Doch die Mehrheit der indischen Gesellschaft schweigt zu solch kontroversen Themen und nimmt die Gewalt hin oder blendet sie als Propaganda gegen Hindus aus.

Arundhati Roy hat sich mit ihrem Engagement viele einflussreiche Feinde geschaffen und erhält regelmäßig Todesdrohungen. Viele Inder verehren sie jedoch gerade für ihr mutiges Eintreten für ihre Grundüberzeugungen. Menschen wie sie machen Hoffnung darauf, dass sich Indien von innen heraus verändern kann.

*90. Grund*

## *Weil Kailash Satyarthi die Kinderarbeit bekämpft*

Kinderarbeit und die Ausbeutung Minderjähriger sind nach wie vor gravierende Probleme in Indien. Zum Glück gibt es Menschenrechtsaktivisten, die für ihre Rechte kämpfen. Einer von ihnen ist Kailash Satyarthi, der 2014, gemeinsam mit der pakistanischen Frauenrechtlerin Malala Yousafzai, mit dem Friedensnobelpreis geehrt wurde. Damit war er der erste Inder, dem diese Ehre zuteilwurde. Mahatma Gandhi war zwar häufig für die Verleihung nominiert worden, hatte die Auszeichnung jedoch nie erhalten.

Kailash Satyarthy wurde 1954 als Kailash Sharma geboren. Satyarthi bedeutet »Einer, der sich der Wahrheit widmet«. Sein Hauptaugenmerk gilt dabei der Kinderarbeit, der Sklaverei, dem Missbrauch und dem Menschenhandel.

Bereits in frühen Jahren entwickelte er ein Gespür dafür, welche Privilegien er als Kind aus gutem Hause selbst besaß. Ihm wurde schmerzlich bewusst, dass viele Gleichaltrige keinerlei Perspektiven hatten. Bereits mit elf Jahren sammelte er erstmals Schulgeld für arme Kinder ein. Nachdem er Ingenieur in Elektrotechnik studiert und gelehrt hatte, konzentrierte er sich ab seinem 26. Lebensjahr ganz auf das Thema Kindersklaverei und gründete die Grassroots-Organisation Bachpan Bachao Andolan (Save Childhood Movement), die heute mit fast 500 Partnerorganisationen in Indien, Pakistan, Nepal, Bangladesch, Bhutan und Sri Lanka zusammenarbeitet.

Später engagierte er sich in dem internationalen Projekt »Global March Against Child Labour« und organisierte in Indien in der Tradition Gandhis »Gerechtigkeitsmärsche«, zu denen er Gewerkschaften, die Zivilgesellschaft und bereits befreite Kinder mobilisieren konnte. Die Proteste führten zu einer Gesetzesänderung, die zumindest die schlimmsten Formen von Kinderarbeit unter Strafe stellt.

Schätzungen zufolge hat Kailash Satyarthi mit seiner Organisation bereits 80.000 Kinder aus der Sklaverei oder der vererbten Schuldknechtschaft befreit. Seine Arbeit ist jedoch sehr gefährlich. Häufig wurden Kailash Satyarthi und seine Mitarbeiter Opfer brutaler Angriffe in den illegalen Fabriken. Die versteckten Produktionsstätten werden von bewaffneten Sicherheitskräften bewacht. Denn es ist leider noch immer ein lukratives Geschäft, in dem die Kinder mit Cent-Beträgen abgespeist werden.

Nicht alle Verbote führen zum erhofften Ziel. Nachdem man kürzlich die Glimmer-Minen* in Bihar verboten hat, ist die Arbeit noch gefährlicher geworden, weil die illegalen Minen, die immer tiefer im Wald gegraben werden, ständig einsturzgefährdet sind. Auch in der Landwirtschaft ist umstritten, ob das alleinige Verbot, dass Kinder mitarbeiten, den Kindern hilft, weil sie zur Schule gehen können, oder schadet, weil sich die Familie nicht mehr ausreichend ernähren kann. Sinnvolle Änderungen ergeben sich nur, wenn die Perspektiven für die ganze Familie verbessert werden. Nur so können langfristige Veränderungen auf den Weg gebracht werden. Denn gerade auf dem Land haben sich die Lebensbedingungen für viele trotz Wirtschaftsboom kaum gebessert. Viele besitzen kein Land und bleiben daher abhängig.

Schätzungen gehen davon aus, dass im heutigen Indien 12,5 Millionen Kinder arbeiten müssen. Ihnen bleibt eine unbeschwerte Kindheit verwehrt. Sie putzen Schuhe, werden von kriminellen Banden zum Betteln geschickt, im schlimmsten Fall zum Krüppel geschlagen, oder man nimmt ihnen absichtlich das Augenlicht, um Mitleid zu erwecken. Sie sammeln Müll und leben nicht selten selbst auf einer Mülldeponie. Sie knüpfen Teppiche, servieren Tee, verkaufen Obst und Souvenirs. Andere müssen ihre Kindheit in Steinbrüchen oder illegalen Minen unter widrigsten Bedingungen opfern. Manche Familien fühlen sich in der Notlage, ihre Kinder wegzugeben, wenn sie nicht alle Kinder versorgen können. Es hat viel zu lange gedauert, die Geburtenrate zu senken. Ein echter Sozialstaat mit Rentenversicherung existiert bis heute nicht. Natürlich ist das kein rein indisches Problem. Schätzungen gehen davon aus, dass weltweit noch immer über 150 Millionen Kinder arbeiten müssen.

Satyarthi setzt auf praktische Lösungen. Er etablierte das »Rugmark-Siegel«, das bestätigt, dass ein Teppich nicht von Kindern hergestellt wurde. Seitdem ist in der Teppichindustrie der Anteil der Kinder um stolze zwei Drittel gesunken. Seit 1995 wurde das Siegel durch »Good Weave« ersetzt. Satyarthi initiierte 18 Rehabilitations-

---

* *Glimmer wird für Lacke und Kosmetik verwendet.*

und Bildungszentren, die dafür sorgen sollen, dass die Kinder eine Ausbildung machen und neue Perspektiven entwickeln können. 2017 trat eine weitere Gesetzesverschärfung bezüglich Mindestalter und gegen besonders extreme Formen der Ausbeutung in Kraft. Entscheidend ist aber am Ende, dass solche Gesetze durch Kontrollen überprüft und Verfehlungen streng geahndet werden. Kailash Satyarthi wird das auch in Zukunft kritisch beobachten.

Auch wenn die bittere Armut für den Touristen oft schwer auszuhalten ist, sollte man unter keinen Umständen Geld oder Wertgegenstände an Kinder geben. Wer etwas geben will, der kann etwas zu essen kaufen. Selten kommt das Geld den Kindern selbst zugute, und wenn doch, so lernen sie nur, abhängig von anderen zu sein. Trotzdem gibt es am Ende kein Richtig und kein Falsch, und man sollte letztendlich auf sein Herz hören.

Satyarthis Kampf ist noch lange nicht zu Ende. Zwar hat sich durch seinen Einsatz bereits einiges ändern können, doch bis zur Abschaffung der Kinderarbeit ist es noch ein langer Weg. Menschen wie er machen Hoffnung, dass dieses Ziel eines Tages verwirklicht werden kann.

*91. Grund*

## *Weil der Mogulherrscher Akbar religiöse Toleranz förderte*

Dschalāludin Mohammed Ākbar (»Der Große«) war der bedeutendste unter den Mogulkaisern, die Indien zwischen 1526 und 1858 beherrschten. In ihrer frühen Phase prägten die Moguln eine Kultur, in der persische, indische und mongolische Einflüsse verschmolzen. Ihr Machtzentrum war die Achse Agra – Delhi – Lahore.

Akbar stammte aus der zentralasiatischen Dynastie der Timuriden. Sein Vorfahr Timur hatte bereits über ein großes zentralasiatisches Reich geherrscht, und er wollte das mongolische Großreich unter Herrschaft des Islams wiedererrichten. Timurs Reich mit der

Hauptstadt Samarkand umfasste zum Höhepunkt seiner Macht Usbekistan, Turkmenistan, Afghanistan, Tadschikistan, Kirgisistan, den Iran, den Irak, Pakistan sowie Teile von Kasachstan, Syrien, der Türkei sowie den Nordwesten Indiens. 1398 eroberte Timur Delhi. 1402 besiegte er, schon nahezu erblindet, das Heer des Osmanischen Reiches unter Sultan Bayezid I. In der Nähe der heutigen türkischen Hauptstadt Ankara, verzichtete im Anschluss aber darauf, Konstantinopel anzugreifen. Während seines 1405 begonnenen Feldzugs gegen China starb Timur in Kasachstan, und sein Großreich zerfiel schnell wieder. Timur galt als äußerst brutaler und tyrannischer Herrscher, war aber auch ein Förderer der Künste und der Literatur. Ein Erbe, das sich später auch im Mogulreich zeigen würde.

Aus diesem Geschlecht stammte auch Babur, der das Mogulreich begründete. Die frühe Zeit der Mogulherrschaft über Indien war von Toleranz geprägt. Besonders tat sich darin Akbar hervor. Bereits 1555 bestieg er offiziell den Thron als Nachfolger Humayuns. Das Reich wurde jedoch zunächst verwaltet vom Regenten Bairam Khan. 1561 setzte er sich endgültig an die Spitze der Moguldynastie.

Allerdings war Akbar zunächst wenig tolerant. Als er seine Herrschaft antrat, befand sich das Mogulreich in einer frühen Krise und herrschte nur noch über Delhi und das Umland. Akbar startete erste kleinere Eroberungsfeldzüge, setzte dabei auf Kriegselefanten, Kavallerie, Kanonen und Musketiere. Er kämpfte selbst an der Seite seiner Soldaten und war bald für seinen Kampfesmut berüchtigt. Seine größten Widersacher waren zunächst die Rajputen von Mewar Udai Singh (1537–1572) und sein Nachfolger Pratab Singh (1572–1597). 1567/68 belagerte Akbar die Stadt Chittorgarh. Udai Singh floh und gründete die neue Hauptstadt in Udaipur. Akbar richtete nach seinem Sieg ein brutales Massaker an.

Erst jetzt änderte er seine Strategie. Er ging dazu über, die geschlagenen Gegner mit Großmut zu behandeln, um sich so deren Unterstützung als Vasallen zu sichern. Nach seinen siegreichen Feldzügen verstand er es mithilfe einer geschickten Heiratspolitik, Nordindien zu stabilisieren. Er zog den Maharadscha von Amber auf seine Seite und heiratete eine Prinzessin aus seinem Geschlecht. Er ermunterte seine Untergebenen, ähnliche Bande zu knüpfen, und so entstanden ein Heiratsgeflecht und viele Allianzen innerhalb der verschiedenen Religions- und Kulturgemeinschaften im Großreich. Er gestand auch Hindus hohe Ämter zu. Die Hofsprache blieb jedoch Persisch.

Die größte Ausdehnung des Mogulreichs unter Akbar einte ein Gebiet von Afghanistan im Nordwesten über Nordindien bis ins ostindische Bengalen. Er verfügte Verwaltungsreformen, die seine Herrschaft zementierten. Er schuf ein System von Ministern, Beamten, Steuereintreibern, schaffte die Steuern für Nichtmuslime ab, ersetzte die allgemeine durch eine Ertragssteuer, änderte das Rechtssystem vom orthodoxen Rechtssystem *Taqulid* zum liberaleren *Idschtinad*. Zugleich baute er ein stehendes Heer auf, um die Grenzen seines Großreichs zu verteidigen. Er wurde zum großen Förderer von Kunst, Literatur, Sprache und Wissenschaft und schuf eine große Bibliothek mit Werken in Sanskrit, Urdu, Persisch, Griechisch, Latein und Arabisch. Akbar selbst soll jedoch Analphabet gewesen sein. Als Philosoph und Denker beschäftigte er sich mit dem Sinn des Lebens und der Suche nach dem wahren Glauben und der entsprechenden Ethik, die sich daraus ableitet. 1575 eröffnete er die *Ibadat-hana*, eine öffentliche Disputier-Halle für religiöse Fragen.

Zunächst trat er öffentlich als sunnitischer Muslim auf, privat war er schon immer geprägt von der Sufi-Philosophie als Erkenntnisschule.

Er stellte sich gegen die unheilvollen hinduistischen Traditionen von Kinderheirat und Sati (der Witwenverbrennung). Andere hinduistische Rituale integrierte er in seine Herrschaft, etwa *Darshan* (das morgendliche Präsentieren vor der Menge). 1579 brach er mit den orthodoxen Ulama. Stattdessen lud er Jesuiten aus Goa an seinen Hof und interessierte sich für neo-platonische Philosophie.

In der Folge musste Akbar sich der Ambitionen seines Halbbruders Hakim erwehren, der als Fürst über Kabul regierte. 1580/81 wurde Hakim, unterstützt von Adel aus Afghanen und mongolischstämmigen Turkvölkern, in Bengalen zum Herrscher ausgerufen. Daraufhin eroberte Akbar 1581 Kabul.

Zu seinen Lebzeiten ließ er das Grabmal für Humayun und das Rote Fort in Agra erbauen. Zwischen 1569 und 1576 wandte er sich einem noch größeren Projekt zu und ließ die neue Hauptstadt des Mogulreichs, Fatehpur Sikri, erbauen. Doch ab 1585 musste er den Hof nach Lahore verlegen und verbrachte dort 13 Jahre, um Angriffe der Usbeken abzuwehren. Zwischen 1585 und 1589 wurde Kaschmir ein Teil des Mogulreichs. Gerne zog Akbar sich dorthin zurück und legte den ersten Paradiesgarten »Wah Bag« an.

1605 starb Akbar in Agra und wurde im eigens gebauten Akbar-Mausoleum bestattet, das von seinem Nachfolger Jahangir 1613 fertiggestellt wurde und das flächenmäßig größte Grabmal Indiens darstellt. Es liegt zehn Kilometer nordwestlich von Agra in unmittelbarer Nähe des heiligen Stroms Yamuna.

Akbar hat entscheidend dazu beigetragen, dass Hindus, Buddhisten, Sikhs und Muslime in der frühen Mogulzeit in (zumeist) friedlicher Koexistenz leben konnten.

*92. Grund*

## *Weil Jiddu Krishnamurti sich nicht zum »Weltenlehrer« verklären ließ*

Jiddu Krishnamurti wurde als achtes Kind 1895 im südindischen Mandanapalle in eine orthodoxe Brahmanen-Familie geboren. Seine Lebensgeschichte wurde geprägt von europäischen Esoterikern, die ihn für ihre Zwecke einspannen wollten. Glücklicherweise scheiterten sie damit kolossal. Wegen dieser Umstände ist seine Biografie einzigartig und offenbart, wie lange Indien bereits Projektionsfläche westlicher Verklärung war.

Jiddu Krishnamurtis Mutter starb, als er zehn Jahre alt war, und der Vater wurde eines der ersten Mitglieder des indischen Adyar-Ordens, einer Sekte der Theosophischen Gesellschaft, der sich 1889 in Madras gegründet hatte. Die Anführer vom Orden des Sterns im Osten, Annie Besant, George Arundale und Charles Leadbeater, versuchten ihre eigenen Theorien mit denen von hinduistischen Reformbewegungen zu verschmelzen. Der »Bischof« Charles Leadbeater, ein bekennender Päderast (!), erblickte bei einem Spaziergang am Strand in dem jungen Jiddu aufgrund seiner »schönen Aura« einen kommenden »Weltenlehrer«. Fortan übernahm die Präsidentin Annie Besant die Erziehung des »Messias«, den vor allem sie selbst erwartet hatte. Sie adoptierte ihn und schickte ihn in England und Frankreich zur Schule. Mit seinem 33. Lebensjahr sollte aus ihm eine skurrile Mischung aus Matreya (der kommende Buddha), Krishna und Jesus Christus werden.

Die Theosophische Gesellschaft war 1875 in New York um das spiritistische »Medium« Helena Petrovna Blavatsky gegründet worden. In ihren Theorien trachtete sie danach, ihre »Geheimlehre« mit Wissenschaft, Religion und Philosophie zu verbinden. Sie lehnte sowohl die Schöpfungsgeschichte als auch die Evolutionstheorie ab und überhöhte die »Rasse der Arier«. Sie behauptete, der Mensch sei die älteste Lebensform auf der Erde – er habe in heutiger Gestalt bereits in der Kreidezeit existiert. Die Menschenaffen seien aus der geschlechtlichen Vereinigung degenerierter Menschenrassen mit »weiblichen Tierungeheuern« entstanden.

Leider sind solche rassistischen Thesen kein Einzelfall. Auch die deutschen »Nationalromantiker« des 19. Jahrhunderts übernahmen indische Motive von einem »Übermenschen«, ein Motiv, das auch bei Friedrich Nietzsche auftaucht. Die Rassentheorie der Nationalsozialisten ist nicht ohne diese Vorlagen denkbar. Noch heute ist es eine große Irritation für den Indien-Neuling, so oft der *Swastika*, dem alten indischen Glückssymbol, zu begegnen. Besonders als Deutscher empfand ich diesen Anblick des Hakenkreuzes lange als sehr verstörend, auch wenn die Symbolik von den Nazis völlig aus dem Kontext gerissen wurde.

Von diesem aufgezwungenen und starren Erbe emanzipierte sich Krishnamurti jedoch immer mehr. 1929, als er gerade zum »Weltenlehrer« aufgestiegen war, legte er alle »Würden« nieder und erklärte sich zum gewöhnlichen Sterblichen – für die Mitglieder des autoritär organisierten »Stern-Ordens« ein schwerer Schock. Krishnamurti wollte keine hörige Gemeinde, und eine allein seligmachende Wahrheit wollte er auch nicht verkaufen. »Die Wahrheit ist ein wegloses Land«, verkündete er, »und sie ist durch keine Religion und keine Sekte zu erreichen.«* Die Organisation empfand er als einschnürend. Sie unterdrückte seiner Auffassung nach die Wahrheit. Er war der Überzeugung, dass jeder Mensch eigenständig nach der Wahrheit suchen müsse und man sie nicht vom Berg zu den Suchenden herabtragen könne – jeder müsse den Berg selbst erklimmen. Die Rolle eines Führers, die ihm vorgesehen war, lehnte er strikt ab. Freiheit des Individuums war für ihn zentral. Doch während etwa die Lehre Sigmund Freuds dazu aufrief, die abgespaltenen Ich-Anteile in das Selbst zu integrieren, unterschied Krishnamurti nicht zwischen Ego, Ich und Selbst und sah nur in der Überwindung des Egos einen Weg zur Erlösung.

Den Status eines »Anti-Gurus« behielt er jedoch nicht lange. Paradoxerweise fand er mit dieser Haltung wieder viele New-Age-Anhänger in aller Welt, die ihm auf Massenveranstaltungen andachtsvoll lauschten, wenn er seine Botschaften von »innerer Revolution« und Gewaltlosigkeit verkündete. Ganz konnte er seiner Rolle nicht entkommen. Später versöhnte er sich auch mit Teilen der Theosophischen Gesellschaft.

Trotzdem unterschied er sich wohltuend von vielen Gurus, unter denen es auch zahlreiche Scharlatane gibt. Neben Maharishi, dem der Ruhm im Westen zu Kopf stieg, war der bekannteste von ihnen Osho, auch bekannt als Bhagwan. Sicher gibt es viele schöne Zitate und Gedanken aus seiner Feder. Doch er verrannte sich kolossal, hörte auf die falschen Leute, blähte sein Ego auf, sammelte Luxusgüter, während er Enthaltsamkeit predigte, wurde zunehmend paranoid und machte schließlich das Leben vieler seiner »Jünger« in seinem esoterischen Disneyland in den USA zu einem Scherbenhau-

* *Aus einer Rede am 3. August 1929, in der er vor 3.000 Anhängern die Auflösung des »Order of the Star in the East« bekannt gab.*

fen. Viele von ihnen waren traumatisiert von sexuellen Übergriffen, Überwachung und Gewalt. Am Ende schwärmte Osho von Hitler und war der Meinung, er habe Aids entdeckt.

Von solchen Irrwegen hielt sich Krishnamurti weitgehend fern. In seinen wichtigsten Veröffentlichungen und Vorträgen, die Krishnamurti in aller Welt hielt, thematisierte er spirituelle Fragen. Im Vordergrund stand die Erlangung von geistiger Freiheit mithilfe von Meditation, außerdem behandelte er vielfältige religiöse und philosophische Themen, beschäftigte sich mit menschlichen Konflikten und Beziehungen sowie dem Sterben.

Krishnamurti starb im Alter von 91 Jahren in Ojaj in Kalifornien.

*10. Kapitel*

# *Der Süden*

*93. Grund*

## *Weil Bombay einen Blick in Indiens Zukunft bietet*

Bombay ist inzwischen die größte Stadt Indiens und die Herzkammer des indischen Schmelztiegels. Die Anziehungskraft der Metropole, in der knapp 20 Millionen Menschen leben, ist ungebrochen. Die Stadt ist Sehnsuchtsort für viele arme Inder aus ländlichen Regionen, die sich neue Freiheiten, Fortschritt und Aufstiegschancen abseits der zementierten Hierarchien in den Dörfern versprechen. Genauso verlockend ist die Stadt für eine junge, kosmopolitische Elite, die für das moderne Indien steht, symbolisch vertreten durch die magische Anziehungskraft der Filmindustrie Bollywood. Der Zustrom in die Stadt ist längst außer Kontrolle.

Das Stadtzentrum Bombays bestand einst aus sieben Inseln. Sie wurden vom Fischervolk der Koli besiedelt. Auf der etwas weiter entfernten Insel Puri (Elephanta Island) entstanden die größte Ansiedlung der Region und ein buddhistisches Kloster. Interessanterweise leben die Nachfahren der Koli noch immer in dörflichen Gemeinschaften im südlichsten Stadtteil Colaba, auch wenn nur noch ein Teil von ihnen dem Fischfang nachgeht. Noch können sie sich dem Zugriff von großen Investoren auf die Filetstücke direkt am Arabischen Meer widersetzen.

1534 wurden die Inseln von Portugal annektiert. Eine davon wurde von ihnen *Bom Bahia* – »gute Bucht« – genannt, aus dem sich wahrscheinlich später der Name Bombay entwickelte. Die Portugiesen begannen damit, Land zwischen den Inseln aufzuschütten, die Arbeit wurde unter den Briten fortgeführt, und bis heute dauert sie an, um neue Flächen für die Stadt zu erschließen und die Bewohner vor den regelmäßigen Überschwemmungen während des Monsuns zu schützen.

Mit der Zeit entstand eine einzige Insel, die noch später mit der nördlich gelegenen, deutlich größeren Insel Salsette verbunden wurde. Auch sie gehört längst zur Metropolregion Bombay mitsamt der Großstadt Thane, die im Nordosten an der Mündung des Thane-Flusses liegt. Diese gewaltige natürliche Meeresbucht liegt im Osten Bombays und ist mit dem Arabischen Meer verbunden. Auch im Nordwesten gibt es die kleinere Bucht des Vasai. Beide Meeresbuchten sind zugleich Mündungsarme des Flusses Uhlas. So liegt Bombay auf einer einzigen schmalen Halbinsel, die sich weit ins Arabische Meer vorstreckt und deren Südspitze das Stadtzentrum bildet.

Jenseits der Thane-Bucht wurde auf dem Festland seit Ende der 60er-Jahre der Stadtteil Navi (»Neu«) Bombay entwickelt, der über zwei Brücken direkt mit Bombay verbunden ist. Zunächst wurde dort Industrie angesiedelt, später wurde es zu einer Satellitenstadt ausgebaut. Inzwischen befindet sich dort eine der größten Sonderwirtschaftszonen Indiens, in denen besonders niedrige Zollgebühren locken.

1875 entstand in Bombay die erste Börse Asiens, heute verfügt die Stadt über die beiden größten Börsenhäuser des Landes. Bombay ist inzwischen einer der wichtigsten Finanzplätze weltweit, und die Metropolregion erwirtschaftet über 30 % des gesamten indischen Steueraufkommens.

Doch der Kontrast zwischen Arm und Reich in der Stadt ist erdrückend. Die krassen Gegensätze, von denen ganz Indien geprägt ist, sind in Bombay noch potenziert. Noch immer werden 60 % der Stadtfläche von Slums eingenommen, in denen über sechs Millionen Menschen leben. Die gesamte Metropolregion Bombay liegt nur auf einem Drittel der Fläche von Groß-London. Die Einwohnerdichte beträgt im Schnitt 28.500 Einwohner pro Quadratkilometer und erreicht Spitzenwerte von über 100.000.

Die Immobilienpreise sind explodiert. 46.000 Millionäre sollen in Bombay leben. Längst wächst die Stadt vor allem in die Höhe. Es entstehen immer mehr riesige Wohnhochhäuser im Zentrum, die nur für die Ober- oder die gehobene Mittelschicht erschwinglich sind. Die Slumbewohner hingegen werden zunehmend an den Stadtrand umgesiedelt. Viele Wohlhabende, etwa in Bandra, leben in sogenannten »Gated Communities« mit eigenem Wachschutz.

Mit einem Telefonanruf lässt sich alles ins Haus liefern, was man für einen gehobenen Lebensstil braucht.

Der größte Slum Dharavi hingegen beherbergt eine halbe Million Menschen und liegt inzwischen umzingelt von der boomenden Großstadt. Die gehobene Mittelschicht und die Reichen blicken von ihren Apartment-Hochhäusern mit infamer Grundfläche von weit oben direkt auf den Slum, in dem Menschen eingepfercht leben. Die wehren sich natürlich gegen alle Versuche, sie aus dem Stadtzentrum zu vertreiben, langfristig können sie nur hoffen, dass sie in moderne Wohnkonzepte mit mehr Wohnraum und Hygiene einbezogen und nicht einfach verdrängt werden.

Das Aufeinanderprallen von so unterschiedlichen Lebensrealitäten, alle getrieben vom Traum, sich aus dem indischen Chaos als siegreicher Gewinner zu erheben, ist erschütternd und voller Widersprüche.

Es ist die große Frage, wie es gelingen kann, mehr Menschen am wirtschaftlichen Aufschwung zu beteiligen, da Bombay und ganz Indien sonst der Kollaps droht. Neben neuen Wohnungskonzepten wird es vor allem darauf ankommen, die völlig überforderte Infrastruktur zu erneuern und allen Bewohnern der Stadt den Zugang zu sauberem Trinkwasser und medizinischer Versorgung zu ermöglichen. Eine große Herausforderung ist außerdem, ein funktionierendes Recyclingsystem zu schaffen. In den großen indischen Städten wird sich die Zukunft Indiens entscheiden. Immerhin liegt das aktuelle Durchschnittsalter der indischen Bevölkerung bei nur 26 Jahren.

Auch als wichtigste Hafenstadt hat Bombay noch immer entscheidende Bedeutung für die indische Wirtschaft. Zwei der drei wichtigsten indischen Häfen befinden sich dort. Neben dem traditionellen Mumbai Port im Innenstadtbereich ist der private Nhava Sheva Port (ursprünglich war er nach dem indischen Staatsgründer Nehru benannt) heute einer der 25 wichtigsten Containerumschlaghäfen weltweit. Dort werden 60 % des indischen Containerhandels abgewickelt. Er befindet sich südlich von »Neu-Bombay« auf dem Festland.

Besonders eindrucksvoll aufgrund seiner spektakulären neogotischen Architektur ist der alte Bahnhof Chhatrapati Shivaji Terminus im Herzen der Stadt, der 1888 von den Briten fertiggestellt wurde und bis 1996 Victoria Station hieß, was auch immer noch geläufig ist. 1.000 Züge und drei Millionen Passagiere werden hier jeden Tag abgefertigt. Damit ist er einer der verkehrsreichsten weltweit. Auch er gehört zum Welterbe der UNESCO.

Besonders die Vorortzüge sind von großer Bedeutung für die Stadt. 200 Züge bedienen täglich 2.000 Verbindungen. Nirgendwo sonst werden auf so engem Raum so viele Passagiere befördert wie innerhalb Bombays. Der Preis ist für viele Pendler ein Arbeitsweg von drei bis vier Stunden jeden Tag. Eine Metro existiert im Gegensatz zu Delhi und Kalkutta nicht. Wer es sich leisten kann, nutzt eines der charakteristischen schwarz-gelben Ambassador-Taxis, die in dieser Häufung nur in Bombay anzutreffen sind und einiges mehr kosten als klassische Rikscha-Taxis.

Das Tor zur Welt ist das zwischen 1911 und 1924 zu Ehren des Besuchs des britischen Königs Georg V. erbaute Gateway of India, zugleich auch die bekannteste Sehenswürdigkeit Bombays. Ironischerweise wurde das Bauwerk später zum Symbol der Niederlage gegen die indische Unabhängigkeitsbewegung. Von dort aus verließen die letzten britischen Truppen das freie Indien. In direkter Nachbarschaft befindet sich auch das berühmte Hotel Taj Mahal Palace.

Direkt vom Gateway of India lässt sich auch wunderbar der Großstadthektik entfliehen, indem man ein Boot auf die dicht bewaldete Insel Elephanta nimmt, die zum UNESCO-Weltkulturerbe zählt. Dort lassen sich imposante Höhlentempel mit hinduistischen Gottheiten bestaunen. Großartig ist auch der Blick auf die Metropole vom Wasser aus. Die Fahrt mit dem Boot über die Thane-Bucht dauert etwa eine Stunde.

Es gibt auch einen »Stadtstrand«. Der Chowpatty Beach ist allerdings nur etwas für Menschen, die sich nicht an den Abwässern und dem Müll stören. Generell ist das Meer aber ein Segen für die Stadt, und es ist wunderbar, an den langen Kaimauern entlangzuflanieren und den salzigen Geruch des Meeres einzuatmen.

Ich persönlich habe mich mit der extremen Reizüberflutung der indischen Metropolen immer schwergetan. Gleichzeitig erfährt man nirgendwo so viel über die Alltagsmentalität des modernen Indiens und seiner immensen Widersprüche.

Bei meinem ersten Besuch in Bombay war schon die Anfahrt mit dem Bus aufregend. Stundenlang fuhren wir im Stop & Go durch die immensen Auswüchse Bombays. Besonders irritierend fand ich die gigantischen Werbeschilder, die direkt über den Slums montiert waren und für teure Privatschulen und Eigenheime warben. Später besuchte ich das Gandhi-Museum, ein Gebäude, in dem Gandhi viele Jahre lang selbst lebte.

Auch der Besuch der »Wäscherei«* war interessant: Die Arbeitsbedingungen wirken mittelalterlich, noch immer wird dort in Steinbassins Wäsche von Hand gewaschen. Viele Bewohner Bombays, aber auch Gaststätten und Hotels nutzen diesen Service.

Ich sah auch die Verlierer der boomenden Stadt. Auf offener Straße setzten sich Unglückliche ihren Schuss »Brown sugar« – Heroin von schlechter Qualität. Nicht nur einmal fragte ich mich, ob ich selbst den Lebensumständen der Stadt gewachsen wäre, in der Reichtum und Elend so nah beieinander liegen.

Bei meinem zweiten Besuch sah ich eine völlig andere Seite von Bombay. Ich war bei einer Freundin in Bandra eingeladen. Ihre Wohnung war teurer als in Deutschland, und der ganze Gebäudekomplex war nur für Bewohner zugänglich – eine sogenannte »Gated Community«. Ich bekam einen Einblick in das junge, aufstrebende und kreative Indien und lauschte vielen klugen Gedanken, wie Indien in die Zukunft geführt werden könnte. Darauf müssen in den Städten Antworten gefunden werden.

---

* *Beim Dhobi Ghat handelt es sich tatsächlich um eine riesige Freiluft-Waschküche, in der 5.000 Arbeiter in Steinbassins Wäsche von Privatleuten und Unternehmen von Hand waschen.*

## *Weil Bombays Dabbawallahs das Mittagessen ins Büro bringen*

Die *Dabbawallahs* Bombays sind berühmt und geachtet, denn sie bieten eine besondere Dienstleistung an. Sie transportieren das Mittagessen in Dabbas, also in mehrteiligen Metallbehältern, von den Wohnhäusern oder inzwischen auch Großküchen direkt an den Arbeitsplatz. Die Gefäße waren früher auch in Deutschland unter dem Namen »Henkelmann« verbreitet und wurden vor allem im Bergbau eingesetzt.

Die Dabbawallahs genießen hohes Ansehen und werden für indische Verhältnisse anständig bezahlt (etwa 120 Euro im Monat). Sie haben sich gewerkschaftlich organisiert in der Mumbai Tiffin Box Supplier's Association und arbeiten komplett selbstständig. Sie müssen sich genauestens in der unübersichtlichen, oft chaotischen Metropole inmitten furchteinflößenden Verkehrs zurechtfinden. Zehn Stunden am Tag, von Montag bis Samstag, nur der Sonntag ist frei. Trotzdem ist es ein heiß begehrter Job, der oft über Generationen innerhalb einer Familie ausgeübt wird.

Die Dabbawallahs sind durch ihre komplett weiße Uniform leicht zu erkennen. Ihre Arbeit hat eine lange Tradition, die bis in die Zeit des britischen Kolonialreichs zurückreicht. Vielen Indern schmeckte das von den Kolonialherren zubereitete Essen nicht. Ein Geschäftsmann eröffnete Ende des 19. Jahrhunderts den ersten Service, sich Essen von zu Hause bringen zu lassen. Umgerechnet etwa 10 Euro im Monat kostet es heute, den Service in Anspruch zu nehmen. Trotz wachsender Konkurrenz durch moderne Lieferdienste und Fast-Food-Ketten ist die Nachfrage noch immer steigend. Inzwischen ist auch die Bestellung über das Internet oder per SMS möglich.

Erstaunlich ist vor allem, wie reibungslos das System bis heute funktioniert. Allein in Bombay werden jeden Tag etwa 200.000 Essensportionen ausgeliefert. Dieser Dienst wird von knapp 5.000 Dabbawallahs übernommen, die in kleineren Einheiten selbstständig organisiert sind. Auf ihrem Weg zum Endkunden durchwandern die Behälter vier oder fünf Stationen, trotzdem ist die Zuverlässigkeit sehr hoch. Besonders erstaunlich ist, dass viele Dabbawallahs Analphabeten sind, die aus dem Bombay umgebenden Bundesstaat Maharashtra stammen. So werden die Behälter mit Farben, Buchstaben und Ziffern markiert, die Absender, Sammelstelle, Zielbahnhof und Zieladresse anzeigen.

Immer wieder interessieren sich große westliche Unternehmen dafür, warum dieser Service in solch einer Metropole so reibungslos klappt, um ähnliche Modelle zu entwickeln. Inzwischen bieten auch einige Agenturen an, die Dabbawallahs bei ihrer Arbeit begleiten zu können. Der Service wurde in vielen indischen Städten, aber auch in den USA kopiert.

Das Essen wird meist von der Ehefrau frühmorgens zu Hause zubereitet und dort vom ersten Dabbawallah abgeholt. Dieser bringt etwa 30 Essenportionen aus der Nachbarschaft mit dem Fahrrad zur Sammelstelle am nächsten Bahnhof. Dort übergibt er die Dabbas an den nächsten Dabbawallah, der nun in Windeseile die Sortierung nach Zielbahnhof vornimmt. Die Dabbas werden in langen und schmalen Lattenkisten für das jeweilige Ziel zusammengezurrt und mit Handkarren in den Zug verladen. Am Zielort werden sie an den Nächsten übergeben, der sie wiederum nach endgültigem Bestimmungsort sortiert. Der letzte Dabbawallah stellt sicher, dass das ersehnte Mittagessen auch im richtigen Büro ankommt.

Am Nachmittag werden die leeren Dabbas wieder zurücktransportiert, und am nächsten Morgen beginnt das ganze Spiel von Neuem. Auch 125 Jahre nach ihrer Entstehung sind die Dabbawallahs aus Bombay nicht wegzudenken.

*95. Grund*

## *Weil Indien mit 7.000 Kilometern Küste gesegnet ist*

Bei einer Küstenlänge von über 7.000 Kilometern bietet Indien nahezu unendliche Bademöglichkeiten. Das Dreieck, das Südindien bildet, ragt wie ein Keil in den Ozean – im Westen das Arabische Meer, im Süden der Indische Ozean, im Osten der Golf von Bengalen und die Andamanensee.

Strände finden sich fast an der gesamten Küstenlinie Indiens. Wir beginnen im Westen an den Küsten Gujarats. Besonders beliebt ist die vorgelagerte Insel Diu wegen ihrer – im Gegensatz zum Bundesstaat Gujarat – laxen Alkoholgesetze.

Der Stadtstrand von Bombay ist sicher nicht der sauberste Strand, bringt aber etwas Abwechslung von der hektischen Stadt. Der Ozean sorgt für eine frische Brise, die Augen können sich in der Weite des Ozeans entspannen. Die Lage am Meer sorgt auch dafür, dass Bombay bei Weitem nicht so von Smog geplagt ist wie Delhi.

Am beliebtesten und bekanntesten sind die Strände des Arabischen Meers an der Westküste Indiens. Die Küste ist felsig, mit langen schroffen Abschnitten, immer wieder durchbrochen von wunderschönen Badebuchten. Sie reichen vom südlichen Maharashtra bis ganz in den Süden der Küste. Mit Abstand am meisten Touristen ziehen die zahlreichen schönen, aber auch oft überlaufenen Strände von Goa an. Von Arambol und Mandrem im Norden über Vagator, Anjuna, Baga, Calangute, Candolim, Colva, Benaulim, Varka und Cavelossim bis in den Süden zu den Stränden von Agonda, Palolem, Patnem und Galgibaga locken zahlreiche Perlen.

Weiter im Süden gelangt man zu den Buchten von Gokarna, an die sich die Hippies, denen Goa zu westlich geworden ist, zurückziehen. Hier warten Om, Half Moon und Paradise Beach und eine extrem relaxte Atmosphäre, die viele dazu veranlasst, sich allenfalls zum Bad im Meer und dem Sonnenuntergang aus der Hängematte zu bewegen. Darüber hinaus ist Gokarna jedoch auch eine interessante kleine Stadt, die als Shivas Wohnsitz am Meer gilt. In der Stadt sind zahlreiche imposante Tempel und gewaltige hölzerne Tempelwagen zu bestaunen.

Wem das ein bisschen zu viele Hippies sind, dem stehen im südlichen Karnataka zahlreiche kaum erschlossene Strände offen, an denen sich Ruhe finden lässt. Im Süden Keralas warten mit Kovalam und Verkala weitere schöne Strände, die ein wenig teurer als Goa sind.

Wassersport wird in den touristischen Regionen angeboten, Surfen ist noch ein sehr junger Sport in Indien und Ausrüstung bis auf wenige Zentren an der Südostküste nur schwer zu finden. Sri Lanka bietet hier wesentlich mehr Möglichkeiten.

Viele Fischer bieten inzwischen Fahrten zu Delfinen oder anderen schönen Orten an. Ein Motorroller oder Motorrad bietet große Freiheit an der goanischen Küste. Sie können überall gemietet werden. Ganz Indien mit dem eigenen Fahrzeug zu erkunden, empfehle ich nur erfahrenen Auto- oder Motorradfahrern.

Von günstigen Unterkünften, die von spartanisch zu äußerst komfortablen Hütten reichen, über einfache Hotels bis hin zum 5-Sterne-Resort mit Golfplatz gibt es für jeden Geldbeutel das richtige Angebot.

Nacktbaden ist generell verpönt, selbst wenn es stellenweise geduldet wird, sollte man aus Respekt vor den Traditionen allgemein darauf verzichten, sich freizügig zu kleiden. Ausnahme sind Nachtclubs in bestimmten Stadtteilen der großen Städte.

Die Ostküste wird erheblich seltener von Touristen angesteuert. Ausnahme sind die Strände um Poducherry, einer ehemaligen französischen Kolonie im Südosten Indiens, bei Chennai/Madras und ganz im Süden Kanyakumari und Rameshwaram. Auch die Strände um Orissa und Puri im Nordosten sollen sehr schön sein. Und so erwarten den Neugierigen unendliche Möglichkeiten, einsame Strände abseits (fast) aller Touristen zu entdecken.

Grundsätzlich ist es kein Problem, einige Monate nur an der Küste zu verbringen, viele Goa-Urlauber tun das seit vielen Jahren. Auf Dauer wäre mir das jedoch zu langweilig angesichts der Vielfalt, die es in Indien zu entdecken gilt. Ich liebe gerade die wechselnden Landschaften des Subkontinents. Fast immer bin ich zuerst in die Berge gereist und viel gewandert, und nach der anstrengenden Reise durch die dicht bevölkerten Ebenen und Städte hatte ich mir das Meer am Ende einer langen Reise verdient. Umgekehrt ist es gar nicht so einfach, sich vom entspannten Küstenleben wieder an das »echte Indien« zu gewöhnen. Ich habe selbst insgesamt vier Monate an den Stränden des Arabischen Meeres verbracht. Goa war zwischenzeitig ein Fixpunkt auf meinen Reisen durch Asien, fast eine Art Heimat-Hafen. Sehr gerne denke ich an das einfache Leben in den Strandhütten zurück. Der Luxus lag in den frischen Früchten und Speisen, in der wunderschönen Natur mit den sanften Stränden und den schroffen Klippen sowie in dem ganz eigenen Lebensgefühl, das die Goaner mit ihrem portugiesisch-indischen Erbe ausmacht.

*96. Grund*

## Weil Goa zu einem der Sehnsuchtsorte der Hippies wurde

Der Name »Goa« hat sich ins kollektive Bewusstsein gebrannt. Selbst wer nicht weiß, dass es sich um den kleinsten (und reichsten) Bundesstaat Indiens handelt, kennt meist den Begriff von Goa-Trance-Partys mit ihren ausgefeilten Dekorationen, die in der Natur gefeiert werden, oder zumindest die dazugehörige Musik. Diese entstand in Goa und wurde später in Europa weiterentwickelt und so oft hin und her transferiert, dass man heute von einer Fusion-Musik sprechen kann, die westliche und östliche Klänge verbindet.

Auch wenn sich seit der Zeit der Hippies viel verändert hat, ist der Kern der heutigen »Marke« Goa noch immer die Entschleunigung und der Mythos von Freiheit. Die jungen Backpacker, die nach Goa kommen, um an den einst berüchtigten »Vollmond-Partys« teilzunehmen, sind jedoch manchmal enttäuscht. Denn seit dem Jahr 2000 ist laute Musik nach 22:00 Uhr verboten, und entsprechende Partys finden nur noch an Silvester und auf organisierten Festivals statt oder werden illegal gefeiert und über Mundpropaganda verbreitet.

Auch wer angesichts der allgegenwärtigen Bob-Marley-Hymnen meint, Goa sei noch immer ein Paradies für Kiffer, irrt zwar nicht vollständig, sollte sich aber bewusst sein, dass selbst beim Besitz geringer Mengen Cannabis drakonische Strafen drohen.

Goa war über 450 Jahre hinweg eine portugiesische Kolonie, die erst 1961 von Indien gewaltsam annektiert wurde.* Zu ihrer Blütezeit war Goa für die Portugiesen mit seiner heute verfallenen und vom Urwald zurückeroberten Hauptstadt Goa Velha (Alt-Goa) und ihren bis zu 300.000 Einwohnern Verwaltungs- und Handelszentrum für die asiatischen Kolonien. Zudem wurde aggressive Missionierung betrieben, sodass bis heute viele Goaner Christen sind.

Die heutige Hauptstadt Panaji war einst ein Vorort von Goa Velha und hieß ursprünglich Nova Goa (Neu-Goa). In Panaji und einigen anderen Städten sieht man das portugiesische Erbe im Straßenbild besonders deutlich: Die Relikte reichen von den vielen weiß getünchten christlichen Kirchen über Terrassen, Veranden, Säulen und bunte Glasfenster der alten Häuser bis hin zu den portugiesischen Orts- und Familiennamen, die sich bis heute erhalten haben. Selbst der einheimische Dialekt Konkani ist bis heute durchsetzt von portugiesischen Vokabeln.

Es war jedoch eher die Kunde von den kleinen Fischerdörfern, den einsamen Stränden und brillanten Sonnenuntergängen, die die Hippies in den 60er- und 70er-Jahren in Scharen anlockten, um sich dort von allen Konventionen zu befreien und sich der freien Liebe hinzugeben. Von Europa und Nordamerika aus reisten sie über Istanbul, den Iran und Afghanistan bis nach Indien. Goa stand als Sehnsuchtsort dem Ruf von Kathmandu kaum nach.

Damals stießen die Aussteiger auf kleine Fischerdörfer an einsamen Stränden. Die Goaner waren weltoffen und gastfreundlich. Für die Hippies war Goa nicht nur ein physischer Ort, sondern auch ein »state of mind«. Sie übernachteten am Strand und fühlten sich über Monate oder Jahre pudelwohl. Manche blieben für immer. Trotz der inzwischen fast überall anzutreffenden Kommerzialisierung umweht Goa noch immer an einigen Stellen das

---

* *Die portugiesische Regierung weigerte sich auch nach der indischen Unabhängigkeit, ihre Kolonien aufzugeben. 1961 startete die indische Regierung eine Militäroperation. Angesichts einer Überlegenheit von 20:1 dauerte die Invasion nur 26 Stunden. Seitdem ist Goa ein Teil Indiens.*

Flair eines Global Village, in dem sich Ost und West treffen und im Idealfall vereinen.

Auch kulinarisch hat Goa einiges zu bieten. Neben den unterschiedlichsten internationalen Küchen, die sich überall etabliert haben, sind für mich die prägnantesten einheimischen Produkte das sehr (!) scharfe Gericht *Vindalho* und der Kokos- bzw. Cashew-Schnaps *Feni*, der ausschließlich in Goa produziert wird. Überhaupt ist im Vergleich zum Rest Indiens das Angebot an Alkohol sehr hoch und breit gefächert. »Liquor shops« sind weit verbreitet. Alkoholische Cocktails, Biere und Weine sind überall erhältlich, aber auch nicht-alkoholische Getränke wie Fruchtshakes und -cocktails sowie die indische Spezialität Lassi, die ihr schon im Kapitel *Kulinarisches* kennengelernt habt.

Goa zieht sich über 100 Kilometer in einem schmalen Streifen am Arabischen Meer entlang. Der Bundesstaat ist geprägt von felsigen Küsten und Stränden in kleinen Buchten. Dort reihen sich Palmen, Strandhütten, Restaurants, Bars und kleine Läden aneinander.

Hochhäuser und klassische Bettenburgen gibt es zum Glück nicht, da sie verboten sind, dafür eine steigende Anzahl von Luxushotels und exklusiven Resorts. Im Zentrum finden sich auch kilometerlange, flache Strände, allerdings auch die größte Masse an Pauschalurlaubern. Besonders zum Höhepunkt der Hochsaison zwischen Mitte Dezember und Mitte Januar ist es dort extrem voll.

Wer Ruhe in Goa sucht, muss ohnehin zur Nebensaison von Anfang Oktober bis Ende November oder wieder von Anfang Februar bis Ende März kommen oder sich mehr Mühe machen, ein ruhigeres Plätzchen und günstige Unterkünfte zu finden. Die Wahrscheinlichkeit, noch Ausläufer des Monsuns zu erleben oder bereits in die Zeit der großen Hitze zu kommen, steigt jedoch. Ab April heizt sich das Land immer weiter auf, und im Mai/Juni ist es nur für Hartgesottene zu ertragen, bis der große Regen kommt.

Bei meinem Besuch in Goa genoss ich besonders die Erkundungsfahrten mit dem Scooter durch den Dschungel und an den wenigen abgelegenen Stränden entlang. Die wilden Felsen an den Steilküsten, Mangrovenwälder und Flussmündungen, die raue Brandung und das Rauschen der Wellen, die Weite des Meeres, der Fahrtwind, die golden leuchtende Sonne mit ihren Reflexionen im Wasser und das Farbenspiel der untergehenden Sonne symbolisierten für mich Freiheit und Abenteuer. Bald hatte ich meine Lieblingsorte gefunden, an denen ich frische Fische, Krebse, Langusten, Tintenfische und Garnelen genoss, freundlich strahlende und gelassene Strandbewohner und Hängematten fand oder einsame Steilküsten und einen selten besuchten Traumstrand. Eine Abwechslung waren die Ausflüge ins von Touristen wenig frequentierte Hinterland mit seinen Bambusstauden und Farnen. Ab 500 Höhenmetern stieß ich auch auf immergrüne Feuchtwälder und weitläufige Gewürz- und Obstplantagen.

Trotz allem, was sich an der Oberfläche verändert hat, ist der magische Ruf Goas ungebrochen und zieht Yogis sowie Freaks aller Couleur an.

*97. Grund*

## *Weil die Ruinenstadt Hampi in einer bizarren Felslandschaft liegt*

Hampi gehört zu den spektakulärsten Tempelanlagen und liegt im zentralen Süden Indiens. Die weitläufige Ruinenstadt soll in ihrer Blütezeit von 200.000 bis 500.000 Menschen bewohnt worden sein. Genauso faszinierend ist die Landschaft, in die sie eingebettet liegt. Hampi gehört zu den Orten, an denen ich unmittelbar begriffen habe, warum sie als Kultplatz auserwählt wurde. Und noch immer leben einige Hundert Sadhus in den Felsenhöhlen rund um Hampi.

Die Tempel sind auf einem insgesamt 26 Quadratkilometer großen Areal verstreut. Die Umgebung ist geprägt von einer bizarren Felslandschaft mit riesigen Blöcken, die anmuten, als hätten Riesen mit ihnen gespielt, sie aufeinandergestapelt oder mit dem Donnerkeil zerteilt. Außerdem wurden Kokospalmen gepflanzt sowie Bananenplantagen und Reis- und Zuckerrohrfelder angelegt, die durch den Fluss Tunghabhadra bewässert werden. Der Fluss bietet in den heißen Monaten eine willkommene Abkühlung.

Hampi Bazaar ist heute ein größeres Dorf im Herzen Karnatakas mit kaum mehr als 2.000 Einwohnern. Der Ort ist geprägt vom Tourismus, und so bestimmen Gasthäuser, Restaurants und Souvenirläden das Bild. Mit dem Boot kann man zu einer großen Flussinsel übersetzen. Das darauf gelegene Dorf Virupapuragadda beherbergt einen Großteil der Unterkünfte und ist durch eine Brücke mit der anderen Flussseite verbunden. Seit 1986 gehört Hampi zum Weltkulturerbe der UNESCO.

Hampi ist ein wichtiger Pilgerort für Hindus, und daher ist der Genuss von Alkohol und Fleisch offiziell verboten, erfolgt aber unter der Hand trotzdem. Da ich mich gerne den (sinnreichen) Traditionen anpasse, erfuhr ich erst nach einigen Tagen, dass es auf den Speisekarten ein Codewort für fleischhaltige Gerichte gab.

Zur abendlichen Puja ist der Virupaksha-Tempel (Virupashka ist ein Avatar von Shiva) im Zentrum der Stadt reich geschmückt, erfüllt von Trommel- und Glockenklängen, und die Schemen des Tempels und seiner Nischen mit Götterabbildern sind erleuchtet vom flackernden Licht des Kerzenscheins – die spirituelle Atmosphäre der lebendigen Rituale hat sich bei meinem abendlichen Besuch schnell auf mich übertragen.

Hampi war die Hauptstadt des Hindu-Königreichs Vijayanagar. Mehrere Dynastien regierten von hier aus zwischen 1336 und 1564 ihren Machtbereich. Die Großstadt stieg langsam zum bedeutenden Zentrum von Handel, Kultur und Religion in Südindien auf. Davon zeugen die Ruinen kilometerlanger Basare, auf denen einst Kaufleute mit Baumwolle, Edelsteinen oder Gewürzen handelten. Das Reich entstand, als das Sultanat von Delhi in eine Schwächephase geriet. Die Verteidigung der heiligen Stätten vor Rückeroberung aus dem Norden war immer eines der wichtigsten Ziele der Herrscher von Vijayanagar (»Die Stadt des Sieges«).

Es dauerte einige Zeit, um ein System zu entwickeln, das in der Lage war, in dem extrem trockenen Gebiet genug Wasser während des Monsuns zu speichern, sodass auch genug Reserven für die Trockenzeit vorhanden waren. Erst so konnte sich eine Ökonomie entwickeln, die eine wachsende Bevölkerung ermöglichte. Eine bedeutende Rolle spielte die Tempelwirtschaft mit ihren Spendengeldern. So war die Macht der Könige von Vijayanagar zunächst bescheiden, und es dauerte bis ins 15. Jahrhundert, bis der zähe Widerstand kleinerer Könige und lokaler Fürsten gebrochen war. Erst in dieser Zeit entstand die prächtigste Tempelansammlung in der Nähe des Flusses. Besonders beeindruckend ist der Vishnu geweihte und mit filigranen Skulpturen und Darstellungen des Lebens am Hof prächtig verzierte Vitthala-Tempel. Auch der von Elefanten gezogene Tempelwagen aus Stein, der Vishnus Reittier Garuda gewidmet war, ist in dieser Form einzigartig. Noch heute spielen hölzerne Tempelwagen eine wichtige Rolle an großen Festtagen der Hindus.

Die Geschichte des Königreichs blieb von Blütezeiten und Niedergängen geprägt. Zeitweise dehnte Vijayanagar seine Macht bis zur Südspitze Indiens aus und beherrschte den aufblühenden Handel an den beiden weit entfernt liegenden Meeresküsten. Selbst die Portugiesen mussten sich mit den Herrschern arrangieren. Durch die erheblich steigenden Steuereinnahmen aus dem Handel wurde es möglich, gewaltige Tempelanlagen zu errichten und die Armee zu modernisieren. Mitte des 15. Jahrhunderts soll die Armee von Vijayanagar neben den Fußsoldaten über 35.000 Reiter und 100.000 Bogenschützen gezählt haben. Auch Feuerwaffen und Kriegselefanten wurden eingesetzt. Noch heute zeugen davon riesige Elefantenställe.

Lange war das Bahmani-Sultanat der Erzfeind. Erst 1490 war es nach einer herben Niederlage gegen Vijayanagar zusammengefallen. Doch die daraus entstandenen Dekkan-Sultanate bündelten noch einmal ihre Macht und schlugen die Armee von Vijayanagar 1565 bei Talikota vernichtend. Der letzte bedeutende König wurde gefangen und enthauptet, die Stadt zerstört, die Bevölkerung floh. Der Staat bestand noch 100 Jahre fort, konnte aber nicht mehr ansatzweise an die Hochzeiten anknüpfen. Für lange Zeit geriet die Hochkultur in Vergessenheit.

Angesichts der Vielzahl an Tempelruinen ist es mit wenig Mühe möglich, ganz allein die weit verstreuten Relikte zu erkunden. Wer wachen Auges durch die Ruinen und Felsformationen streift, wird fast zwangsläufig zum Entdecker und kommt sich vor wie ein Indiana Jones. Besonders die grandiosen Aussichten von den vielen Anhöhen in der letzten Abendsonne sind faszinierend und werden so schnell nicht langweilig. Im Abendrot leuchten die Ruinen in der goldenen Abendsonne, und später im Halbdunkel verwandeln sich die lebendig wirkenden Steinformationen in Schemen.

Bereits die Hippies hatten Hampi entdeckt, und bis heute sitzen zur Hochsaison um Weihnachten und den Jahreswechsel Backpacker in Schwärmen auf den Felsen.

Ein besonderes Erlebnis war für mich, als ich am Rande eines Tempels völlig unverhofft zu einer Puja eingeladen wurde. Eine etwa 40-köpfige Gemeinschaft war dort versammelt. Die teilnehmenden Familien stammten aus einem 100 km entfernten Dorf und erzählten mir, dass sie alle drei bis vier Monate nach Hampi kommen. Währenddessen schlafen sie unter freiem Himmel, beten, singen, essen und feiern. Ich wurde sogleich »adoptiert«, neugierig ausgefragt, zu unzähligen Gruppenfotos drapiert und zum Essen eingeladen. Eine ältere Dame ließ es sich nicht nehmen, mir unter großem Gelächter der Anwesenden in viel zu kurzen Intervallen große Portionen direkt in den Mund zu schieben. Es fiel mir schwer, alles im Mund zu behalten, zugleich war spürbar, dass es ein Zeichen großer Sympathie war.

*98. Grund*

## *Weil Kerala »God's own country« ist*

Kerala – von der indischen Tourismusindustrie als »God's own country« vermarktet – liegt im äußersten Süden der Westküste Indiens und bedeutet »Land der Kokospalmen«. Landschaftlich ist der Bundesstaat, der sich entlang der Südwestküste erstreckt, so traumhaft schön, dass der Slogan kaum übertrieben scheint. Überall kommt man sich vor wie in einem blühenden Garten. Kokospalmen säumen die Küsten und Wasserwege, und die meisten Gewürze stammen von hier.

Das Klima ist tropisch warm mit geringen Temperaturschwankungen über das Jahr. Der Monsun beherrscht zwischen Juni und Oktober das Wetter, und in dieser Zeit regnet es ergiebig. Den Rest des Jahres ist es überwiegend trocken, abgesehen von der ganzjährig hohen Luftfeuchtigkeit.

Kerala besteht aus einem schmalen Küstenstreifen, der sich entlang des Arabischen Meeres zieht und an seiner breitesten Stelle nur 120 Kilometer misst. Im Landesinnern schließt sich hügeliges Land an, das bis zu den bewaldeten Gebirgsketten der Westghats reicht.

In den Hochlagen wurden größere Teeplantagen angelegt. Kerala gehört gemeinsam mit dem Nachbarstaat Tamil Nadu neben Assam, Darjeeling und der Kangra-Region am Fuße des Himalaya zu den wichtigsten Anbaugebieten für (Schwarz-)Tee in Indien. An den Hängen der Hügel und Berge der Westghats findet er genügend Nährstoffe und den richtigen Mix aus Sonne und Monsunregen, um prächtig zu gedeihen. Die Teeproduktion ist neben den Gewürzen und dem boomenden Tourismus mit seinen Ayurveda-Kliniken eine wichtige Einkommensquelle. Wie anderswo in Indien auch geht der Teeanbau in Kerala auf die britische Herrschaft zurück. Natürlich wollten die Briten auch hier nicht auf ihre »Tea time« verzichten. Ähnlich wie im Norden entstanden auch in Kerala »Hill stations« wie Munnar, die sich sonst vor allem im indischen Himalaya – etwa in Dharamsala – finden. An diesen Orten ließen sich auch die extremen Temperaturen in der Trockenzeit aushalten. Noch immer gibt es in Kerala ausgedehnte Waldgebiete, in denen viele Wildtiere leben. Große Flächen wurden als Naturschutzgebiete ausgewiesen.

Heute spielt der Tourismus eine zunehmend wichtige Rolle. Sechs Millionen Inder aus anderen Bundesstaaten kommen jedes Jahr nach Kerala, und auch die Zahl der ausländischen Besucher steigt sprunghaft an, schließlich locken eine Reihe großartiger Strände.

Ein weiterer Grund für den steigenden Tourismus ist, dass der südliche Teil des Subkontinents deutlich einfacher zu bereisen ist als der oft hektische Norden. Die Infrastruktur ist besser, und es ist deutlich sauberer und organisierter als im Norden. Kerala ist aber auch aus anderen Gründen ein Sonderfall. Zwar sind auch hier die

Hindus mit 55 % in der Mehrheit, aber auch Muslime (27 %; der Islam ist mit den arabischen Händlern nach Kerala gelangt) und Christen (18 %) stellen große Anteile der Bevölkerung Keralas. Mit über sechs Millionen Christen leben in Kerala mehr als in jedem anderen Bundesstaat. Abgesehen von der Region um Kannur im Norden des Bundesstaates sind Konflikte unter den Religionen in Kerala selten.

Obwohl Kerala zu den am dichtesten bevölkerten Bundesstaaten gehört, sucht man Slums vergeblich. Er bietet mit 94 % Alphabetisierungsrate gute Bildungschancen für seine Bürger. Der Gesamtdurchschnitt Indiens liegt 20 Prozentpunkte darunter. Dafür sorgen etwa 12.000 Schulen (über 60 % Privatschulen), über 100 Colleges und sieben Universitäten. Auch die Frauen sind weitaus weniger benachteiligt, als das in den meisten anderen Regionen Indiens der Fall ist. Dadurch strahlen sie auch ein ganz anderes Selbstbewusstsein aus. Im Gegensatz zum Großteil Indiens übersteigt die Zahl der Frauen die der Männer, was darauf hindeutet, dass das Abtreiben weiblicher Föten im Gegensatz zu weiten Teilen Indiens nicht weit verbreitet ist.

Die Säuglingssterblichkeit ist stark gesunken und die Lebenserwartung zehn Jahre höher als im Durchschnitt Indiens! Selbst die Korruption spielt in Kerala keine übergeordnete Rolle.

1956 entstand der Bundesstaat in seinen jetzigen Grenzen, ausschlaggebend war die Sprachgrenze des Malayallam, das von fast 97 % der Bevölkerung gesprochen wird. Es gehört zu den dravidischen Sprachen, ist mit dem Tamil verwandt, stark vom Sanskrit beeinflusst und hat auch seine eigene Schrift.

Bei den ersten freien Wahlen 1957 gewann dort die Kommunistische Partei. Bis heute stellt sie im Wechsel mit der Kongresspartei die Regierung in Kerala. Das sorgte dafür, dass die Landreformen, auf die der Großteil der indischen Landbevölkerung vergeblich wartet, dort durchgeführt wurden. So besitzt ein Großteil der Bauern Keralas ein eigenes Stück Land. Diese Sicherheit führte dazu, dass das Bevölkerungswachstum in dem Bundesstaat gestoppt werden konnte und inzwischen ähnlich wie in Westeuropa stagniert. Gleichzeitig entwickelte sich in Kerala eine ausgeprägte Streikkultur mit starken Gewerkschaften, und die dortigen Bewohner lieben den politischen und philosophischen Disput. Für den Wohlstand Keralas sorgt auch die Tatsache, dass viele Arbeit in den Golfstaaten finden und von dem dort Verdienten einen Großteil nach Hause schicken. Grund dafür ist auch die kaum vorhandene Industrie, was zu einer etwas höheren Arbeitslosenquote führt als im Landesschnitt.

Die Frühgeschichte Keralas reicht mindestens 3.000 Jahre zurück. Von der antiken Hafenstadt Muziris sollen die frühen Chera regen Handel mit Ägypten, Babylonien, den Assyrern und später den Römern (unter anderem bei Claudius Ptolomäus und Plinius dem Älteren beschrieben) und Phöniziern betrieben haben. Später wurden die Chinesen und Araber zu den wichtigsten Handelspartnern der Herrscher von Kerala.

Hier war es auch, wo sich die ersten syrischstämmigen Christen auf indischem Boden ansiedelten. Ob der Apostel Thomas tatsächlich bereits 52 n. Chr. dorthin gelangte, ist aber sehr umstritten. Die ersten christlichen Gemeinden sind aus dem 4. Jahrhundert n. Chr. belegt.

Sicher ist, dass in Kerala auch Juden nach dem Fall von Jerusalem Asyl fanden. Sie bildeten eine fruchtbare Symbiose mit den angestammten Händlern und sorgten dafür, dass vor Ort viel Toleranz herrschte (und noch heute herrscht). Heute leben jedoch nur noch wenige Juden in Kerala. Nach der Gründung Israels emigrierten die meisten in das »Gelobte Land«.

Im 11. Jahrhundert entstanden nach dem Fall des späten Chera-Reichs einzelne Königreiche, von denen die drei wichtigsten Zamorin (heute Calicut) im Norden, Cochin (heute Kochi) im Zentrum und Venad (heute Kollam) im Süden von Kerala waren, die in Rivalität standen. Berichte über die edlen Gewürze der Malabarküste machten in Europa nun erneut die Runde, besonders begehrt waren Pfeffer, Kardamom, Nelken und Vanille. Die Gewürze wurden in Gold aufgewogen.

1498 landete Vasco da Gama an der Küste, doch die Araber und Zamorin witterten Gefahr für ihren Handel und untersagten den

Portugiesen, sich niederzulassen. Beim Rivalen in Cochin stießen sie hingegen auf offene Ohren, und ihnen wurde erlaubt, eine Handelsniederlassung zu gründen. 1503 entstand mit Fort Cochin die erste europäische Festungsanlage in Indien. 1524 starb Vasco da Gama auf seiner dritten Indienfahrt in Cochin. Im 16. Jahrhundert eroberten die Portugiesen einen großen Teil der indischen Westküste und kontrollierten damit den extrem lukrativen Handel. 1602 landeten die Holländer in Calicut, 1663 nahmen sie Cochinchina ein und vertrieben die Portugiesen aus Kerala.

1741 wurden die Holländer vom Königreich Travancore besiegt. Doch Travancore geriet schon ab 1764 unter den Druck des Königreichs Mysore. Der Herrscher von Travancore bat die Briten um Hilfe, die Calicut nach der Niederlage der Portugiesen 1664 besetzt hatten. Doch der Preis für Travancore war die Unabhängigkeit. Bis zur Unabhängigkeit vertraten die Fürsten von Travancore die Interessen der britischen Kolonialmacht.

In Kerala gibt es auch eine Reihe von Besonderheiten zu entdecken, etwa den Kampfsport *Kalarippayat*, der zu den ältesten Kampfkünsten Asiens zählt. Die Bewegungen sind ähnlich denen des klassisch indischen Tanzes. Zugleich sind die Kämpfer auch als Dorfarzt für Ayurveda tätig und beherrschen das Yoga. Manchmal traten zwei Kalarippayat-Kämpfer gegeneinander an, um stellvertretend einen Kampf zwischen zwei Dynastien auszufechten und unnötiges Blutvergießen zu vermeiden.

Auch das *Kathakali*-Tanzdrama ist eine Besonderheit Keralas und wird seit dem 17. Jahrhundert aufgeführt. Es entstand aus noch älteren Tempeltänzen, die 2.000 Jahre alt sind. Mit Masken, Kostümen und Schminke stellen die Tänzer klassische Mythen nach. Das Ritualtheater *Teyyam* ist eine ähnliche Tradition, in der Vishnu, Shiva und Shakti verehrt werden. In manchen Traditionen dürfen nur Brahmanen die Rollen besetzen. Noch spannender ist die Tradition, bei der sich Dalit mithilfe von Schminke, schweren Masken und tiefer Trance in temporäre Götter verwandeln. Dieselben Menschen, denen im Alltag kaum Achtung entgegengebracht wird, sind während der Aufführungen selbst für die Brahmanen Götter. Auch hier findet, ähnlich wie an Holi, eine vollständige Umkehrung des Alltags statt.

Bei meinem Ausflug nach Kerala habe ich erleben können, wie bessere Bildung, mehr Gleichstellung und Landreformen, auf die ein großer Teil der indischen Bevölkerung noch immer verzweifelt wartet, um endlich ihrer (Schuld-)Knechtschaft zu entkommen, Impulse für eine lebenswerte Zukunft geben können. Besonders spannend an der Entwicklung finde ich, dass Kerala diesen Weg ohne nennenswerte Großindustrien geschafft hat. Es ist für mich ein Modell, das Hoffnung für Indien und die ganze sogenannte Dritte Welt macht.

*99. Grund*

## *Weil die Backwaters ein einzigartiges Ökosystem sind*

Die Backwaters sind eine Landschaft, die die Malabarküste von Kerala und ihr Hinterland zwischen Cochin im Norden und Kollam im Süden entscheidend prägt. Es handelt sich um ein weit verzweigtes Netz von Wasserstraßen mit insgesamt 1.500 Kilometern Länge, das aus natürlichen Wasserläufen (44 Flüsse, die hauptsächlich dem Meer zufließen), künstlich angelegten Kanälen, 29 größeren Seen und Lagunen besteht. Schon immer waren sie bedeutende Verkehrs- und Transportwege. Durchbrochen sind die Kanäle von winzigen Palmeninseln.

Einst war das Ökosystem geprägt von Feucht- und Mangrovenwäldern. Der Mensch hat daraus eine amphibische Gartenlandschaft entwickelt, indem er viele Waldflächen abgeholzt und in Ackerland verwandelt hat, auf dem hauptsächlich Reis, Kautschuk, Kokospalmen, Bananenstauden, Pfeffer, Curryblatt, Chili, Ingwer, Zimt sowie Cashewnuss, Mango und Papaya gedeihen.

Die Fischerei spielt ebenso wie Fisch- und Garnelenzucht eine wichtige Rolle. Außerdem gibt es Muschelsammler und Krabbenjäger. Die Menschen, die sich hier angesiedelt haben, leben zumeist in Holzhütten am Rand der Wasserstraßen.

Vereinzelt finden sich traditionelle chinesische Fischernetze. Sie sind feststehend, und die trapezförmigen Netze werden an Holzarmen abgelassen und später mit Fang wieder eingeholt. Sie wurden von Händlern des Kaisers von China, Kublai Khan, ein Enkel Dschingis Khans, in Kerala eingeführt.

Die größte Rolle für die Backwaters spielt heute der Tourismus. Die traditionellen Lastkähne (*Kettuvallam*) mit etwa 15 Metern Länge wurden seit Anfang der 90er-Jahre mit Aufbauten in Hausboote verwandelt. Daraus entwickelte sich ein regelrechter Boom, sodass es heute über 1.000 Hausboote gibt. Vor allem auf den wichtigsten Verbindungen herrscht während der Hauptsaison zwischen Oktober und März großes Gedränge, und es lohnt sich, auf andere Strecken auszuweichen. Billig ist eine Tour mit den Hausbooten ohnehin nicht, sie gehört zu den im Verhältnis teuren Angeboten im indischen Tourismus. Es lohnt sich daher, sich vorab mit anderen Reisenden zusammenzuschließen. Schließlich bekommt man dafür auch einiges geboten: Die Holzaufbauten sind mit schönen Schnitzereien veredelt, das Mobiliar ist aus Rattan oder edlen Tropenhölzern geschnitzt und die Küche Keralas delikat. Eine Besonderheit ist auch, dass viele Konstruktionen komplett ohne Metallnägel auskommen.

Das größte Highlight bleibt jedoch die Landschaft, eine Welt aus Grün und Blau, in der sich Kormorane, Eisvögel und Kraniche wohlfühlen. Die Zikaden sorgen für die passende Geräuschkulisse, die Krokodile gelten inzwischen als ausgerottet.

Auch *Shikaras* (Stakboote, die entfernt venezianischen Gondeln ähneln) sind häufig anzutreffen. Das erinnert an den Dal-See in Kaschmir, der wohl auch Vorbild für die touristische Nutzung war.

Kostengünstige Alternativen zu den Hausbooten bieten die regulären Fähren, die sehr günstig sind und ebenfalls einen Einblick in das einzigartige Ökosystem bieten. Seit Mitte des 19. Jahrhunderts ist das Ökosystem auf ein Drittel seiner Fläche geschrumpft, was vor allem durch die Trockenlegung für die Landwirtschaft und das Verschwinden der Wälder bedingt ist, die zuvor Wasser besser speichern konnten.

Ein Ausflug in das Geflecht der Wasserstraßen hinein führt in ein grünes Dschungel-Paradies, das wegen seiner Vollkommenheit fast unwirklich erscheint.

*100. Grund*

## *Weil Ayurveda eine der ältesten Heilkünste der Menschheit ist*

Das *Ayurveda* ist eine der ältesten Philosophien und Heilkünste der Menschheit. Es bezeichnet das »Wissen vom langen Leben«. Hauptziel sind ein Leben im Einklang mit den Gesetzen des Kosmos und die Einheit von Körper und Geist.

Die indische Philosophie basiert auf einer zyklischen Vorstellung, in der sich helle und dunkle Zeitalter abwechseln. Nach dieser Vorstellung gab es in vorvedischer Zeit ein »goldenes Zeitalter«, während wir uns aktuell im *Kaliyug*, dem »dunklen Zeitalter«, befinden.

Als die Menschen begannen, die Natur zu unterwerfen und die Koexistenz einseitig aufzukündigen, sollen die ersten Krankheiten ausgebrochen sein, und die *Rishis** Indiens versammelten sich im Himalaya, um sich zu beraten. Durch gemeinsame Meditation brachten sie den Götterkönig Indra dazu, ihnen das Wissen um die Unsterblichkeit zu enthüllen – Indra schickte Dhanvantari als Königssohn in Kashi auf die Erde und mit ihm das Wissen über das Ayurveda.

Noch zentraler ist der Ursprung des Ayurveda innerhalb des Mythos vom »Quirlen des Milchozeans«, den ihr schon im Kapitel über die Kumbh Mela kennengelernt habt. Der »Arzt der Götter« Dhanvantari trug den Krug mit dem Lebensexilir Amrita aus dem Milchozean heraus. Der »Nektar der Unsterblichkeit« symbolisiert

* *In Meditation und Yoga erfahrene Meister, denen seherische und magische Fähigkeiten zugesprochen wurden.*

auch das Ziel des Ayurveda, ein langes (in mythologischer Sicht unendliches) Leben.

Charaka, der um 78 n. Chr. gelebt haben soll, war der erste bekannte Arzt des Ayurveda und verfasste die Schrift Charaka-Samhita, in der er die Grundlagen des Ayurveda niederlegte. Etwa 200 Jahre später wurde das Wissen um das Sushruta-Samhita erweitert.

Eine besondere Rolle für die Ausbreitung des Wissens um das Ayurveda spielt die Herrschaft Kaiser Ashokas. Wohlhabende Familien ließen Krankenhäuser errichten, und Ärzte sowie Pfleger wurden in dem alten Wissen neu geschult. Damals entstand das erste städtische Gesundheitssystem. Die Armen, Waisen, Witwen, kinderlosen Alten, Kranken und behinderten Menschen wurden hier versorgt. Was für ein Gegensatz zum heutigen Indien, in dem das Gesundheitssystem extrem prekär ist und sich oft nur Reiche eine angemessene medizinische Versorgung leisten können!

Auch für die buddhistischen Mönche wurde das Heilwissen zum Rüstzeug, und mit ihrer Missionierung verbreitete sich die Heilkunst über ganz Indien und in andere Länder Asiens. Schließlich vereinte das im 7. Jahrhundert n. Chr. entstandene *Astangahrdaya* das Wissen der damaligen Zeit aus Indien, China und Tibet.

Die Theorie und Praxis des Ayurveda war in Indien bis ins 19. Jahrhundert unangefochten. Erst danach wurde die westliche Schulmedizin durch die Briten verbreitet. Heute bestehen in Indien beide Systeme nebeneinander und werden oft kombiniert. Umgekehrt integriert auch die westliche Medizin zunehmend Erkenntnisse und Elemente aus dem Ayurveda.

Laut der Vorstellung der Ayurveda-Philosophie besteht das Universum aus fünf »Wurzelformen der Materie« (*Pancha Bhoota*). Diese Elemente sind Feuer, Wind, Erde, Wasser, Äther. Der Mensch ist ein Abbild des Universums und besteht aus derselben Materie. Daraus leiten sich drei *Doshas* ab: *Pita* (Hitze/Feuer), *Kapha* (Erde/Wasser) und *Vata* (Luft/Äther). Dabei variiert die Verteilung der Elemente, jedes Individuum wird mit einer eigenen Konstitution (*Prakriti*) geboren. Abhängig ist sie von der Konstitution der Eltern sowie vom Zeitpunkt der Geburt sowie anderen Faktoren.

Ziel des Ayurveda ist es, diesen individuellen Idealzustand wieder zu erreichen, wenn die Doshas aus dem Gleichgewicht geraten sind. Daher steht die Bestimmung des individuellen Gleichgewichts am Anfang der Behandlung. Ayurveda konzentriert sich auf die Ursachen des Ungleichgewichts und nicht auf Symptom-Behandlung.

Gründe für eine Erkrankung sind in erster Linie Giftstoffe, Stress, falsche Ernährung und Bewegungsmangel, die zu Versteifung der Muskeln, zu Schlafstörungen und Müdigkeit und mentalen und körperlichen Überlastungen führen.

Trotz des alten Wissens um das Ayurveda und die passende Ernährung für den jeweiligen Typ sind moderne Zivilisationskrankheiten wie Diabetes, Herz- und Kreislauferkrankungen, Übergewicht und Krebs in Indien massiv auf dem Vormarsch. Gerade die Mittelschicht frequentiert gerne Fastfood-Ketten und genießt überzuckerte Getränke, das Übrige erledigen der Bewegungsmangel (selbst kleinere Strecken werden von vielen nur ungern zu Fuß zurückgelegt) und die neuen Bürojobs. Zu Hause wird die Arbeit im Haushalt häufig von Dienstmädchen erledigt. Gerade für diese neuen Krankheitsbilder ist Ayurveda wie geschaffen.

Besonders wirksam sind Ayurveda-Kuren auch gegen Rheuma, Arthritis, partielle Lähmungen, Rückenschmerzen, Kreislaufprobleme, Migräne, Schlaflosigkeit oder Schuppenflechte. Andere erhoffen sich eine »Verjüngung« oder betreiben regelmäßig Vorsorge. Ideal ist solch eine Behandlung auch nach einem Burn-out. Leider wird im Westen das Ayurveda häufig als Kosmetik, Wellness oder bloßer Trend missverstanden, der sich höchstens im Spa-Bereich durchsetzt.

Ayurveda ist hingegen nur sinnvoll in einer individuellen Zusammenstellung verschiedener Therapien über einige Wochen. Häufig findet sie in einer Klinik statt und beginnt mit einer Darmspülung, die den Körper von Giften reinigen soll. Wichtig ist ein regelmäßiger Tagesablauf, der bereits frühmorgens beginnt. Zu Beginn steht die Entgiftung im Vordergrund. Die Einreibungen mit Öl sollen den Energiefluss verbessern und dem Körper helfen, Schlacken abzutransportieren. Besonders wichtig ist auch die Ernährung (*Annayoga* – »richtiges Essen«), die individuell auf den jeweiligen Patienten abgestimmt ist.

Gerade der Verdauung wird eine zentrale Bedeutung zugemessen. Fleisch, Zucker, Weißmehl und Alkohol oder Drogen sind tabu, auch Tomaten, Kartoffeln und Pilze werden nicht verwendet und Gewürze nur sehr sparsam. Auch Ablenkungen durch Fernsehen, Bücher und Computer sollen vermieden werden. Teil der Behandlung ist die Umgebung, die sich möglichst stark vom Alltag des Patienten unterscheiden und auf die sich der Patient möglichst intensiv einlassen soll. In aller Regel sind die Geschlechter bei der Behandlung strikt getrennt.

Besonders angenehm für den Patienten sind die Massagen mit erwärmtem Öl und Essenzen. Häufig erklingt im Hintergrund klassische indische Musik. Die Kombination erzeugt eine tiefe Entspannung, die an sich schon heilsam ist. Die heißen Öle befördern zudem das Schwitzen. Neben der klassischen ayurvedischen Körpermassage gibt es spezielle Tiefen-Massagen, Reflexzonenmassagen an Händen und Füßen oder Kopfmassagen.

Bei schweren Rückenschmerzen kann der Patient auch mit den Fußsohlen massiert werden. Der Masseur hängt an einem Seil von der Decke und kann so den Druck auf den Patienten ideal dosieren. Bei der *Shirodhara*-Behandlung werden medizinische Öle auf die Stirn gegossen, was besonders bei Stresserkrankungen, Schlaflosigkeit und Kopfschmerzen oder Migräne hilft. *Pizhichil* ist ein medizinisches Ölbad – die Öle werden je nach den Doshas zusammengestellt. Dabei werden die Blutzirkulation und das Nervensystem angeregt. Bei *Nasyam* werden Öle, Kräutersäfte und medizinischer Puder gemischt und durch die Nase verabreicht, um Kopfschmerzen sowie Stirn- und Nebenhöhlenentzündungen zu behandeln. Es gibt auch spezielle Nacken- und Wirbelsäulenbehandlungen. Ein guter Arzt bespricht mit dem Patienten am Anfang einen individuellen Therapieplan.

Kräuter spielen im Ayurveda eine weitere zentrale Rolle für die innere Anwendung. Sie gedeihen im Klima Keralas, dem Herkunftsland des Ayurveda, hervorragend. Viele andere stammen von den Hängen des Himalaya. Besonders in Kerala sind Ayurveda-Apotheken weit verbreitet, in denen ausschließlich Heilmittel auf pflanzlicher Basis angeboten werden. Nach uralten Rezepten werden hier Kräutermischungen zusammengestellt.

Das Ayurveda-Studium ist äußerst komplex und dauert genau wie das indische Medizinstudium fünfeinhalb Jahre. Zuvor muss ein zweijähriges Grundstudium absolviert werden, und es folgt ein Anerkennungsjahr nach Abschluss. Ayurveda wird an 250 Universitäten gelehrt, dennoch sind die Plätze äußerst umkämpft. Auf 200.000 Bewerber entfallen gerade einmal 3.000 Studienplätze. Im Studium werden inzwischen sowohl schulmedizinische als auch ayurvedische Inhalte intensiv gelehrt, zudem ist die Unterrichtssprache neben Englisch das klassische Sanskrit.

Gerade durch die relative Nähe zu Goa mit seinen Aussteigern wurde die Medizin aus Kerala auch zunehmend im Westen bekannt. In Goa betreiben Ayurveda-Ärzte kleine Therapieeinrichtungen, in denen Massagen, Ölbehandlung und Ernährungsberatung angeboten werden. Dabei gibt es jedoch erhebliche Qualitätsunterschiede. Von erstklassigen Heilern bis zur bösen Touristenfalle findet sich ein großes Spektrum an Angeboten.

Man sollte vorsichtig sein, Ayurveda als »Allheilmittel« zu verstehen, aber es ist ein guter Grundstein für ein Leben in Harmonie und Gleichgewicht. Tatsächlich sieht man den Unterschied nach einer Ayurveda-Kur auf den ersten Blick – viele Patienten sehen nach einer mehrwöchigen Kur zehn Jahre jünger aus.

*101. Grund*

## *Weil in Madurai Tausende Jahre alte Rituale lebendig sind*

Die klassische Tempelstadt Madurai am Ufer des Vaigai in Tamil Nadu ist eine der ältesten Städte Südindiens. Heute leben dort eine Million Menschen. Bereits ab dem 3./4. Jahrhundert v. Chr. herrschten von hier aus die Pandya über ihr Reich. Die Bewohner gingen der Fischerei, der Salzgewinnung und dem Handel nach, der bis nach Rom reichte. Vor allem Perlen, Muscheln, Diamanten, Edelsteine, Goldschmuck, Parfüm und Gewürze waren Exportschlager und brachten Madurai den Ruf eines »Roms des Ostens« ein. Der Grieche Megasthenes weilte vermutlich im 4. Jahrhundert v. Chr. am Hofe der Pandya und berichtete vom lukrativen Perlenhandel. Später soll eine Gesandtschaft der Pandya im Jahre 13 n. Chr. den Hof des römischen Kaisers Augustus besucht haben. Bis heute ist Madurai der Sitz eines römisch-katholischen Erzbistums. Eine große Rolle für Madurai spielte von Anfang an die Sangam-Literatur, eine Dichtkunst, die sich dem Liebes- und Heldenepos verschrieben hat.

Zwischen dem 4. und 12. Jahrhundert verloren die Pandya ihre Macht und befanden sich in endlosen Kriegen mit den anderen großen Reichen Südindiens, den Chola, Pallava, Chera, Hoysala oder den Herrschern von Ceylon (Sri Lanka). Erst danach setzte sich die Dynastie wieder an die Spitze und fand ihren kurzen Höhepunkt. In dieser Zeit entstand der moderne Minakshi-Tempel, ein viereckig angelegter Komplex im Zentrum der Stadt, gewissermaßen eine Stadt in der Stadt. In dem sechs Hektar großen Tempelbezirk werden Minakshi und Sundareshvara als lokale Erscheinungsformen von Parvati und Shiva verehrt. Die Verehrung der Göttin Minashki ist wahrscheinlich so alt wie Madurai selbst.

Der Legende nach wurde dem Pandya-König Malayadhvaya eine Tochter mit Namen Minakshi – »die Fischäugige« – geboren, die drei Brüste besaß. Doch eine göttliche Stimme beruhigte den König – die dritte Brust werde verschwinden, sobald Minakshi ihren Ehemann finden würde. Mit göttlichen Kräften versehen, begann Minakshi einen Feldzug, in dem sie alle Götter bis auf Shiva besiegte. Nun stand sie kampfbereit vor dessen Heimstatt, dem Weltenberg Meru. Doch als sie ihn erblickte, erlosch ihr Kampfesmut, und sie verlor ihre dritte Brust. Nun erkannte sie, dass sie eine Inkarnation Parvatis und Shiva ihr ersehnter Ehemann war. Gemeinsam kehrten sie nach Madurai zurück und heirateten dort, was der Tempel bezeugen soll.

Der Tempelkomplex mit seinen zwölf charakteristischen und teilweise über 60 Meter hoch aufragenden Tortürmen mit ihren bunten und üppigen Darstellungen aus dem Pantheon der Hindus entstand im Mittelpunkt der Altstadt, wurde im 16. und 17. Jahrhundert ausgebaut und prägt bis heute entscheidend das Gesicht der Stadt. Vier gewaltige Pforten öffnen den Tempelbezirk in alle vier Himmelsrichtungen. Umgeben ist der Komplex von konzentrischen Ringstraßen, die nach Monaten des tamilischen Kalenders benannt sind und für Straßenumzüge während hoher Festtage genutzt werden.

1310 wurde Madurai vom Sultanat von Delhi erobert. Daraus entwickelte sich 1334 das Sultanat von Madurai. Doch schon kurz darauf, im Jahre 1372, beendete das Reich von Vijayanagar die kurze muslimische Phase. Die Herrscher von Hampi setzten die Dynastie der Nayaks ein, die Madurai für sie verwalteten. Nach dem Fall von Vijayanagar 1565 machten sich die Nayaks unabhängig und bestimmten die Geschicke der Stadt bis zum Untergang der Dynastie im Jahr 1736.

Danach beherrschten die Marathen und anschließend die Nawabs (in der Mogulzeit entsprach das dem Titel eines Provinzgouverneurs) von Arcot die Stadt, bis die Nawabs ihre Ländereien an die Briten abtreten mussten. Die Briten entwickelten auf der anderen Flussseite des Vaigai die Neustadt.

Die Rituale, die in den Tempeln zelebriert werden, existieren fast unverändert seit vielen Tausend Jahren. Während Rom und das antike Griechenland lange untergegangen sind, ist der Tempelbezirk von Madurai noch immer das Zentrum der Stadt und Anziehungspunkt für viele gläubige Hindus. Schon an normalen Tagen ziehen die Tempel 15.000 Gläubige an, die von 150 Priestern empfangen werden. Das Fortbestehen der alten Traditionen ist damit vergleichbar, als würde das Orakel von Delphi noch heute die Zukunft Griechenlands deuten.

*102. Grund*

## Weil Auroville ein einzigartiges Experimentierfeld bietet

Auroville ist eine einzigartige Stadt im Südosten Indiens, in der etwa 2.500 Menschen leben. Vor allem während der Trockenzeit zieht sie etwa 2.000 Freiwillige, Studenten und interessierte Gäste an, die auch gegen ein pauschales Entgelt im Gemeinwesen mithelfen können. Auroville besteht aus vielen kleinen Gemeinschaften, die unterschiedliche Projekte verwirklichen. Geplant wurde sie ursprünglich jedoch für 50.000 Bewohner. Die Stadt liegt 150 Kilometer südlich von Madras und 9 Kilometer nördlich von der ehemals französischen Kolonie Pondicherry (1673–1954 französisch; 2006 umbenannt in Puducherry). Von der Koromandel-Küste ist die Stadt nur fünf Kilometer entfernt.

Auroville ist eine verwirklichte Utopie, die untrennbar mit Aurobindo Ghose, der sich später Sri Aurobindo nannte, verknüpft ist. Er wurde 1872 in Kalkutta geboren. Sein Vater hatte von 1869 bis 1871 in England Medizin studiert, was ihn stark »anglisiert« und von der indischen/bengalischen Kultur entfremdet hatte. Weil der Vater indische Einflüsse von ihm fernhalten wollte, musste Aurobindo zwei Jahre lang eine britische Klosterschule besuchen und wurde im Anschluss mit gerade einmal sieben Jahren nach Manchester in die Obhut eines Geistlichen gegeben. Dort lernte er Englisch, Französisch, Latein, Griechisch, Mathematik, Geschichte und Geografie. Seine Jugend verbrachte er in London, er wurde aber von seiner Gastfamilie verstoßen, als der Versuch, ihn zum Christen zu bekehren, endgültig gescheitert war. Fortan lebte er in Armut, konnte aber immerhin ein Stipendium für den Besuch des King's College in Cambridge (1890–1892) erringen. Er schätzte die englische Literatur, die Möglichkeit, Sprachen zu lernen, die Philosophien, die er kennenlernte, und die Möglichkeit, sich geschichtlich zu bilden. Mit den Engländern selbst wurde er hingegen nie richtig warm. Schließlich schloss er sich einem indischen Studentenverband an und hielt revolutionäre Reden. Mit dieser rebellischen Haltung sabotierte er seine Möglichkeiten, nach der Rückkehr nach Indien 1893 als Beamter in den Staatsdienst einzutreten.

Er fand jedoch einen Posten im Fürstentum Baroda in Gujarat, wo er Sekretär und Redenschreiber des Maharadscha wurde. Nun lernte er Sanskrit, Bengali, Marathi und Gujarati und begann 1900 als Professor englische Literatur zu unterrichten.

Der Unabhängigkeitsbewegung blieb er treu. 1906 verließ er Baroda und wurde in Kalkutta Vorstand des neu gegründeten Nationalen Bengalischen College. Zeitgleich wurde er Herausgeber des Journals *Bande Mataram*, das zu einem der wichtigsten Organe der Nationalist Party wurde. Als eine der ersten bekannten Persönlichkeiten sprach er sich öffentlich für die vollständige Unabhängigkeit aus. 1908 wurde er wegen »Aufwiegelung« verhaftet und musste ein Jahr im Gefängnis verbringen. Nachdem er sich schon lange eingehend mit den Yoga-Philosophien auseinandergesetzt hatte, wandelte er sich während dieser Zeit endgültig zum Yogi.

Kurze Zeit nach seiner Freilassung verließ er Britisch-Indien und ließ sich in der französischen Kolonie Pondicherry an der Südwestküste Indiens nieder. Dort entwickelte er sein eigenes Yoga-System aus verschiedenen Schulen und nannte es »integrales Yoga«. Mit einigen frühen Schülern und Bewunderern lebte er dort zusammen, aber erst seit 1926 wurde ihr Refugium zum »Sri Aurobindo Ashram«. *Sri* ist ein Titel für spirituelle Persönlichkeiten, den er einige Jahre zuvor angenommen hatte.

Obwohl er nach wie vor nationalistische Ideen verfolgte und eine Vorstellung eines »Übermenschen« hatte, ließ er sich nicht von den radikalen Thesen Adolf Hitlers blenden. Stattdessen träumte er von einer evolutionären Weiterentwicklung des Menschen generell und »keiner genetischen Überlegenheit« einer einzelnen »Rasse«. Ziel war es, das »Supramentale«, eine Vorstellung, die entfernt an das Konzept von Brahman erinnert, auf die Erde zu bringen. Der Ort, von dem aus dieser Evolutionssprung ausgehen sollte, war die (damals noch) utopische Kommune Auroville – eine zukunftsorientierte und internationale Stadt geistiger Freiheit und des Friedens. Die Stadt sollte ein »Labor für Evolution und menschliche Einheit« sein – ein hehres Ziel!

An Sri Aurobindos 75. Geburtstag, dem 15. August 1947, wurde Indien unabhängig. Drei Jahre später starb Aurobindo nach kurzer Krankheit. Seine »spirituelle Partnerin« Mirra Alfassa (»Die Mutter«) leitete den Ashram und später Auroville bis zu ihrem Tod 1973.

Von der indischen Regierung unterstützt, wurde die Idee von Auroville den Vereinten Nationen präsentiert. 1966 verfasste die UNESCO eine Resolution zur Unterstützung des Projekts, das 1968 mit einer Einweihungszeremonie eröffnet wurde. Vertreter aus 124 Staaten und 23 indischen Bundesterritorien nahmen teil und brachten Erde aus ihrer Heimat mit, um den universellen Anspruch der neuen Gemeinschaft zu symbolisieren. Sie wurde in Urnen versiegelt, und darum entstand der Versammlungsplatz und das sakrale Zentrum, das Matrimandir (»Tempel der Mutter«, erinnert ein wenig an Disneyland), ein Ort der Meditation und Kontemplation ohne religiöse Zuordnung.

Ich habe mit einer ganzen Reihe von Menschen über Auroville gesprochen. Ich selbst war und bin hin- und hergerissen, was das Projekt angeht. Obwohl ich mich als spirituellen Menschen bezeichnen würde, halte ich bewusst Abstand zu allzu esoterischen »New-Age-Jüngern«. Meiner Meinung nach unterscheiden sich manche kaum von religiösen Eiferern. Man kann durchaus von einem »New-Age«-Tourismus nach Auroville sprechen (Massagen, Kuren und Merchandising sind inzwischen fest etabliert). Zwar gibt sich Auroville interkonfessionell, dennoch werden die Schriften Sri Aurobindos und Mirra Alfassas (»Die Mutter«) von vielen wie »heilige Texte« verehrt, was sektenähnliche Strukturen offenbart.

Viel hat sich seit den anarchistischen Anfängen geändert. Etwas anderes anzunehmen wäre aber auch verwunderlich. Die Organisationsstrukturen haben sich professionalisiert, eine effiziente Verwaltung mitsamt eigener Bank und PR-Abteilung ist entstanden. Viele interessante architektonische Bauwerke wurden erbaut. Dass es überhaupt einen Dschungel gibt, ist die Leistung der »Aurovillianer«. Die einstige Wüstenlandschaft, die den karstigen Boden vor Gründung des Projekts bedeckte, hat sich durch das Pflanzen von vier Millionen Bäumen in einen Regenwald verwandelt.

Auch sonst ist es eine umtriebige Gemeinschaft, die immer Neues ausprobiert, was anderswo nur diskutiert wird. Solarkochtöpfe und Elektrofahrräder wurden angeschafft, ein Radiosender etabliert, das Hauptaugenmerk liegt jedoch auf einem Gemeinwesen, das soziale, ökologische und nachhaltige Belange in den Vordergrund stellt. Viel wurde experimentiert mit Besitzverhältnissen und Entscheidungsfindung. Zeitweise wurde Geld abgeschafft, dann wieder eingeführt, inzwischen wurde ein Coupon-System etabliert. Auf Farmen wird Gemüse angebaut und mit Permakultur experimentiert.

Da ich selbst einmal in einer Organisation gearbeitet habe, die möglichst hierarchiefrei funktionieren sollte, weiß ich, wie schwierig das ist. Vor allem die Konsensentscheidungen und die Fähigkeit, klar und ohne Gewalt miteinander zu kommunizieren, sind eine erhebliche Herausforderung. Unter diesen Umständen ist beachtlich, dass sich Auroville seit 50 Jahren entwickelt, auch wenn es nicht alle Erwartungen erfüllen konnte. Es ist und bleibt ein (gewagtes) Experiment. Auroville hat mitsamt seinen Bewohnern alle Phasen seit dem Höhepunkt der Hippiebewegung durchlaufen. Bis heute wird antiautoritäre Erziehung großgeschrieben. Im Sinne der 68er sollen die Kinder zu nichts gezwungen, sondern darin unterstützt werden, ihre eigenen Fähigkeiten zu entdecken. Manchen tut das besonders gut, andere Kinder sehnen sich nach mehr Struktur.

Obwohl Auroville für die Bewohner der Umlands 5.000–6.000 Arbeitsplätze bietet, kommt es zu Spannungen mit der tamilischen Bevölkerung, deren Lebensbedingungen deutlich schlechter sind als die im subventionierten Auroville. Gewaltsame Übergriffe sind jedoch ausgesprochen selten.

Auroville ist und bleibt ein spannendes Experimentierfeld, von dem es viel mehr geben müsste, um neue Lösungen für eine lebenswerte Zukunft auszuprobieren.

*103. Grund*

## *Weil der Einfluss der Chola bis nach Südostasien reichte*

Das Reich der Chola gehörte gemeinsam mit den Pandya und den Chera zu den drei besonders bedeutenden Dynastien Südindiens. Die Blütezeit lag zwischen dem 9. und 13. Jahrhundert. In dieser Zeit etablierten sie das größte Reich seit der mittelalterlichen Gupta-Dynastie. Die Chola übten großen Einfluss auf andere südindische Dynastien, den Nordosten Indiens (im heutigen Bundesstaat Orissa) und auf Sri Lanka aus. Zwischenzeitlich reichte ihr Einflussbereich bis nach Südostasien.

Sie plünderten mit ihrer Flotte die Schätze der Herrscher von Sri Lanka, den Malediven, Malaysia, Java und Sumatra. Gleichzeitig betrieben sie Handel mit China, Kambodscha und Birma (dem heutigen Myanmar). Ihr kultureller, religiöser und architektonischer Einfluss zeigte sich vor allem auf den indonesischen Inseln Sumatra und Java (mit der hinduistischen Tempelanlage Prambanan, die um das Jahr 850 entstand), im heutigen Süden Thailands und dem Westen Malaysias sowie im Süden von Myanmar.

In der Religiosität und der Kunst der Chola war Shiva besonders hoch angesehen, und seine Darstellung als Nataraja (»König des Tanzes«) ist sehr verbreitet. Die südindische Tempelarchitektur erlebte neue Höhenflüge. Die Tempel Südindiens sind Abbildungen des Kosmos.

Die Haupttempel Natarajas (z.B. in Tiruvannamalai und Chidambaram im Bundesstaat Tamil Nadu) markieren Orte, an denen Shiva seinen heiligen Tanz (*Ananda Tandara* – den »Tanz der Glückseligkeit«) aufgeführt hat, indem er sowohl Schöpfung, Erhaltung als auch Vernichtung bewirkt und somit alle Eigenschaften Brahmans in sich vereint.

Nataraja wird auf Bronzeskulpturen so dargestellt: Shivas Avatar steht in einem Flammenring, der den Kosmos repräsentiert. Shiva ist immerhin auch Vishwantha (»Der Herr des Alls«). Im Haarschopf trägt er die Göttin Ganga und einen Halbmond, ein Symbol, das anzeigt, dass Shiva über die Zeit herrscht. Das Feuer in der linken Hand ist seine zerstörerische Kraft, sie weist zum Fuß, der zum Tanz erhoben ist und dazu ansetzt, *Apasmara*, die Unwissenheit, zu zerstampfen. Die Welt vergeht nicht, solange Shiva tanzt, doch Shiva hört nie auf zu tanzen, die Welt ruht in ihm, während er die Welt zerstört und wieder erschafft. Er trägt die Trommel als Zeichen des Schöpfungsmythos, hält die andere Hand zu einer *Mudra* geformt, einer heiligen Handstellung, die in diesem Fall Angst nehmen soll. Gelingt es, den Flammenring aufzulösen, lockt die Vereinigung mit Brahman, dem

Absoluten. Zu Festen werden diese Skulpturen in Seide geschlagen, mit Sandelholzpaste bestrichen und mit Girlanden behängt durch die Prozession getragen.

Besonders intensiv war der Kontakt zu den frühen Dynastien von Angkor. Faszinierend ist dort die etwas abseits gelegene Tempelanlage von Bantey Srei. Der Legende nach wurde sie von einem Brahmanen beauftragt, der als Priester und Gelehrter der Guru eines Angkor-Herrschers gewesen sein soll. Die Tempel gehören zu den Meisterwerken der Steinmetzkunst und zeigen Szenen aus dem indischen Epos *Mahabharata*. Allerdings wirkten sich indische Einflüsse bereits seit dem 5. Jahrhundert in Südostasien aus.

Die frühen Chola tauchen bereits in den Edikten Ashokas als Nachbarvolk im Süden auf. Auch in der tamilischen Sangam-Literatur wurden sie häufig genannt. Sie waren Gegenspieler der Chera und Pandya-Könige. Vor allem der König Karikalan machte sich einen Namen als Militärstratege sowie Stadt- und Deichbauer am Kaveri-Fluss, dem Kernland der Chola. Doch ab dem Jahr 250 n. Chr. wurden die südindischen Dynastien vom Bergstamm der Kalabhra verdrängt, über die nur wenig bekannt ist. Erst der erste König der Pallava konnte die Kalabhra im 6. Jahrhundert schlagen. Fortan herrschten sie über das Kernland der Chola, die zu lokalen Fürsten wurden.

Als ab Ende des 9. Jahrhunderts die Macht der Pallava zerfiel, stiegen die Chola langsam wieder auf. Sie machten Thanjavur (heute: Tanjore) zur neuen Hauptstadt.

Mit den Königen Rajaraja Chola I. (985–1014) und seinem Sohn Rajendra Chola I. konnten sie auch wieder Gebiete außerhalb ihres Stammlandes erobern und erreichten in der Folge ihren Machthöhepunkt. Die alten Feinde, die Chera und Pandya, wurden besiegt, das bengalische Pala-Reich erobert. Erneut wurde die Hauptstadt verlegt, nach Gangaikonda Cholapuram.

Als das bisherige Handelszentrum an der Nordwestküste durch Invasoren aus Zentralasien einen wirtschaftlichen Abstieg erlebte, verlagerte sich der Handel in den Süden. Die Chola erlebten eine wirtschaftliche und kulturelle Blüte. Der Handel reichte bis zu den Fatimiden in Ägypten. Die tamilische Kultur mit ihren Tänzen, der

Musik, Poesie und dem Theaterdrama erblühte. Das große Epos der Tamilen, das *Kambaramayanam**, entstand.

1025 begann ein Feldzug gegen das indonesische Reich Sri Vijaya, das entfernt mit dem maritimen Handels- und Bündnissystem der Hansestädte vergleichbar war. Ab dem 12. Jahrhundert setzte der Niedergang der Chola ein. Vor allem die Pandya von Madurai wurden zum erbitterten Rivalen und rissen schließlich die Macht über Südindien an sich.

*104. Grund*

## *Weil die Andamanen und Nikobaren einzigartige Inselarchipele sind*

Die Inselgruppen der Andamanen und Nikobaren bilden noch einmal eine ganz eigene Welt. Das liegt nicht nur daran, dass die Inseln über 1.000 Kilometer von der indischen Landmasse entfernt liegen, sondern vor allem daran, dass sich diese insgesamt 572 Inseln im Indischen Ozean völlig eigenständig entwickelt haben – daher findet sich dort eine einzigartige Tier- und Pflanzenwelt (es gibt allein 250 einheimische Vogelarten) mit vielen endemischen Arten, aber auch eine traditionelle Lebensweise, die sich einige der ursprünglich zwölf Ethnien bis heute bewahren konnten. Manche sind noch immer Jäger und Sammler, kennen keinen Ackerbau und lehnen den Kontakt zur »zivilisierten Welt« ab.

Die Andamanen liegen 300 Kilometer südsüdöstlich vor der Küste Myanmars und Thailands. Gemeinsam mit den Nikobaren sind die Inseln die höchsten Punkte einer Gebirgskette, die sich unter dem Meer in einem Bogen von Myanmar nach Indonesien zieht.

Forscher vermuten, dass die ersten Siedler die Inseln bereits vor 60.000 Jahren von Afrika aus erreichten. Sie gehörten zur ersten

---

* *Die »Herabkunft Ramas« ist eine tamilische Version des Ramayana und entstand wahrscheinlich im 12. Jahrhundert.*

Migrationswelle in Asien und siedelten unter anderem auch auf Taiwan oder den Philippinen. Andere wanderten später von Myanmar aus ein. Bis heute beheimaten die Inseln einige der interessantesten Volksgruppen, denen man (theoretisch) begegnen kann – sofern sie das wünschen. Denn einige wenige feuern noch immer Pfeile auf potenzielle Eindringlinge ab. Deswegen ist auch nur ein Teil der Inseln für Touristen zugänglich.

Abgesehen von den zehn Tauchschulen gibt es angesichts der traumhaften Umgebung nur wenig Tourismus. Dabei gehören die Tauchgründe zu den schönsten weltweit. Besonders der Wandoor Marine National Park bietet spektakuläre Einblicke in intakte Korallenriffe und vielfältige Fischgründe.

Auch für Wassersportler und Schnorchler bieten die Inseln viele Möglichkeiten. Wer hingegen Ruhe bevorzugt, wird auch keine Schwierigkeiten haben, den richtigen Ort zu finden. Die Insel Neil Island etwa bietet eine ganze Reihe großartiger Strände mit feinem weißen Sand und kristallklarem Wasser. Noch immer dominieren einfache Gasthäuser, und es gibt bisher kaum größere Hotelanlagen. Insgesamt ist die Infrastruktur abseits der Siedlungs- und Touristenzentren rudimentär.

Die Inseln sind geprägt von subtropischem Regenwald, dichten Mangrovenwäldern, weitläufigen Korallenriffen und einer Reihe spektakulärer Strände. Die Anreise mit der Fähre von Madras/Chennai, Visakhapatnam (nur einmal im Monat) oder Kalkutta dauert über zwei volle Tage. Port Blair hat auch einen Flughafen, der zusätzlich von Neu-Delhi und Bhubaneswar aus angeflogen werden kann. Zwischen den wichtigsten Inseln verkehren Schnellboote.

Die ersten Berichte über die Inseln stammen von arabischen Reisenden aus dem Jahr 871. Zwischen 1014 und 1025 dehnte das Chola-Reich seinen Einfluss auf die Andamanen aus. Daher stammt wahrscheinlich auch der Name, der in Tamil »Nackter Mann« bedeutet. Auch Marco Polo erwähnte die Andamanen, besuchte sie aber selbst nicht. Weitere Informationen stammen von den italienischen Handelsreisenden Niccolò di Conti und Cesare Federici, die die Andamanen um die Jahre 1440 und 1570 besuchten.

Für die Europäer blieb das Inselarchipel lange relativ uninteressant, da hier nur wenige wirtschaftlich wertvolle Waren zu finden waren, abgesehen von Eisen und Amber. Arabische, malaysische und chinesische Händler besuchten die Inseln jedoch regelmäßig, versklavten Ureinwohner und verkauften sie auf Sklavenmärkten.

Doch das änderte sich im 17. Jahrhundert. Im April 1602 erreichte die erste Flotte der Britischen Ostindien-Kompanie die Nikobaren. Es war jedoch Dänemark, das als erste europäische Kolonialmacht Besitzansprüche anmeldete. Von der Kolonie Tranquebar an der indischen Südostküste aus versuchten sie zwischen 1754 und 1848 immer wieder, die Nikobaren zu kolonisieren. Sie waren schließlich die letzte dänische Kolonie in Südasien.

1778 erhob die Triestiner Ostindische Handelskompanie Ansprüche auf vier Nikobaren-Inseln, die zu Kronkolonien Österreichs erklärt wurden, wobei Dänemark seine Ansprüche nie aufgegeben hatte und Protest einlegte. Eine Nikobaren-Insel trägt noch heute den Namen der österreichischen Erzherzogin Maria Teresa. Fünf Jahre lang waren die Nikobaren kurzzeitig eine Kolonie der Habsburger.

Dänemark gab seinen Anspruch 1868 auf, wonach die Inseln nicht mehr als dänisches Hoheitsgebiet betrachtet wurden. Nun propagierten Berliner Kolonialisten die Eroberung der Nikobaren durch Preußen. Die Debatten darüber erübrigten sich jedoch, als 1869 Großbritannien die Inseln einnahm und zu einem Teil Britisch-Indiens machte. Mit Nan Cowrie entstand eine feste Siedlung auf der Insel Car Nikobar.

Im Zweiten Weltkrieg wurden die Nikobaren von den Briten verlassen und in der Folgezeit von den Japanern besetzt. Sie töteten viele Ureinwohner, weil sie sie der Spionage und Aufklärung für die Alliierten verdächtigten. Sie waren jedoch nicht beteiligt an den Luftangriffen der alliierten Streitkräfte von 1943 bis 1945. Am 18.10.1945 kapitulierten die Japaner. Seit 1947 bilden die Andamanen und Nikobaren gemeinsam ein Unionsterritorium Indiens.

Port Blair, die Hauptstadt, beheimatet heute 100.000 Einwohner. Der Marinestützpunkt wurde von Archibald Blair 1789 gegründet, der für die East India Company einen Hafen gesucht hatte. 1796 wurde die Siedlung vorübergehend wieder aufgegeben. 1858 wurden die Andamanen zur Kronkolonie Großbritanniens. Daran, wie dekadent die Briten damals hier lebten, erinnert die vorgelagerte Insel Ross Island, die zeitweise als »Paris des Ostens« gerühmt wurde und alle Luxuswaren bot, die zur selben Zeit in London erhältlich waren.

Für alle Nicht-Briten war der Aufenthalt auf den Andamanen die Hölle. Zwischen 1800 und 1945 wurden zunächst auf der Insel Chatham und später auf Ross Island Gefängnisse für politische Häftlinge erbaut, wo sie extrem harter Zwangsarbeit ausgesetzt waren. Auch auf Viper Island wurden »Schwerverbrecher« kaserniert. Die Andamanen erhielten den Beinamen *Kala Pana* (»Schwarzes Wasser«). Die Briten sperrten hier bevorzugt Verfechter einer indischen Unabhängigkeit ein. Nach den Aufständen der Sapoy 1857/58 kamen die ersten 200 Häftlinge auf die Andamanen. Heute ist das Gefängnis noch immer Wahrzeichen der Insel und fungiert inzwischen als Museum, in dem der Helden der indischen Unabhängigkeitsbewegung gedacht wird. 1872 wurde Lord Mayo, der Vizekönig und Generalgouverneur Indiens, hier von einem ehemaligen Häftling ermordet. Bei der Volkszählung 1941 machten die Gefangenen knapp ein Drittel der Gesamtbevölkerung der Andamanen aus – so entscheidend war das Gefängnis für die Briten.

Die Inselgruppe der Nikobaren liegt noch einmal über 100 Kilometer südlich, sie reicht bis zu 200 Kilometer an die Küste der indonesischen Insel Sumatra heran. Hier leben nur etwa 36.000 Menschen. Auch diese Inseln sind seit prähistorischer Zeit besiedelt. Im Gegensatz zu den Andamanen stellen die Ureinwohner trotz Zuzug vom Festland noch immer zwei Drittel der Bevölkerung. Die Nikobaren waren, ähnlich wie ein Teil der Andamanen, über Jahrzehnte für Besucher gesperrt, um sie vor Einflüssen der Zivilisation zu schützen. Bis heute werden auf den Nikobaren keine Touristen geduldet. Nur ausgewählte Forscher halten Kontakt zu den Ureinwohnern.

Ein brutaler Schlag für die Menschen auf den Inseln war der Tsunami Ende 2004, dessen Epizentrum nur einige Hundert Kilometer südlich lag. Viele Tausend Menschen starben dabei, einige der Inseln sanken ins Meer hinab und wurden dreieinhalb Meter nach Südwesten verschoben. Vor allem für die Menschen, die direkt am Meer siedelten, kam das Unglück völlig unvorbereitet. Bis zu 20 Meter hohe Wellen zerstörten fast alle Dörfer der Volksgruppe der Nikobaresen. Vor allem viele Kinder und alte Menschen starben bei der Katastrophe, weil sie nicht auf den geschützten Feldern waren. Die verbliebenen Dorfbewohner mussten in höhere Lagen der Inseln umgesiedelt werden.

Doch die Bemühungen der Hilfsorganisationen hatten auch Schattenseiten. Einige der Nikobaresen wurden nach dem Tsunami in einen Vorort von Port Blair übergesiedelt. Am Rande der Stadt und ohne Kontakt zu anderen Nikobaresen ist ihre Kultur im Verfall begriffen, und die sozialen Strukturen drohen zu zerbersten.

Die Insel Trinket zerbrach in mehrere Teile. Auf Car Nicobar gibt es seit der Naturkatastrophe keine landwirtschaftlichen Anbauflächen mehr. 15 der Inseln liegen seit dem Tsunami unter dem Meeresspiegel. Inzwischen wurde ein Frühwarnsystem mit Evakuierungsplanungen und Sirenen aufgebaut, um die Menschen in Zukunft besser zu schützen.

Der Niedergang der Stämme auf den Andamanen und Nikobaren hat aber bereits viel früher begonnen. Vor allem Zivilisationskrankheiten haben die Ureinwohner stark dezimiert. Immerhin gelang es, große Nationalparks wie den Mahatma Gandhi und Mount Harriet National Park auszuweisen. Doch leider werden die Interessen der Ureinwohner noch immer zu wenig berücksichtigt. Das zeigt sich vor allem an der Straße, die durch das Reservat der Jarawa gebaut wurde. Obwohl sie von der indischen Justiz für illegal erklärt wurde und eine Bürgerrechtsbewegung seit über zehn Jahren gegen die Straße kämpft, gibt es keine Bewegung. Im Gegenteil: Immer mehr Touristen fahren über die Straße und erhoffen sich, einen »Steinzeitmenschen« zu sehen. Dass der Kontakt mit der modernen Welt ihre Lebensweise gefährdet, kümmert sie dabei leider nicht.

Es bleibt sehr zu hoffen, dass den Ureinwohnern selbst die Wahl gelassen wird, ob, wie und in welcher Geschwindigkeit sie sich in Zukunft »entwickeln« wollen. Als Besucher der Inselwelt sollte man dazu ein Bewusstsein entwickeln.

*11. Kapitel*

# *Kuriositäten & Kurzweiliges*

## *Weil die Boarder Roads Organisation absurd-komische Sinnsprüche kreiert*

In den Grenzregionen Indiens, vor allem aber in der Himalaya-Region, finden sich Sinnsprüche auf Mauern und Schildern, die von den Mitarbeitern der Boarder Roads Organisation (BRO) aufgestellt werden. Sie sind für die Pflege der Infrastruktur verantwortlich. Ich kann mir durchaus vorstellen, wie schwierig es manchmal sein muss, in abgelegenen Regionen, weitab der Familie nach der anstrengenden Arbeit die Zeit totzuschlagen. Was dabei herumkommt, sieht man dementsprechend am Straßenrand. Die Inhalte der Schilder sind belehrend, philosophisch, skurril, unfreiwillig komisch, motivierend oder anzüglich. Eine Auswahl der schönsten Kreationen:

»Drive like hell, you'll be there!«
»It is not rally, enjoy the valley«
»I am curvaceous – be slow«
»Go Bro Go… but very slow!«
»After Whiskey, driving risky«
»Life is short, why make it shorter?«
»Be gentle on my curves«
»Road is hilly – don't be silly!«
»Driving faster can cause disaster«
»If you sleep your family will weep«
»Darling I like you but not so fast«
»Don't stick your elbow out too far, it might go home in another car«
»Mind your brakes or break your mind«
»Life is a journey, complete it«

## Weil es in Kalkutta ein Bücherviertel gibt

Nach Kalkutta sind wir bereits einmal auf den Spuren Mutter Teresas gereist. Wer aber trotz der bis heute verheerenden Bedingungen für viele arme Menschen darauf schließt, Kalkutta sei ein einziger Slum, täuscht sich gewaltig. Es gibt auch ein Kalkutta, das von Wohlstand und Bildung geprägt ist, immerhin war die Metropole lange die Hauptstadt Britisch-Indiens. Bis heute gilt Kalkutta trotz der steigenden Bedeutung Bombays als kulturelle Hauptstadt Indiens. Ein gutes Beispiel dafür ist das Bücherviertel Boi Para.

In Indien ist es immer noch sehr verbreitet, dass Handwerker derselben Fachrichtung prominent in einer Straße oder einem Viertel vertreten sind. Das erscheint für den modernen westlichen Beobachter auf den ersten Blick absurd, da die Geschäfte in direkter Konkurrenz stehen. Doch hier spiegelt sich etwas, was auch im europäischen Mittelalter üblich war: das Ständewesen in Gilden. In Indien ist diese Tradition unverändert sehr verbreitet, Kaste und Beruf sind oft noch immer untrennbar verbunden. Einer der schönsten Auswüchse dieser Tradition ist die College Street von Kalkutta und ihre Umgebung. Man findet ein wahres Labyrinth aus Büchern vor, eine eigene Stadt in der Stadt. Dort schlägt das Herz des intellektuellen Indiens. Allein drei Universitäten befinden sich in dem lebendigen Viertel, das eine besondere Rolle während der bengalischen Studentenrevolten der 60er-/70er-Jahre spielte.

So finden sich entlang der College Street auch viel Semester-Literatur und Schulbücher. Kunst, Literatur und Wissenschaften spielen für die Inder eine bedeutsame Rolle, und so sind Schriftsteller, Verleger, Buchhändler, Künstler und Professoren sehr angesehen. Die großen Buchmessen in Neu-Delhi und Kalkutta stellen die Besucherzahlen in Frankfurt deutlich in den Schatten.

Straßenhändler bieten in bunten Kiosken und auf Bürgersteigen und Durchgängen ihre Bücher an. Daneben stehen Druckereien und große Verlagshäuser. Bis zu 10.000 Bücherläden soll es hier geben, die bis an die Decke mit ungezählten Büchern vollgestopft sind. Die Treppenhäuser bersten vor opulenten Bücherregalen. Kein Winkel, der nicht mit Büchern ausstaffiert ist. Ganze Gassen bestehen aus Bücherregalen. Erstaunlich, wie die Händler hier den Überblick behalten können und tatsächlich innerhalb Minuten fast jedes verfügbare Werk, das je geschrieben wurde, finden. Die Buchhändler lesen selbst, wann immer sie können, und kennen tatsächlich einen guten Teil ihres Angebots. Eine besondere Herausforderung dabei ist die Vielsprachigkeit der Veröffentlichungen. Neben Hindi und Englisch spielen vor allem Sanskrit, Urdu, Arabisch und Bengali sowie andere Regionalsprachen eine große Rolle. Besucher aus dem Umland Kalkuttas decken sich hier mit neuer Inspiration ein.

Das Bücherviertel ist eine faszinierende Welt für jeden Literaturliebhaber. Ilija Trojanow, der über »Die Stadt der Bücher« geschrieben hat, erzählt in seinem Roman *Der Weltensammler*, wie er in Shimla auf eine alte Originalausgabe von Richard Francis Burton stieß, der Auftakt einer jahrelangen Recherchereise auf dessen Spuren. Solche fantastischen Entdeckungen sind in Indien nach wie vor möglich.

Doch auch die Armen der Stadt kommen hier auf ihre Kosten. Denn in Indien ist es in vielen Buchhandlungen üblich, Bücher nach Gewicht zu kaufen und nach dem Lesen wieder an den Händler zurück zu verkaufen. Sogar der Bezug auf Pump ist möglich. Billige Kopien drücken überdies die Preise. Eine Buchpreisbindung gibt es in der Form nicht.

In Kalkutta ist es kein ungewöhnlicher Anblick, Leser vor dem Licht einer Straßenlaterne anzutreffen, die sich gerade durch ein Buch schmökern, das sie am Morgen wieder zurückgeben. Selbst inmitten größten Lärms findet man ungerührte Leser. Die College Street ist darüber hinaus ein Treffpunkt, an dem sich Verleger, Schriftsteller, Flaneure und interessierte Leser begegnen können.

Das Bücherviertel ist ein faszinierendes kleines Universum, in dem sich ein Großteil der Schätze der Menschheit finden lässt.

## Weil man zum Schläfer wird

In Indien kann man auf ausgedehnten Reisen leicht zum Schläfer werden. Das hat jedoch nichts mit Vorlieben für den Terrorismus zu tun, sondern bei der »Sleeper«-Klasse handelt es sich um eine relativ angenehme Weise zu reisen, bei der man zugleich Übernachtungskosten sparen kann. Mit dieser Art der Personenbeförderung hatte ich bei meinen ersten Reisen durchs Land nicht gerechnet, in Europa existiert sie in dieser Form nicht, eine ähnliche Aufteilung von Bussen ist aber in Südamerika verbreitet.

Das Besondere daran ist: In vielen indischen Bussen gibt es nicht nur die gewohnten Sitzplätze. Darüber befindet sich noch eine weitere Ebene mit Boxen, in denen man sich ausstrecken kann, sofern man nicht über 1,80 Meter groß ist. Für mich waren die Boxen ein klein wenig zu kurz, trotzdem empfand ich diese Art des Reisens angenehmer als zu sitzen. Vor allem hat man aus dieser erhabenen Position so weit oben im Bus ähnlich wie in einem Doppeldeckerbus einen grandiosen Blick auf das Geschehen auf den Straßen, die man überquert, und kann sich geradezu unverwundbar fühlen – ein Luxus in einem Land, das so wenig Privatsphäre bietet.

Auch in Zügen gibt es eigene »Sleeper«-Wagons. Während die Deutsche Bahn ihre Nachtverbindungen erheblich eingeschränkt hat, ist der Nachtzug in Indien sehr beliebt, und gerade auf langen Strecken lässt sich eine Nachtfahrt ohnehin nicht vermeiden. Vor allem ist es aber sehr angenehm, mit dem rhythmischen Rattern des Zuges in den Schlaf zu fallen oder zumindest zu schlummern und über Nacht lange Strecken hinter sich zu bringen.

Für viele Inder ist die »Sleeper«-Klasse allerdings verzichtbar. Ich habe Menschen in den ungewöhnlichsten Positionen und an den lautesten und bevölkerungsreichsten Orten friedlich schlafen sehen. Eine Kunst, die man wohl nur erlernen kann, wenn man diese Verhältnisse von früh an gewohnt ist. Nichtsdestotrotz gibt es auch viele Inder, die diese Art des Reisens sehr zu schätzen wissen, zumal die riesigen Distanzen auf Fernstrecken auch den abgehärteten Reisenden viel abverlangen. Und so schön es ist, sich mit den neugierigen Mitreisenden auszutauschen, so war es doch eine Wohltat, zwischendurch auch mal ein wenig Ruhe zu haben.

### *108. Grund*

## *Weil Lastwagen in fahrende Kunstwerke verwandelt werden*

Trotz seines recht gut ausgebauten Güterbahnsystems spielen Lkws zur Warenbeförderung in Indien die entscheidende Rolle. Noch immer wird die Hälfte der Güter über das indische Straßennetz transportiert, deutlich mehr als mit der Bahn und dem Schiff.

Manche Lastwagen sind nur für bestimmte Bundesstaaten zugelassen, andere haben ein »All India Permit« und können Waren durch das ganze Land befördern. Die Lkws werden ständig überladen und sind oft in verheerendem Zustand. Sie werden jedoch erst aufgegeben, wenn absolut nichts mehr aus den Fahrzeugen herauszuholen ist.

Sicher ist es schon in Europa aufgrund des Terminstresses kein Zuckerschlecken, ein Fernfahrer zu sein, immerhin wurden hier jedoch Ruhezeiten eingeführt und Fahrerwechsel auf langen Strecken vorgeschrieben. Doch in Indien sind die Verhältnisse für die Fahrer noch erheblich schwieriger. Von regelmäßigen Pausen können sie nur träumen. Ihre finanzielle Situation ist oft extrem prekär. Sie verbringen einen Großteil ihres Lebens auf den Straßen inmitten von atemberaubendem Verkehr, unbeschreiblichem Lärm und stinkenden Abgasen.

Viele sind durch den Lärm schwerhörig oder taub geworden, ihre Lungen rasseln, und schwere Unfälle sind an der Tagesordnung. Dazu kommt eine in vielen Teilen Indiens völlig marode und überforderte Infrastruktur.

Gerade auf den halsbrecherischen Straßen des Himalaya habe ich mich manchmal gefragt, wie die Fahrer ihre regelmäßigen und langen Touren fast ohne Pausen aushalten, zumal sie auch noch selbst für die Ladung verantwortlich sind und sie im Extremfall gegen Banditen verteidigen müssen. Manchmal stehen sie tagelang, wärmen sich etwas an ihren Gaskochern oder selbst entzündeten Feuern und warten darauf, dass die Straße endlich wieder freigegeben wird. Oft bleibt ihnen am Ende ihrer Tour nur ein kurzer Aufenthalt bei ihrer Familie.

Um all das zu ertragen, haben viele Fahrer ihr Gefährt in ein fahrendes Kunstwerk verwandelt – schließlich verbringen sie mehr Zeit unterwegs als zu Hause.

So stecken sie Geld und Fantasie in ihr Fahrzeug. Das Wichtigste ist natürlich eine laute Hupe, um die anderen Verkehrsteilnehmer zu beeindrucken. Das Herzstück ist der Innenraum der Fahrerkabine. Fast immer vorzufinden ist ein kleiner Schrein, in dem die Hindus ihren bevorzugten Göttern regelmäßig frische Blumengirlanden und aromatische Räucherstäbchen darbringen. Die Muslime hängen Bilder von der Kabah in Mekka auf, die den Mittelpunkt des Islam symbolisiert. Im Süden sind auch Darstellungen von Jesus, Lady Fatima und Maria weit verbreitet. Nicht fehlen dürfen natürlich Bilder von den Liebsten, die zu Hause warten.

Zur Basisausstattung der meisten Lastwagen gehören Gasflasche und dazugehöriger Kocher. Die komplette Selbstversorgung und aufgestockte Vorräte für längere Warteperioden sind üblich. Selbst zum Schlafen verlassen die wenigsten Fahrer ihren Lastwagen. Vielen fehlt schlicht das Geld, um auswärtiges Essen und ein Fernfahrerzimmer zu bezahlen, zumal sie in dieser Zeit die Fracht aus den Augen lassen müssen, an der ihre gesamte Existenz hängt.

Außerdem kommen Beleuchtungen und Ventilatoren zum Einsatz, um die Fahrt zu verschönern. Je nach Einkommen kann sich ein Fahrer auch eine Musikanlage, bisweilen sogar Fernseher samt DVD-Spieler und Klimaanlage leisten. Für viele ist die Straße ihr eigentliches Zuhause.

Am interessantesten ist wohl die prächtige Bemalung der Lastwagen, auf die ihre Besitzer mächtig stolz sind. Die Motive dienen dazu, Herkunft, Identität, Persönlichkeit und individuellen Glauben oder Philosophie auszudrücken. Häufig finden sich der Name des Fahrers und Darstellungen seiner Familienangehörigen auf dem Fahrzeug.

Besonderen Zuspruch finden mythische Götterbilder, paradiesische Landschaften, bekannte Gebäude aus der Heimat des Fahrers (etwa die Forts der Maharadschas in Rajasthan), (Schutz-)Tiere (allen voran Tiger, Kuh und Pfau) und stilisierte Ornamente. Die knallige Bemalung soll gute Geschäfte verheißen.

Ursprünglich fand man diese Art der Kunst noch in der Architektur von Gebäuden ab den 20er- und 30er-Jahren. Holzverblendungen wurden an Gebäuden angebracht und bunt bemalt. Diese Technik wurde dann auf die schnell wachsende Lkw-Flotte übertragen. Die besonders prächtig gestalteten Wagen haben ebenfalls aufwendige Holzaufbauten, die je nach Wunsch des Fahrers bemalt werden können. Der Nachteil ist, dass die Restaurierung nach einem Unfall extrem aufwendig und teuer ist.

Es hat sich eine eigene Kunstszene (auch »Truck Art« genannt) entwickelt, die immer neue Designs entwirft und sie selbst auf den Fahrzeugen anbringt. Vor allem Schrift in 3-D-Optik hat ihre Möglichkeiten erheblich erweitert. Besonders die Schatten, die in der Industrie vom Computer berechnet werden, beherrschen viele Künstler im Schlaf. Sie haben auch die verschnörkelte Hindi-Schrift so angepasst, dass sie der englischen Schreibweise entspricht und zugleich gut lesbar geblieben ist.

Individuelle Sinnsprüche oder politische Botschaften werden prominent auf das Fahrzeug gemalt, etwa »Satyam, Shivam, Dunsaram« (Wahrheit, Gott, Schönheit) oder »Jai Hind« (Sieg für Indien! Lang lebe Indien!). Fast auf jedem Lastwagen sieht man den Hinweis darauf, doch unbedingt die (Licht-)Hupe zu benutzen. Dabei weiß jeder, dass man ohne akustisches Signal im indischen Straßenverkehr hoffnungslos verloren ist.

Die Künstler haben mit der Zeit individuelle Stilrichtungen hervorgebracht, jeder hat seine eigenen Designs entwickelt, die er perfekt beherrscht. Mit Schablonen, Vorzeichnungen, Farbpinseln oder Sprühpistolen bringen sie die vom Fahrer gewünschten Motive auf. So werden aus altersschwachen Lastwagen Gefährte, die jugendlichen Charme versprühen.

So prächtig bemalte Gefährte gibt es sonst nur im benachbarten Pakistan, wo der Markt ähnlich stark boomt wie in Indien. Dort hat sich auch eine Kunstform entwickelt, in der Miniaturmodelle solcher Lastwagen aus Blech hergestellt werden, die sich zunehmender Beliebtheit erfreuen.

Allerdings ist die schlecht bezahlte und wegen des Giftes in vielen Farben ungesunde Handarbeit der Künstler im Aussterben begriffen. Inzwischen dominieren immer stärker industriell gefertigte Sticker mit den beliebtesten Symbolen und Darstellungen den Markt. Der große indische Autobauer Tata setzt inzwischen auf bereits vorbemalte Modelle aus Stahl, die den Künstlern alle Möglichkeiten nehmen.

Ich würde den Künstlern viel mehr Anerkennung für ihre exzellente Arbeit wünschen. Ihre Fähigkeiten sind mit der Bemalung von Lastwagen längst nicht ausgeschöpft, und ich hoffe, dass sie neue Betätigungsfelder finden. Gleichzeitig wäre es schön, wenn die Kunst der Bemalung von Lkws nicht ganz ausstirbt.

Es macht auf jeden Fall viel Freude, die bunten Zauberkisten zu bestaunen, und sie sind eine echte Abwechslung auf den grauen Straßen. Man könnte ganze Museen mit den schönsten Designs füllen.

*109. Grund*

## *Weil eine mehrköpfige Familie auf einen Motorroller passt*

Motorroller und deren moderne Variante, hoch motorisierte Scooter, sind in ganz Asien beliebt, besonders auch in Indien. Gerade im Stadtverkehr bieten sie viele Vorteile, da sich viel mehr Lücken nutzen lassen, um im schleichenden Verkehr voranzukommen, und ihr Verbrauch an Benzin gering ist. In den ländlichen Regionen sind sie eine kostengünstige Alternative zu Kleinwagen, und kleine Läden verkaufen gepanschtes Benzin illegal in Plastikflaschen. So ist man mit einem Scooter auch da sehr flexibel unterwegs, wo die nächste Tankstelle weiter entfernt liegt.

Als Gefährt für eine mehrköpfige Familie haben die Hersteller sie jedoch kaum konzipiert – was die Inder jedoch nicht im Geringsten stört, und der Anblick einer mehrköpfigen Familie auf einem Roller ist Alltag. Nicht selten teilen sich die Eltern mit zwei Kindern und einem Baby auf dem Schoß der Mutter den knappen Platz. Die Einkäufe passen auch noch irgendwohin. Besonders beeindruckend sind auch »fahrende Läden«, mit einem halben Marktstand beladene Fahrräder oder Motorroller, die wahre Akrobaten steuern.

Natürlich betrifft dieses Phänomen der Enge auch Busse, Züge, Straßenbahnen, Fahrräder, Rikschas und jedes andere Transportmittel. Kein Wunder in einem Land, in dem so viele Menschen dicht an dicht leben und das eigene Verkehrs- und Transportmittel nur für die Ober- und Mittelschicht finanzierbar ist.

So stoisch die Inder diese unabänderlichen Zustände über sich ergehen lassen, so gewöhnungsbedürftig ist das für den Neuling. Wer sich einmal gegen die Stromrichtung in einem öffentlichen Verkehrsmittel bewegen musste, weiß, wovon ich rede. Allerdings will ich nicht wissen, wie die Straßen aussehen würden, wenn ähnlich viele Menschen ein Auto besäßen wie in Europa. Die Anzeichen, wohin das führen würde, sind heute schon sichtbar. Auch in Kleinstädten ist Dauerstau inzwischen an der Tagesordnung. In eine der Großstädte zu fahren ist ein nervenzehrender Prozess, der viel Geduld und Leidensfähigkeit erfordert.

Über lustige *Wetten, dass ..?*-Einlagen, in denen möglichst viele Menschen in einen Kleinwagen gequetscht werden, würden die meisten Inder nur lachen. Vergnügt würden sie sich mit der doppelten Anzahl an Menschen hineinquetschen, ihre Verpflegung auspacken, brüderlich teilen und ohne zu murren einmal um die Welt fahren.

Man muss sich doch sehr anstrengen, um ein ähnliches Maß an Gleichgültigkeit zu erreichen, angesichts unendlicher Fahrten in klapprigen Gefährten und einer maroden Infrastruktur, die dem obszön steigenden Verkehr kaum gewachsen ist.

Oft muss man den Kopf schütteln, wie sorglos manche Güter transportiert werden. Wenn etwa gerade wieder ein mit Gasflaschen überladener Lastwagen, der kurz vor dem Achsenbruch steht, ohne Rücksicht auf Verluste die Kurven schneidet. Aber auch in Sachen Improvisation macht den Indern so schnell keiner was vor.

Reisen hat in Indien noch eine sehr starke soziale Komponente, und man hat die Gelegenheit, mit anderen ins Gespräch zu kommen, Einladungen zum Essen anzunehmen oder auszusprechen und etwas über den Alltag und die Sorgen der Menschen zu erfahren. Das unterscheidet sich schon erheblich vom Alltag in öffentlichen Verkehrsmitteln in Deutschland, in dem sich Fremde eher selten austauschen und oft sogar der Blickkontakt gemieden wird.

Reisen mit öffentlichen oder privaten Verkehrsmitteln sind kommunikative, aber auch aufreibende Erlebnisse. Wie gesagt, ist es höchste Zeit, diese Strukturen zu modernisieren, sodass auch in Zukunft nicht viel mehr Menschen auf ein eigenes Auto angewiesen sind.

*110. Grund*

## *Weil Bärte in Indien ein Statussymbol sind*

Die »Hipster-Kultur« mag das etwas aufgebrochen haben – doch einen langen Bart zu tragen gilt vielen Deutschen noch immer als suspekt. Mit einem rauschenden Vollbart gilt man für viele immer noch als Gammler oder gar als gemeingefährlich.

Doch auch die Zeiten, als der Schnauzbart in der alten Bundesrepublik Mode war, liegen weit zurück, obwohl wieder vereinzelt moderne Varianten auftauchen.

In Indien könnten die Dinge kaum anders stehen, auch wenn sich daran gerade einiges ändert. Tatsächlich bekam ich sogar häufig Komplimente für meinen langen Bart, den ich mir in Indien stehen ließ. Dort gibt es sogar Wettbewerbe für den schönsten Bart. Den Rekord hält ein Bartträger, dessen Bart 1,60 Meter erreicht hat.

Das liegt wesentlich daran, dass gerade Shiva-Anhänger, allen voran die Sadhus, weder Haar noch Bart stutzen. Das Gleiche gilt für die Sikhs, die ihren Haarschopf unter dem Turban tragen. Auch unter den Fakiren sind wildes Haar und ein langer Bart weit verbreitet. Anderen ist eine intensive Bartpflege heilig. Sie putzen sich heraus, lassen schneiden, trocknen, wichsen und trimmen. Kreationen wie der »Soup strainer« oder nach Art »Walross« gehörten lange zu den Favoriten des indischen Mannes und waren eine Art Kulturgut.

Die jungen Leute in den Städten hingegen lassen sich längst dünn gestutzte Dreitagebärte stehen, eine Mode, die sich kaum von der europäischer Jugendlicher unterscheidet. Lange, wilde Bärte sind für sie altmodisch und kein Zeichen für Männlichkeit wie für viele Ältere. Lieber wollen sie jung und modern aussehen, passend für das digitale Zeitalter und internationale Schönheitsstandards, die längst auch massiv in Indien wirken. Vor allem die männlichen Bollywood-Stars setzen immer neue Trends, die massenhaft kopiert werden. Die Bärte sind also im Schwinden begriffen, doch noch mangelt es nicht an ausgefallenen Kreationen.

Interessanterweise galt und gilt der Schnurrbart nicht nur als Schönheitsideal, sondern sogar als Statussymbol, das für Polizisten sogar ein Extraeinkommen bringen kann. Auch unter Soldaten gehört ein anständiger Bart zum guten Ton.

Als hingegen die Dalit damit begannen, aus Protest ebenfalls Schnauzer zu tragen, kam es zu heftigen Auseinandersetzungen, weil viele Angehörige höherer Kasten dies als Frevel und Anmaßung empfanden. Der Bart ist hier ein Zeichen des Kulturkampfes. Früher war es ausschließlich hohen Kasten vorbehalten, sich einen Bart wachsen zu lassen. Auch Mahatma Gandhi hatte seine Anhänger dazu aufgerufen, sich einen Bart wachsen zu lassen. Allerdings ging es ihm um den Boykott importierter Waren wie Rasierer und Klingen.

Häufig zu sehen sind mit Henna gefärbte Bärte. Die Rotfärbung unterstreicht den strengen Glauben seines Besitzers. Ein Brauch, der sowohl unter Hindus als auch unter Muslimen verbreitet ist.

## *Weil Indien Schriftstellern, Historikern und Reportern großartige Inspiration bietet*

Meine ersten Eindrücke über Indien bescherte mir die Literatur. Am Anfang hat das dazu geführt, dass ich ein Zerrbild von Indien bekam. Kaum ein Land bietet mehr Inspiration und ist schwieriger in Worte zu kleiden. Zugleich basiert die historische Literatur über Indien auf einem Land, in dem noch erheblich weniger Menschen lebten, als es inzwischen der Fall ist. Das größte Problem besteht jedoch darin, auch nur ansatzweise die Fülle an Reizen zu beschreiben, denen der Indien-Reisende ausgesetzt ist. Peter Pannke beschreibt dieses Dilemma sehr gekonnt:

*»Zuallererst ist Indien ein Geruch. Blitzartig findet er seinen Weg ins Stammhirn. Als Nächstes ertönen Geräusche, dann flackern Bilder auf. Sehen kommt später, Denken zuletzt. Das Hirn folgt den Spuren der Erfahrung durch die Nasenlöcher, die Netzhaut, die Trommelfelle, über die Oberfläche der Haut, bis es alles in Erinnerung verwandelt.*

*Bei jeder Ankunft erlebe ich das Gefühl, wie Indien in mich eindringt und sich schlagartig in mir ausbreitet. Beim ersten Atemzug ist der Schock am stärksten; später, wenn ich selbst die Duftmarke dieses großen Tieres angenommen habe, werde ich diesen Geruch nicht mehr wahrnehmen. Kaum habe ich das Land wieder verlassen, zerfließt er zu einem vagen Schatten, den Nase und Hirn nicht mehr zu fassen vermögen.«**

Meine literarische Reise nach Indien begann mit den Werken Rudyard Kiplings, *Kim* und *Das Dschungelbuch*. In *Um Mitternacht die Freiheit* von Larry Collins und Dominique Lapierre erfuhr ich erstmals von den Wirren der indischen Unabhängigkeit und von Mahatma Gandhi. Dominique Lapierre schrieb auch *Stadt der Freude* über Kalkutta und gemeinsam mit Javier Moro *Fünf nach*

---

* *Peter Pannke:* Sänger müssen zweimal sterben – eine Reise ins unerhörte Indien, *Malik Verlag, 2006; Außerdem empfehlenswert:* Indien hören, *Hörbuch, Silberfuchs Verlag.*

*zwölf in Bhopal*. Darin berichten sie über die weltweit schlimmste Giftgas-Katastrophe, die sich 1984 in Zentralindien ereignet und bis heute verheerende Folgen für die dortige Bevölkerung hat. Tonnen hochgiftiger Stoffe konnten entweichen, damit gilt Bhopal als die größte Chemiekatastrophe überhaupt. Tausende starben an den unmittelbaren Folgen, außerdem gab es bis zu einer halben Million Verletzte, die zum Teil noch heute an erheblichen Folgeschädigungen leiden. Selbst bei Neugeborenen kam es zu Missbildungen. Eine echte Entschädigung bekamen die Opfer nie.

Und schließlich fesselte mich Mahatma Gandhis Autobiografie *Mein Leben*. Damals ahnte ich jedoch noch nicht, dass es mich später so sehr nach Indien ziehen würde. Doch bevor ich mich wirklich auf große Reisen begab, war es wieder die Literatur, wegen der ich mich letztlich und dann immer wieder für Indien entschied.

Ausschlaggebend dafür waren die Werke von Ilija Trojanow, *Gebrauchsanweisung für Indien*, *An den inneren Ufern Indiens* und *Der Sadhu an der Teufelswand*. Auch der Roman *Der Weltensammler* ist sehr lesenswert und handelt von dem britischen Offizier Richard Francis Burton, der das koloniale und isolierte Leben der Briten zu verachten begann und sich immer mehr der indischen Kultur annäherte, die wichtigsten Sprachen des Landes erlernte und verkleidet als Einheimischer am Alltag der Inder teilnahm. Ilija Trojanow ist für mich der Intim-Kenner Indiens unter den deutschsprachigen Literaten. Der Kosmopolit lebte zwischenzeitlich vier Jahre lang in Bombay.

Daneben inspirierten mich Ryszard Kapuściński (*Meine Reisen mit Herodot*) und die gonzo-journalistisch angehauchten Reiseberichte von Helge Timmerberg (*Im Palast der gläsernen Schwäne*, *Shiva Moon* und *Tiger fressen keine Yogis*), der Indien wieder und wieder bereist hat. Später kam noch Andreas Altmann dazu (*Notbremse nicht zu früh ziehen*). Von ihm und Pier Paulo Pasolini existiert auch das wunderbare *Indien*-Buch mit schönen Bildern. Sehr schöne Aufnahmen enthalten auch die Bildbände *Wiege der Spiritualität* von Frédéric Soltan und Dominique Rabotteau sowie *Indien* vom Fotografen Steve McCurry und mit Texten von William Dalrymple, der ein absoluter Kenner der indischen Geschichte ist. Von Dalrymple stammen auch die fachkundigen Bücher *The Age of Kali* und *Nine Lives – In Search of the Sacred in Modern India*. Außerdem schreibt er für *The Caravan*, eines der besten Magazine Indiens. Einen guten Ausflug in die jüngere Geschichte bietet die Beschäftigung mit den Reisen von Alexandra David-Néel (*Mein Indien*), die tiefe Einblicke in Indien bekam. Hermann Hesses *Siddhartha* hat wesentlich zum indischen Mythos im Westen beigetragen. Inmitten der Ruhe der Berge habe ich es ausgesprochen gern gelesen.

Großartig fand ich den literarischen Ausflug in die indische Magie, den das Buch *Der Zauberlehrling von Kalkutta* von Tahir Shah bietet. Sehr lesenswert ist auch *Die Suche nach Indien* von Dennis Freischlad mit spannenden Ausflügen in die indische Mythologie. Sehr vielfältige Reportagen enthält das Buch *Indien und seine tausend Gesichter* von Tor Farovik. Eine ungewöhnliche Annäherung bietet *Indien zu Fuß* von Oliver Schulz.

Höchst amüsant ist der Bericht *Meine Freundin, der Guru und ich* (*Are You Experienced?* im englischen Original) von William Sutcliffe, der höchst komisch schildert, wie der Protagonist auf einer nicht ganz freiwilligen Indienreise von einem Fettnäpfchen zum nächsten taumelt, während sich seine Begleiterin innerhalb kürzester Zeit in eine unnahbare Esoterikerin verwandelt, die (vermeintlich) nur noch in höheren Bewusstseinsebenen wandelt. Eine durchaus realistische Geschichte – ähnliche »Rapid-Erleuchtungen« habe ich immer wieder beobachten können.

John Irvings Roman *Zirkuskind* berichtet von der Identitätssuche eines Parsen in Kanada. Große Teile der Handlung spielen in Bombay. Sehr viel Freude hat mir das Buch *Shantaram* von Gregory David Roberts bereitet, ein packend erzählter Ausflug in die Unterwelt Bombays.

Auch eines meiner großen Vorbilder, Tiziano Terzani, besuchte Indien intensiv. Der legendäre Asien-Korrespondent des *SPIEGEL* eröffnete das erste Büro des Nachrichtenmagazins auf indischem Boden 1994 in Neu-Delhi, nachdem er bereits seit dem Vietnamkrieg überwiegend in Asien gelebt und gearbeitet hatte. Seine Reportagen gehören zu den besten, die es über Asien gibt. Er antizipierte viele Entwicklungen der (einseitigen) Globalisierung, die viele erst viel später sehen konnten. In Indien sah er »*eine Schatztruhe der Menschheit, (...) vollgestopft mit Geschöpfen aus allen Epochen und Kulturen, die noch nicht vom Leben in der Stadt geschwächt, die noch nicht vom Fortschritt gezähmt und verbogen sind.*«*

In *Noch eine Runde auf dem Karussell – Vom Leben und Sterben* berichtet er von einer erneuten Asienreise nach einer schweren Strahlen- und Chemotherapie, die ihn auch in sein Refugium im indischen Himalaya zurückbringt.

Auf seiner letzten Indienreise wurde in einem Ashram aus dem Reporter, dem es immer wichtig war, sich einen Namen zu machen, Anam – »Der Namenlose«. Eine gleichlautende Fernsehreportage des italienischen Journalisten Mario Zanot, die auch das letzte Interview mit Tiziano Terzani beinhaltet, hat mich sehr ergriffen. Wie der gebrechliche Tiziano Terzani da sitzt, mit diesem Feuer und dem Schalk in den Augen und schallend über seinen bevorstehenden Tod lacht, ist beeindruckend.

Da ich kein Freund des *Lonely Planet* bin, empfehle ich stattdessen die Reiseführer von Stefan Loose oder den *Rough Guide*. Kulturinteressierte sollten zum *Dumont Reiseführer, Reise Know How* oder dem schön gestalteten *Vis-à-Vis*-Führer greifen. Wer sich für Religion und Gesellschaft besonders interessiert, dem sei Axel Michaels kundiges Buch *Der Hinduismus* empfohlen sowie das Buch *Kulturschock Indien* – kein Land eignet sich wohl besser für diese Buchreihe!

Das Ehepaar Sudhir und Katharina Kakar widmet sich in dem Buch *Die Inder – Porträt einer Gesellschaft* vor allem der Psychologie und Sexualität der Inder. Von ihm gibt es auch das Buch *Die Seelen der Anderen – Mein Leben zwischen Indien und dem Westen* und von ihr das aufrüttelnde Werk *Frauen in Indien – Leben zwischen Unterdrückung und Widerstand*. Interessant ist in diesem Zusammenhang auch das Wirken der »Gulabi Gang« und ihrer »Pink Sari Revolution«.

---

* *Tiziano Terzani:* Meine asiatische Reise, *Spiegel-Verlag, 2010*

Auch Mala Sens Buch *Bandit Queen* (die Geschichte von Phoolan Devi) ist in diesem Zusammenhang eine große Empfehlung. Das Buch berichtet vom blutigen Rachefeldzug einer gedemütigten indischen Frau.

Ein weiteres sehr kritisches, bedrückendes, aber auch notwendiges Buch ist *Indiens verdrängte Wahrheit – Streitschrift gegen ein unmenschliches System* von Georg Blume und Christoph Hein.

Diana L. Eck hat sich in ihrem Buch *Benares* hingegen intensiv und vielschichtig mit der Geschichte Varanasis auseinandergesetzt. Der Ausstellungskatalog *Indiens Tibet – Tibets Indien* von Peter van Ham bietet einen großartigen Einblick in die Welt des indischen Westhimalaya.

Bis heute verschlinge ich Bücher, deren Autoren völlig unterschiedliche Blickwinkel auf Indien anbieten. Doch das ersetzt natürlich nicht den inneren indischen Blick.

Allerdings lebt nur ein kleiner Teil der heute bekannten indischen Autoren im Heimatland. Viele sind nach England ausgewandert und schreiben auch auf Englisch. Das wichtigste literarische Vorbild ist Salman Rushdie. Auch der von Arundhati Roy, die als eine der wenigen noch immer in Indien lebt, verfasste Roman *Der Gott der kleinen Dinge* wurde zur Inspiration für eine junge Generation von indischen oder indischstämmigen Literaten. Die bekanntesten sind Rohinton Mistry (*Das Gleichgewicht der Welt* und *So eine lange Reise*), Jhumpa Lahiri (*Das Tiefland* und *Fremde Erde*), Vikram Seth (*Eine gute Partie*), Vikas Swarup *Rupien, Rupien* – als *Slumdog Millionär* verfilmt), Aravind Adiga (*Der weiße Tiger*), Chetan Bhagat (*Revolution 2020 – Love. Corruption. Ambition*), Amitav Ghosh (*Der Glaspalast*), Vikram Chandra (*Der Gott von Bombay*), Amit Chaudhuri, Shashi Tharoor (*The Elephant, the Tiger & the Cell Phone*) und Suketu Mehta mit seinem Roman über Bombay *Maximum City*. Manu Joseph ist ein weiterer Autor, der sich einen Namen gemacht hat.

Auch R. K. Narayan hatte zu Lebzeiten großen Einfluss auf die indische Literatur der Gegenwart. Er war einer der ersten modernen indischen Schriftsteller, die vom Schreiben leben konnten.

V. S. Naipaul stellt einen Sonderfall dar. Er hat indische Wurzeln, wuchs aber in der Karibik auf und lebt in England. Er ist Träger des Literaturnobelpreises. In seinen Büchern *Land der Finsternis – Fremde Heimat Indien* (1964) und *Indien – Eine verwundete Kultur* (1977) bezog er äußerst kritisch Stellung zum Land seiner Vorfahren. Etwas versöhnlicher klingt er 1990 in seinem Werk *Indien – Ein Land im Aufruhr.*

Neben den Publikationen in Hindi und Englisch gibt es einen großen Markt für Regionalsprachen. Von einer einheitlichen indischen Literatur kann man nicht sprechen. Das spiegelt sich auch in knapp 5.000 Tageszeitungen in 300 Sprachen. Darüber hinaus existieren Zehntausende Magazine und Wochenzeitungen.

Als indischer Historiker sticht Ranjit Hoskoté heraus. Darüber hinaus empfehlen sich die klassischen Epen, die *Mahabharata* mit der *Bhagvad Gita*, das *Ramayana*, die *Veden* mit *Upanishaden* oder das *Vedanta* Shankaras. Auch der Mystiker Kabir und die Sufi-Meister haben wunderschöne Verse hinterlassen. Die Gedichte von Rabindranath Tagore, Jawaharlal Nehrus Bücher und die Texte von und über Bhimrao Ramji Ambedkar, der zu Unrecht im Schatten Gandhis steht, kann ich jedem empfehlen, der sich intensiver mit Indien auseinandersetzen will. Eine sehr gute Annäherung bietet die Biografie Rabindranath Tagores von Martin Kämpchen.

Von den klassischen Mythen gibt es eine große Auswahl von interessanten Neuinterpretationen, etwa *The Life of Ganga*, die Geschichte der Göttin Ganga mit Abbildungen von Kunststichen, das Harish Johari herausgebracht hat.

Sehr aufschlussreich ist auch das mit zahlreichen Abbildungen versehene *Sacred Journey* von David Howard. Wer sich darüber hinaus für esoterische Literatur interessiert, findet einen riesigen und unübersichtlichen Markt vor. Am ehesten kann ich die Werke von Deepak Chopra empfehlen. Eine gute Anregung ist auch das Büchlein *Meditationen* von Jiddu Krishnamurti. Der Dalai-Lama schreibt durchaus anschaulich über seine Weisheiten – persönlich bin ich jedoch kein großer Fan von »Ratgeber-Literatur«. An Angebot mangelt es in diesem Segment jedoch kaum.

Viele der genannten Bücher lassen sich in Indien auf Englisch beziehen, in den Städten bekommt man eine Auswahl von Büchern auf Deutsch. Auch die Gasthäuser sind eine gute Anlaufstelle, um gute Bücher zu entdecken.

Ich hatte immer eine Reihe von Büchern dabei, von denen ich wusste, dass ich sie gar nicht oder nur schwer finden würde.

Darüber hinaus gibt es eine ganze Reihe ordentlicher englischsprachiger Magazine und Tageszeitungen, die prominenteste die *Times of India*. Sehr gerne lese ich die wohltuend kritischen und tiefschürfenden Reportagen von *The Hindu*.

Im Vorfeld lohnt es sich, sich mit einigen Büchern auf Indien einzustimmen, man sollte es aber nicht übertreiben, um Indien mit all seinen Widersprüchlichkeiten und ohne zu viele (Vor-)Urteile auf sich wirken zu lassen. Auch mit der besten Literatur kann man sich nur ansatzweise auf Indien vorbereiten. Das Land bringt fast jeden aus der Fassung, und das macht viel vom Reiz Indiens aus. Gerade im Nachhinein hilft die Lektüre jedoch ungemein, die widersprüchlichen Erfahrungen zu verstehen und einzuordnen.

OLEANDER AUFFARTH, geboren 1982, verbrachte zwischen 2009 und 2014 zwei Jahre in Asien und reiste in dieser Zeit viermal in sein Sehnsuchtsland Indien. Anfangs hin- und hergerissen angesichts zwiespältiger Erfahrungen, entwickelte er mit der Zeit eine Leidenschaft für Indien, die ihn immer begleiten wird. Seine größte Faszination gilt dem Himalaya.

Oleander Auffarth
111 GRÜNDE, INDIEN ZU LIEBEN
*Eine Liebeserklärung an das schönste Land der Welt*

ISBN 978-3-942665-48-3


BILDNACHWEIS
**Coverfotos:** Titelbild: © DmitryRukhlenko/Depositphotos.de, Bildleiste von oben nach unten: © Privatarchiv Oleander Auffarth, ©photlook/stock.adobe.com, © Privatarchiv Oleander Auffarth, ©Boris Stroujko/stock.adobe.com, alisbalb2/Depositphotos.de, © takepicsforfun/stock.adobe.com, © byheaven/Depositphotos.de | **Fotos im Textteil:** © stock.adobe.com: S.8: © pbardocz, S.33: © Boris Stroujko, S.55: © Alexander, S.271: © cornfield; © Depositphotos.de: S.17, 83: © Hackman, S.137: © raffis, S.225: © subodhsathe.com, S.243: © zatletic, S.313: © asafeliason; © Privatarchiv Oleander Auffarth: S.161, 183 | **Bildteil 1:** alle © Privatarchiv Oleander Auffarth | **Bildteil 2:** © Privatarchiv Oleander Auffarth: S.1 oben & unten, S.2 oben & unten, S.3, S.4 oben & unten, S.5, S.6 oben links & rechts, unten, S.7 oben & unten, S.8, S.11 oben, S.15 oben & unten; © stock.adobe.com: S.9 oben: © f9photos, unten: © franck, S.10, S.11 unten: © Alexander, S.12 oben: © saiko3p, S.12 unten: © mds0, S.13 oben links: © henktennapel, S.13 oben rechts: © Michal Sosna, S.14 oben: © nilanewsom, S.16 oben links: © Julien Leblay, S.16 oben rechts: © filmlandscape, S.16 unten: © f9photos; © Depositphotos.de: S.13 unten: © saiko3p, S.14 unten: © hecke06

VERLAG
Schwarzkopf & Schwarzkopf Media GmbH
Kastanienallee 32, 10435 Berlin
Telefon: 030 – 44 33 63 00
Fax: 030 – 44 33 63 044

INTERNET | E-MAIL
www.schwarzkopf-schwarzkopf.de
www.facebook.com/schwarzkopfverlag
info@schwarzkopf-schwarzkopf.de